本书获评"复旦大学哲学学院源恺优秀著作奖"

由上海易顺公益基金会资助出版

现代外国哲学

Modern Foreign Philosophy

张庆熊 孙向晨 主编

总第 **19** 辑

上海三联书店

序 言

张庆熊　孙向晨

　　本辑的文章较为集中,大都围绕"知识、阐释与道德"的关系展开,这多少与我们召开过的相关会议有关。"知识""阐释""道德"这三个概念在现代西方哲学史上有一个从互相对立到融会贯通的过程。近代经验论和早期的分析哲学家主张,唯有经验认识和逻辑分析才是达到知识的有效途径。然而,这种实证的思维方式在论证道德时遇到重大困难。道德涉及对宇宙本体和生命意义的理解,在实证主义者眼中这却是得不到证实的无意义问题。诠释学致力于对世界观和人生观的阐释,旨在帮助人们理解道德行为的根基和意义。于是在现代西方哲学中就出现了分析哲学和诠释学这两种对立的思想流派,各有自己的方法和适用范围。这种把对知识的求证和对意义的理解相分离的做法导致的结果就是知识与道德相分离,自然科学与人文科学相分离。如果我们考虑到人生是一个整体,在人生实践中对事物的认识和对意义的理解是相统一的,那么我们就有必要反思这里究竟出了什么问题。在分析哲学和诠释学发展的过程中,确实有很多哲学家在重新思考真理与价值的关系问题。认识活动中包含信念与志趣,道德实践中包含真知与验证。我们在信念与志趣的推动下进行认识活动,根据生活经验修正道德规范和风俗习惯。只有把对知识的求证和对意义的理解统一起来,才能把真理与价值统一起来。然而这种统一并不容易,其中存在许多艰深的哲学问题。

　　本辑收录的十多篇文章在不同程度上就是对这类问题的反思。近代哲学的一个特征是把知识论放在第一位,在研究本体论和伦理学的问题之前优先研究知识论问题。然而,知识自身如何证成呢?康德从先验的角度探讨知识的可能性范围。高来源的文章《从先验到探究——逻辑哲学语境下的实践转向》论述了皮尔斯的实用主义思路对康德的先验主义知识论的改进。按照皮尔斯的看法,探究的逻辑是与实验相结合的逻辑,清楚明白的观念及其有效性范围取决于为概念和命题制定操作定义。举例来说，金刚石比玻璃硬的操作定义是用金刚石划玻璃应能见到划痕。奥斯汀的文章《如何谈论——一些简单的方法》从日常语言的角度探讨如何进行论证，尝试克服早期逻辑实证主义在"证实原则"和"意义标准"问题上的片面性。当代知识论的讨论引入"模态化""认识安全性"和"思想实验"等视角。人工智能的发展是当代知识论面临的最紧迫课题。具有巨大的收集信息和处理信息能力的人工智能已经不像以前的计算器，只是作为辅助手段，它甚至能代替人决策，告诉人应该怎么做，而我们常常不完全明白为什么应该这样做，从而产生一种对人工智能决策的依赖。有关这一点，自从阿尔法围棋诞生以来已经很明显，甚至连职业棋手都看不明白阿尔法围棋的选项，但不得不承认其选项更加优化。难道人类真的要被计算机牵着鼻子走吗？这是否意味着人类在高科技时代面临的一种新的物化方式？

在经典的认识论讨论中，存在着自然主义与先验主义的争论。哈尔珀（Edward C. Halper）的《存在的理性》从自然主义的角度论证存在的理性，论证人的主观的认知框架必须符合存在的自然理性，以便得到有效应用并获得成功。这里讨论的"存在"显然与海德格尔的"存在"观念有重大差别。在海德格尔那里，"存在"意味着"开启"，具有神秘的含义。这在海德格尔的中后期著作中越来越明显。在道德论证的问题上存在着直觉主义的情感主义与直觉主义的理性主义之争。道德是一种爱，是一种怜悯心，是一种同情心。每个人都能体验到自己的道德情感。这是一种直觉主义的情感主义论证方式。但是这种论证方式是有缺陷的，因为在现实生活中我们除了能看到爱心、奉献精神之外，还能够看到仇恨的情感和自私自利的态度。于是就有一些哲学家探讨道德是否可以建立在能够直观到的一些显而易见的理性的道德原则基础之上。王奇琦的《道德直觉主义的理性主义源流》梳理了这条思路。

哈贝马斯的《信仰与知识》是一篇写于世纪之交的老文章，今天重读这篇文章仍然感触颇深。哈贝马斯的交往行为理论的思路很复杂。如果用最简单的方式来表达，那就是他用文化传承和在生活世界中所形成的背景框架取代了康德的先验框架，主张人们在共存的互相交往的关系和文化传承的历史的过程中形成了知识论和道德的框架。近代以来西方世界的这一概念框架的形成与西方的启蒙理性密切相关。然而，当今世界是多元文化共存的世界，某些文化区域中的居民及其居住在欧洲的一些移民并不把启蒙理性视为当然，再加上文化间的交往与经济问题和社会问题交织在一起，就导致宗教冲突和文化冲突。在这种形势下，哈贝马斯的交往行为理论是不是只是一种良好的愿望？哈贝马斯尝试对此作出回应。在这篇文章的最后，哈贝马斯还谈到高科技时代对启蒙理性的一个巨大挑战。启蒙理性的一项基本原则是人生而自由,人人具有自主性。但是当基因工程能够重组人类的胚胎时,一个新生婴孩的这种自主性是不是被他人预先决定了?

《现代外国哲学》欢迎书评,特别欢迎对现代外国哲学学会成员的著作的评论。本辑中有一篇书评针对佘碧平教授的《心智的秘密——论心智的来源、结构与功能》,指出该书是"续写《知觉现象学》的尝试"。佘碧平的这本书扩展了知识论的视野,从心智与存在的关系的角度探讨了心智演化的过程和方式。该书最后两章探讨决策和心智培养的问题,这在国内知识论研究中开辟了新的课题。

2021 年 4 月 8 日

目 录

Contents

从先验到探究[*]

——逻辑哲学语境下的实践转向

高来源

【摘　要】肇始于皮尔斯的探究理论是经典实用主义哲学的一个极为重要的构成部分。其在属人语境下对逻辑推理问题进行了实践性的阐释,并在此基础上重新限定了科学形而上学的经验样态。因此,其理论旨向不仅是对以康德哲学为代表的传统形而上学进行批判,而且体现了德国古典哲学之后认知哲学之实践转向、新哲学话语模式之建构的可能性尝试。本文从皮尔斯语境下的"探究"概念入手,以"科学的逻辑推理如何可能?"这个问题为行文指向,尝试解读其内在的思维路向及其结构,以明示出其相对于当前认知哲学相关问题的先驱性和参照性。

【关键词】探究　逻辑　推理　实践

＊　本文为国家社科项目"从德国古典哲学到古典实用主义认识论:承接、转换及当代效应"(项目编号:18BZX096)的阶段性成果。

通过对西方哲学史的考察会发现,从古希腊一直到当代,理性这个概念在哲学中一直占据着极为重要的地位。尤其是近代以来,经过了启蒙运动和康德的进一步阐发,理性俨然成为人类得以超越经验世界而通达永恒真理世界的唯一通道,甚至已被看作是人类"正确"思维的代名词。从客观的意义上来说,对理性的这种推崇与彰显显然极大地推动了人类自身的发展,让人从宗教之神秘乃至权威之武断的禁锢下解放出来。然而,从实践的意义上来讲,被理性主义所固化的"理性"在现实境遇中仍然面临着被"异化"以致走向自己反面的危险。因为实践语境下的理性是属人的,而非独立自存的。如此,理性就不可避免地会拥有属人的各种特性,我们进而也就不可能把"人类理性构想为一种不会犯错的终极法庭"。① 若从这个角度来看,理性并不是一个可以直接拿来用作评判标准的给定之物,而是必须被理解为包含着经验与判断的实践过程。换言之,它不能被想当然地仅看作是一种纯粹形式化的既定者,其本质性的存在也并非仅是概念间必然关系的演绎,而是需要通过语词符号入场并通过行为实现出来的"有效推论过程"。事实上,即使作为概念所蕴有的内在指引性或意旨,理性也必须在实践进程中彰显出来才能获得其现实实在性。因此,在这种意义上来理解理性的合理内涵,就必然要追问其得以可能的属人性渊源及其面向。换句话说,就是需要追问:如何思维才能算是"理性"的思维,这样的思维与现实之人相关的一切可经验性因素到底处于什么样的关系中? 问题延伸至此,实践逻辑推理的有效性问题也就成为一种不可回避的哲学课题。实际上,这个问题本身所反映的就是传统哲学向当代哲学进行实践性转向的问题。而且这一主题已经在 19 世纪中后期的哲学思想中或多或少地展现出来了。其中的经典实用主义则是比较早也比较集中地对这些问题进行讨论的哲学流派。鉴于这个问题较为宏大、复杂而且无法用简单的是或非来予以评判,本文仅尝试从皮尔斯对康德先验逻辑的批判入手,在阐释其探究推理的进程中展开对此问题的讨论。

一、康德先验逻辑的内在问题:探究逻辑的缘起

众所周知,休谟在经验论的基础上对因果联结之必然性进行了质疑与批判,提出因果关系的连接不是因为理性,而是习惯性联想的结果。休谟对因果关系的这种理解不仅使理性主义传统陷入困境,更让康德敏锐地看到了传统形

---

① Charles Peirce, *Philosophical Writings of Peirce*（New York: Dover Publications, INC., 1955）, p. 121.

而上学的独断性特征。就像他在《未来形而上学导论》中说的那样："我坦率地承认：正是大卫·休谟的提醒，在多年以前首先打破了我的独断论迷梦，并且给予我在思辨哲学领域的研究以一个完全不同的方向。"②进而康德从纯粹理性批判的角度对认识如何可能的问题进行探讨，以期达到"澄清我们的理性，使它避免失误"③的目的。而康德对理性澄清的一个核心路向就是通过对直观与概念、感性与知性、内容与形式、经验与理性，进而是应用逻辑与纯粹逻辑等进行明确划分而展开的，并力图在纯粹理性的基础上构建绝对知识之形式必然性的形而上学。

　　按照康德的说法："直观和概念构成了我们一切知识的要素"，"通过前者，一个对象被给予我们，通过后者，该对象在与那个（仅仅作为心灵的规定的）表象的关系中被思维"，④因此认识即为直观与概念相互结合的结果。根据这二者与感觉的关系，知识可划分为"经验的"和"纯粹的"两种不同形态。"如果其中包含有感觉（它以对象现实的在场为前提条件），它们就是经验性的；但如果表象未混杂任何感觉，它们就是纯粹的。"⑤而且，虽然就知识的形成而言直观与概念都不可或缺，"思想无内容则空，直观无概念则盲"，⑥但就其在认知进程中的功能性而言，二者则有着明确的质性区别：感性的和知性的。前者提供认知的质料，而后者则提供思维得以可能的形式，而且只有通过后者，思维认知才可能发生。因此，在这个基础上，哲学视域下的知识则又可进一步区分为关于"一般感性规则的科学"的"感性论"和关于"一般知性规则的科学"的"逻辑学"。⑦　而循着相似的原则，依据与经验的关系，后者又被划分为具体的、经验性的应用逻辑和普遍的、纯粹形式化的先验逻辑。显然在康德这里，"经验永远不赋予自己的判断以真正的或者严格的普遍性，而是只赋予它们以假定的、相对的普遍性"，⑧所以后者才是澄清纯粹理性、获得纯粹知识的核心手段。至此，康德在与经验相关的领域和纯粹理性化的先验领域之间划了一条明确的分界线。

　　就认识论的角度而言，康德通过畛域性划分而澄清理性的方法在某种意义上确实解决了唯理论和经验论所面对的知识论困境，从而使自己从莱布尼兹-

---

② 康德：《康德著作全集》（第四卷），李秋零译，北京：中国人民大学出版社，2005年，第261页。
③ 康德：《康德著作全集》（第三卷），李秋零译，北京：中国人民大学出版社，2004年，第40页。
④ 同上书，第69页。
⑤ 同上。
⑥ 同上书，第70页。
⑦ 同上。
⑧ 同上书，第27页。

沃尔夫的那种理性主义独断论体系中解放出来,同时也在纯粹理性的意义上回应了休谟等经验主义者的诘难,捍卫了理性的权威以及建基于此的真理知识的普遍性及其合法性。但另一方面,这也确立了直观与概念、感性与知性、经验与理性、内容与形式、现象与物自体等之间的那种原子式的外在性关系,如此在事实上就肯定了纯粹形式本身或概念本身独立存在的合法性及其相对于经验世界的优先性。进而认识论的问题就成为似乎只通过概念性的演绎与蕴含性关系的构建就能解决的"先验"形而上学问题,以致双方的统一必须通过想象力这一"灵魂的一种盲目的、尽管不可或缺的功能"[9]以及先天综合判断、先验范畴、先验统觉等这些外在的却仍属纯粹理性范围内的元素来解决。就好像认知的完成只需经过纯粹理性领域中两个"各自为政"的阶段就能完成一样。即使如此,康德却仍留下了"物自体"这个二元论的尾巴无法消解。因此从这个角度来看,康德的这种畛域式划分的方式仍没有走出传统二元对立式的思维方式,而且先验性的合法性通过先验演绎来证明本身就是一种给定性的循环论证,或者说,通过先验或先天的表述,康德只是面对结果给出了原因,而原因本身并没有得到说明,甚至由此下去只能导致无限的回溯,而不能真正地解决问题。然而如果站在现实世界以及现代发生学的角度来看的话,康德所面临的问题似乎更为明确:形式与内容、思维与存在、反思性存在与事实性存在等这些二元式的划分能够代替现实存在本身吗? 或者说,完全离开感性的经验世界,理性的形式性演绎还能具有存在的合法性吗? 尤其在面对集自然性、历史性、思维性和实存性等多维度为一体的属人世界时,康德的这种畛域性划分及由此延伸出的先验逻辑演绎就必然会面对这些不可回避的问题。而这些问题从时代性的意义上来说也成为现当代哲学进行实践转向的契机。

黑格尔之后对这一问题关注较多、较为集中的则是美国经典实用主义。"以皮尔士、詹姆斯、杜威为代表的经典实用主义的问题意识主要集中在理论与实践的关系问题上。"[10]由此也就不难理解,为什么皮尔斯从康德哲学中偏偏以"实效的"(pragmatic)这个词来表达其哲学的独特性旨向了。

在皮尔斯看来,康德在认识论上之所以存在问题,主要根源在于:"他使自己陷入了思维的习惯之中,认为后者(推理性的操作)只有在前者(观察性的操作)完成之后才能开始;进而完全没有看到,即使最简单的三段论结论,也只能

---

⑨ 康德:《康德著作全集》(第三卷),第 86 页。

⑩ 张庆熊:《经典实用主义的问题意识——论皮尔斯、詹姆斯、杜威之间的关联和区别》,《云南大学学报》2014 年第 4 期,第 18—30 页。

通过观察前提与结论中的词项关系得出来。"⑪因此他被自己所进一步设定的二元式假设——"认知，或者通过概念而进行的认知，有两个部分，质料被对象所决定，而形式被心灵所决定"⑫——引入了歧途。所以，皮尔斯虽然通过康德叩开了哲学大门，却并未被其理性主义哲学所说服而停留于此，而是在此基础上从康德所要摒除的"偏见"因素入手，对人的思维问题，尤其是认知推理问题进行重新思考，力图在经验世界的基础上揭示其得以发生的内在机理，以构建一种新的、与观察密切相关的科学形而上学。

二、心灵的习惯：探究逻辑行进的基础

皮尔斯对康德的批判是从其先验逻辑理论着手的。"康德的整个哲学都依赖于他的逻辑"，⑬因此其哲学所存在的各种问题之根源也应在其理论演进所依赖的先验逻辑中寻找。事实上，在皮尔斯看来，整个近代认识论形而上学的问题根源也在于此，按照他的说法："真相就是，常识或思想刚从狭义的实践层次之上呈现出来，就被糟糕的、通常被冠以形而上学绰号的逻辑性质所深深地渗透了；除了严格的逻辑过程之外，没有什么能把它澄清出来。"⑭因此，皮尔斯对传统哲学的批判及其实用主义哲学都体现在他对逻辑问题的重新阐释和重新建构上。

皮尔斯认为，逻辑并非康德所认为的是"关于一般思维的单纯形式的科学"，⑮而推理也不能按照康德所推崇的亚里士多德三段论式的那种观念来把握，即把其理解为只是通过概念性的蕴含关系而给出必然结论的过程。因为"关于事实的问题和关于逻辑的问题是令人惊奇地交织在一起的"，⑯而且推理是人的一种行为，包含着各种属人性的因素在内，进而不可能凭空进行纯粹形式化的思维认知活动，而必然以某种"成见"为前提基础。因此，如果逻辑推理失去事实性的判断及行为指引，那它将不再具有现实性的意义，进而也就失去

---

⑪ Charles Peirce, *The Collected Papers of Charles Sanders Peirce*, vol. 1 (Cambridge: Harvard University Press, 1931), p. 35. 以下涉及此文集的引用皆用国际通用标识方式，本注释可简写为"CP1: 35"。

⑫ Ahti-Veikko Pietarinen, *Signs of Logic* (New York: Springer, 2006), p. 4.

⑬ CP1: 35.

⑭ Charles Peirce, *Chance Love and Logic* (New York: Harcourt, Brace & Company, INC., 1923), p. 14.

⑮ 康德：《逻辑学讲义》，许景行译，北京：商务印书馆，2010年，第11页。

⑯ Peirce, *Philosophical Writings of Peirce*, p. 7.

了存在的合法性。在这个意义上，皮尔斯认为"逻辑学是关于思想的科学，不仅是指作为心理现象的思想，而且是指一般意义上的思想、思想的一般法则和种类。"⑰

在自然界中，人虽然被冠以最高灵长类动物的称号，能够通过思维活动满足自己的需求，赋予自己以各种生存的意义，但人毕竟不是神，无法把这种思维推向完美，进而不得不伴随着某种习惯或倾向。所以在皮尔斯看来，人们能够从一个给定的前提推出这个结论而不是其他结论，这一思维过程并不是想当然的，而是由"某种心灵习惯"所决定的。而且这种习惯一旦习得，就会例行于所有事务上。皮尔斯把这种现象称为推论的"指引原则"（the guiding principle），即"统摄着这个或那个推论的特殊心灵习惯将会在命题中表述出来，而这个命题的真理性则依赖于为习惯所决定之推论的有效性"。⑱ 对此，皮尔斯以一个铜盘的例子来进行说明。当我们看到"一个旋转的铜盘放到磁铁两极中间时会停下来"这个现象，就会倾向于认为所有的铜盘都会发生这种现象，而对铜盘的这种论断显然要比在此基础之上对其他材质的东西的论断更为确定。因此，推论在这种习惯性的指引原则之下，就表现出了一种准必然性（quasi-necessary）的判断。显然，这种准必然性并不是先验推论中所给出的绝对的必然性，而是包含着经验维度在内的一般性，也即它是对行为事件持续存在样态的一种预测或信念。就像希拉里·普特南说的那样："实际上，皮尔斯的所有解读者都会同意，皮尔斯意义上的'一般性'必定包含着法则或'习惯'……而且法则包含着模态——情况**将会怎样**和情况**可能会怎样**这样的观念。"⑲因此，皮尔斯的心灵法则并不等同于物理法则。后者是精确的、绝对的，而前者则相反，它只是"使更为可能的特定感觉出现"，⑳其有效性或真理性是需要进一步验证的。所以，真正的逻辑推理的进行并非是纯粹的形式概念演绎，而是对经验境遇之下事件发生的一种实验性的预先展开，以及由此而对行为之实施方式的选择或判断，进而是包含着自然维度和历史维度等在内的探究行为的行进过程。甚或说，思维本身就是这些因素交互作用而产生的活动结果。因此，所谓的理性思维或者反思思维本身就不可能绝对的纯粹化、彻底的形式化、先验化，而必然打上实践的烙印、经验的烙印、"习惯"的烙印。用皮尔斯的话说："我们肯定具有一些推理

---

⑰ 皮尔士：《推理及万物逻辑》，张留华译，上海：复旦大学出版社，2020 年，第 132 页。

⑱ Peirce, *Philosophical Writings of Peirce*, p. 8.

⑲ 皮尔士：《推理及万物逻辑》，第 89 页。引文根据英文原著有所改动，参见 Peirce, *Reasoning and the Logic of Things* (Cambridge：Harvard University Press, 1992), p. 77. 以下皆如此，不再特殊说明。

⑳ Peirce, *Philosophical Writings of Peirce*, p. 321.

的习惯；而且我们关于这个那个是好的推理的那种自然判断，是与这些习惯相一致的。"㉑人的历史维度和生物维度决定了认知是一个连续而持续的过程，不可能在没有任何前提条件或成见下进行推理，由此也就决定了推理和习惯性的引导之间不能被完全分割开，二者间总是发生着某种内在的相互纠缠、相互影响的关系。当然，皮尔斯对习惯的强调并非是认为自然性的心理习惯或本能能够完全决定推理判断的形式和结果，或是行动的某种普遍原则或依据，而是认为人的思维与现实性的经验世界之间存在着张力性的、相辅相成的纠缠关系。就像阿佩尔说的那样："习惯在皮尔士那里等同于一个观念的意义，不可按休谟或行为主义的语言用法把这种习惯理解为因果决定的观察事实，而是要把它理解为能够在我们的自我控制的主体行为与可能的观察事实之间起中介作用的规则。"㉒也正是在这个意义上，皮尔斯区分了"本能的感觉"和"有证据的感觉"。前者表现为一种想当然的本能判断及行为，而后者则在感觉产生及发生作用的时候，其合法性已然得到了一定的辩护，因此具有主动性和目的性的特征。而就人而言，显然是二者兼而有之的。

此外，心灵的这种习惯以及由此进行的推理之所以表现出这个特征，还在于思维本身的存在不是孤立的，而是需要通过符号展现出来的。而符号的所指及其三元构成，㉓决定了推理的发生的有效性以及在此过程中所构建起来的命题并非一开始就是既定的、纯粹理性化的概念，而是在有符号和观察参与其中的实践事件的行进中形成的。因此其推理所依赖之法则的权威性不在于其自身，而是与实践事件发生之相对于目的而言的有效性。因此，皮尔斯理论中的推理可被看作是一个指向现实效应的整体性事件。在这个事件中，命题、概念都不是纯粹先验的、形式化的，而是通过物性符号突显出来的，这不仅意味着思想保持着与经验世界的亲缘性关系，而且意味着思维推理必须通过心灵的和感官的"观察"（observation）才能完成。只不过当进行反思性思维的时候，原本的物性前提和基础被焦点性的思想内容遮蔽掉了，而呈现为一种绝对形式化的假相。所以，当从一个命题推出与其相对应的结论的时候，命题产生之

㉑ Peirce, *Philosophical Writings of Peirce*, p. 123.

㉒ 洪汉鼎：《理解与解释》，北京：东方出版社，2001 年，第 322 页。

㉓ 皮尔斯哲学提出了第一性、第二性、第三性（Firstness, Secondness, Thirdness）三个基本范畴，并把其运用到符号逻辑理论中，使符号不是那种词-意结构，而是包含符号、对象和解释项三个元素。篇幅原因此处无法展开，鉴于其复杂性，笔者将另行撰文阐释。对此相关问题及下文的思维和符号关系问题可部分参见高来源：《实践视域之下的指号、意义与思维——以实用主义哲学为参照对元实践哲学问题的探究》，《哲学研究》2020 年第 8 期，第 120—129 页。

前的思维信念和符号的可观察性已经为这个结论的出现提供了非反思性的可能性路径。这也就是皮尔斯所说的,"主题若不先被限制的话,几乎不可能被处理。"㉔也是由于这个原因,人在生活过程中会自然地区分"本质性的事实"和"因拥有其他利害而可作为研究对象的事实"。本质性的事实作为思维关注的焦点性对象,为推论"为何能够从前提中得出确定的结论"㉕这一问题提供了答案,而其他事实则成为非课题性关照的对象,其与结论的关系就表现为弱性的、可被遮蔽的状态。

　　行文至此,可以非常明确地看出,康德认识论形而上学所依赖的先验逻辑在皮尔斯眼中是不成立的。反思性的形而上学理念所引起的并不是形式化的理性概念与现实性的经验杂多之间的外在的对应关系,而是行为实践连续行进所产生的实践性实验判断及指引。换句话说,理性化的概念形式不可能纯粹化,而总是要纠缠于现实的事件性内容,而现实的事件性存在本身也不可能绝对的自在化,它作为行为所关涉的对象总是与思维发生着纠缠,刺激并指引着思维活动的发生和演进。在这个意义上,概念并不单纯是理性或知性所先天给予的形式,而是对事件的一种质性的概括性表述。因此,"概念实际上是逻辑反思的产物,如果不能迅速地看到这一点,它们就与我们平常性的思想混杂在一起,进而经常成为巨大混乱的成因。"㉖当感觉的链锁性反应发生时,心灵的习惯就倾向于把它们构成一般性的概念,按照皮尔斯的说法"这种习惯的意识构成了一般性的概念"。㉗ 这既是一种经验性的事实,也是反思性行为得以产生的契机。现实的经验世界为习惯性行为所造成的阻碍催生了反思性行为,把各种形式转化为概念或命题。如此,原本指向这种特殊的现实性境遇的各种形式符号就获得了一般性的特征而可被应用于各种境遇或目的之中以影响行为,进而也就获得了其存在的意义。所以,从内在的理性思维到外在的行为活动,并不是两步走式的跨越,而是经验性的实践事件行进的不同方面。因此,皮尔斯才说"每一个命题的理性意义都居存于未来之中",也即命题可应用于"人类行为"而形成某种"自我控制"。㉘

㉔ Peirce, *Philosophical Writings of Peirce*, p. 9.

㉕ Ibid.

㉖ Peirce, *Chance Love and Logic*, p. 14.

㉗ Peirce, *Philosophical Writings of Peirce*, p. 321.

㉘ Charles Peirce, *The Essential Peirce*, vol. 2 (Bloomington: Indiana University Press, 1998), p. 340.

三、怀疑与信念：探究推理的发生

既然理性推理本身不是单纯的形式性的、先验式的演进，而是容有心灵习惯等因素在内的交互性的实验判断，那么这是否意味着习惯根本性地决定着推理的发生？显然不是这样。在皮尔斯这里，习惯的发生本身就蕴含着心灵的两种状态：怀疑和信念。"没有真实的怀疑或者不一致，就没有问题，进而也不能进行真正的研究。"㉙事实的变动促使思维对现时事态进行反思，进而打破了原本引导着欲求、塑造着行为的信念。为了使行为能够重新获得确定性的路径而把自己从这种不安定的怀疑状态中解放出来，思维必然要进行某种努力以获得信念，从而形成顺畅的行为习惯。皮尔斯把这种努力称为"探究"，探究的核心目的就是要解决由怀疑所形成的各种意见，以结束怀疑，重获信念，所以"意见的解决是探究的唯一目的"。㉚

但是，如何平息怀疑、确定意见，从而获得信念？通过对传统哲学的考察，皮尔斯提出了四种解决意见进而获得信念的方法：固执的方法、权威的方法、先验的方法和科学的方法。皮尔斯认为，这四种方法在社会发展的进程中各有其重要的意义，针对不同情境之下的不同问题发挥着重要的作用，因而它们具有一种内在的互补性关联。但比较而言，皮尔斯所推崇的显然是科学的方法。按照皮尔斯的表述，科学方法的基本假设是："存在着一些实在的事物，其特性完全独立于我们关于它们的意见；这些实在的事物根据规律性的法则影响着我们的感官，尽管我们的感觉不同于我们与对象间的关系，但我们能够根据推理利用感知的法则确定事物究竟如何；而且无论谁，如果他拥有充足的经验并对它进行了充分的推理，都将通达一个真实的结论。"㉛从皮尔斯对获得信念的科学方法的界定中可以看到，他并没有像传统的先验逻辑那样把推理的合法性建构在逻辑自身的纯粹形式法则之必然性上，而是引入了"实在事物"这一现实性存在，以此作为推理的界限和验证。需要明确指出的是，这个"实在"（Real，Reality）并不是传统哲学意义上的实体（Entity），而是经验世界中的现实事件的发生。也即，在认知行为过程中，无论推理、判断正确与否，都有事件性的客观

㉙ Charles Peirce, *The Writings of Charles S. Peirce*, vol. 2 (Bloomington: Indiana University Press, 1984), p. 355.

㉚ Peirce, *Philosophical Writings of Peirce*, p. 11.

㉛ Ibid., p. 18.

存在本身在发生作用。事物本身的存在是确定的，也是处于"关系"之中的，因此它是思维的一种指向和边界。而通过它所得到的信念显然不是盲目的信仰或固执，而是在实践中"视之为真"。或者反过来说，符号、概念、命题或判断，都只是对实在事物的一种把握或诠释，其内在地蕴含着交互性的作用过程。而且这一过程可以在以其为关照对象的人那里多次重复，为形成共识提供契机。因此皮尔斯才会说："注定最终会被所有进行研究的人所认可的意见，就是我们用真理所要意味的，并且这个意见中所表现的对象就是真实的。"[32]从这个意义上来看，皮尔斯的科学方法不仅包含着对现实实在、效果的关照，而且包含着形式符号与实在事物之间的交互性行为关联，甚至包含着概念的普遍性、实在的具体性、思维认知的共识性这三者历时性统一的现实行为过程。这也就让皮尔斯的"实在"概念和近代认识论形而上学中的实体概念、康德的"物自体"概念有了根本的区别：即实在有一种现实经验性的维度，其存在不是不可认知，而是强调认知的结果之合法性不是唯一的，从而剔除了康德的物自体概念背后所蕴含的先验本质的形而上学维度。事实上，这也就意味着，在逻辑推理的进程中，形式与质料的划分并不是对立性的，而是诠释性的；真正的关联性对立存在于实在与多样的思维形式之间。这种关联性的对立在经验世界中表现为事件进程中的实践性统一。也即，思维的形式性演绎与实在世界的关系是连续性的、相辅相成的共生关系，思维无论如何都不可能抛却符号而直接进入概念状态，因此在二者相互孤立的语境下，并没有真实意义的生成，甚至不会有思想的生成。也可以说，这种真实事物的存在是思维进行形式性推理的前提基础和条件，无论认知与否，它都发生着作用，也正是二者实践性的交往才为真实意义的产生提供了契机。

也是在这个意义上，皮尔斯批判了笛卡尔的普遍怀疑的方法，认为笛卡尔试图通过普遍怀疑获得最为普遍清晰观念以作为第一原理的做法实际上是一种自我欺骗。因为它的产生是源于由原有信念的失效而导致的习惯性行为的中断所引起的反思。它是在某种确定的刺激下产生的，并且总是和信念相对应。生活的经历总是会把新问题和解决它的新信念强加给你，从而形成一种对旧的信念进行怀疑甚或取代的推动力。所以，这种意义上的怀疑是有目的和指向的怀疑，它一方面是对既有信念的重新考察，另一方面是对新信念的再次确认。这种刺激可以总结为在新旧信念交替过程中形成的一种过渡性的焦虑，因此它是"事发有因"，而不是随意的、装模作样的普遍性的怀疑。这种事发有因

㉜ CP5：407.

的怀疑是人们为获得信念而进行探究的直接动机,而且不管承认与否,都只能从已知的和已经获得的观念或偏见出发去认知、怀疑各种事物。所以皮尔斯认为:"这些偏见不会被准则所消除,因为它们是那样的事物,即我们不会想到能去质疑它们。"[33]显然,在从怀疑行为过渡到信念性的习惯行为过程中,经验世界中已获得的、延续性的认知信念甚至是偏见为这一跨越得以可能提供了基础,而且由探究所设定的、用以表现怀疑的命题也只能在事实性的行为中获得确证。因此,无论推论的结果正确与否,它都必须从"已知的和已被观察到的事实出发去获得未知",而"这个事实就是逻辑实践方面的基础"。[34] 如此说来,所谓先验的推理也只不过是一种说辞而已。

由以上的分析可以看出,在皮尔斯的观念中,推理的问题并不是单纯的理性概念或符号间的封闭式演绎,而是关涉着现实世界的、伴随着经验进程的、拥有认知指向的实践探究。也即,在直接的经验性认知和反思性的理性认知之间,并不是康德所说的纯粹理性所建构的概念世界和感性直观视域下的经验世界之间那种泾渭分明的对应,而是实践探究过程中相互关涉式、相辅相成的纠缠和共生。反思性的理性推理产生于因习惯性行为的丧失所产生的怀疑状态,而源于经验世界并为习惯行为得以可能提供基础的信念则为逻辑推理提供了事实性的支撑,信念和怀疑在现实实践维度之中的交互作用及其内在的张力性纠缠决定了探究得以可能的现实性维度,因此其内在的终结和旨向是实践行为的发生和进行。所以逻辑推理自身的意义并不在于其内在的必然性和自足性,而在于其"效果","逻辑不仅让推理发生,而且让它经受批判",[35]因此它必须回到不断检验它并催生它的现实事件。也正是在这种意义上,皮尔斯才认为形而上学和经验世界之间有着某种连续性、统一性。

四、时空下的连续性与普遍性之辨:绝对真理之后的争执

虽然皮尔斯从认知发生学的意义上对推理进行了实践性的阐释,但若从观念论的角度出发的话,仍然会有这样的疑问:这种实践性的改造把逻辑推理从孤立、纯形式化的理性主义传统中解放出来,但同时似乎也把确定性所依靠的形式普遍性、通过先验概念构建起来的必然性摧毁了,而普遍性正是康德通过

---

[33] CP5:265.

[34] Peirce, *Philosophical Writings of Peirce*, p. 20.

[35] Ibid. , p. 131.

先验范畴和先验逻辑所要构建的东西，因为如此知识才能成为知识。如此，哲学曾引以为终极任务的、对真理之寻求还有意义吗？或者说，经验观察的注入如何让真理不陷入相对论的漩涡而彰显其合法性地位呢？显然，皮尔斯已经意识到这个问题。他并不把真理放在先验给定性的位置上来考察，而是放在连续统的意义上来把握。即"真"在他那里不是给定的，而是"视之为真"（holding for true）。它有两种含义，"一种是指在实践中视之为真"，"另一种是指出于纯粹科学上的考虑而永远只是暂时接受某一命题。"⑯但无论哪种含义，它都是在连续性的发生中展现出来，进而获得其存在合法性的，如此，关于知识的论断也显然是可以被修正的。所以，他在批判康德的纯粹理性化思维模式的同时并没有彻底否定形而上学，而是力图对其进行改造，确定其经验语境下的连续性内涵。对此，我们可以通过皮尔斯对意识的阐释而进行说明。

与传统哲学把意识以及自我意识概念化为超时空性的存在观念不同，皮尔斯坚持认为意识本质上是时间性的，而且是实践性的。"我们发现，必须认为意识本质上占据着时间；而且，在任何寻常时刻向心灵所展现的事物，就是在那个时刻发生的片刻所展现出来的事物。因此，现在一半是过去的，一半是要来的。"⑰也即意识的时间性本身就是其连续性的表现，而这也正是推理认知得以可能的基础。正是因为意识本身是时间性的，而不是在时间之外的，由此而发生的感触、感觉才能被记忆、才能作为对象被表述，进而认知才可能发生。或者说，心灵对事物所进行的形式性认知本身就是连续性的意识在时间中的展开与展示，而通过符号对事件所进行的反思性判断和把握，从某种意义上来说也只是对连续性意识通过记忆所进行的区间性截取及在此基础上所进行的面向未来的实践判定。因此思想本身就表现为实践性（空间性）的时间性存在。无论主观上如何区分内外、心物、精神和物质，它们都是动态的时空之连续性的一种结果，进而都有不可否定的、发生着的、实践性的事件维度。看似摆脱了时间的单向性控制而拥有双向性维度的思维，也不过是在时间之流中从当下的意识向另一个当下意识的过渡而已。也正是在这种意义上皮尔斯才说："通过包含着当下瞬间的无穷小的持存，我的直接感触才是我的感触。"⑱也即，意识的前后连续性、模糊性、焦点性，以及它和思想概念、事件之间的距离或张力性关系本身，就是时空之现实性的一种彰显。当说意识具有时间性的维度，并能够跨越时间

---

⑯ 皮尔士：《推理及万物逻辑》，第 201 页。

⑰ Peirce, *Philosophical Writings of Peirce*, p. 343.

⑱ Ibid.

之间的间隔的时候,意味着意识本身的现实有效性是通过实践性的发生而不是单纯给定的普遍概念来确定的。这一方面表明意识不可能摆脱它所突显出来的条件背景和能够使它拥有某种目的的旨趣而独立存在,另一方面说明,意识、语言符号与普遍的概念之间是有距离的,同时也是纠缠在一起的。这种距离一方面为概念自身的再生性或者可解释性提供了空间,另一方面也决定了其纠缠性的宿命:直接发生的意识、被"语言"表现出来的意识和被概念表达出来的意识之间,总是存在着一种无法斩断的张力性关系。而这种纠缠不但让语言符号有了某种生命力,使其不断地更新自己的存在样式以推动或适应思想的变化,而且让思想有了坚实的现实性效应——发生了了的存在。因此,在意识基础上发展出来的认知及推理就不仅表现为理智性的,也表现为自然性的、时间性的、实践性的。就此而言,认知之真也必须从实践的意义上来理解,而不能仅通过赋予符号以想当然的内容而单纯把握为形式上的逻辑必然性。因为在后者的语境下,各元素间的相互纠缠性、共生性以及由此而引起的变动性就被遮蔽了,如此,哲学理论中所谓演绎的完满性、观点的明晰性、理论的系统性则都是蕴含于理性自身之内的东西,而所谓的证明与辩护则也只不过是理性通过自身所设定的概念而展开的循环论证。而事实上,一切事物都必须纳入连续统的语境下才能被把握,"不存在任何所谓绝对独立的观念。那根本就不是观念。因为观念本身都是连续性的系统"。[39]因此,皮尔斯把这种连续性称为"第三性",它是联结第一性的原初感性存在和第二性的变动性质的基础和媒介,甚至也可以说,是人的认识行为得以可能的基础。而从这个角度来反观康德先验逻辑及其所推崇的亚里士多德式的三段论逻辑的话,就会发现其形式化的推演并不是想当然的,而是原本就关涉到了事实性存在本身(符号及其所指)的特殊性影响。其所谓的演绎之必然性只不过是把反思性的结果看作是事件发生之原初样态,忽略或遮蔽了其原有的以及面向未来的各种现实性维度,从而表现出一种绝对必然的法则样态。

正是在以上的意义上,皮尔斯否定了传统哲学所推崇的绝对普遍性或终极性。既然无论是真理性还是普遍性都只有在实践性的连续发生中才能达到其现实性的实现,那么对绝对必然性或终极事物的设定实际上就是设定了一种不可解释之物。而不可解释显然不能作为一种"可能的解释"拥有存在的合理性,因而也就不可能成为普遍性的本质。所以"假设的必然性包含着真实的连续性"。[40]因此连续性才是科学形而上学的样态。在此基础上,皮尔斯重新限定了

---

[39] 皮尔士:《推理及万物逻辑》,第187页。

[40] CP6:169.

"一般性"(generality)这个概念:"一般性在逻辑上就等于连续性",⑪"事实上,真实的一般性就是真实的连续性的基本形式。连续性就是关系法则的完美一般性。"⑫由此,传统哲学中所谓的纯粹知识就不再是先天或先验给定的孤立存在,而是有了一种现实性的发生维度及经验性的存在基础;而且这种发生性及其经验性维度为事物发生之偶然性及其进一步发展的进化性留下了空间。也是在这种意义上,皮尔斯创造了"连续论"(Synechism)这个词以指代自己所推崇的连续性在认知中的根本性作用,并且认为它比之前提出的表示事物生成之机缘性的偶成论(Tychism)更能代表自己的科学的形而上学之理念。而由此也能看出,皮尔斯的形而上学并不是传统哲学所构建的蕴含着纯粹而绝对理念的形而上学学说,而是"一种关于逻辑的调整原则,指示着什么类型的假设适合被接受和检验"。⑬

五、结语

从以上的论述中可以看到,皮尔斯没有像传统理性主义者那样把推理活动直接归因于理性的内在功能,而是首先注意到了人之自然因素、历史因素等对这一活动所形成的影响,并着重考察了逻辑推理同心灵习惯、怀疑、信念以及现实经验之间的关系,进而把逻辑推理看作是人们消除怀疑获得信念继而形成行为习惯的探究过程。甚或说,皮尔斯是在属人世界的基础上,通过对"推理如何可能?"这个问题的追问而确证了推理的实践特质。而这不仅深刻地影响了杜威的探究逻辑理论,更是为整个实用主义奠定了实践性的核心旨向。从哲学史的语境下来看,它甚至是相对于传统认识论来说的一次实践性转向的尝试。因此,探究式的逻辑推理虽然并未形成一个完整的体系,但在现时代语境下仍突显出了其实践性的合法性及对认知哲学而言的重要意义。

(责任编辑:王聚)

作者简介:高来源,黑龙江大学哲学院教授,研究领域为实用主义哲学、实践哲学和德国古典哲学。

---

⑪ 皮尔士:《推理及万物逻辑》,第 214 页。

⑫ CP6:172.

⑬ CP6:173.

如何谈论

——一些简单的方法[*]

约翰·兰肖·奥斯汀 著

杨玉成 译

【摘　要】即使在最为简单的言谈情境模型 S_0 中,令人满意的话语(断言式话语)也必须满足三个必要条件：(1)说话者所使用的 I 词(个体事项词)按照语言约定真正指称他想要指称的事项；(2)他使用的 T 词(类型词)按照语言约定真正命名了他想要命名的类型;(3)他使用 I 词所指称的事项真正属于他使用 T 词所命名的类型。在 S_0 中,当我们使用一个断言式话语谈论世界时,我们可以有四种不同的使用方式,即 c 式识别、b 式识别、陈述和示例,这表明我们的言语与世界处于复杂关系中。在比 S_0 复杂的言语情境模型 S_1 和 S_2 乃至在我们日常的实际言谈中,我们的言语与世界的关系更为错综复杂。

【关键词】简单言谈情境模型 S_0　个体事项词　类型词　言语与世界的关系

---

* 译自 John Langshaw Austin, *Philosophical Papers* (Oxford：Oxford University Press，1961)。

把 X 描述为 Y，真的可能等同于把 X 称为 Y 吗？再者，它等同于陈述 X 是 Y 吗？在使用如此多样的术语称谓的简单言语行为时，我们在头脑中有清晰而又认真的区分吗？当然，这里的假定是，我们在头脑中必定有这种区分。我们接着要做的事情是，尝试把其中的某些区分分离出来，并且使它们图式化。但是，这并不是断言这里的工作包含着对我们日常用于称谓所讨论的言语行为的任何一个术语的准确的或完美的或最终的说明。首先，这篇文章仅涉及一个大题目之一角；其次，它是掌握我们日常使用语词之细节的预备工作，尽管这项预备工作是必要的，但是我们似乎最终总是被迫在一定程度上澄清这些使用。

我们将考虑我们使用语言谈论世界的某种简化的情境模型。我们将用"言谈情境 S_0"这个名称来称呼这种模型。

或许，我们永远不会实际上身处全然类似 S_0 的情境：更为可能的是，我们有时身处这种情境，或者更确切地说，鉴于当前意图和目的而自认为身处这种情境。当然，考察这个模型的目的是澄清我们关于言语使用的某些日常思想和语言，并且似乎几乎不容否认的是，在这种思想和语言中，我们确实使用（不论好坏并且不论是否有意识）这种模型（当然，不一定只使用这种模型）。

那么，在 S_0 情境中，世界由许多个体事项（individual items）组成，每一事项属于并且仅仅属于一个确定的类型。每个类型全然并且同等地区别于所有其他类型，每一事项全然并且同等地区别于所有其他事项。许多事项可以属于同一个类型，但没有任何事项不止属于一个类型。（大致而言）事项和类型只能通过检视（inspection）加以认识。（粗略地说，世界可能由许多无定形的色块构成，每个色块要么属于相同的纯红色，要么属于相同的纯蓝色，要么属于相同的纯黄色。那么，就它们都具有颜色而言，并且也许就它们具有其他更一般的特征而言，它们岂不都相似？这一点必须被排除，也许可以通过如下考虑加以排除：我们世界中的每一个事项在这些其他方面与每一个其他事项相同，所以关于它们可能无话可说；也许可以通过修改和精炼而加以排除：每一个事项要么是一个具有同样纯红色的色块，要么是一个具有同样确定音调、音强等的响声，要么是一个气味，等等。但是，无论如何，通过这种排除，我们的语言并不打算准备处理任何这类进一步的特征。）

S_0 中的语言只容许话语具有一种句子形式，这种句子形式 S 就是：

$$I \text{ is a } T$$

"is a"这个表达式总是出现在每一个句子的上述位置，除此之外，我们的语言可能包含无数可被插入 S 形式的"I"位置或"T"位置的其他词外壳

（vocables）。[①] 假定后面所要提到的约定已经建立，那么在该语言中，每一个词外壳要么是一个 I 词，要么是一个 T 词，并且由 I 词之后跟着"is a"再跟着 T 词构成的任何话语都是该语言的一个句子。任何其他话语都不是句子。

为了让这种语言可用来谈论这个世界，就需要两组（语义）约定。I 约定或**所指**（reference）约定是必要的，其目的是确定将要成为 I 词的那个词外壳在（断言式地）讲出包含该词外壳的句子的每个场合到底指称哪一个事项。在这里，我们并不关心这些约定的本质或起源，而仅仅接受它：每个事项已经给自己派定 I 词，它被该 I 词独一无二地指称，与此相似，每个 I 词给自己派定它所指称的事项。对于 I 词，我们后面将用数字来表示，例如"1227"，并且我们将不把它们看作"（专）名"——它们顶多是专名的原始种类——而是当作"指称词"。T 约定或含义约定是必要的，其目的是把将要成为 T 词的词外壳与事项类型联系起来，一一对应。我们可以借助两个语言立法程序中的一个程序来开始这些约定，这两个立法程序是：

1. 赋予名称（Name-giving）。
2. 赋予含义（Sense-giving）。

赋予名称（Name-giving 是普通意义上的"命名"，但不是诸如"出示名字"或者"签名"意义上的给出名字）就是把某个词外壳派给某个事项类型，作为其"名称"。赋予意义（这里指的是在简化的世界中以"实指定义"的方式进行定义）就是将某个事项类型派给某个词外壳，作为它的"含义"。至少在我们这个简化的情境中，这两种程序产生同样的结果：不论完成哪个程序，因其性质而附着于某些事项的事项类型，通过约定与某个词外壳相连，现在这个词外壳成为 T 词，并且（正如我们所称呼的）成为该事项类型的名称，而该事项类型就成为那个 T 词的"含义"。[②]

在我们的语言 S_0 中，每一个词（"is"和"a"除外）要么有一个由 I 约定确定的

---

① "Vocables"是语言学术语，通常译为"无义词"或"词外壳"（只作为音、形单位，而不作为意义单位）。——译者注

② 尽管赋予名称和赋予含义之间的差别在这里并不重要，但在某些联系中是重要的。如果我们不适当地使用（这里是假设，我们实际上不会这样使用）S 形式句子来开始 T 约定，那么在"1227 是一个菱形"（赋予名称）与"1227 是一个菱形"（赋予含义）之间就存在分派方向上的区别，类似于稍后会提到的匹配方向的区别。我之所以说"不适当地"，是因为如果我们的兴趣在语言立法，那么最好回到"专名"背后的"那个"和"这个"。但我们在这里并不关心这些约定是如何确立的，甚至也不断言这两组约定可以彼此独立地确立。所有这一切仅仅是一个准备。

所指,要么有一个 T 约定所确定的含义,但不可能既有所指又有含义,并且相应地每一个词要么是 I 词,要么是 T 词。

我们将不研究类型和含义的"形而上学地位"(也不研究事项的"形而上学地位")。如果我们回到言语理论的基本原理,那么,两者可能看起来都是"构造物"。不过,谈论类型和含义③,以及我们将要进行的谈论类型与含义的匹配,并不一定在所有语境中都不合适。我们目前所要做的事情是阐明我们的某些关涉言语行为的普通语言,由于这种普通语言确实类似于 S_0 模型语言,所以尤其在我们目前的语境中,这种谈论是合适的。且把我们这里的事项看作是,比方说,若干颜色**样品**或**样本**,或者若干(几何)形状样品或样本,每个样品或样本都有一个被指派给它的指称数字:且把我们的含义看作是若干颜色标准或**模式**,或者若干(几何)形状的标准或**模式**,每个标准或模式都有一个指派给它的名称:且把赋予名称或赋予含义看作是包含把某个**样品或样本选取为标准模式**。这并不远离现实。

现在且让我们结束语言立法阶段。我们接着按照该立法去使用我们的语言谈论世界。那么,在任何特定的场合,一个令人满意的话语(断言式话语)将会是这样一个话语:I 词按照所指约定所指称的事项,属于一个(S_0 中的那个)类型,这个类型与按照含义约定附着于 T 词的那个含义相配。为了使该话语令人满意,我们既需要 I 词与事项之间的约定连结以及 T 词与含义之间的另一个约定连结,也需要类型与含义之间**自然**连结(匹配)④。

在讲出(当然是断言式地讲出,我后面会忽略这个必要的限制)一个 S 形式的句子时,我们用"断言性连结词"这个名称来称呼所讲出的"is a"这个表达式,并且我们把任何 S 形式的话语都称为"断言"。那么,断言不仅仅靠约定辩护,也不仅仅靠自然辩护,而是用一种复杂的或迂回的方式加以辩护。图解如下:

我希望这一切是简单的——并且可以再次强调,这一切过于简化。作为一项准备工作,我们眼下应该解决我在任何场合讲话可能出错的两种基本方式。我可能犯

1. 误称。
2. 误指。

---

③ 抑或"类型"和"含义"? 由于可以理解的原因,加上引号的"谈论"会产生麻烦。

④ 在 S_0 中,这个连结被看作是纯自然的——通过检视而被理解,不掺杂任何约定。在更复杂的情境中,不存在这种纯自然的连结。

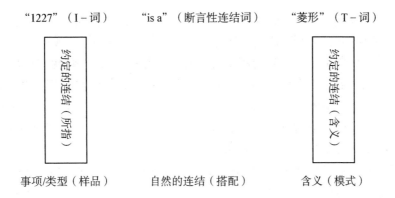

"1227"（I-词）   "is a"（断言性连结词）   "菱形"（T-词）

约定的连结（所指）

约定的连结（含义）

事项/类型（样品）   自然的连结（搭配）   含义（模式）

在这两种情形中,我可能无懈可击地使样品匹配模式或者使模式匹配样品,但是

1. 我错误地引述(赋予)名称。
2. 我错误地引述(赋予)所指。

不论哪种情况,我都误导他人,或者更严格地说,往往误导懂得这种语言的听众(至少当时并不误导我自己——如果可以这么说的话)。请注意,至少就我这里使用误导这个词而言,误导所针对的是该话语的意义,而不是该话语所谈论的事实。至于我是否进一步导致听众误解事实,或者更为严格地说,我是否倾向于使听众误解事实,这又取决于我是否正确地使样品匹配模式(或者反过来),这是一个截然不同的考虑。由于我使用错误的I词或T词,我的听众在评估或依靠我的断言的合理性时受到影响,以致于他们所关注的样品或模式不同于我在作出该断言时所关注的样品或模式,那么,我就是误导他人(就意义而言)⑤。

误称和误指都有可能要么是**反常的**,要么是**特异的**。反常的误称或误指就是违背我所接受的语言立法:我的样品清单有正确的编号,我的模式库存有正确的标签,然而由于过失,我错误地引述或赋予数字或名称。特异的误称或误指是由于我所接受的语言立法的错误:尽管我正确地引述或赋予数字或名称,但是我的样品清单编号有误,或者我的模式库存的标签有误。⑥

---

⑤ "误导"是与本文所关注的言语行为完全不同种类的言语行为。当然,这种不同种类的言语行为有很多。

⑥ 显然,反常与特质相结合可能会彼此抵消,在那样的情况之下,可能不会"倾向于误导"。与此类似,正如误称与误指相结合,或者这两者或其中一个与误配相结合,在特殊的情况之下可能并不倾向于造成误解。日常语言的典型特征是,不宜(费心地)给如此复杂的过错冠以简单的名称。

在 S_0 情境中,每当我讲出一个断言,我就因此在进行**指称**,也在进行**命名**(在与上面所解释的误称和误指类似的意义上使用这些术语,我仅在这里如此使用)。但是,相对于我们随后所要讨论的其他种种言语行为(我们在讲出一个断言时可以被看作是在做这些言语行为)而言,"指称"和"命名"仅仅是我在任何场合下讲出一个断言所做的行为之部分的名称,并且我们可以说是其附属部分的名称。相比之下,例如,当我们说,在发出"1227 是一个菱形"这个断言时,我正在把 1227 **识别**为一个菱形,或者我正在陈述 1227 是一个菱形,那么,该话语的**整个**发出就是作出那个识别,或者作出那个陈述,并且**整个**话语就是(在我的用法中——当然不是在每一种用法中)识别或陈述。⑦ 在作出你的断言时,你使用"1227"这个语词的过失在于误指,使用"菱形"这个语词的过失在于误称:但是你在使用"1227 是一个菱形"这一**语句**时,你所犯的过失是作出一个误识或作出一个误述。**整个**话语的发出不可能是误称行为或误指行为,类似地,也不可能是命名(我的用法中)行为或指称行为。

此后,我们不但把语言立法阶段看作已经结束,而且在发出我们的话语时,我们不犯违背我们公认的语言立法的过失,或者在我们公认的语言立法方面不犯过失。

那么,对于"1227 是一个菱形"这个语句,我们可以有四种不同的用法,在把这个语句作为一个断言发出时,我们可以被看作是在做四种不同的言语行为——如果你愿意的话也可以说是做四种普通的断言言语行为。这些言语行为被称为:

c 式识别(c-identifying)、配帽(cap-fitting)或安置(placing);
b 式识别(b-identifying)、填单(bill-filling)或网捕(casting)⑧;
陈述;
示例。

---

⑦ 我们有时使用"识别"类似于"描述",而不同于"陈述",因为我们可以说它是话语的一部分:但是,我在这里用它表示**整个**话语,以便把识别同化为陈述,而不是同化为命名(在我的用法中),它本该如此。即使"识别"与"名称"一样,可以用来表示**该话语**的一部分,但是,"识别"仍然不是在发出该话语时我所做的行为的一部分的名称(而在我的用法中,"命名"始终是我所做的行为的一部分),而是表示我的整个行为。说我们的话语的那个部分是一个名称或一个所指,并没有就我们在发出该话语时所做的整个行为究竟是哪一种断言性言语行为作出预判;但是说那个部分是一个识别或一个描述确实告诉我们,我们的整个行为所属的种类(当然是在我们简化的言语情境中)。

⑧ 奥斯汀的这些称呼都属于比喻性说法,很难将它们准确地译为中文,这里的中译仅是尝试性的。——译者注

　　这种复杂性如何产生？且再重复一遍，在这些行为中，无论如何我们都不被视为在进行立法，而仅仅被视为按照公认的立法条款和立法目的而行事。此外，我们仍然排除掉一个极具重要性的麻烦——稍后会介绍这个麻烦——即我们的词汇有可能"不足以"应付我们所要谈论的世界所呈现的多样性：我们仍然把我们的立法看作足以敷用，也就是说，世界上的每一事项只属于一个类型，这个类型仅与一个名称的含义精确匹配。不过，由于有关"适应"和"匹配"的想法的复杂性——这种复杂性可能被人忽略——这种言语行为的复杂性依然产生。

　　在赋予名称和赋予含义的情况中，我们已经附带地注意到将 X 分派给 Y 与将 Y 分派给 X 之间在**方向**上的区别。类似地，当我们依照这种立法操作时，也存在使一个名称适合于一个事项（或者使某个事项**与特定名称相适合**）与使一个事项适合于一个名称（或者使某个名称**与特定事项相适合**）之间在**适合方向**上的区别。这些区别如同使一个螺母与一个螺钉相适合，不同于使一个螺钉与一个螺母相适合。我们可能"被给予"一个名称，并且意欲寻找一个事项，这个事项所属的类型与该名称的含义相匹配（或匹配于该名称的含义）：我们通过发出一个 S 形式的断言来宣布这个寻找，该断言以给定的名称为 T 词，以被找到的事项的编号为 I 词。以这种方式发出一个断言，就是使一个事项适合于一个名称。反过来，我们可能"被给予"一个事项，并且意欲寻找一个名称，其意义与那个事项的类型相匹配（或匹配于那个事项的类型）：我们通过发出一个 S 形式的断言来宣布这个寻找，该断言以给定的事项的编号为 I 词，以所找到的名称为 T 词。以这种方式发出一个断言，就是使一个名称适合于一个事项。

　　但是，这里还要作出另一个区分。我们使那个名称适合于那个事项，或者使那个事项适合于那个名称，所依据的是事项的**类型**与名称的**意义**相匹配。但是，在使 X 与 Y 相匹配时，还存在着使 X 匹配于 Y 与使 Y 匹配于 X 之间的区别，这个区别可以被称为**匹配责任**的区别。就"匹配"（match）这个动词而言⑨（尤其当它被理解为意指"准确地匹配"时），我们往往忽视这一点：但是如果我们考虑与此类同的词"同化"，把 X 同化为 Y（可同化的责任在于 X）与把 Y 同化为 X（可同化的责任在 Y）之间的区别就足够清晰。我们在同化时出错，因为我们弄错了或者错误地表达了可同化责任建基于其上的成员的性质，在第一种情形中 X 承担可同化责任，而在第二种情况中 Y 承担可同化的责任。当我们

----

⑨　如果 X 匹配 Y，那么 Y 匹配 X；正如如果 X 适合 Y，那么 Y 适合 X。但是如果我使 X 匹配于 Y，我并不使 Y 匹配于 X，同样地，如果我使 X 适合于 Y，我并不使 Y 适合于 X。

追问我们是否应该把 X 同化为 Y 时,所问的是 X 是否具有 Y 所具有的性质:"A 像 B"这个明喻是一个糟糕的明喻,不是因为 B 没有 A 所具有的特征,或者具有 A 所没有的特征,而是因为 A 不具有 B 所具有的特征,或者具有 B 所不具有的特征。

在发出"1227 是一个菱形"时,这两个区别产生四种不同的行为,图示如下:

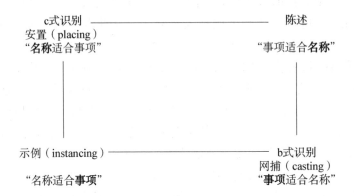

首先解释何以选择这些术语。非常容易理解,我们以两种相反的方式使用"识别"这个有用的词语:当你递给我一只水蚤并问我是否能识别它时,我们可以说"把它识别为(一只水蚤)",并且我说它是一只水蚤:但是,当你递给我一张幻灯片,并且问我是否能在其中识别出一只水蚤(或那只水蚤)时,我们也说"识别一只水蚤"(或"识别那只水蚤")。在第一个例子中,我们在找适合特定对象的一顶帽子,因此就有配帽(cap-fitting)或 c 式识别这样的名称。我们正在试图"安置"它。在第二个例子中,我们试图找到一个对象去填充一个给定的清单,因此就有"b 式识别"或"填单"(bill-filling)这样的名称。我们按照水蚤"网捕"这个东西。[⑩]"陈述"和"示例"这两个词应该不需要解释——示例就是把 I 作为 T 的一个例子来援引。

在图示中,水平的连接线和垂直的连接线表示每对成员相关联的方式彼此类似,解释如下:

横线表示**适合的方向**相同。在安置和陈述中,我们使名称适合于特定的事项,在示例和网捕中,我们使事项适合于特定的名称。在图解所给出的句子中,

---

⑩ 比照这些问题:(a)He was going <u>downhill</u>? 这个句子中带下划线的词是什么(词性)? (b)He was going downhill? 这个句子中哪一个词是副词? 答案(a)一个副词(试帽);(b)"downhill"(填单)。我们甚或可以把 c 式识别命名为"识别什么"(what-identifying),把 b 式识别命名为"识别何者"(which-identifying)。

被适合于的东西用黑体字表示,以便与用来被适合的东西相对照,后者不用黑体字表示。

　　纵线表示**匹配的责任**上相同。在安置和示例中,事项的类型被看作理所当然,问题可能是诸如 T 词的含义是否真正与之相配;在陈述和网捕中,T 词的含义被看作理所当然,问题可能是诸如事项的类型是否真正与之相配。在图解所给出的句子中,名称或事项被置于主词位置,而匹配的责任取决于含义或事项的类型。

　　此外:

　　为了**安置**,我们必须找到一个模式与这个样品匹配。

　　为了**陈述**,我们必须找到一个模式使这个样品与之匹配。

　　为了**示例**,我们必须找到一个样品使这个模式与之匹配。

　　为了**网捕**,我们必须找到一个样品匹配于这个模式。

　　此外,如果在执行这四种行为过程中有瑕疵的话,那么它们之间的差异和相似之处或许可以通过思考瑕疵之所在来阐明:

　　误识(＝误置)表明我们在匹配中出错,其原因是不理解名称(T 词)的含义,因而不能把这次匹配的目的清楚地摆在我们自己面前。"我现在明白,我错误地把它识别为品红:当然,仔细想一想,品红不是这个样子的。"用明显更合适于比 S_0 复杂的情境的语词来说,我们可以断言,这个错误是由于对含义的"误解"所造成的。

　　我们必须小心翼翼地把误识与我们所谓"误名"区分开。在"误名"中,名称是"错误的",即使错误地分派给这个名称的含义确实匹配事项的类型,并且不论错误地分派给这个名称的含义是否匹配事项的类型;相反,在误识中,名称是"错误的",因为正确地分派给它的含义不匹配事项的类型。如果我错误地命名,就不该说它是一个"菱形";如果我错误地识别,就不该说这是一个菱形。("说"的歧义。)

　　有人可能会问:虽然如此,误识本身依然(仅仅)是"语言的"错误吗? 这让我们想起令希腊人长久纠结的一个论辩:误述是不可能的,也许这个问题难以回答,因为"语言的"一词是含糊的。这个基本论点却从未被放弃:匹配的错误是可能的,确实会出现,并且这些错误可能是由于错误地理解被匹配双方中的一方。正如我们可能(确实会)谈到同一个事项,却将其类型匹配给不同的模式(错误知觉),那么,我们也可能谈到同一个含义,并把它匹配给不同的事项类型。如果在诸如 S_0 这样简单的情境中都确实难以想象我们会犯这样的错误,那么,在这里或许同样难以想象错误知觉以及随之而来的误述。(然而,从某种意义上说,我们的模式和样品模型可能是有益的,因为它暗示,关于某个名称之"含义"——我们承认这个术语在言语行为理论中不是最终术语——的一致意见,终究是由关于事项的一致意见来确立,事项的类型是标准,而那些类型本身仍然由知觉来鉴定,因此容易犯绝对可能的感知错误。)

误示类似地揭示对名称含义的误解。误示不同于误指:在误指中,编号是"错误的",尽管含义确实匹配类型,而在误示中,编号是"错误的",因为含义不匹配那个类型。我本不该说"1227"是一个菱形,或者我本不该说 1227 是一个菱形。

误述表明我们没有正确鉴定事项的类型:在我们的简单的情境中我们可以说是由于**错误地感知**样品。

误识(=误捕)类似地揭示对事项类型的错误感知。

这阐明了安置和示例之间以及陈述和网捕之间的相似性。我们可以换一种方式,一方面阐明安置与陈述之间的相似性,另一方面阐明示例和网捕之间的相似性:对于误置或误述,我们用"但 1227 **不是一个菱形**"回答,而对于误识或误捕,我们用"但 1227 不是一个菱形"回答。(毋庸置疑,在 S_0 情境中我们不可能如此回答,在该情境中我们没有配备否定句:引入否定句使情况发生改变——尽管我确实无意暗示否定句"后于"肯定句,或同化甚至在没有对比的情况下也"有意义"。)

最后,另有一种更深入并且或许是较不明显的方式,可以阐明安置与陈述之间的对照,以及示例和网捕之间的类似对照。在安置和陈述二者中,我们使名称适合于事项,但在安置中,重点在于通过**含义使名称连结于类型**,而在陈述中,重点在于通过**类型使含义连结于事项**。我们可以说,我们所识别的[11]主要是类型,但是我们所陈述的主要是**事项**。与此相似,在示例和网捕二者中,我们使事项适合于名称,但我们所示例的主要是**类型**,所网捕的主要是**事项**。

现在,给我们的言语情境模型注入第一剂复杂性。我们现在假定,在被谈论的世界中出现属于某些类型的事项,它们并不严格地匹配我们库存的任何模式(即不匹配我们任何名称的含义),尽管它们可能或多或少类似于那些模式中的一个或多个模式。我们称这个新模型情境为"言语情境 S_1"。

请注意,我们仍然假定,世界中的每一个事项**仅仅属于一个类型**——或者

---

[11] 应该没有必要指出,我在这里从不在把一个事项识别为同一个事项的意义上使用"识别"一词。那种识别是一种技艺,要求比 S_0 远为复杂的言语情境。另外,在单个事项可以具有多个特征的情境中,"识别"的含义会产生急剧变化。

我们可以说,每一个事项仅拥有一种特征,或者仅在一个维度上是可评估的。例如,如果我们的初始模式是颜色,它们可以是红色的(某个色调),蓝色的(某个色调)以及黄色的(某个色调)。那么在 S_0 情境中出现的每一个事项,就会要么是该模式色调的红色,要么是该模式色调的蓝色,要么是该模式色调的黄色;但是在 S_1 情境中出现的事项可能属于任何颜色——它们可能是(我们通常所谓的)白色,从而与这些模式中的任何一个都不类似,或与这些模式中的任何一个都同样不类似,或者它们可能是(我们通常所谓的)粉红色,从而明显地类似于我们的模式之一,而根本不类似于任何其他模式,或者它们可能是(我们通常所谓的)紫色,从而同等地类似于我们的模式中的两个,而根本不类似于其余模式,或者它们是(我们通常所谓的)深红色,从而最接近地类似于这些模式中的一个,但看起来也类似于另一个,而根本不类似于其余模式,如此等等。但在 S_1 情境中,任何一个事项除具有颜色之外,均不可被设想为譬如说具有有待谈论的形状或体积,尽管它们譬如说可能有形状而没有颜色。唯有在某个更复杂的言语情境(被称为譬如说"S_2"情境,但这里不拟讨论)中,我们可以引入复杂情况:同一事项可以拥有多个特征,或者属于多个类型,或者可以从多个维度加以评估。

显然,在大多数实际的言语情境中,在 S_1 情境中所引入的"复杂情况"是不可避免的。对人类所有的意图和目的而言,真实的世界是无限多样的;但我们不可能掌握无限大的词汇;一般来说,我们也愿意坚持最细微可辨的差异,而宁愿坚持相对的相似性。此外,就我们作为个体和作为人类的有限经验而言,我们的词汇库也不可能预料自然的那些尚未被揭开的无常变化。

那么,面对 S_1 情境中的某个诸如此类的事项,其类型并不完全匹配我们库存的任何一个名称的含义时,我们有哪些出路?因为缺乏新的立法,我们当然可以什么也不说(正确地说,就 S_0 情境中可用的言语行为资源而言,我们必须什么也不说)。并且,如果这个难对付的事项类型根本不类似于我们的任何模式,或者比另一个类型更不类似于我们的任何一个模式,我们仍然会什么也不说。当然,更为经常的是,事项类型非常类似于我们的某个名称的含义,并且胜过类似于我们的其他名称的含义,那么,我们可以使用那个名称说,"1228 是一个多边形。"当我们以这种方式说话时,就有一套新的术语,适用于四种不同的言语行为,在说出"1228 是一个多边形"时,我们可能在做这四种言语行为。同在 S_0 情境中一样,这四种行为以适合的方向和匹配的责任加以区别,但我们现在把它们称为:

| 称呼（calling） | 描述（describing） |
| 例示（exemplifying） | 归类（classing） |

当我们**称呼**[12] 1228 是一个多边形或者**描述**它是一个多边形时，大家公认，用这些术语称呼我们的言语行为，名称并准确地适合于事项——因为在一种情况中，含义并不准确地匹配于类型，在另一种情况中，类型并不准确地匹配于含义。

如果我们被指责为**错误地**称呼 1228 是一个多边形，或者被指责为**误称**它是一个多边形，那么我们就被指责为滥用语言、对语言施行暴力。在称呼 1228 是一个多边形时，我们承认多样性进入到我们的模式，我们修改或扩展我们的名称的含义，并且该名称的未来使用将会受这里所确立的惯例的影响。但是，如果我们被指责为把 1228 错误地**描述**为一个多边形，或者把 1228 **误描**为一个多边形，我们就被指责为**对事实**施行暴力。在把 1228 描述为一个多边形时，我们毫无疑问地把统一性强加给我们的样本，简化或忽视 1228 这一事项所属类型的特殊性，并因此使我们自己受制于有关该事项的特定观点。

同样，简单地说，当我们给出与实例（instances）相对照的**范例**（examples）时，我们承认模式的多样性，而一个样本并未适当处理这个多样性。并且，当我们把某个事项归类为一个多边形时，而不是把它识别（网捕）为一个多边形时，我们承认忽视了该事项的丰富的特殊性。

关于诸如"称呼"和"描述"这样的术语的"日常"用法，这里可以重申两点警告。首先，这些同样的术语可以用来称呼在设想的言语情境（不同于 S_1 情境）中所做的言语行为，譬如说在同一个事项可能拥有多个特征的言语情境中的言语行为，以引起人们注意这种言语行为的不同于前述特征的那些特征（尽管无疑与前述的特征相关）。其次，我们对这些术语的日常使用很可能是极不严格的，我们并不总是在它们之间进行仔细区分，尽管借助这些术语可以标示一个区分。例如，对比下述句子：

（1）你称那为深红色？但是，在深红色中不可能有那么多蓝色吧？那根本不是深红色的样子。

你把它描述为深红色？可你看看，其中有那么多蓝色。它其实根本不像深红色。

———————————

[12] 并非把 1228 叫做一个"多边形"。"称呼"（calling）的歧义性。

(2) 他称我为独裁者,尽管事实上众所周知,我总是只按照议会的建议行事!

他把我描述为独裁者,而事实上,他必定知道,我一向只按照议会的建议行事。

如果人们多研究诸如此类的例子,称呼与描述之间的差别就会显现出来。

尽管我们在其中必须使用称呼、描述等术语,而不是使用识别、陈述等泾渭分明的术语的情况肯定会不断出现,但是我们有时感到我们自己在它们出现时必须借助新的语言立法来处理它们。在称呼中确实已经隐含着用惯例立法的要素——这就是判例法,并且经常是必要的:但我们可能也需要成文法。自然地,如果一个事项类型极其新奇,并且并不明显地类似于我们库存的任何一个模式,或一点也不比另一个事项更类似于我们库存的任何一个模式,那么我们最好不用我们现有词汇中的名称来称呼它或描述它,而是把这个类型分派给某个全新的名称,作为其含义:这就是在 S_0 情境中所熟悉的那种立法。但是,假设这个新类型确实相当匹配我们现有模式库存中的某个模式或多个模式,假设 1228 真的像一种红色,即我们迄今为止所熟悉的特定红色。那么,我们的新立法将采取典型的 S_1 归类和区别形式。也就是说,我们不仅把一个新名称,一个"特定的名称",例如"深红色",分派给那个类型,而且我们将接受**深红色是一种红色**这一约定,从而把成文法的明确性用于限制"红色"这一名称的含义,把"红色"看作是多样性模式的名称,即看作是一个属名。在我们有限的语言中,这个立法将通过 S 形式诸句子之间的蕴涵现象来呈现,这个现象现在首次出现:此后,"1228 是深红色"将蕴涵着"1228 是红色"。完全不兼容的现象甚至在 S_0 情境中已经存在了,因为在那里,按照我们的立法,"1227 是红色"与"1227 是绿色"是不相容的。

当然,在上述解释中,无论如何,我们还没有论述在 S_1 情境中产生的所有种类情况。我们讨论过这种情形:新类型仅仅在一定程度上类似于我们可用名称中的一个名称的含义,但是并不明显类似于任何其他名称的含义。我们可以说,在这种情况中,仅有一个名称代表多种类型(称呼),或者多个类型用单一名称表示(描述)。但在有些情形那里,类型在一定程度上类似于我们可用模式中的多个模式。我们可以说,在这种情形中,有两个名称可用于称呼一个类型,或者说单一类型可用两个名称加以描述。如此不同种类的情形恰如其分地表明现在应该引入特义词(辨别),并且应该引入通名语(归类)。应该没有必要进一步指出,在一种成熟的语言中,我们当然有许多额外的手段对付典型地在 S_1 情境中产生的那种情形，这些手段包括使用诸如"像"（like）、"真实的"（real）等有用词语，但在 S_1 情境中，我们的语言仍然受制于 S 形式的语句。

对言语行为性质的这种研究差不多可以无限地进行下去。我们仅仅开始涉及"称呼""描述"等的复杂性，我建议就此打住。显然，这里所写的东西颇多瑕疵，或许在很多方面是错的：不过我接下来要做的是呼吁人们重新关注以下几点：

（1）言语行为的名称比人们通常所考虑的要更多、更专门、更模糊并且更重要：在缺乏充分研究的情况下，它们中的任何一个名称都不能以通常的方式在哲学上可靠地使用（例如"陈述"或"描述"），但我认为它们还没有得到足够的研究。当然，我们这里仅仅考虑单一家族的几种言语行为，但此外肯定还有其他族类的言语行为。

（2）在某种程度上，甚至在日常语言中，当我们使用用来代表言语行为的术语时，我们可能确实在使用言语情境模型。无论如何，建造这种模型可能有助于澄清种种可能的言语行为。任何这样的模式，即便是最简单的模式，似乎必定是相当复杂的——对于标准的主-谓模型或种类-成员模型而言过于复杂。此外，我们似乎必须使用一整套不同的模型，因为**一种命名的言语行为与另一种命名的言语行为之间的差别通常主要在于为它们的各自施行所设想的言语情境之间的差别**。

我仅仅谈到极少数的言语行为，而且仅仅谈到这些言语行为极少数的特征，并且这些言语行为及其特征都仅仅处于高度简化的情境中。例如，不同的言语行为，甚至是同一家族的不同言语行为也可能有很大差别的一个特征，通常是在"真理"名下以一种完全普通的方式得到讨论的。例如，即使对断言这种言语行为而言，我们通常喜欢用一种表示认可的术语代表一种言语行为，用另一种表示认可的术语代表另一种言语行为，并且通常是出于正当的和可以理解的理由。但在这里我不纠缠于这一点，而是以给出一个简短的例子来结束论文，该例子将会表明，我们的言语情境模型的些微变动——这一次是语言方面的变动而不是世界方面的变动——将如何影响我们所做的言语行为。

到目前为止，我们把 S 形式语句限制在肯定性断言的范围之内。但是如果我们现在引入第二种语句形式"SN"，即：

$$\text{"I 不是一个 T"}$$

我们发现，这个语句与 S 形式语句不同，它并非同样地适用于 S_0 情境中的所有四种言语行为的施行。通过引入这种语句形式,我们揭示出一个迄今尚未指明的相似性,即 c 式识别与 b 式识别之间的相似性,以及与之相对照的陈述与示例之间的相似性,通过用对角线把它们连结起来,我们可以用图解来表示这种相似性,因此:

c 式识别　　　陈述

示例　　　　　b 式识别

如果由"I"所指称的事项类型与名称"T"的意义不匹配——在这里"I 是一个 T"使含义等同于类型,而"I 不是一个 T"则将两者进行对比——那么,一个 SN 形式的语句在任何场合说出都是正确的。我们可以把这种言语情境称为"言语情境 S_{0N}",除了引入否定句式 SN 外,它与 S_0 是一样的。

当在 S_{0N} 情境中讲出"1229 不是一个 T"这个句子时,那么我可能在**陈述**有关 1229 的某个事情,但是我不可能是在识别它——说 1229 不是某个东西不是识别它。在陈述和识别二者中,我们的话语的意图是使一个名称适合于该事项,给该事项钉上一个标签:但是就匹配的责任而言,这两种言语行为之间有一个差别。现在看来,在我们的意图是使含义匹配于类型的情况下,通过呈现一个与类型不匹配的含义,对于该目的而言将毫无意义。告诉我们 1229 不是一个 T,并没有告诉我们它是什么,也不是识别它。但是,相反,在我们的意图是使类型匹配于含义的情况下,即使发现该类型并不匹配某个含义或者任何特定的含义,对该目的而言也是有所收获的。我们把 1229 识别为**红色**,而不是**蓝色**,等等,但我们陈述 1229 是红色,而不是非红色。

以类似但相反的方式,当我说出"1229 不是一个 T"这个句子时,我们可能是在给出一个否定的例子或反例,但我不可能在识别(网捕):不存在否定性识别或反识别这回事。在示例和网捕二者中,我使某个事项适合于那个名称:但是在我使该含义匹配于某个类型的情况下,即使不接受匹配,我也获得某种有意义的东西;相反,在我使某个类型匹配于那个含义的情况下,如果无法匹配,我将一无所获。我们把 1229 识别(网捕)为一个正方形,而不把 1228 识别为一个正方形,等等,但是,我们把 1229 示例为一个正方形,而不把它示例为不是一个正方形。

到目前为止,当我们使那个(给定的)含义/类型匹配于某个(被找到的)类型/含义时,句式 SN 是适当的,但是当我们使某个(被找到的)类型/含义匹配于那个(给定的)含义/类型时,这个句式就不适当。正如以下图表所表明的,用另一种方式并且用我们惯常的术语,这个区分可以被看作是适合方向和匹配责任这两个区分相结合的结果。在这张表格中,我们可以断言,就 c 式识别和 b 式识别二者而言,适合的方向**对应于**匹配的责任,而就陈述和示例二者而言,适合的方向和匹配的责任是**相反的**。在识别中,我们使那个名称适合于那个事项,因为前者的含义匹配后者的类型,或者我们使那个事项适合于那个名称,因为前者的类型匹配后者的含义。但在陈述和示例中,我们使名称/事项适合于事项/名称,因为后者的类型/含义匹配前者的含义/类型。在我们原先图解所给出的语句中,句子的主语用的是黑体字,以此表示这种对应关系。

	适合的方向	匹配的责任
c 式识别	从名称(N)到事项(I)	从含义(S)到类型(T)
陈述	从名称(N)到事项(I)	从类型(T)到含义(S)
示例	从事项(I)到名称(N)	从含义(S)到类型(T)
b 式识别	从事项(I)到名称(N)	从类型(T)到含义(S)

在两个"识别"意义的任一意义上,我们都不可能把 I 识别为不是一个 T:把一个东西识别为不是什么是胡说,因为根本就没有去识别。因此,使用肯定句式 S 将无法确定我们是在识别,还是在陈述或示例,相反,使用否定句式 SN 则清楚地表明我们必定要么在陈述,要么在示例。与此类似,被允许的句式的其他变种通常对言语行为的种类有影响,在讲出这些句子时,我们可能在做这些言语行为。(当然,一般来说,不管使用何种句式,都不会把我们束缚在某个特定种类言语行为的施行上。)

(责任编辑:王聚)

作者简介:约翰·兰肖·奥斯汀(John Langshaw Austin,1911—1960)是二战后英国著名的分析哲学家,是所谓牛津普通语言哲学的领袖人物,在英美哲学界和语言学界都有很大的影响。

译者简介:杨玉成,哲学博士,中央党校(国家行政学院)哲学教研部教授,主要研究方向为分析哲学、西方政治哲学等。

模态化的知识论、认知
安全性与思想实验

李麒麟

【摘　要】本文以模态化知识论中的认知安全性理论为例，讨论了一系列相关的思想实验案例，从而为分析和说明思想实验的本质提供了一种特定的反思视角。全文共分为四个部分：在简要介绍了模态化知识论的典型特征之后，笔者选取了认知安全性理论作为核心理论对象，展示该理论对知识论中的一些经典案例的处理与解决，在此基础上，引出了围绕认知安全性理论而构造出的进一步的思想实验"反例"，由此例示思想实验案例与相应理论建构之间微妙而复杂的互动关系，在文章的最后一部分则相应地拓宽了讨论的领域，通过模态知识论的视角常识性地简要评估了关于思想实验本质的理论刻画。

【关键词】认知安全性　思想实验　模态化的知识论　反事实条件分析

模态化的知识论在当代知识论研究领域中占据着重要的地位,模态化的知识论普遍主张,对于知识状态的考察,不仅需要考察现实世界当中的相关认知情形,还需要考察与现实世界较为相似的其他一些可能的认知情形中相关认知主体的状态。换言之,模态化的知识论主张,知识状态蕴含以某种反事实条件句的方式所刻画出来的可能的认知场景与情形,相应地,相关的反事实条件句所刻画的条件则被视为是相应知识状态的必要条件。当然,正如本文即将展示的那样,不同的模态化的知识论理论在选取相关反事实条件句刻画的内容上显然是不同的;但是,是作为一种在理论刻画上(相对)简洁、直观的知识论理论。模态化的知识论提供了一种统合的(unified)的理论,能够很好地将知识论研究领域中的各种主要问题系统地连贯起来,一致性地提供理论解决方案;这至少可以部分地解释为何模态化的知识论在当代知识论的讨论中占据着不可忽视的地位。在进入关于模态化知识论的具体理论细节的探讨之前,我们不妨概要性地考察一下模态化的知识论所表现出的典型理论特征。

首先,模态化的知识论理论通过反事实条件句的刻画,揭示具有"S 知道 p"(S knows that p)的语言表达模式(scheme)的命题知识的性质。模态化知识论通过相关的反事实条件句的刻画,可以有效地将知识状态与非知识状态区分开来。例如,模态化的知识论可以有效地说明"知识"为何不同于"仅仅为真的信念"(merely true beliefs)、"碰巧为真的信念"(accidentally true beliefs)等状态。模态化知识论的相关分析也可以为传统的知识论问题提供有益的诠释视角,从而可以保证对于传统知识论问题研究的理论接续与发展。[1] 模态化知识论的这种在结构与形式上的包容性和一致性无疑是构成其理论吸引力的一个重要因素。

其次,模态化知识论可以为我们面对当代知识论研究领域中的一系列重要的思想实验所形成的直觉判断提供分析、辩护与说明。正如本文将要向读者们展示的那样,模态知识论可以有效地说明"盖梯尔案例"(the Gettier cases)、"彩票案例"(the lottery cases)等思想实验所引出的相关直觉所包含的理论意涵。

再次,模态化的知识论为知识论研究领域中的一系列经典理论问题提供了一致性的解决方案。举例来说,模态化的知识论借助反事实条件句所刻画出的

---

[1] 例如,古希腊时期柏拉图的著名对话《泰阿泰德篇》(*The Theaetetus*)、《美诺篇》(*The Meno*)、《理想国》(*The Republic*)中对于知识与(仅仅是为真的)信念、(仅仅是真的)意见之间区别的讨论都可以在当代知识论的语境中通过模态化的知识论的视角加以重新的诠释。关于柏拉图的知识论理论与当代知识论研究之间的关系的探讨,可以参见 Michael Welbourne, *Knowledge* (Bucks, UK: Acumen Publishing Ltd., 2001);关于柏拉图自身的知识论理论的系统研究,可以参见詹文杰:《柏拉图知识论研究》,北京:北京大学出版社,2020 年。

认知概念（例如,笔者即将展开详细讨论的认知安全性）很自然地反映出了相关模态属性的认知价值。如此一来,模态化的知识论可以较为自然地为知识的价值问题提供说明和解决方案。② 除了上述关于知识的价值问题之外,模态化的知识论也同样对"怀疑论问题"提供了解决方案或者消解方案。③

　　最后,模态化的知识论是一种典型的认知外在主义理论。模态化的知识论理论揭示出,具备认知模态上善的属性的信念**并不总是**要求相关信念的持有者在内在通路(the internal access)的意义上通过反省或者反思的方式来把握相关认知特征。更为重要的是,模态化的知识论进一步指明,刻画信念的认知敏感性或者认知安全性的时候,相关的模态化属性**并不总是**可以单纯依靠对于认知主体一侧的内在状态(the internal state)的完整刻画而被穷尽。换言之,在有效说明相关信念所具有的认识上善的模态属性的时候,**存在着**一些重要的认知要素是**超出**认知主体的内在状态的整全描述的。模态化的知识论所具有的这种外在主义的特征,恰恰为当代知识论传统中的外在主义与当代心灵哲学中的外在主义提供了一种自然沟通的桥梁,进而可以在一种更为统合性的外在主义框架下对认知信念、知识作为具有外在主义特征的心灵状态提供更为合理的说明。④

　　模态化知识论的两种经典的理论实现方案分别是认知的敏感性(epistemic sensitivity)理论与认知的安全性(epistemic safety)理论;不过,需要提前声明的是,由于篇幅和论题的限制,笔者在此只能重点讨论认知安全性理论,而不再涉及认知敏感性理论的分析与讨论了。接下来,我们进入到关于认知安全性的讨论上来,并简要讨论一下认知的敏感性理论。

一、认知的安全性理论

　　作为模态化知识论中的重要代表理论,认知的安全性理论主张,知识的**必要条件**(之一)是相关认知信念需要具备认知上的安全性。具体说来,该理论声

---

② 按照乔纳森・克万维希(Jonathan L. Kvanvig)、琳达・特林考斯・扎格芙基(Linda Trinkaus Zagzebski)等学者的主张,一种关于知识(分析)的令人满意的理论,一方面需要准确刻画出知识的特性;另一方面,基于该理论的相关刻画,我们可以很合理地理解知识的价值来源。如果我们同样接受上述学者的意见,模态化的知识论则是可以同时满足上述双重理论要求的一种知识论主张。

③ 需要说明的是,由于本文的篇幅和核心议题所限,关于知识的价值问题与关于知识的怀疑论问题均不能展开深入、细致的讨论。

④ 关于模态化的知识论,因其外在主义特征带来的知识论观念的变革,笔者将结合相关思想实验的案例,以认知安全性理论为代表,在本文的后续部分展开更为详细的讨论。

称,只有在认知主体的相关信念是安全的情况下,该主体才可能拥有相关知识。而认知信念的安全性则是可以(大致)通过如下的反事实条件句的方式来进行刻画的:

安全性条件:
认知主体 S 知道 p,仅当(only if):假使认知主体 S 通过类似的认知方法或手段依然相信 p,那么,p 依旧是真的。(If, by using the similar method, S were to believe that p, then, p would be true.)

上述关于认知信念的安全性的核心要件依旧是相应的反事实条件句刻画,这部分反事实条件句在形式上可以粗略地符号化为如下的形式:

$$(\textbf{Safety}): \textbf{\textit{B}}_s(p)_{-by-M}\square\!\!\rightarrow p$$

按照安全性理论支持者的理解,认知信念的安全性合理地反映了知识本身的认知强健性,换言之,知识信念更不容易出错;而知识的这种认知模态上的优良属性本质上植根于或者继承自相关认知主体所应用的认知手段的恰当性、可靠性与准确性。正如邓肯·普理查德(Duncan Pritchard)对安全性条件所做出的评论那样,

[信念的]安全性背后的基本观点就是,一个人所持有的真信念不能很容易地变成假的(could not have easily been false)。……[这也就是说,当]一个人持有一条真信念[的时候],在邻近的可能世界中,如果这一主体还以与现实世界同样的[认知]基础来继续形成相关信念的话,这以认知主体的相关信念依旧继续为真。⑤

在操作层面,当我们评估某一认知信念是否是安全的,我们需要首先选定与现实世界最为邻近的一个(或一组)可能世界,确保在该可能世界中,认知主体依旧采取与现实世界类似的方法来形成相关信念——若在该可能世界中,相应的信念为真(true),则该主体在现实世界中所形成的信念就是认知上安全

---

⑤ Duncan Pritchard, "Knowledge Cannot Be Lucky,"in Matthias Steup, John Turri, and Ernest Sosa (eds.), *Contemporary Debates in Epistemology*, 2nd edition (Malden, MA: John Wiley & Sons, Inc., 2014), p. 156.

的;如果在相应的可能世界中,认知主体的相关信念为假(false),那么,该认知主体在现实世界中的信念在认知上就不安全。由于认知信念的安全性是知识的必要条件,[6] 认知上不安全的信念则不是知识;而认知上安全的信念则处于认知上更优的地位,是可能成为知识的。认知的安全性理论同样承诺人类知识是可错的(fallible),因此,在安全性条件中,相关可能世界的筛选都是选取出与现实世界邻近的一组(甚至是最为邻近的一个)可能世界,在被选取出来的这个(或者这些)邻近的可能世界中来评估相关信念是否为真。换言之,在安全性条件的讨论中,我们并不需要考察全部按照与现实类似的方式或方法形成相关信念的所有可能世界,只需讨论这些可能世界中的一个(或者一些)即可。

认知的安全性理论可以成功地处理当代知识论中的一系列经典问题。在此,我们不妨结合一些相关的思想实验进行一下简要的说明。

首先我们来考虑作为"盖梯尔案例"而出现的"伪谷仓"案例:

"伪谷仓"案例

亨利开车经过一片乡间的田野区域,亨利可以凭借自己的视力能力很胜任地(competently)将谷仓和其他乡间常见的对象(例如,农夫的住宅、牲畜及其牧场,大型联合收割机,等等)相区分开。现在亨利指着不远处的一个乡间建筑,将其辨认为谷仓。亨利关于面前的对象是谷仓的信念是真的。但是,不为亨利所知的是,其实这片乡间区域存在着大量的伪谷仓模型,这些伪谷仓模型设计得是如此巧妙,足以保证亨利在同等距离来观察这些模型的时候,他会被欺骗——他会将伪谷仓模型误认成真正的谷仓。但是,巧合的是,在这片乡间区域存在着唯一真正的谷仓,而亨利恰恰就是站在这唯一真谷仓面前将该对象识别为谷仓。那么,亨利是否知道自己面前的对象是谷仓呢? 他是否仅仅持有真信念而非知识呢?[7]

---

⑥ 当然,这里的"认知安全性作为知识必要条件"的主张也并非无可争议。例如,胡安·科梅萨尼亚(Juan Comesaña)就主张存在着不满足安全性条件的知识(参见 Juan Comesaña, "Unsafe Knowledge," *Synthese*, vol. 146, no. 3 (September, 2005), pp. 395–404)。限于文章篇幅,笔者在此无法展开相关的详细讨论。关于如何在外在主义框架下理解安全性作为知识的必要条件,笔者将另外撰文讨论。

⑦ 参见 Carl Ginet, "The Fourth Condition," in David S. Austin (ed.), *Philosophical Analysis: A Defense by Example* (Dordrecht, the Netherland: Kluwer Academic Publishers, 1988), p. 106; Alvin Goldman, "Discrimination and Perceptual Knowledge," *The Journal of Philosophy*, vol. 73, no. 20 (November, 1976), pp. 772–773。

根据认知安全性理论,"伪谷仓"案例中亨利的信念是不安全的——因为在与现实世界最为邻近的一个可能世界中,亨利依旧以视觉的方式分辨并进而判断面前的对象是否是谷仓的话,亨利会依旧按照相关视觉经验证据而相信面前的对象是谷仓,但是,在该可能世界中,亨利的信念因为其面前的对象恰恰是伪装得精妙绝伦的谷仓模型而成为了假信念。[8] 由于亨利的信念在认知上是不安全的,因此,在"伪谷仓"案例中的亨利并不知道面前的对象是谷仓。

我们还可以将认知安全性理论用于分析如下的"公平彩票"案例:

"公平彩票"案例

请设想一场胜率极小(例如说,百万分之一)的公平的博彩活动已经完成了摇奖,同样设想一对认知主体——[小盖与小鲍],这两个人各自拥有一张这次博彩活动的彩票。现在我们假定[小盖]并没有获得关于获胜彩票信息的任何渠道,但是她仅仅根据自己的彩票中奖概率极小这一信息便相信自己的彩票没有中奖;而假定[小鲍]则是阅读了一份可靠的报纸所报道出来的中奖彩票信息,她进而相信了自己的彩票没有中奖。[假定这两位认知主体的彩票确实都没有中奖。]现在问题来了:直观上讲,[小盖]并不知道她的彩票没有中奖,而[小鲍]则是知道她的彩票没有中奖的。这一判断是十分令人困惑的,因为从概率的角度看,[小盖]的信念是处于极其有利的地位的;然而,对于报纸而言,即使(出于明显的理由)报社在印刷中奖彩票号码信息的时候是极其小心谨慎的,其出现印刷错误的概率依旧会高于相应的彩票中奖的胜率的。所以,[我们的问题是,]何以是[小鲍]拥有相关知识而[小盖]却不知道有关知识呢?[9]

---

[8] 在这里,需要承认的一个问题是,就安全性条件的反事实条件句刻画而言,其"反事实"确乎更多是在语言表述上(即采取了相应的虚拟语态的表达样式),依照相关条件句的前件所筛选出来的邻近的可能世界与现实世界就其前件刻画出的事态而言,二者并不存在直观上的"反事实"关系。这也成为一些学者批评安全性条件的理由(例如,克万维希就批评安全性条件并不是真正的反事实条件句)。在这种意义上,当我们面对"伪谷仓"案例来进行相关安全性分析的时候,似乎没有原则上的理由阻止我们筛选出的最为邻近的可能世界与现实世界的差异,仅仅是亨利站在相关区域中唯一的真谷仓面前的时刻有所不同。换言之,我们在正文讨论中所筛选出的亨利站在伪谷仓面前的可能世界似乎并不充分邻近于现实世界。在这种情况下,似乎我们正文讨论中筛选出来的可能世界主要是出于案例讨论的语境凸显(contextual salience)因素(而非严格意义上与模态直接相关的形而上学因素)。

[9] 该案例改写自 Duncan Pritchard, "Knowledge Cannot Be Lucky," p. 155.

　　如果我们单纯考察小鲍的信念，不难发现，即使是在临近的可能世界当中，当小鲍是通过阅读相关可靠报纸所报告的中奖信息的方式来形成相关信念的话，小鲍的信念在该可能世界当中依旧是真的。因此，小鲍的信念无疑是满足安全性条件的，因而，现实世界中的小鲍也是拥有相关知识的。而一旦我们将研究的焦点转换到小盖身上的时候，乍看上去，认知的安全性理论好像就面临着一些困难与挑战了——因为对于小盖来说，当她在邻近的可能世界中依旧是仅仅凭借彩票中奖概率极低的信息形成自己的彩票没有中奖的信念的时候，该可能世界中中奖的彩票号码完全可以是既不同于现实世界中中奖的彩票号码、又不同于小盖的彩票号码，这种情况下，小盖在该可能世界的相应信念就变成真信念了。然而，上述问题其实仅仅是乍看上去好像存在的，通过与相关可能世界距离的对比，由于小盖信念所依赖的信息是"对于任意一张彩票来说，其中奖概率都是极低的（即 $1/n$）"，该信息对于全部彩票而言都是同样成立的，在这种情况下，该信念的形成方式为标准筛选出来的全部可能世界都排布于与现实世界等距的圆周（或者球面）上，其中就包括小盖自己彩票中奖的那一个可能世界，由于该可能世界并不更为遥远，在评估小盖信念的安全性的时候，该可能世界是不能被忽视的，而在此可能世界中，小盖相信自己的彩票没有中奖的信念就是假的；基于该可能世界，我们可以得出小盖的信念在认知上不安全的判定。由于安全性理论针对小鲍信念的分析只是在可能世界排布上稍微变得复杂一些，并不存在类似于分析小盖信念的那类"看上去的"困难，笔者在此就不再过多赘述了。[⑩]

　　而在针对怀疑论的问题上，认知的安全性理论的处理路线是一种近似于新摩尔主义（neo-Mooreanim）的策略：我们日常的知识信念是认知上安全的；而在安全性理论下，关于知识的演绎封闭原则是可以成立的，我们因此也可以知道我们不是缸中之脑。认知的安全性理论指出，我们的怀疑论直觉存在着问题，由于缸中之脑的可能世界距离现实世界足够遥远，在邻近的可能世界中，当我们通过可靠的认知方法形成信念的时候，这些可能世界对我们在认知上依旧是友善的与合作的，在这些可能世界中，由于我们大量的日常认知信念依旧是真的，我们就可以因此回应怀疑论的挑战，真实而准确地断定自己不是缸中之脑。

[⑩] 关于"公平彩票"案例中小盖和小鲍相关信念的安全性分析的更为详尽的讨论参见李麒麟：《认知的可靠性与可能世界理论——反事实分析方法的一个案例》，《中国高校社会科学》2017 年第 4 期，第98—111 页。

至此为止，我们已经简要展示和说明了认知的安全性理论的理论特色；接着，笔者将借助"伪谷仓"案例、"公平彩票"案例的进阶版变体，深化我们对于认知的安全性理论的理解，通过相关思想实验案例展示认知安全性理论作为一种外在主义理论是如何处理和解决认知运气问题的。

二、安全性、外在主义与认知运气：基于案例的研究

在上一小节中，我们简要讨论了通过将相关可能世界等距排布的操作，就可以解决"公平彩票"案例中相关认知主体信念的模态分析的困难（主要表现为如何正确揭示和分析小盖信念的不安全）。在本小节中，我们首先来考虑如下的一个可以视为是进阶版本的彩票案例：

"摇奖器不公平的彩票"案例

请设想一场只有一张彩票可以中奖的博彩活动已经完成了摇奖，由于此次博彩售出了数量巨大的彩票，所以，此次博彩活动的胜率极小（例如说，百万分之一），同样设想一对认知主体——小盖$_1$与小盖$_2$，这两个人各自拥有一张这次博彩活动的彩票，小盖$_1$持有的彩票号码是奇数的，而小盖$_2$持有的彩票号码是偶数的。现在我们假定小盖$_1$与小盖$_2$都没有获得关于获胜彩票信息的任何渠道，但是她们仅仅根据自己彩票中奖概率极小的这一信息便相信自己的彩票没有中奖。不为她们二人所知的是，摇奖机器中的号码球其实在质量上存在显著差异，这导致偶数号码球在显著的意义上更容易被摇出（假定所有偶数号码球之间没有质量差异，所有偶数号码球被摇出的几率都是相等的）。事实上，此次博彩活动的中奖结果也确实是某一偶数彩票号码。但是，该中奖号码与小盖$_1$与小盖$_2$的彩票号码均不相同。换言之，在此次博彩活动中小盖$_1$与小盖$_2$的彩票均未中奖。直观上讲，尽管她们二人的相关信念均为真，但是，小盖$_1$与小盖$_2$都不知道她们各自的彩票没有中奖。

在上述"摇奖器不公平的彩票"案例中，认知的安全性理论能否给出合理的分析指明小盖$_1$与小盖$_2$的相关信念都是不安全的呢？在该案例中，由于摇奖机器中偶数号码球更容易被摇出，这导致我们考察相关可能世界的时候，围绕在现实世界周边的可能世界会分成两层球面（或者圆环）——在距离现实世界更

近的内层的可能世界构成了一个集合,在这些可能世界中的中奖号码都是偶数号码;而与此相应地,处于距离现实世界相对较远一些的可能世界处于外层的球面(或者圆环)上(假定所有奇数号码球之间也没有质量差异,所有奇数号码球被摇出的几率也都是相等的)。在这样的可能世界的排布状态下,我们会发现小盖$_1$由于她持有的彩票号码是奇数的,当我们考察邻近的可能世界的时候,当小盖$_1$依旧单纯凭借彩票中奖概率极低而相信自己的彩票没有中奖的话,在内层的可能世界中,由于相应的中奖号码都是偶数的,小盖$_1$的相关信念在这些邻近的可能世界中都是真的。因而,我们可以得出判定,根据认知的安全性理论,在"摇奖器不公平的彩票"案例中小盖$_1$在现实世界中相信自己的彩票没有中奖的信念是认知上安全的。这似乎看上去对于认知的安全性理论来说不是什么好结果。更为棘手的是,当我们评估小盖$_2$的信念的安全性的时候,由于小盖$_2$所持有的彩票号码是偶数的,以此面对的可能世界的评估情形恰恰在结构上高度类似于"公平彩票"案例中小盖的情况——在内层球面(或圆环)上存在一个并不更为遥远的可能世界,在该可能世界中,尽管小盖$_2$单纯凭借彩票中奖概率极低的信息依旧相信自己的彩票没有中奖,但是,在该可能世界中恰恰是小盖$_2$所持有的那张彩票中奖了,因此,小盖$_2$相信自己的彩票没有中奖的信念在该可能世界中是假的。按照这样的分析策略,我们不难看出,在"摇奖器不公平的彩票"案例中小盖$_2$在现实世界中相信自己的彩票没有中奖的信念是认知上不安全的。

　　当我们得出上述分析结论——在"摇奖器不公平的彩票"案例中,小盖$_1$在现实世界中相信自己的彩票没有中奖的信念是认知上**安全的**,但是,小盖$_2$在现实世界中相信自己的彩票没有中奖的信念却是认知上**不安全的**——我们在直觉上似乎应该觉得这是不可接受的:毕竟在二人采取的信念形成方法、彩票中奖概率极低的信息等方面,小盖$_1$与小盖$_2$都是处于认知上的等价地位的,而安全性理论却对此二人的认知地位进行了明显不同的等级区分。如此说来,"摇奖器不公平的彩票"案例是否向认知的安全性理论提出了一种击倒性(knocking-down)的理论挑战呢?

　　如果我们想回答上述的问题,就不得不回到模态化知识论的理论的外在主义特征上来。我们对于小盖$_1$与小盖$_2$是处于认知上同等地位的直觉判断没有明显错误,但是这并不意味这种正确的直觉判断必须被认知信念的安全性的这种外在主义知识论理论所捕获或者反映。当我们从理论视角反思相关直觉的时候,一种比较自然的解释方案就是:小盖$_1$与小盖$_2$都实际上采取同一种信念的形成方案、都利用了同一种中奖概率的信息、都清晰地意识到自己信念与彩票中奖概率信息之间的依存关系⋯⋯上述的这些描述清晰地表明,小盖₁与小盖₂是在认知主体的内在状态、认知的内在通路等方面处于等价地位的。当我们关注的是二人上述的这些内在主义特征与要素的时候,小盖₁持有的是奇数号码的彩票、小盖₂持有的是偶数号码的彩票这样的信息就显得颇为琐碎——这种琐碎是在认知内在主义视角下被映衬出来的。

而一旦我们将视角切换到认知的外在主义视角之后,相关信息所扮演的角色就发生了根本的变化。由于号码球在质量上的显著差异,这导致现实世界中偶数号码球被摇出的可能性显著提升,进而导致偶数号码的彩票相较于奇数号码的彩票**事实上**更容易成为赢家。从外在世界在认知合作与认知友善的角度看,在相关案例中,现实世界对于持有奇数号码彩票的玩家所形成的、自己所持有的彩票不中奖的信念具有更高的配合度。这类外在主义的要素恰恰是认知的安全性理论作为一种外在主义知识论理论所更擅长揭示的。

当我们厘清上述的理论思路之后,我们便不难发现,虽然我们关于小盖₁与小盖₂处于认知上同等地位的直觉判断是成立的,但是,这种直觉判断并不构成对于认知的安全性理论的具有针对性的挑战,基于认知的安全性理论所得出的结论虽然与我们的直觉判定不符,但是,由于二者在视角上的差异,相关理论判定与直觉判定之间并不构成实质的矛盾关系。我们恰恰可以利用相关理论资源,帮助我们更好地对自己的直觉判定进行理论层面和概念层面的分类。

借鉴上述的分析思路,我们可以对当代知识论研究领域关于"伪谷仓"案例的相关争议采取一种新颖的切入视角。在当代知识论的研究中,学者们围绕"伪谷仓"案例所展开的争论主要集中于该案例中的亨利信念的为真方式上,该案例中亨利信念为真的方式**恰恰是那个唯一真实的谷仓**引发了亨利的相关真信念,[11]也正因如此,不同的知识论学者对于"亨利是否知道自己面前的对象是谷仓"这一问题的判定存在着明显的争议——某些学者[12]认为,"伪谷仓"案例当

---

⑪ 也正是"伪谷仓"案例的这种独特之处导致传统的针对盖梯尔问题的一些解决方案(例如,无虚假基础理论、关于知识的因果理论、成真项理论等)无法有效解决由"伪谷仓"案例所引出的挑战。

⑫ 相关观点可以参见 Adrian Heathcote, "Truthmaking and the Gettier Problem," in Stephen Hetherington (ed.), *Aspects of Knowing*: *Epistemological Essays* (Amsterdam, the Netherlands: Elsevier Ltd., 2006), pp. 151 – 167; Adrian Heathcote, "Gettier and the Stopped Clock," *Analysis*, vol. 72, no. 2 (April, 2012), pp. 309 – 314; Stephen Hetherington, *Knowledge and the Gettier Problem* (Cambridge, UK: Cambridge University Press, 2016)。

中的认知主体不仅是持有相关的真信念，而且确实是**知道**自己面前的对象是谷仓的；而另一些学者⑬则主张，"伪谷仓"案例当中的认知主体可能具备的是低等级的知识（例如，"动物知识"［animal knowledge］），但是，该主体却不具备相应的高等级的知识（例如，"反思知识"［reflective knowledge］）。当然，也有一些学者⑭明确认为"伪谷仓"案例是真正的"盖梯尔案例"，亨利的信念仅仅是得到辩护的真信念，但是亨利并不知道面前的对象是谷仓。

在上述观点中，如果我们考察最初"伪谷仓"案例设计者对相关案例的理论分析方案，我们不难发现，这些学者认为案例中相应地区唯一的真谷仓与该地区其他伪装精巧的谷仓模型对亨利而言构成了"感知等价物"（perceptualequivalent），这些感知等价物令主体产生了认知上主体不能有效进行区分的等价的感知觉状态。⑮ 上述描述只有在内在主义视角下，才能被较为自然地理解和把握。而一旦我们转换到外在主义视角下，亨利与真谷仓的因果作用过程并不在形而上学的外在主义意义上等价于他与精巧伪装的谷仓模型之间的因果作用过程。即使我们承认上述两种过程最终在亨利主体一侧产生的感知觉经验状态对于该主体来说是无法进行有效辨别与区分的，由此也并不意味着二者就是认知外在主义意义上的等价物。我们可以借助普特南的"孪生地球"案例来帮助我们理解相关问题，即使 H_2O 与 XYZ 不论对于地球人还是孪生地球人来说都是不可分辨的，相关主体事实上以"水"这一自然类词所标定的相关因果交互作用并不会在外在主义的意义上被混为一谈。

回到那些倾向于向"伪谷仓"案例中的亨利归属某种知识的学者的思想上来，这些学者普遍看重的要素是真谷仓在认知上驱动亨利生成相应真信念的过程与特色。虽然笔者在本文前述部分的相关讨论与分析中，利用认知的安全性理论分别给出了亨利相关信念为何是不安全的分析与判定，但是，这并不意味着相关的模态化知识论理论只能将"伪谷仓"案例判定为真正的"盖梯尔案例"。通过对相关反事实条件句前件当中所包含要素的外在主义诠释（例如，针对认知安全性理论，重新界定形成相关信念的方法、手段、原则及其相关认知上善的

---

⑬ 参见 Ernest Sosa, *A Virtue Epistemology: Apt Belief and Reflective Knowledge*, vol. 1 (Oxford, UK: Oxford University Press, 2007); Ernest Sosa, *Epistemology* (Princeton, NJ: Princeton University Press, 2017)。

⑭ 参见 Carl Ginet, "The Fourth Condition"; Alvin Goldman, "Discrimination and Perceptual Knowledge"。

⑮ 参见 Alvin Goldman, "Discrimination and Perceptual Knowledge"。

属性［例如，可靠性，等等］的进一步细化⑯），模态化知识论的相关理论是可以与那些愿意归属给亨利相关信念的知识地位的主张是相容的。

由上述"伪谷仓"案例的思考出发，我们还可以进一步思考"盖梯尔案例"与那些与知识不相容的认知运气之间的复杂关系。在当代知识论的讨论中，关于"盖梯尔案例"本质的探讨往往与认知运气的问题产生关联。很多学者主张，"盖梯尔案例"本质上是对那些与知识不相容的认知运气的例示。这些与知识不相容的认知运气可以大致分成如下的类型：真性的认知运气（veritic epistemic luck）、反思性的认知运气（reflective epistemic luck）、与认知德性归属相关的认知运气，等等。粗略说来，真性的认知运气主要涉及的是相关认知信念以何种方式为真的；反思性的认知运气主要反映的是认知主体是否具备内在主义认知资源排除相关信念碰巧为真的状态与情形；而在认识的价值理论或者德性理论的考察下，认知运气还可以发生在对于相关认知成就或者认知德性的归属层面。⑰ 正如普理查德⑱等学者论述的那样，认知安全性理论作为一种认知外在主义理论，在处理第一类认知运气方面更为适宜，而对于内在主义要素占据较大比重的案例分析，则表现出一定的理论惰性。

对上述问题的思考，还可以换一个视角来展开相关讨论。现在，我们暂时悬置上述讨论中关于"伪谷仓"案例到底是不是真正的盖梯尔案例的质疑，暂时性地顺从相对主流的意见，将"伪谷仓"案例权且视为是盖梯尔案例，并且按照模态知识论的经典处理方案，通过安全性条件（或者，敏感性条件）的经典应用方案，权且接受如下的结论：处于"伪谷仓"案例中的认知主体亨利的相关信念仅仅是碰巧为真的信念，但是该信念由于不具备认知上的安全性（或者，认知上的敏感性），因此，相关信念就不构成对应的知识。换言之，处于"伪谷仓"案例中的亨利的相关信念由于不是认知上安全的（或者，认知上敏感的），因此，亨利并不知道其面前的对象是谷仓。但是，这是否就意味着以认知安全性（或者，认知敏感性）为代表的模态化的知识论理论就取得了一种针对盖梯尔问题的较为

---

⑯ 对于敏感性理论而言，由于相关反事实条件句前件的"非-p"在独立筛选相关邻近可能世界方面比较粗疏，该理论可能需要借助相关替代选项（the relevant alternative）的理论资源加以细化。笔者在此简要指明的是，由于"非-p"既可以表达典型外在主义层面上对相关可能世界的筛选内容，又可以通过内在主义的认知上的不可区分性等原则对相关可能世界进行描摹（典型表现在涉及怀疑论场景的讨论中），而上述两种不同策略其实是被相关反事实条件句的前件"非-p"统合起来的，在这个意义上，认知的敏感性理论作为外在主义知识论理论，其外在主义纲领呈现出一定的杂合状态。

⑰ 相关问题的详细讨论参见李麒麟：《理智德性及其在知识价值问题当中扮演的驱动性角色——扎格泽博斯基对盖梯尔问题的解决方案》，《自然辩证法通讯》2018 年第 2 期，第 24—30 页。

⑱ 参见 Duncan Pritchard, *Epistemic Luck* (Oxford, UK: Oxford University Press, 2005)。

令人满意的解决方案了呢？当代知识论领域中的相关文献似乎暗示了一种否定性的答案。

如果我们假设从"公平彩票"案例到"摇奖器不公平的彩票"案例的构造过程中存在着某种一般性的方法论策略，我们将这种方法论策略套用到"伪谷仓"的案例上，似乎也可以构造出一种"进阶版"的"伪谷仓"案例。在这种进阶版的案例中，我们可以通过调试相关案例的具体的场景设定信息，例如强化亨利进入该乡间区域的特定路线、该区域唯一真谷仓的特定坐落位置、亨利与该地区唯一真谷仓的历史上或者经验上相互关联的方式等细节，导致关于亨利的相关信念在其模态性质评估上所筛选出的邻近的可能世界中亨利所面对的对象依旧是该地区唯一的那一座真谷仓的话，那么，我们似乎就可以构造出一种针对模态化知识论的进阶版的盖梯尔案例了。为了讨论的方便起见，我们在此选取安全性条件作为我们的讨论对象。这就意味着，我们可以构造进阶版的盖梯尔案例，使得相关认知主体的信念在邻近的可能世界中依旧是真的。但是，如果我们保持的是与初始的"伪谷仓"案例同样的关于知识的判定直觉的话，我们就可以挑选出某些邻近的可能世界中相关认知主体的信念依旧是真的。这种情形其实就类似于在"摇奖器不公平的彩票"案例中，邻近的可能世界是那些偶数摇奖球更容易被摇出的状况。我们可以来看一下这种进阶版的伪谷仓案例：

"最南边的谷仓"案例

亨利₁开车经过一片乡间的田野区域，亨利₁可以凭借自己的视力能力很胜任地（competently）将谷仓和其他乡间常见的对象（例如，农夫的住宅、牲畜及其牧场，大型联合收割机，等等）相区分开。现在亨利₁指着不远处的一个乡间建筑，将其辨认为谷仓。亨利₁关于面前的对象是谷仓的信念是真的。但是，不为亨利₁所知的是，其实这片乡间区域存在着大量的伪谷仓模型，这些伪谷仓模型设计得是如此巧妙，足以保证亨利₁在同等距离来观察这些模型的时候，他会被欺骗——他会将伪谷仓模型误认成真正的谷仓。但是，巧合的是，在这片乡间区域存在着唯一一个真正的谷仓，而亨利₁恰恰就是站在这唯一一个真谷仓面前将该对象识别为谷仓。还有另一条亨利₁所不知道的信息是：该地区的农夫在修建伪谷仓的模型的时候，总是将这些伪谷仓模型建立在距离该区域南端相对较远的地方，这使得在这个地区的南边就只有这一个真谷仓，而且（不同于"伪谷仓"案例中的亨利的是），其实亨利₁ 在他小时候曾经居住在该地区的南部位置上，那时候他经常通过自己家里的窗户就能够看到该地区这座唯一的真谷仓（虽然亨利₁ 从来也不知道他的那些乡亲们一直在整个区域中建造着大量的假谷仓模型）。因此，每次亨利₁ 开车经过这片地区的时候，处于怀旧情结，他总是驱车从该地区的南部进入，并且热切地张望和寻找位于该地区最南边的那个谷仓，而对其他位置上看起来像是谷仓的对象则表现得毫无兴趣。⑲

毫无疑问，上述的案例是那些对安全性条件持批评态度的学者所构造的反例，这些学者力图通过上述案例证明：即使亨利₁ 的关于面前的对象是谷仓的信念是真的且是认知上安全的，但是，亨利₁ 依旧不知道他面前的对象是谷仓。笔者在此希望引起读者注意的是，我们虽然可以理解这些对安全性条件持批判立场的学者在建构相关案例的理论导向与理论意图，但是，我们在上述案例当中的直觉是否还真的像是在经典盖梯尔案例中被引入时的那种直觉一样强烈呢？正如之前我们已经看到的那样，即使是对于"伪谷仓"案例，当代知识论学者对亨利是否知道自己面前的对象是谷仓尚且具有争议，而在"最南边的谷仓"案例中，如果有一些知识论学者主张亨利₁ 的相关信念确实是安全的（乃至因此是构成相应命题知识的），这似乎也不是不可接受的理论主张，毕竟亨利₁ 所处的认知关系以及亨利₁ 与周边环境的相互作用等因素确实使得亨利₁ 占据了比亨利更优的认知地位。在这种解读中，相关争议的核心已经从某种模态化知识论主张，转移到相关思想实验案例是否能够算作是针对相关理论主张合法的或者真实的反例了。换言之，我们现在的争议焦点已经变成了诸如"最南边的谷仓"这类思想实验案例能否按照其设计者所意图的那样针对相关理论主张产生反驳效果的争议了。

沿着上述的思路，我们应该可以合理预期，围绕着"伪谷仓"案例，我们还可以构造出一系列的进阶版的思想实验案例，在这个方面的代表性工作是由塔玛·扎博·詹德勒（Tamar Szabó Gendler）和约翰·霍桑（John Hawthorne）做

---

⑲ 该案例改写自 Jennifer Lackey, "Pritchard's Epistemic Luck," *The Philosophical Quarterly*, vol. 56, no. 223 (April, 2006), p. 288；相关讨论亦可参见 Sanford C. Goldberg, "Epistemic Entitlement and Luck," *Philosophy and Phenomenological Research*, vol. 91, no. 2 (September, 2015), pp. 273 – 302；Sanford C. Goldberg, "A Normative Account of Epistemic Luck," *Philosophical Issues*, vol. 29 (2019), pp. 97 – 109。

出的,[20]这两位学者对以"伪谷仓"案例为原型的各种进阶版的思想实验组进行了更为系统的研究,詹德勒和霍桑发现相关思想实验案例伴随着其精致复杂程度的提升,其被假定要起到的、引发针对命题知识的否定性直觉的作用变得越来越微弱,而逐渐显示出这种构造思想实验的方法可能会导致命题知识不再具有认知上的强健性,而是变得在认知上更为脆弱了。按照这些学者的分析,针对该系列思想实验的研究与展示似乎在一种准归谬的意义上显示,最初的"假谷仓"案例并不能稳定地提供关于相关知识断言的否定性判据。而在此基础上,我们似乎还可以合理引申:知识论当中的一些思想实验案例所引发的直觉判定是高度不稳定的(highly unstable),即使我们可以一再构造进一步复杂精巧的思想实验案例来作为目标理论的反例,但是这并不意味着相关的目标理论由于这些思想实验的"反例"的存在就是错误的。[21]

在我们完成了上述分析与论证之后,当我们再次审视围绕认知安全性理论所建构的思想实验的案例集合的时候,我们需要谨慎地划分相关思想实验案例的效力,我们需要评估相关思想实验案例的合理性。我们进行的相关思考也可以帮助我们加深对思想实验这种哲学方法论手段本质的理解,尽管这种理解受限于我们目前关于模态化知识论(特别是认知安全性理论)的相关研究。因此,在本文的最后一小节,笔者将在前述思想实验案例的分析与讨论的基础上,简要评论一下当前关于思想实验本质的几种理论刻画。

三、基于认知安全性的相关讨论而进行的关于思想实验的有限反思

在上一小节中,我们看到了围绕认知安全性理论所进行的递进性地构造思想实验案例的情形,并指出相关做法所可能带来的理论反思、理论批判层面的相关作用。这些思考引导我们在此进一步地尝试反思关于思想实验本质的相关理论刻画的合理性。因此,在本小节的讨论中,我们将在前述围绕认知安全性理论及其相关思想实验的基础上,适当拓展我们讨论和研究对象的范围,从而凸显目前各种关于思想实验的理论的相对优势以及可能面临的挑战。

---

[20] Tamar Szabó Gendler and John Hawthorne, "The Real Guide to Fake Barns: A Catalogue of Gifts for Your Epistemic Enemies," reprinted in Tamar Szabó Gendler, *Intuition*, *Imagination*, *and Philosophical Metho-dology* (Oxford, UK: Oxford University Press, 2010), pp. 98 - 115.

[21] 参见 Tamar Szabó Gendler, *Intuition*, *Imagination*, *and Philosophical Methodology* (Oxford, UK: Oxford University Press, 2010), pp. 5 - 6。

关于思想实验的一种经典的理论刻画是由欧内斯特·索萨（Ernest Sosa）、保罗·阿廷·博格西安（Paul Artin Boghossian）等学者提出的，按照这种理论，思想实验的本质及其效力应当归结为某种理智直觉（intellectual intuition）。[22] 但是，不难看出，这种解读方案对于分析我们前述关于认知安全性理论以及相关思想实验案例集合的操作并没有提供很强有力的分析工具。在这种解读框架下，相关现象似乎是意味着不同（内容的?）理智直觉之间的竞争，但是，这并不能帮助我们确定，最终我们应当合理地接纳哪种理智直觉的判断，而拒斥其他的理智直觉的判断。

如果我们严肃考察我们围绕认知安全性理论所依次讨论的思想实验案例的次序，并严肃地讨论这些案例之间的进阶性的话，我们可能会倾向于接受由杰西卡·布朗（Jessica Brown）、雨果·梅西耶（Hugo Mercier）与达恩·斯珀伯（Dan Sperber）等学者所主张的关于思想实验的推理主义的立场。[23] 按照这种关于"思想实验"的理论，当我们构造和思考"思想实验"的时候，我们并不仅仅是通过案例来引发某种理智直觉来作为反驳某一目标理论的判据，而是通过思想实验的案例，结合相关目标理论的分析，通过推理得到某种不可接受的结果来作为相关目标理论的反驳，也正因如此，相关思想实验案例才能成为相关目标理论的"反例"。当然，按照这种推理主义的立场，相关推理所产生的作用是广义层面的，换言之，相关推理可以超出我们常见的哲学、逻辑学中所研究的推理模式，相关推理的效果可以是心理的（psychological）。然而，针对我们前述的相关讨论，我们在推进性地建构相关案例、评估"反例"所引发的反思的时候，我们的操作似乎是在"案例-理论-案例-理论-……"的这种比较偏重于理论思考层面展开相关推理的，相关的心理要素并不是特别凸显（当然，除了在有些时候、有些场合下，我们会对某种理论或者某一思想实验案例表达出伴随着理智上不愿接受的相关心理层面的拒斥感或者疏离感）。因此，我们似乎需要将关于思想实验的理论说明在我们当下关于认知安全性理论的研究中进行更为明晰的定位。

如果上述分析是合理的话，在我们当下的讨论中，一种关于思想实验的合

---

[22] 应当提醒读者注意的是，虽然笔者在此将索萨教授和博格西安教授都归为关于"思想实验"本质是理智直觉的理论立场的代表人物，但是，在理智直观如何起效方面，索萨教授和博格西安教授还是存在着不同判断的，索萨教授强调理解（understanding）对于相关理智直觉生成上的作用，而博格西安教授则认为理智直觉并不总是依赖于理解的，而是本质上一种基于认知分析性（epistemic analyticity）而起效的认知能力。

[23] 感谢复旦大学王聚老师在这一方面提供的相关点评意见与文献信息。

理的理论说明似乎就是由蒂莫西·威廉姆森(Timothy Williamson)提供的关于
"思想实验"的理论刻画。按照威廉姆森的观点,思想实验是一种特定类型的反
事实条件推理,其理论特色主要表现为关于反事实条件推理模式的细致刻画以
及关于理性判断能力在现实场景与思想实验案例场景中效力的一致性,相关理
性判断能力在现实世界与思想实验中的起效模式可以分别被刻画成"在线模
式"(online mode)与"下线模式"(offline mode)的不同的运行状态的差异。当
然,在威廉姆森那里,"思想实验"主要被理解为一种反事实条件推理的手段,可
以构成对于某一目标理论的反例,从而要求相应目标理论进行进一步的改进或
者指明相关理论被严重地挫败了。在这种意义上,威廉姆森主要向我们展示的
是"思想实验"所具有的推理性特征以及在理论推进层面所起到的批驳或者消
解等负面的(negative)作用。结合我们前述关于认知安全性的相关讨论,我们
不难发现,威廉姆森的相关理论框架是更适合直接解释我们在认知安全性理论
及其相关思想实验案例不断演进的哲学实践的。而由于我们所从事的是利用
思想实验来进行的反事实条件推理,因此,在一定情况下,相关推理也并不一定
总是导向关于目标理论的否证性的结论,也可以将相关的理论澄清和对于过于
人为地、复杂构造的思想实验的反作用看作是通过反事实条件推理的某些"归
谬性"的推导式的反驳。

　　当然,需要承认的是,一旦我们超出前述关于认知安全性理论的相关讨论
的范围,在我们的哲学的研究实践中,"思想实验"似乎还有更为丰富的起效方
式——在某些情况下,某一"思想实验"案例可能被意图扮演的是对某种理论立
场的支持性的正面的(positive)作用;[24]在另一些情况下,某一"思想实验"案例
可能成为若干竞争理论都需提供理论解释的"数据"(data),而并不针对这些出
于竞争关系中的任何一种理论构成真正的反例(例如,基思·德罗斯[Keith
DeRose]所构造的一组"银行"案例,[25]就是用来支持关于"知道"的语境主义主张
的,但是,作为语境主义的竞争理论而存在的恒定主义[invariantism]同样试图
建构相关理论,来解释"银行"案例所呈现出的相关现象);甚至还存在一些情

㉔ 在这里,笔者需要感谢威廉姆森教授的提醒,笔者需要澄清的是,此处我们所讨论的"支持性的正面作
　用"主要不是在琐屑的意义上来使用的。如下的情况示例了一种琐屑的"支持性的正面作用":当某
　一思想实验案例 C 成为某一目标理论 L 的反例的时候,该思想实验案例 C(在一种琐屑的意义上)就
　可以被视为起到了对于某种拒斥或者批判理论 L 的相关竞争理论 L＊的"支持性的正面作用"(在这
　里,我们假定 L 与 L＊是不相容的竞争理论)。

㉕ 相关案例参见 Keith DeRose, "Assertion, Knowledge, and Context," *The Philosophical Review*,
　vol. 111, no. 2 (April, 2002), pp. 168 - 170。

况,某一"思想实验"案例并不是通过推理的方式来形成对于相应理论的支持性的正面作用的。而关于这些情况的思考,有可能使我们认识到"思想实验"案例在哲学研究与自然科学研究中所起作用的差异。但是本文受到篇幅和核心论题的限定,关于"思想实验"丰富性的相关的更为细致的理论探索也只能另行撰文讨论了,笔者在此就不再赘述了。

（责任编辑：王聚）

作者简介：李麒麟,北京大学哲学系、北京大学外国哲学研究所(预聘制)助理教授,研究方向为知识论与语言哲学。

道德直觉主义的理性主义源流

王奇琦

【摘　要】理性主义传统是道德直觉主义的重要源流,其清晰可辨的源头可以追溯到 17 世纪的剑桥柏拉图学派。该学派力求将仁慈、善良和同情等基本道德观念建立在理性直觉的基础之上,成为道德直觉主义的先驱。18 世纪道德直觉主义的理性主义进路得以发展,这一进路将直觉与演绎这两种理智能力区分开来,主张通过先天反思和思辨能力来把握和认识普遍的、抽象的道德真理,同时由于感官经验容易出错,无法把握道德现象背后的本质,只能借助于理性的道德直觉。近代道德情感主义者对道德直觉主义的理性主义传统提出了批评。理性主义与情感主义的争论构成了 18 世纪英伦道德哲学的主要争论,这一争论为当代重新反思理性主义与经验主义之争提供了参考。

【关键词】道德直觉主义　理性主义　英国道德哲学

　　道德直觉主义强调道德直觉在道德研究中的基础地位,认为道德观念和原则是由道德直觉直接发现和把握的自明的道德原理。① 俗语说:"杀人偿命、欠债还钱天经地义。"如果进一步追问为什么"杀人偿命、欠债还钱"是"天经地义"的? 道德直觉主义会主张,类似于"杀人偿命、欠债还钱"的基础道德命题是经由道德直觉直接把握的,这些道德命题是自明的(self-evident),独立于其他证据或前提,并且能够为其他命题提供确证。

　　直觉主义与理性主义有着天然联系。理性主义者往往有如下主张:第一,人类知识中普遍必然的知识如自然科学知识、形而上学知识和数学知识起源于人们心中固有或与生俱来的天赋观念,它们是自明的、无误的;第二,通过对它们的理性推理就可以形成普遍必然的知识体系;第三,只要推理的前提为真,其结论也能为真,而前提的"真"由理性直觉来加以保证。所以一般意义上的理性主义者通常认为,一些基本的概念和原理最终都会诉诸直觉,自明的命题要靠理性直觉来把握。

　　那么,道德直觉主义是否也受到了理性主义传统的影响呢? 具体到道德学说中,道德直觉主义的理性主义传统又有何种特点? 存在哪些问题和困境? 与知识论中经验主义与理性主义这一经典对立是否有关? 对这些问题的讨论有助于重新思考道德领域的理性主义与经验主义之争,同时也有助于推动国内学界重新审视道德直觉主义的相关问题。② 本文尝试呈现 18 世纪道德直觉主义在英国兴起过程中的理性主义传统及其相关论争,并借此探讨理性主义传统的当代意义。

一、道德直觉主义的缘起

　　17 世纪以降,正统的基督教日渐衰微,经院哲学山河日下,如何在发展迅速

---

① See: Robert Audi, "Intuitionism, Pluralism, and the Foundations of Ethics," in Walter Sinnott-Armstrong and Mark Timmons (eds.), *Moral Knowledge*? (New York: Oxford University Press, 1996), pp. 101 - 136; Robert Audi, *The Good in the Right: A Theory of Intuition and Intrinsic Value* (Princeton: Princeton University Press, 2004); Michael Huemer, *Ethical Intuitionism* (New York: Palgrave Macmillan, 2005); and many of the papers contained in Philip Stratton-Lake (ed.), *Ethical Intuitionism: Re-evaluations* (New York: Clarendon Press, 2002).

② 参见唐凯麟、高辉:《现代西方元伦理学述要》,《道德与文明》2012 年第 2 期;陈真:《道德研究的新领域:从规范伦理学到元伦理学》,《学术月刊》2006 年第 10 期;陈海:《后天伦理直觉主义可能吗——来自道德知觉理论的辩护及对其的反驳》,《上海交通大学学报(哲学社会科学版)》2017 年第 4 期;王奇琦:《道德直觉主义的知识论基础》,《天津社会科学》2018 年第 5 期。

的社会文化背景下建构一种有秩序的社会道德观念，成为彼时英伦哲学家们的时代任务。1651 年，霍布斯出版了《利维坦》，将人性理解为自私自利的、原子式的、物质的；由于资源稀缺，人们不得不选择群居生活；而为了能够更好地与他人合作，适应群居生活，并且最大程度地保存自我，理性的人们创立了一套道德学说。据他看来，人们之所以赞许利他的行为，只是因为该行为符合自身利益。"善与恶都与使用他们的人相关，没有比这更简单明了的了。"③所有的道德法则都与人们的嗜欲和爱憎相关。基于安全和自保的目的，人们制定了道德原则，而理性在道德法则的制定中发挥了重要作用。同时，由于人们自觉遵守道德法则的意愿是非常有限的，因而理性还必须保证主权者的强力。"在公正和不公的名义之前，还必须有强制力要求人们遵守契约。"④

霍布斯哲学的提出和兴起，在英国产生了重要影响，即使他的敌人和攻击者也不得不承认其简明有效，同时被霍布斯所描述的那副灰暗的人性景象所刺痛。当时风靡一时的剑桥柏拉图学派也尝试批评霍布斯的人性学说。剑桥柏拉图学派以研究者主要为剑桥学者而得名，以古代的柏拉图主义、新柏拉图主义为依据，其代表人物包括萨缪尔·克拉克（Samuel Clark）、拉尔夫·卡德沃斯（Ralph Cudworth）等人。

剑桥柏拉图学派对霍布斯学说的批评有两个方面。第一，人性并非完全自私自利。仁慈和慷慨是如此自明，就像自我保存一样自明。因此，不能认为人性等同于自私自利，人性中的诸多美德如仁慈、慷慨、同情等也都是自明的，都是人类心灵中最基础的内容。第二，道德不可以被还原为经验事实。霍布斯尝试将道德客观性的基础建立在自然事实基础之上。人们之所以有义务遵守自然法，不是因为它们奠基于终极的道德实在之上，而是为了宣扬和保证特定社会中统治者的权威，因此，社会道德义务的变化导致自然法的转变。剑桥柏拉图学派不赞同霍布斯对道德来源的解释，因为道德品质是特定行动、关系和事物的客观性质，不能通过意志和欲望人为地加以改变，更不能出于自私自利的意愿而重新定义行为善恶。总之，剑桥柏拉图学派认为，人类道德应该有更高贵的基础，而不能将人类道德奠基于与动物行为无异的自利之上，否则人与动物就会毫无区别。

在批评霍布斯学说的同时，剑桥柏拉图学派将理性主义思想引入道德领域，发展了自己的学说。他们主张，善恶的区分不在于人的欲望，而是像数学公

---

③ 霍布斯：《利维坦》，黎思复、黎廷弼译，北京：商务印书馆，1985 年，第 122 页。

④ 同上书，第 74 页。

理那样,可以被理性认识。他们将道德类比为数学,强调道德与数学一样具有客观性和必然性,而不是意志能随意改变或左右的,即使神的意志也不行。⑤ "伦理学同数学一样,是理性思辨的题目。理性方法是伦理学的基本方法。"⑥在数学中,事物之间存在大小、轻重等差异,道德也是如此,对与错本质上是区别的。这些关系及一致或不一致、适宜或不适宜是绝对必然的,而且也能够为所有的理智存在者所理解,其理解的方式就是理性直觉。正义、平等、善都是永恒的真理,它们不仅可以被理性直觉所认识,而且也可以被理性直觉所证明。道德原则之所以具有先天性和自明性,是它们的自身使然,而不是人类创造或发明了它们。剑桥柏拉图学派成为道德直觉主义的先驱。

二、道德直觉主义的理性溯源

在早期发展历程中,道德直觉主义者普遍认为,道德性质正如数学公理一样都是宇宙的基本性质,道德直觉的认知机制建立在理性或理解能力基础之上。这一理路源自理性主义,可以称为理性直觉主义(rational intuitionism)。⑦该理论有如下主张:

首先,道德品质是道德行为内在的本质属性。克拉克主张,善恶、对错只能源于其事物内在性质,而不可能像霍布斯所说的那样源于意志或契约。在道德中,善与恶本质上是完全不同的,就像黑与白一样。紧随而来的是人与人之间的关系,这些关系也是永恒不变的。人与人之间不同的关系应用到不同情境中产生了适切性与不适切性的问题,同样也是绝对的和必然的,"在人与人之间不同的关系中,必然存在着不同行为特定的适切性与不适切性。"⑧例如,人与神适切的关系是人崇拜、尊重和仿效神;资助者和被资助者之间适切的关系是后者感激前者;承诺者和被承诺者之间适切的关系是前者无论如何也要践行承诺。由于上述关系和事物基于其本性要与行为适切,因此这些适切的关系是永恒不

---

⑤ David Raphael (ed.), *The British Moralists 1650－1800*, vol. 1 (Oxford: Clarendon Press, 1969), p. 107.

⑥ 周晓亮主编:《西方哲学史》(学术版·第四卷),南京:江苏人民出版社,2004 年,第 604 页。

⑦ 一种观点认为,除了理性主义进路以外,道德情感理论也可以视为道德直觉主义的一种形式。具体讨论参见 William D. Hudson, *Ethical Intuitionism* (London: Macmillan Education UK, 1967), p. 1; Philip Stratton-Lake, "Rational Intuitionism," in R. Crisp (ed.), *The Oxford Handbook of the History of Ethics* (Oxford: Oxford University Press, 2013), p. 337。

⑧ Raphael (ed.), *The British Moralists 1650－1800*, vol. 1, p. 192.

变的，不会随着意志或契约而改变。这正如其他自然属性，白马因其本性为白色而称为白马，三角形因其本性有三角而称为三角形，圆因其本性是圆的而成为圆，善也是某些特定行为本性中内在的、永恒不变的、必不可少的部分。

其次，凭借直觉能够直接把握道德真理。理查德·普莱斯（Richard Price）指出，直觉指的是"清楚明晰的洞察力，能够直接把握必然真理"，它们是"简单的、不可辩驳的"；而推理则是"经由一些论证推断出必然真理"。所有的理由和知识最后都要建基于自明真理之上，而认识它们的方式是直觉，无法经由其他的方式得以证明。凭借直觉，我们掌握和理解了自明性的真理、一般和抽象的观念，以及"任何我们可以发现、无需借助推理过程的事物"。⑨ 托马斯·里德（Thomas Reid）也认为："对利用外部感官而获得的某种构思或概念，存在坚定的、不可抗拒的确信和信念，这些确信和信念是直接的，而非推理的结果，并不是靠推理训练和论证能力使然。"⑩例如，不义的行为比不慷慨的行为更缺德，慷慨的行为比纯粹正义的行为更有价值等等，这些都是道德公理，其证据并不少于数学公理，且建基在道德直觉之上。⑪ 人人都应该具有常识这一种天赋能力，常识与人类的实践行为相关，也被视为理性的一支，但它不是推理性的，只能是直觉性的判断。直觉判断所形成的自明性命题一旦被理解，就会被相信，这种判断是我们原始能力的结果，用不着寻找证据和论证，其自身就蕴含真理。⑫

另外，基本的道德概念和道德真理不是通过经验材料，而是通过行动者的理解来掌握的。既然我们能够理解和把握这些概念，那么经验主义者要么能够证明我们如何借助感官经验来把握这些概念，要么就不得不承认无法清晰地理解和把握这些概念，或至少承认误解了这些概念。但是由于我们看到的仅仅只是善恶，这种"看见"应该被视为直觉，因为它是基于理解能力直接把握和理解事物，而不是像看见一件红色毛衣那样，经由感知觉而获得视觉印象。因此，我们无法凭借感官经验来认识这些概念。基本的道德原则与数学公理、逻辑概念和形而上学理念一样，对理性的思想至关重要，而同时也需要借助认知者的理解能力才能认识。凭借理解能力，人们能够"清楚、不容置疑"地把握基础的道德概念和命题，因此理解和推理是行动者自然的、权威的指南。⑬

---

⑨ David Raphael (ed.), *A Review of the Principal Questions in Morals* (Oxford: Oxford University Press, 1948), pp. 6, 159.

⑩ 托马斯·里德：《论人的理智能力》，李涤非译，杭州：浙江大学出版社，2010年，第53—57页。

⑪ 同上书，第348—349页。

⑫ 方红庆：《论托马斯·里德的知识论》，《科学技术哲学研究》2015年第4期。

⑬ Raphael (ed.), *A Review of the Principal Questions in Morals*, p. 108.

由此可见，理性直觉主义与一般意义上的理性主义有诸多相似性，理性直觉主义者吸收和借鉴了近代认识论中理性主义的思想理路，从理性的进路来思考道德问题。道德观念与数学、逻辑和形而上学一样，存在客观的道德真理，它们不会随着人们的意志而发生转移；正如几何学中的证明都是由公理推导出来的一样，自明的道德命题也能够凭借理性直觉来直接把握；基于理解能力产生的理性直觉是道德知识的基础组成部分，其把握的信念能够为其他命题提供支持。

三、道德情感主义的批评

道德情感主义（moral sentimentalism）最初是作为剑桥柏拉图学派的支持者和霍布斯理论的批评者而出现的。情感主义的立论基础是洛克的经验主义知识论，在洛克看来，终极的、不可还原的思想是简单观念，由知觉和反思来产生，外在事物则通过简单观念来把握。承袭了这一点，情感主义者认为道德观念就是简单观念，它们是客观的，必须由某种形式的知觉来认识。对道德的感知就像对物体的感知一样，人们无需深思熟虑就能够直接感知颜色和气味，同样地，人们也无需审慎思考个人利益就会赞许慷慨或反对残暴，这样，道德感就像其他感觉一样，基本的善恶观念是经验所给予的，无法由个人利益所左右。人们当然也会基于个人利益而做出不道德的行动，这就像是药剂师增加香精色素给苦药一样。食欲差的病人不喜欢可口的食物，视力受损的病人不喜欢美景，但这并不意味着人们无法品尝酸甜苦辣，抑或看到窗外美景；因此，人们也不应该出于个人利益的缘故而否认道德的感知能力。[14]

到了休谟那里，其批评的重心转向了理性主义。休谟挑战了事实与价值之间传统的统一关系，使得价值独立于事实，而价值选择之所以得以独立，第一步就在于割裂了价值与理性的关系，通过分析人的心理和情感机制来为价值奠基。诚如休谟所言：“道德宁可以说是被人感觉到的，而不是被人判断出来的。”[15]休谟由此主张，道德的基础是道德感而非理性，而理性在道德认识中扮演从属性的角色；道德感是一种与人类天生具有的外部感官相类似的知觉能力，先于任何知识或概念而存在；道德感通过愉快或厌恶来表达善恶，情感是行动者意欲

---

⑭ Hutcheson Francis, *An Essay on the Nature and Conduct of the Passions and Affections：With Illustrations on the Moral Sense* ed. Aaron Garret (Indianapolis：Liberty Fund，2002)，p. 17.

⑮ 休谟：《人性论》，北京：商务印书馆，2015 年，第 510 页。

的表达。

　　情感主义对理性主义的批评主要有两个方面。其一，道德判断源于道德感而非理性。受到洛克的影响，情感主义者认为，道德感先于任何道德推理，赞成或反对某一行为在先，推理和决策在后。就像感觉先于任何对认知对象形状、颜色、气味的判断一样，对行为的厌恶或赞成的感觉在先，推理在后，后者的作用在于纠正错误的感觉。在情感主义者看来，公正有公正的味道，邪恶有邪恶的味道，就像其他的知觉一样，道德上的善恶也都是可以被感知到的。在此，情感主义者并未反对道德的客观性，而只是表明，道德的认知基础与其他外部世界的认知基础是一样的，道德感而非理性是道德的来源或基础。⑯

　　其二，"道德理由的确证"是不可理解的。所谓理由，指的是"发现真命题的能力"；所谓合理性，指的是"对真命题或真理的遵守"。当人们谈论道德行动的合理性的时候，他们谈论的是行动的理由或动机吗？抑或是赞同该道德行为的理由强弱？情感主义者认为都不是，人们的行动理由或动机来自于其直觉或情感，而道德行动的理由来自于道德感。任何理性的行动都有欲求或意向，并且这些欲求或意向可以通过理由来影响行动，因此道德理由的产生是可以理解的。但是，道德判断的合理性似乎难以理解。这是因为，任何对德性的定义，即确证何种行为是道德上合理的行为，都会消解道德善和恶的区别。恶行也有其目的，而且在此意义上也是合理的。"确证的理由必须是目的本身，特别是终极目的。这里的问题是，'对真理或合理性的遵守能够使得人们在道德感之前赞成终极目的吗？'例如，公共福利是人们所赞成的。但出于何种目的呢？或者遵守这一真理的合理目的是什么？我认为我们无法给出合理的答案，就像我们无法解释为什么我们喜欢某种特定的水果一样。"⑰

　　上述批评攻击了理性主义对道德起源和知识确证的解释。从道德起源上看，道德现象植根于情感而非推理之上；从知识确证上看，对道德行动的理性确证则被视为一个空概念。英国近代哲学的经验主义传统发展到休谟这里得到了明确的发挥，休谟的经验主义和怀疑主义对理性主义传统产生了重大冲击，在道德哲学领域，其情感主义立场也与理性直觉主义针锋相对。受此影响，加上实证主义思潮在英国的兴起，以理性主义传统为主流的道德直觉主义趋于沉寂。

---

⑯ Raphael (ed.), *A Review of the Principal Questions in Morals*, p. i.

⑰ Lewis Amherst Selby-Bigge, *Introduction to his British Moralists* (Oxford: Oxford University Press, 1897), p. 454.

由上述溯源亦可发现，道德情感主义在道德的来源问题上与道德直觉主义兼容，均认为道德直觉构成道德的基础。所不同的是，理性直觉主义主张道德直觉的基础是理性，而情感主义主张道德感基于情感和知觉。这是因为情感主义者将道德感或道德直觉视为最基础的认知来源，且同时也是道德现象的认知基础。理性主义与情感主义的对立与交融一直潜藏于古典直觉主义的争论之中，只是在当代才引起部分学者的关注。⑱

四、理性主义传统的意义

回顾道德直觉主义的理性主义传统，重新审视 18 世纪理性直觉主义与道德情感主义之间的争论，究竟留下了何种遗产呢？ 笔者认为，至少可以从如下几个角度加以阐发：

第一，为理性直觉主义的进一步发展奠定了基础。18 世纪的理性直觉主义虽在情感主义的批评之下逐渐走向衰落，却并未真正失去其存在的根基，其系列观点如将道德的来源诉诸理性，将道德知识建构为一类科学知识，经由自明的公理和原则出发直接把握道德真理等等，为理性直觉主义的发展提供了思想资源。一旦占支配地位的经验主义传统陷入片面性或遭遇某种困难，理性主义又会重新崛起。因此，在沉寂了大半个世纪后，19 世纪末至 20 世纪初期，随着密尔、斯宾塞等人反传统形而上学思想的衰落，理性直觉主义者承继了早期的思想资源，迎来了一波新的发展态势，亨利·西季威克（Henry Sidgwick）、乔治·摩尔（George Moore）、大卫·罗斯（David Ross）等人均成为第二阶段理性直觉主义的代表人物。如西季威克就尝试发展克拉克的直觉主义，尽管他并未将道德的根源解释为永恒的适切性，而是转为后果论原则。⑲

另外，理性主义的传统也有助于元伦理学的诞生。1903 年，摩尔发表《伦理学原理》，矛头直接指向以后果论和义务论为代表的"自然主义"伦理学，实际上，就是指向所有将价值建立在事实基础之上的规范伦理学。⑳ 摩尔借助"自然主义谬误"和"开放问题论证"表明，"善"这一性质无法还原为自然性质，而仅仅只是一种非自然性质。通过将讨论具体道德准则的规范伦理学与讨论善恶等

---

⑱ 参见 Sabine Roeser, *Moral Emotions and Intuitions* (Basingstoke：Palgrave Macmillan, 2011)，p. xiii。

⑲ Stratton-Lake (ed.), *Ethical Intuitionism：Re-evaluations*, p. 5.

⑳ 参见周枫：《情感主义及其当代意义》，《哲学研究》2007 年第 1 期。

概念的元伦理学区分开来,引入分析哲学的概念和语义分析研究伦理学,摩尔开启了元伦理学的时代。摩尔的元伦理学思想吸取了休谟"是/应当"的区分,而他的直觉主义主张又受到了理性主义传统的影响,可见现代伦理学讨论的中心议题与 18 世纪的英伦道德哲学有千丝万缕的联系。

第二,有助于重新审视经验主义与理性主义这一经典对立。经验主义者认为,一切知识都来自于经验,普遍必然的知识只有在经验的基础上才得以可能;经验主义者反对理性主义的天赋观念说,认为对知识的认识和获得依赖于经验归纳而非推理演绎;知识的确实性不依赖任何假设、权威和超自然的神秘原因,而要借助自然科学或心理学的方式来说明和解释。经验主义与理性主义的经典对立构成了近代认识论的重要冲突,并延伸至当代知识论的讨论中。但是,在诸多讨论中,人们往往强调经验主义与理性主义的冲突和对立,而忽视了其趋近、综合的一面。然而,分析早期的道德直觉主义传统可以发现,以经验主义知识论为基础的情感主义者并未完全忽视理性的作用,而以柏拉图主义知识论为源流的理性主义者也从未对经验视而不见,其区别主要在于它们的侧重,以及对道德知识的根本来源和确证方式的解释不同。这启示我们,反思当代道德知识论的走向,其关键不在于确立经验主义与理性主义的绝对对立,而是在持有经验主义进路的道德心理学和承认天赋观念与先天反思的理性主义之间寻找广义的反思平衡。㉑

当代理性直觉主义者也可以从经验主义进路的道德心理学等维度吸取资源。例如,在所有人类文明中,都有类似"己所不欲,勿施于人"的黄金法则,但是不同文化对这一法则的理解各有不同;由于人们认识的不断升华和发展更新,道德文明之轮不断向前驶去,暴力和杀戮越来越少,对个人的权利越来越看重,各类死刑、酷刑不断减少,人类历史出现了诸如废除奴隶制、反对种族歧视、性别平等等道德的革新和进步。㉒ 这或许表明人类文明不断趋于客观的道德真理。

对道德直觉主义的溯源表明,道德直觉主义阵营中重要的源流是理性主义传统;同时,道德直觉主义阵营内部还存在着以经验主义为进路的情感主义。或表明,对道德现象的讨论既离不开先天反思,又离不开基于直觉的把握。当前越来越多的研究也主张,道德之知既需要躬行实践,又需要形而上学的智慧。

㉑ 对当代道德知识论的进一步分析,参见王奇琦:《道德知识论的核心问题及其争议》,《厦门大学学报（哲学社会科学版）》2018 年第 2 期。

㉒ 斯蒂芬·平克:《人性中的善良天使:暴力为什么会减少》,安雯译,北京:中信出版社,2015 年。

例如,郁振华教授就指出,道德之知作为实践智慧-形上智慧,道德-形上学的能力之知不仅指向人类道德领域,而且指向作为道德共同体的整个宇宙。[23] 因此,在当代知识和心理学迅猛发展的背景下,道德领域的理性主义与经验主义进路或将走向融合。

(责任编辑:王聚)

作者简介:王奇琦,厦门大学马克思主义学院/厦门大学知识论与认知科学研究中心,研究方向为道德知识论、道德心理学。

---

[23] 郁振华:《论道德-形上学的能力之知——基于赖尔与王阳明的探讨》,《中国社会科学》2014 年第 12 期。

存在的理性*

爱德华·C.哈尔珀 著

刘欣宇 译,孙慕天 校

【摘 要】思想认知世界所形成的机制或方法与思想所要把握的物理过程并不相同,甚至并非同类,这种差距不取决于对思想的某种特定理解。关于思维(或者语言)是否与世界相对应这个问题有诸多论述。我认为,在某一领域发挥效用的机制与在另一领域展现它们自身的机制并没有明显的一一对应关系。因此,认为某些思维过程的结果应该表征物理过程的结果是没有理由的。对于自然是否是理性的以及在何种程度上是理性的,问题不是在自然界中寻找心灵或思想,倒是在于事件是否有关联,以及它们彼此并同我们连接的那些关联的种类。本文通过对思想行为是否与事物发生联系,怎样发生联系,以及在何种程度上思想与思想相互联系等一系列问题的讨论,认为自然界在某种程度上是理性的。

【关键词】理性 思维 规律 自然 联系

* 原文来源:Edward C. Halper, "The Rationality of Being," *The Review of Metaphysics*, vol. 68 (March 2015), pp. 487-520。由于原文较长,译者删减部分片段。——译者注

　　我们对于思维的方法有着多样的构想。弗里德里希·戈特洛布·弗雷格(Friedrich Ludwig Gottlob Frege)认为逻辑阐明了规范的"思维规律","这种最一般的规律普遍地规定了人们既然思考的话应该怎样去思考"。假设逻辑学也是一个思维的过程,我们可以把它分为三类,即(1)思维的形式规律,(2)心理学的规律,(3)逻辑学;这样划分是为了估定精神机制的作用范围,即使考虑到三者因互不搭界而无法区分的情况下出现无法辨别的可能性时也是如此。没有任何的精神机制是物理机制。关于思维(或者语言)是否与世界相对应这个问题有诸多论述。我认为,在某一领域发挥效用的机制与在另一领域展现它们自身的机制并没有明显的一一对应关系。因此,认为某些思维过程的结果应该表征物理过程的结果是没有理由的。

　　具体地说,(1)哲学家把逻辑看作"思维的规律",其目的是将逻辑与物理世界的规律相对比,然而思维的规律是先验和必然的,自然的规律是经验的且可废弃的,那么一个逻辑的演绎如何能表达一个物理的机制? 同样地,(2)将逻辑理解为形式语言的哲学家把逻辑看作是具有自己推理规则的系统,这些规则又是必然的和独立于内容的,相反物理机制却类乎事件的规则序列。如果是这样的话,那么问题又出现了,逻辑的必然性如何能表达物理的因果性? 另一方面,(3)有些哲学家处理人类理性即因果性,将其随意同人实际上从他们关于世界的经验中得出的推理联系起来,虽说面对相反的问题类,它有别于得自逻辑领域形式语言系统的含义。乍一看,思维序列似乎与自然事件序列类同。然而,思维之间的联系与转变,以及在人们实际得出的结论中都明显缺乏规则性,这使得现实的思想流不能恰当把握自然的规则性作用。由于事件的这些合乎规则的结果,自然才被说成是"由规律支配的",看起来思维和自然之间并没有内在的本质区别。

　　鉴于思维和自然的明显差异,我们可能会感到惊异,为什么有人会认为思维的机制与自然的机制是相匹配的? 心灵的功能如何能表达物理事物的运动? 为什么掌控思想的原则也支配物理现象? 这些问题不会有任何的进展,除非在心灵内容和世界之间存在某种原初的联系。

　　当然,所有这一切都阐述了我们的心灵是否与世界相连以及如何与世界相连的普遍问题。联系的类型可以归结为以下四点:(1)我们思维中存在的形式(或概念)是否也存在于事物中? (2)思维所掌握的命题是否也作为事实而存在? (3)推理是否也作为一种自然的运动而存在? (4)我们的整个经验是否以某种方式也作为一个自然的整体而存在,还是仅仅作为一个单独的系统,也许集中地或在其边缘处与世界相关联? 这是把问题推到了一个极端。

　　还有一个更为内在的极端问题就是：我们的表达，能否在一个可理解的整体中相互关联？我认为，可理解性的本质就是关联性，孤立的事实领域不是理性的领域。

　　如果一切事物都是相连的，那么存在就是完全可理解的。如果只有某些存在是彼此相连的，那么存在就是部分可理解的，如果存在之间毫无联系，那么存在就是非理性的。然而，在我们所理解的世界之外，试图思考世界内部的联系，就是试图跳出人类的视角去看存在于我们视野之外的世界。这里我们陷入了问题的第一种极端。因此，最好是把我们所谈论的联系限定于我们能够在一种思想和另一种思想之间做出的联系。这个固有联系的问题是问题的第二个极端。

　　简言之，这两个问题是说思想行为是否与事物发生联系，怎样发生联系，以及在何种程度上思想与思想相互联系。

一

　　第一个问题是基于心与物的区别。就物理的东西处于思想之外而言，如果我们通过物质所理解的事物超越了思想，除了作为我们所不能思考的东西之外，我们是不可能思考物质的。另一方面，如果物质真的本质上是超越思维的，那么原则上我们是没有可能把握它的，科学所陈述的某种叙事就都是不可能证明的了。令人惊奇的是，它竟然那么富有成效，[①]其意想不到的效果是一个难以索解的谜。

　　这种完全的理性和不可理解之间的分裂是太深刻了，因为除非我们有某种方法来评判自然，否则我们就无法了解科学的有效性。把物理的东西描绘成难以理解的但通过科学对之做出预测，这是自相矛盾。会遭到反对的是认为我们预测的不是自然，而是我们自己经验的规则性。我们需要假设自然遵循规则性的路径，是为了解释人类经验的可能性，我们也必须假定自然与经验之间存在某种联系。然而，想要解释这个是不可能的，因为这需要分别考察两极，即自然和思维。

　　无论我们用什么名称来指称感觉序列，自然界都必定有某种东西是其依据。我们没有根据想象自然与感觉之间的一一对应关系。大卫·休谟（David

---

① 一种虚构主义的典型就是 Bas van Fraassen，*The Empirical Stance*（New Haven：Yale University Press，2002），以及 Baa Van Fraassen，*Scientific Representation：Paradoxes of Perspective*（Oxford：Oxford University Press，2008）。

Hume)主张我们确实没有把不能经验的任何东西指认为两个此类事件之间的因果联系，而且断定"原因"指的只能是所经验事件的习惯性连结，我们不能把这种理性的关联向自然投射回去。

我们的理性在寻求理解的过程中是不受约束的；理性把自己置于感觉背后的原因中，贸然地试图去思考理性所想的那些它所无法思考的事物。康德主义的"批判"认为应该限制理性去思考那些它所不能思考的东西。经验主义者的观点是知识源于感觉，且不能超越感觉证据的范围，这一点令我吃惊，在我看来这也是一种类似的限制：它否认了从经验的连结中推出所经验的事物自然统一的合法性。

这个讨论设定了两个具有现代经验主义特点的问题转换。首先，由于离开对世界的思想把握就不能谈论世界，而且由于心灵是通过世界作用于感觉而形成的印象才得以经验世界，所以思维与世界的关系问题就变成了思维与感觉印象的关系问题。任何看似属于思想却不能从印象中直接得出的东西都是不合法的。思维之所以能够把握世界，是因为思维由我们所能知道的或者世界经验的印象序列构成。如果思维只限于识别一系列的印象，如果世界由一系列印象组成，因为我们可以经验世界，那么思维就是认识世界的。

这里存在一个明显的问题是存在另一种思维，即在数学证明中以及在建构这种证明中起作用的思维。万有引力定律背后的理论是基于数学的，从而仍然有别于被预设来解释的印象。将理性限定于印象的尝试是不成功的，经验主义没有解决思维的过程如何维护世界的真理问题。

我们需要对思想与自然的分离有另外一种理解方式，即谈论思维与空间的区别，而不是我们之前思考的思维与感觉的差异。这个二分法是由笛卡尔（René Descartes）和其他理性主义者提出的，空间或宁可说广延不是我们理解之外的自然，而不外乎是先前所说的那种感觉印象的自然。空间或广延就其是与思想分离的而言是不可理解的。空间或广延隶属于理论却不是理论中的实体。斯宾诺莎有一个著名的论点，即观念的秩序和联系同事物的秩序和联系是相同的，都依赖于把所拥有的思想作为其广延之物的内容。②

这里存在的另外一个问题是：思维如何能思考某种被设定为不是思想的东西，即广延？客体的影象以某种方式属于心灵；但它是一种影象，而恰恰并不是思

---

② Spinoza, *The Collected Writings of Spinoza*, vol. 1, trans. Edwin Curley（Princeton：Princeton University Press, 1985）, *Ethics*, 2.7.（中文版参见斯宾诺莎：《伦理学》，贺麟译，北京：商务印书馆，1998 年，第 45 页。——译者注）

想。从一个思想向另一个思想的运动是一种推理。简言之,如果思想和广延确实是并行的,那么广延之物的改变一定也是物体思想的改变,而后者是一种推理。

就物理的东西和可理解之物存在于两个不同的领域而言,即使彻底的并行性也不能使物理的东西成为可理解的。关于单个客体变化的思想系列是一种从一个观念到另一观念的运动。但只是这样并不能使客体成为可理解的。

总之,尽管哲学家们提出各种方式来解释可理解性和物理的东西之间的差异,以便以某种方式使物理的东西成为心灵的一部分,从而成为可理解的,但这些方略都没有完全成功。值得注意的是,假定思想与自然分离的一个结果就是当思想与普遍规律、推理联系在一起时,如前所述,联系是理性的标志。但物理事件是个别的。科学制定了这些事件彼此联系的规律,这些理性联系破坏了个体差异的假设。就此而论,科学与它所描述的自然不符,科学和哲学是在做出解释从而把千差万别的东西统一起来。但物理的东西是无关联的事实领域,关于物理的东西的思想却诉求于共同的特征和普遍的关系;然而,这些普遍关系甚至往往彼此仍然没有联系。从联系是理性的基本标志这一点来说,非理性深潜于思想之中。

二

理性是否可以属于自然,它怎样属于自然? 对于自然服从理性规律的思考有任何依据吗?

有两个关于自然理性的重要论证,其一是柏拉图的,另一个就是亚里士多德的。

在《蒂迈欧篇》(*Timaeus*)的创世神话中,造物主把秩序和规律的运动引入混沌之中。在混沌初开的宇宙中,把秩序视为创作物,创世说的目的是表达物理世界对形式的本体论依赖。为了客体的存在,就必须生成某种秩序或组织,秩序或者直接为理性或者为理性的摹本所把握。

亚里士多德论证则认为形式是每种质料的本质,而"我们之所以能认知事物,是因为存在于事物中的形式进入我们的心灵,或者更确切地说,是因为我们的心灵成为存在于事物中的形式"。[3] 因为存在于我们心灵中的东西一定是精

---

③ Aristotle, *De Anima* (Oxford: Clarendon Press, 2016),3.4.429b22-31;5.430al4-15。(中文版参见亚里士多德:《灵魂论及其他》,吴寿彭译,北京:商务印书馆,1999年,《灵魂论》3.4.429b22-31;5.430al4-15。——译者注)

神的，形式存在于我们的心灵中，所以形式一定是精神的，既然存在于我们思维中和存在于事物中的是同样的形式，那么事物也一定是精神的。这也就是说，理性存在于世界之中，世界是理性的，的确，理性是世界的基本的组成部分。

亚里士多德把形式说成是现实或功能，对比了现实和运动，④运动最终会结束并停止，除非它是由外因来维持的。然而现实却是它自身的目的。因而不会自行停止。现实不是运动，不会变成其他的事物，而是返回自身。于是，就实体的功能是维持其自身的活动而言，任何实体形式也都与自身有某种关系。因此，把存在于质料中的形式指称为一种思想，理性以某种方式存在于自然之中。与亚里士多德把理性看作每一个可感事物的原则相反，柏拉图则把理性归于自然的整体。

自然中的一切就没有不应归属于理性的理由。这看起来与前一节的结论相反，即如果自然不同于思想，那么自然就不可能是理性的。其实不然。如果理性以某种方式存在于自然中，那么自然中必然有一部分是非理性的；反之，如果理性与自然全然不同，那么它似乎倒是能够描述自然中的所有事物。

古代和中世纪的物理学是研究单个物体的。物体不同的类有不同的本性。自然是物的形式，是统一其各个质料部分的理性原则。物理学的职业就是把握这一本性以及发现属于具有此种本性之物的属性。这种物理学模式与现代物理学截然对立，因为后者关注的是规律而不是客体。在现代物理学中，理性在支配事物之间关系的规律中展现自己。古代物理学关注的是知道物是什么，而现代物理学关注的是认识物是如何关联的。

亚里士多德的形而上学极其简单。有实体也有属性。关系都是属性，每个关系都必然作为一个单独实体的某一组成部分。⑤ 关系也不能是单个实体的必要条件，因为它总是依赖于其他实体。因此，关系一定是偶然的，亦即是"在实体之中"的。

总之，因为亚里士多德的科学阐明了自然个体的本质属性，除了作为属性之外，它无法涉及本性关系问题。因为本性之间的相互作用是关系，亚里士多德的科学不能合理地研究相互作用。

---

④ Aristotle, *Metaphysics* (Oxford: Oxford University Press, 2019), 9.6.1048b 18-35. （中文版参见亚里士多德：《形而上学》，苗力田译，北京：中国人民大学出版社，2003 年，9.6.1048b 18-35。——译者注）

⑤ Aristotle, *Aristotle's Categories and De interpretation*, trans. John L. Ackrill (Oxford: Clarendon Press, 1963), *Categories*, 4.1b25-2a1; 5.2a34-b6. （中文版参见亚里士多德：《范畴篇解释篇》，方书春译，北京：商务印书馆，2017 年，《范畴篇》4.1b25-2a1; 5.2a34-b6。——译者注）

中世纪的亚里士多德学派依然把理性定位于个体的本性；这一本性的形式是可理解的，因为从属于它的一切都与这种形式有关。但另一方面两种本性之间的相互作用不受其中任何一种本性的支配，因此是偶然的和不可理解的。不可理解的包括本性之间以及物的那些属性之间的相互作用，就物的本性而言这些属性并不属于该物，即是说它们是物的偶性。相互作用于这个传统来说超越了理性从而也超越了知识的领域。

中世纪的形而上学学者设置了一种力量——上帝——来弥补这种缺陷：(a)相互作用是一种关系，(b)关系是存在，(c)上帝是万有的第一因，上帝是一切相互作用的承担者。就上帝是理性的而言，一切相互作用也一定是理性的。我们对这个理性世界知之甚少，所以，理性不能在关于自然的知识中发挥作用。

17世纪所引进的科学是以一个与古代和中世纪哲学决裂的大前提为标志的，基本要素就是从客体形而上学向关系形而上学的转变。这不是突然发生的，而是在物理学家谈论物体而不是谈论不同实体的时候，这一转变才成为可能。如我所说，在古典世界中，土和气的作用截然不同，它们必须通过其自身的形式得以理解。如果一切物体在本质上是相同的，即使它们在大小、密度和运动上存在差异，那么所有的事物都可以用相同的尺度来测量，这使得研究关系成为可能。然而，关系的疑难题在于它们如何存在，或者不如说是存在于何处。我们已经看到，亚里士多德传统通过将关系当作处于单个实体内部的属性，来解决这一疑难，连同所有附带的难题。不过，如果关系不能被局限于个体，那么就无物可以使关系处于其中了。这样一来，关系存在于何处？如果所有的物体都是相同的，那么一个可能就突现出来。此时如果宇宙是充实的，我们所有的就不是大量个体物，而只是一种东西；而关系就成为该物的属性。这种关系指称世界的一部分与另一部分的差异，这是理性主义者采取的路径。

讽刺的是，理性主义者和经验主义者都将目光转向了心灵中的关系。可以说，理性主义者将这些精神关系投射到自然物上，召唤上帝来保证精神在世界上的存在。经验主义者则根据他们所认定的感性元素来构建精神关系，所依靠的是基于自然中简单特性的、指导他们建构的单纯感觉存在。

现在可以看到为什么我在第一部分所讨论的自然与心灵的分离会在现代哲学时期突现出来。在这一时期，单个的物理实体不再是本体自身，因为它不是自存之物，而是通过其与其他物理之物的关系来定义的。重要的是，物理实体需要通过物理关系来定义。加入其他某种东西，诸如该物同我们或我们心灵的关系，就是把一个元素引入自然，它不能在事物的其他关系中发挥任何作用，从而也不是事物的一部分。⑥ 心灵借助构建一种概念的同态来神秘地把握这种相互关系。世界所发生的事情都被设定为是以某种方式为心灵的概念之网所映照出来的。但一旦我们引入这个平行世界的概念,我们就承诺了思维与世界之间固有的分离。同时也从物理的相互作用中除掉了那些理性的关系,从而引入了心灵与物质的分离导致世界从根本上不可理解。

能够把一物和一切他物区分开来,这会划定一个对象的界限,但并没有定义这个对象。从概念上讲,问题是想要定义任何事物都需要把握专属于它的东西,而关系不属于任何单一事物。不属于单个事物是关系的难题,这破坏了客体形而上学。

一个悖论向贯穿现代科学的完全理性理想发出挑战。我们之前看到,如果个别实体是可理解的,那么它们的关系就反乎是。反之,如果这些关系是基本的和可理解的,那么个别的本性就是不可理解的。如果这个悖论成立,那么宇宙的理性本质上是有限的。

我们可以知道它有某种本性,同时知道它处于一种关系中。只要二者是互不相关的,它们就不相冲突。假设某物是由其自身的本性而被认知的,因之其属性也是通过这种本性而被认知的。它与物的关系依赖于这种本性,同时也依赖于与之相关的那些物。因此,事物的关系不能仅仅通过其自身的本性被认知。另一方面,如果这种关系是原初的,任何一物看上去都像是依赖于他物之物,我们都不能准确地说出其本性,因为"它"至少部分地是其他的某物。因此,两种解释是相互排斥的。这就是为什么本性与关系不能兼容:它们两者解释的偏偏是同一个现象。再者,如果某物是通过其关系来定义的,它从根本上依赖于相对于其本性而言的他物;反过来如果某物是通过其自身本性定义的,那么,它不依赖于他物而成为其所是。当然,本性也会拥有关系,由关系所定义之物可能也有其自身的特性,但是前者是偶然的,后者是外在的,某物或者有独立的本性或者没有。

近来有些形而上学学者主张,规律是不必要的,因为这些规律要么是出自物之动力的自然规则性,⑦要么是依附于物之动力的属性关系。⑧ 对这些哲学家来说,一个显而易见的问题就是,这种动力仍然是不可理解的本原。这些属

---

⑥ 参见 Whitehead, *The Concept of Nature* (Cambridge: Cambridge University Press, 2015), pp. 21 - 22。怀特海反对将自然二分为显现自然和原因自然,他关注的是物理自然的关系。(中文版参见怀特海:《自然的概念》,张桂权译,北京:中国城市出版社,2002 年,第 29—31 页。——译者注)

⑦ Stephen Munrnford, *Laws in Nature* (New York: Routledge, 2004), pp. 160 - 161.

⑧ Alexander Bird, *Nature's Metaphysics: Laws and Properties* (Oxford: Clarendon, 2007), p. 200.

性实际上是本性。它们对物的作用做出解释,但不适合解释关系,因为如我所说,关系依赖于他物。于是这里我们又回到了出发点。

也许鉴于现代科学的成功,我们不再需要讨论个别的本性了。诚然,有属于一类物而另一类物所不具有的特点,或一类物有比另一类物更多的特点。这些特点是归因于物的内在本性呢,还是归因于关系?我们可以把这个问题简述如下:关系会这样一路持续下去吗?或者我们终将得到基元本性(bedrock natures),如基本的结构特征之类?这种结构特征和科学公式中所体现的关系是否一致?

如果关系一路持续下去,那我们的确不需要关注个体了。它们只会作为关系的复合而存在。在这种情况下,现代科学的关系形而上学将会彻底颠覆经典的客体形而上学。

然而,至少有两个理由认为,仅靠关系是难以胜任的。第一个理由来自粒子物理学。基本粒子在某些情况下是波,其他情况下是粒子。在就其作为光或波而论,是某种关系。就其作为粒子而论,是具有其自身本性的独立实体。一般认为二者是不兼容的,但物理学设定了两者。我主张,粒子的存在表明依靠关系是不堪胜任的。

质疑单独的关系不足以胜任还有第二个更有力的形而上学的理由。为了讨论关系,必然有某物作为相关者而存在。相关者之间的联结从属于其个体的特性。准确地说,在某一关系中,相关者是通过它们的联结来定义的。不能在无法指认那些用所设定的关系来定义的独立相关体时谈论关系。物理世界中关系的应用依靠这一关系不适用和不能解释的某种事物。要点在于,所需要的是某一种这样的特性,而不是一种或另一种本性。[9]

关系的论述必定无可避免地未能包含某物。一物存在着某种特有的辨识性特质,它仍处于将其关系结合起来的任何定律之外。无论是定律还是特质都不能完备地解释事物。存在两种截然不同的观点,这两种观点无法相互连接;但是我们说,连接是理性的原则。因此,世界不可能是完全理性的。

再者,关系的形而上学旨在颠覆客体的形而上学,但它也需要有隶属于关系的个体,这种个体必须具有不同于关系的特性。客体形而上学将解释植根于物之本性。

---

⑨ 参见 Brian John Martine, *Indeterminacy and Intelligibility* (Albany: State University Press of New York Press, 1992), pp. 23-24,他把这另一种特质看做不确定性,而不是像我那样看作另一种确定性。

因此,自然的理性存在一个基本的局限性。大体上,我们无法把握整个自然,因为如果我们是通过其形形色色的实体来把握它的话,将无法充分解释它们的关系,而如果我们充分把握了这些关系,则将无法把握置个体于彼此分离之中的特质。

如果自然不可能是完全理性的,那么它也不能是完全没有理性的。没有经验,我们的思想就是空的。我们不能假定我们的思想存在于这个世界上;不过,世界上一定存在着不断产生我们对世界的想法的某物,因为我们的经验和对世界的理解是有规律的和重复的。⑩ 再者,如果我们对世界所经验的东西是规则的,那么经验的来源就是规则的。而秩序和规律性是理性的标志。因此,世界必须是理性的,至少在某种不太大的尺度上是理性的。

简而言之,我们再次回到之前的结论:我们不能说世界是完全理性的,但是也不能说世界是在理性之外的。它居于某种中间地带,拥有必不可少的局部理性。我们通过思考如何将思想与世界连接起来而得出上面这一结论,现在我们则试图通过把思想连接起来而得出结论。广义地说,用于把握自然的概念图式分为两个相互预设而又互不相容的种类。世界需要某种程度的秩序和组织,或者至少某种程度上像秩序和组织那样的导致规则效应的事物。因此,世界一定存在必不可少的理性,我们可以把握世界上的这种理性吗?

三

构成联系的是什么?哲学家们普遍认为,某种联系是许多事实合乎规则的联结。大卫·阿姆斯特朗(David M. Armstrong)对休谟提出质疑,主张一种自然规律是共相之间所拥有的某种必然的内涵⑪,而不是经验中的特殊联结。阿姆斯特朗的规律并不比休谟的规则性更合理。仅仅是用共相之间的联结代替了印象之间的联结而已。另一方面,规则性无论是在我们的经验中还是在共相的联结中,都被当作自然合理性的标志。如果我们问,就世界而言是什么东西允许在种种事实之间建立联系,我们可能答以那样一种普遍的方式,它就是使

---

⑩ Nicholas Rescher, *Nature and Understanding:The Metaphysics and Method of Science* (Oxford: Clarendon Press, 2000), p. 141. 他说:"自然必定向我们呈现某种环境,提供足够稳定的模式以使融贯的经验成为可能",他说的是自然给我们带来的秩序(一种我们已经进化出评价的秩序),而不是自然本身固有的秩序。在本文的第三部分,我主张理性是处于联系之中而不是模式之中。

⑪ David M. Armstrong, *What Is a Law of Nature?* (Cambridge:Cambridge University Press, 1983), pp. 96 - 97.

世界的存在以某种方式成为合乎理性的。按照前一种理解,定律是一个事实;而后者认为性质具有理性的联系,当然这种联系是理性的并不一定证明它是正确的。

如果一个链条的开端是一个事实,那么我们真地拥有因果链吗?倘真如此,我们是否通过将其理解为事实来解释一切事物呢?

另一方面,任何联系着的思想序列是不是都不必在某处终结呢?这一问题对于自然或其他事物而言是成为理性的核心意蕴所在,因为如果一个因果系列终止于事实,那么整个序列依赖于某物就是不可理解的了。序列的开始解释了后面会发生的事情,但不能进一步解释它自身。

如果自然最终是理性的,我们需要事实之外的某物作为因果序列的开始。一个事实根据另一个事实,直到这个序列进达于是其自身原则从而是自我理解的某物。亚里士多德的"现实"就是这样一个原则。现实与运动同类,差别在于运动总是指向终点。至于现实则以其自身为目的,是自我理解的。终极现实就是自思之思。

还有三个问题。其一,最为明显的问题是这个自然的反思原则是什么。其二,为什么我们应当认为有这样一种原则,它或是在自然界内部,或是由于这一原则自然界是已知的。最后,我们要问的是,可理解的世界的存在对于科学意味着什么。反思原则有时也作为关系形而上学的第一原理。

为什么我们应该认为世界是可理解的,对这一问题的回答将会是虎头蛇尾的。如前所述,世界将自身呈现为有序的和规则性的。如果理性仅仅是遵循规律,那我们完全有理由认为宇宙是理性的。除非基于可理解性原则,否则规律本身就不是理性的。规律以可理解性原则为基础的根据是什么呢?许多哲学家和科学家似乎确实将规律视为天然的事实,但是,规律的存在与其非存在相比并没有更充足的理由。

物理学家假定定律植根于物质结构,并且是极其不同的结构,后来由于机遇和复制而对宇宙进行编排,从而产生了截然不同的定律。就其发生而论,物理定律就是理性的。的确,这里的意思是说,如果最初的构形是随机的物质,那么所产生的定律也是随机的物质,这样一来就不是理性的了。但是,无论定律是如何创生的,它们既然被假定为源于物质结构,具有不同结构的物质都被假定为具有不同的定律,这就在某种程度上满足了理性的要求。物理学家们认为,物质本身给出了这样的构造,是自我相关的,因此是理性的。

值得注意的是,无论我们宇宙的物质构造是什么,它显然持续存在着,规律则与它同在并以某种方式以之为基础。不管宇宙中的动态变化如何,但规律的持续存在表明存在着维持它的反身性原则。我们不能排除这些规律仅仅是事实性的这种可能性,但一些明显的观察结果支持这些规律是理性的:宇宙不仅包含持续存在的物质,而且还充满了努力维持自身的存在物,同时宇宙本身也在自我维护。看来适合于哲学家思考的是它所具有的那一类原理。这些原理或规律描述了物质的相互作用,这是那种使宇宙动量、能量及其他基本性质守恒的相互作用。就这些特性守恒而论,规律就是反思的。对后面这个问题的追问就是要进一步探究其理性。

要么规律起源于无而不是事实,要么可以说规律是完全理性的,这有什么区别呢? 思想能为想象的现象找到原因吗? 我们有根据认为,自然界中存在着更深层次的、合理的理由。各种不同的合理性使超越"本就如此"而进达于理由成为可能。

对于自然是否是理性的以及在何种程度上是理性的,问题不是在自然界中寻找心灵或思想,倒是在于事件是否有关联,以及它们彼此连接并同我们连接的那些关联的种类。对于相继发生的事件,时间在前发生的事件如果无关于后面发生的事件,就是非理性的。如此紧密相联的事件是一种思想到另一种思想的运动。我主张,事件,无论其为何,都必须独立于彼此间的联系而被识别,这一事实是完全排除理性的。另一方面,我们所观察的规则性秩序则排除了彻底的非理性。因此,我们有理由断言,自然界在某种程度上是理性的。

(责任编辑:孙小玲)

作者简介:爱德华·C.哈尔珀(Edward C. Halper),美国佐治亚大学杰出研究教授,约西亚·梅格斯(Josiah Meigs)杰出教学教授,博士生导师,在一流期刊发表文章一百余篇,德国 J.威廉·富布赖特(J. William Fulbright)研究团队高级研究学者,威尔逊(Willson)研究团队高级研究学者,数次获得佐治亚大学及美国国家研究基金,中世纪和文艺复兴哲学协会会长,美国哲学学会理事,多次担任美国哲学协会研讨会教学;从事古代哲学研究、19 世纪德国哲学研究。

译者简介:刘欣宇,北京大学哲学系博士后,助理研究员,从事马克思主义哲学、国外马克思主义研究。

校者简介:孙慕天,原哈尔滨师范大学教授,历任中国自然辩证法研究会常务理事、荣誉理事,中国自然辩证法研究会 STS 专业委员会主任等职。

智能理论、人机融合与后人类主义哲学

朱林蓉

【摘 要】过去三十年间,随着智能科学中最具有实践潜力的人机融合技术的长足发展,脑机接口、体外骨骼等设备等都已走入我们的视野。人机融合技术的出现与发展,不仅已经深刻影响到智能科学与生活世界,还将更进一步重新塑造和定义人类的生物属性。在人机融合的未来,在何种程度/比例上的融合可以称作人?本文的目的在于通过回顾和总结智能科学理论过去三种不同的范式,并借助后人类主义(posthumanism)哲学思想,阐述和介绍人机融合技术带来的后人类主义哲学观,后者不仅将帮助我们在未来人机融合的虚拟智能设计中指出道路,并且还可以帮助我们克服人类中心主义认知观。

【关键词】后人类主义 模拟 反身性 具身认知 虚拟

2020 年 5 月 7 日,特斯拉汽车创始人艾伦·马斯克(Elon Musk)在接受独立媒体的采访时表示,他新创立的公司 Neuralink 正式向美国食品药品监督委员会申请上市一款可以实现人机融合和深度交互的新产品,即在人的脑皮层中植入微小电极线(minuscule electrodes),从而帮助脑损伤、癫痫病和中风患者进行行为训练和神经恢复。而如果我们将时间放长远些,最近二十年来,神经义肢(neuroprosthetics)、谷歌眼镜、体外骨骼和阿尔兹海默症辅助设备,甚至包括我们普通人每天使用的智能移动设备都已经宣告,人与智能设备共生(symbiosis)时代来临。在超级人工智能被创造之前,以人机融合与脑机接口为代表的人类增强设备已经成为智能社会最具有应用前景的智能设备。

正如学者凯瑟琳·海尔斯(Katherine Hayles)在 1999 年出版的著作《我们如何已成为后人类》(*How We Became Posthuman*)[1]中所预示的:智能科学的发展预示了人类主义的终结,特别是人机融合赛博格技术的出现,使得信息在生物性基质的身体与硅基质的电子设备间进行宽带(high bandwidth)的信息流通,这种新的模式动摇了人类固有的智能实现模式,并重新改写了人类和人类社会——我们或已经迎来了后人类社会。

然而,许多经典智能理论学者,例如,杰瑞·福多(Jerry Fodor)和泽农·皮立欣(Zenon Pylyshyn)等,仍然坚持 1960 年代以来的第一代理论模型,即认为智能的实现应当建立在模拟主题(theme of imitation)的基础上,智能过程是可以通过机器借助符号的计算表征模拟人类智能来实现的。而另一些学者,例如,弗朗西斯科·瓦雷拉(Francisco Varela)、安迪·克拉克(Andy Clark)和伊万·汤普森(Evan Thompson)等,以他们为代表,自 1980 年代以来的第二代智能理论则认为,人的智能具有特异性,即人类智能核心是反身性(reflexivity)的能力,人类的智能不仅在于可以表征世界,而且可以在表征世界的过程中表征自身。基于反身性概念的具身认知理论(embodied cognition)认为,人类智能是基于人类身体的偶然性产物,是不能通过模拟实现的,思考智能的本质需要回到身体本身。第三代观点是基于虚拟(virtuality)概念的后人类主义智能理论,以 Braidotti[2] 和 Ferrando 为代表。[3] 这种观点一方面承认智能具有载体,但是智能的承担者(carrier)却可以是多元的:未来信息的主体可以在不同基质(生物的、人的身体或者硅基)构建的赛博空间中游移。后人类主义智能理论认为,未来信息的智能主体将是一个自由的赛博信息流,不仅可以在不同物理基质上存在,并具有人类反身性等一切智能特征,使得人与机器之间的智能融合与信

---

① Katherine Hayles, *How We Became Posthuman* (Chicago, Illinois: The University of Chicago Press, 1999).

② Rosi Braidotti, *The Posthuman* (Cambridge, UK: Polity Press, 2013).

③ Francesca Ferrando, *Philosophical Posthumanism* (London, UK: Bloomsbury Press, 2019).

息耦合成为可能，并进一步昭示后人类未来的图景。

本文的目的恰基于对以上三代智能理论之间的分析和厘清，试图说明后人类主义智能观所坚持的虚拟的智能理论继承和发展了传统认知科学与具身认知科学理论，这种观点不仅在智能实现的意义上更具有竞争力，而且会进一步改变和推进我们对人类和人文主义价值的理解。

一、基于模拟的传统智能理论：一个简要回顾

传统智能理论具有两个理论源头：即以控制论（cybernetics）和图灵机研究为背景的科学家与工程学家，与后来进入该领域的心理学家、认知科学家和哲学家。这两个群体在1930—1950年代的梅西会议（Macy Conference）汇集在一起，并进一步融入1960年代末成立的美国认知科学学会（Cognitive Science Society）的活动中。我们将回顾早期智能理论为何以"模拟"作为核心，并说明这种理论具有哪些局限性。

（一）机器功能主义与模拟智能

受到控制论与行为主义心理学的影响，早期智能理论的科学家和与哲学家认为，我们可以通过模拟人脑智能的外在表现，即考察信息的输入、处理与输出的三段模式设计计算机。这种思路在后来的图灵机与冯诺依曼机的设计中得到了充分的体现。科学家们普遍倾向认为，如果人类无法区分在认知互动过程中的对象是人或机器，那么便可以说这台机器在信息输出端所体现的智能水平与人类相当，即具有了人工智能。

特别是由于受到技术条件的限制，当时的科学家对于人脑的运作知之甚少，而机器功能主义思想（machinery functionalism）的出现，为解开智能的迷思开启了大门。支持机器功能主义的科学家和哲学家声称，既然发动机可以由钢铁制造、也可以由黄铜制造，那么智能的实现载体也可以是多元的——不仅人脑可以成为智能的载体，电子管和硅基的芯片也可以。这就使得在我们无需探查人类智能载体内部结构的复杂性（更何况脑的细微结构到现在仍然有许多未知）的情况下，只需要考察在信息输出端（例如信息设备的输出端口信息、人的语言等）的处理结果是否在功能上与脑处理等同和等效即可。

机器功能主义帮助人们绕开了对于智能内在本质的冗繁思考，也绕开了智能的载体——大脑复杂神经元结构的复杂探索与复制，转而借助电子管的计算能力，借助外在的、非生物基的智能设备便可以通过模拟（imitate）人的信息处

理功能的方式,来实现智能的多重可实现(multiple realization)。

(二)计算表征模型、联结主义与认知架构

基于模拟的第一代智能理论的另一个重要特征认为,对任何信息处理过程的模拟必须基于符号化的计算表征模型(computation-representation model)。这种理论模型的结果是,无论是基于人脑的语义处理还是基于电子管的二进制处理,对于信息处理的不同方式都基于类似的计算表征模型来实现。

当计算机借助计算表征模型成功处理日常信息的时候,许多认知科学家们也逐渐相信,人的智能形式也和计算机一样,是一个基于"输入—计算—输出"的计算处理过程。早期智能理论本来是希望设计出计算机来模拟人类智能,伴随着计算机技术走向成熟,人们又反过来借助计算机的运作方式理解人类智能,互为借鉴。

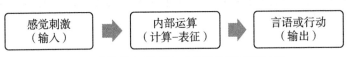

图 1 模拟的智能理论对信息处理过程图例

不过,1984 年英国科学家迈克尔·道森(Michael Dawson)提出的联结主义(connectionism)打破了这种模式。联结主义仍然借助"输入—计算—输出"三段模式,只是在联结主义理论的支持者看来,信息处理并不是线性和明晰的,而是通过一种"输入层、隐含层(信息处理)、输出层"这样的多信息通道的认知架构(cognitive architecture)来实现的。

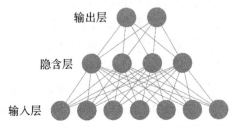

图 2 联结主义模型下对信息处理过程图例

联结主义放弃了简单的信息处理三段模型和单一中心的计算模式,而是设

置了分布式输入和隐含层多中心的信息处理方式,借助句法结构来处理诸如深层语义、隐喻等复杂的认知难题。联结主义的出现使得认知架构的设计模型走向成熟。今日主流的人工智能理论中机器学习和深度神经网络,都是基于认知架构理论诞生的。不过,无论是计算表征模型还是联结主义模型,他们都赞同机器功能主义的基本假设,即借助多重可实现的计算过程实现智能在不同基质中的模拟。

(三)传统智能理论的问题与反思

虽然经典的、基于模拟的智能理论在很多领域得到认同,特别在当代信息技术和智能应用的长足发展增强了人们对于这种理论模型的信心。然而,伴随1980年代的基于反身性概念的具身智能理论诞生之后,之前的智能理论已经遭到越来越多认知科学家和认知心理学家的批评。这些批评者认为,虽然我们可以借助模拟来实现某些信息处理过程,但是信息处理毕竟不能等同于全部智能本身——人类的智能具有一些特异性特征是机器无法实现的。

首先,基于对人类智能模拟的智能理论并没有"真正地"复制人类智能,而仅仅是对人脑部分功能(例如演算、记忆、规划、语义处理等)的简单模仿,即通过语义学、句法学和图形计算来模拟部分信息处理的规则和过程。借助对这部分功能或效果的多重可实现性考察,仅专注于处理过程中输入端与输出端的信息样态,剥离了处理器(或人)与其所处环境的复杂关系,从而揭示了过去的智能模拟处在一种摆脱了真实的生活情境和语境(real life situation and context)的、带有唯我论(solipsism)色彩的认知状态中。而真实生活中的人类认知却必然与身体、情感、社会和文化背景密切相关。维果斯基(Lev Vygotsky)的发展心理学也从儿童学习的过程中证实,真实生活中的学习过程是不能摆脱环境和文化等种种外在因素的。④

其次,传统理论目的在于设计一个可以与人类匹敌的、近乎完美的智能计算单元,无论这个单元是集中式的还是分布式的,都或多或少地试图"达到"人的智能程度。然而,人的智能不仅与环境、文化、情感等密切相关,而且是环境和文化的主动构建者。考察人的完整认知活动,我们会发现,一方面人类是"脑—神经"嵌入身体,又嵌入环境、社会和文化的能动认知主体(agent),另一方面人类构建出的环境和文化反过来成为认知的工具(gadgets)、增强认知。例如

---

④ Elena Bodrova, Deborah Leong, *Tools of the Mind: The Vygotskian Approach to Early Childhood Education* (London, UK: Pearson PLC, 2006).

人类发明出数学运算的符号并在纸和笔的帮助下运算的过程,使得我们将复杂的神经元的演算过程延展到外在的纸和笔以及符号的复杂推理中——而模拟的智能只能模拟我们的神经过程,却无法模拟人与环境之间的认知耦合,更无法在环境中寻找工具和符号以实现认知增强。这么看来,过去的模拟智能理论不仅无法理解自身智能存在的物理基底,也缺乏嵌入社会文化的可能性,更没有自我反身性和自我表征能力。这就是说,人作为一个智能综合体,是可以反思和认识自身并构建文化和意义世界的。

再次,人类的智能不仅是对外界环境的简单表征,同时需要包含反身性特征,即自我表征和自我意识。而这种自我表征的高级形式是自我意识的产生,并可以协助人类作为有机体实现自我演化和自我反思。传统智能理论只能提供认知主体与环境之间的关系架构,而不能提出合理的解决自我表征难题。

面对这些难题,在 1970—1980 年代科学家亨伯特·马图拉那(Humberto Maturana)与心理学家弗朗西斯科·瓦雷拉(Francisco Varela)共同开创了反身性的具身智能理论(reflexive theory of embodied intelligence),来弥补传统人工智能的问题和缺点。

二、基于反身性的具身智能理论:智能理论的转向

第二代智能理论以反身性的具身理论作为核心,代表人物马图拉那与瓦雷拉认为,智能主体是一个以观察者为目的的存在。而作为一个有机生命的观察者与表征计算人工智能的巨大差别在于,观察者在认识过程中不仅在表征世界中的信息,而且可以同时观察到自身在所处环境中扮演的角色。⑤ 具生命特征的智能主体的认识过程,不仅仅是一种关于外界的信息处理过程,还包括对自我的理解,借助反身性,认识并构造出关于"自我"的知识和自我所处的空间知识。这种基于反身性的、具身的智能理论影响到了机器人学家罗德尼·布鲁克斯(Rodney Brooks)、罗尔夫·费弗(Rolf Pfeifer)等人的设计灵感,布鲁克斯试图在机器人设计中加入多层信息处理(multi-layer process),以处理不同层级的信息(例如底层处理感觉信息、中层处理平衡感、高层处理语言或行为等)的类人化空间感受和自我表征功能;费弗引入了生态学平衡概念,将本体感受和身

---

⑤ Humberto Maturana, Francisco Varela, *Autopoiesis and Cognition*: *The Realization of the Living* (Berlin, Germany: Springer, 1980), p. 48.

体知识引入了人形机器人的设计中。我们将在下面具体解释。

（一）基于反身性的、具身的智能理论模型

上面我们已经说到，以往的智能理论仅关注智能主体对环境和认识对象的表征。与此相对，反身性智能理论的支持者认为，反身性与具身概念的核心在于，将智能与人的生物特异性紧紧捆绑在一起，扩展智能与脑之间的单一联系，在完整意义的生物人的基础上重新思考智能概念。

之所以认知科学家要摆脱智能模拟的简单模式，转而将人与智能概念重新结合，这不得不归功于 1980—1990 年代认知心理学特别是具身认知、情境认知理论的发展。正是认知心理学的发展冲击了过去智能理论的理论内核。具身认知理论的早期支持者认为（Varela，Thompson，Rosch[⑥]），从智能主体（人）的自然情境和演化历史出发来看，智能主体的认知过程并非是仅仅表征外在环境对象的静态的颅内神经反应，往往包含更广泛的认知回路（cognitive loop）。即任何智能主体的自然存在，都是以皮肤作为边界的、维持生命体特征的内稳态（homeostasis）所组成的"脑—神经—身体"综合体，嵌入（embed）到环境、文化中的。这种嵌入是先于认知活动的，也是演化和建构的。

不仅如此，在一个具体的主体智能活动中，当信息的处理从一个封闭的计算中心和外界进行信息交互、并且对信息内容进行理解、处理和操作的时候，信息回路的边界就不再受到处理信息的固有的"生理-物理边界"的影响。也就是说，信息处理的边界总是大于信息载体的边界，人的认知活动的边界总是超越了人的固有的生理边界，信息的回路可以在有机体内部和外部共同构建这个有机体与环境之间的信息流动交换组成的广义信息耦合。

总之，反身性的、具身的智能理论中，既然智能主体被先天地嵌入在身体以及环境中，且这个主体的智能活动建立在内部与外部的信息耦合意义上，那么智能主体就不应该仅仅是一个可以被电子管模拟的、简单的信息处理器，真正的智能主体在这个意义上被理解为一个具有反身性的、主动与环境进行信息耦合和行为操作的能动主体。

因而在后来的智能机器人设计中，人形机器人的设计理念也引入了人类智能研究中常用的手眼联动（eye-hand coordination）、本体感知（proprioception）和群体中的联合注意（joint attention）等概念和行为。科学家们试图让人形机器

---

⑥ Francisco Varela, Evan Thompson, Eleanor Rosch, *The Embodied Mind*: *Cognitive Science and Human Experience* (Cambridge, Massachusetts: The MIT Press, 1992, 2017).

人具有人类一样的观察者视角和反身性觉知,在赋予他们表征和处理环境信息的能力的同时,赋予他们对于自身身体、位置等信息的认识能力。纵然,在机器人设计中,人形机器人并不"经济",但是研究人形机器人或许是对人类自身研究的最佳参照物。

总之,当认知科学家们从反身性概念中获得智能理论的新灵感的时候,人们不禁会问,虽然人类智能因为具有身体,从而具备了产生智能的特殊性基础,那么,在未来人的智能(意识)能否脱离身体,储存在硅基或其他生物基的载体之上?这就引发了基于后人类主义的虚拟主题的智能理论的诞生。

(二)延展认知与人机融合的先声

1998 年哲学家大卫·查尔莫斯(David Chalmers)与安迪·克拉克(Andy Clark)提出了"延展认知假说"(hypothesis of extended mind)。[7] 这个假说认为:当人类外部的设备的认知功能可以部分地取代颅内认知功能的时候,我们就可以说,人的认知过程超越皮肤和颅骨与环境中的设备进行了信息耦合(informational coupled),人的认知过程部分地延展到了皮肤与颅骨之外的设备上。例如,一个阿尔兹海默症患者借助笔记本辅助记忆的过程中,笔记本部分地取代了患者的记忆功能,因此我们可以说,患者将它的记忆功能部分地延展(extend)到笔记本上了。在这个假说的朴素版本中,我们或许仍然可以通过功能主义来理解,即如果阿尔兹海默症患者在行动和言语输出的时候,我们只需考察笔记本能否功能性地取代患者记忆便可以决定假说成立与否。

然而,正如哲学家迈克尔·威勒(Michael Wheeler)指出的,虽然功能主义能够保证延展认知假说逻辑上的合理性,但是并不能确定它是真的。[8] 而若要确定延展认知假说为真,那就不得不解释这个假说背后的认知机制。延展认知假说并不仅仅是一个朴素功能主义的假说,而是一个关于人类如何通过操作环境中的工具与颅内认知单元协调、组成认知耦合回路的认知现象解释。人机交互界面是人与工具交互关系的延伸,哲学家约翰·豪格兰德(John Haugeland)也曾经指出,具身的认知系统与其他认知系统最大的不同在于,具身认知系统渴望智能与工具之间建立起宽带耦合(high bandwidth coupling)。在这个信息

---

⑦ Andy Clark, David Chalmers, "The Extended Mind," *Analysis*, 58(1998), pp. 10 - 23.

⑧ Michael Wheeler, "Revolution, Reform, or Business as Usual? The Future Prospects for Embodied Cognition," in Lawrence Shapiro (ed.), *The Routledge Handbook of Embodied Cognition* (New York, USA: Routledge Press, 2014).

的宽带联系中，认知主体与工具、设备之间形成信息高速流动，仿佛没有物理隔阂一样。[⑨]

　　而伴随智能手机、穿戴计算和脑机接口技术的发展，人类与设备之间的宽带信息流动变得越来越紧密，延展认知假说也变得越来越不再仅像一个"假说"。延展认知带来的核心挑战，在当代学者们看来，或许问题并不在于人的认知过程能否延展到智能设备上，而是在于：当我们的认知部分地延展到设备上、或者设备与人类高度耦合（比如人机融合、脑机接口）的时候，人类的主体是否也延展到那些设备上？还是那些设备嵌入到人类主体中？在多少程度上，人仍然可以被定义为人？是否可能未来的智能主体完全脱离生物基础到电子或者光子载体上？——这就进一步引发了后人类主义智能哲学的思考。

三、虚拟边界主体与后人类智能社会

　　由延展认知假说和人机融合主体引发的后人类哲学使我们不得不重新回顾不同智能理论对于智能主体边界的思考。在模拟的智能理论中，科学家们认为智能边界是信息处理发生的边界，也就是人的颅骨与皮肤或者计算机设备的机箱。而具身认知理论引发的挑战在于，虽然神经活动处在颅骨中，但是神经的反射活动并不能等同于认知活动，如果认知是神经活动与身体的密切联结，那么在这个意义上，人的认知的边界是可塑的（plastic）。而延展认知假说则更进一步认为，当人与外界设备之间建立起认知回路和信息耦合（information coupling），那么认知边界就可以扩展到主体-环境的耦合系统的边界上去。这就使得人机融合主体性成为激发后人类思考的第一个视角：生物-物理混合主体是否可能？

　　延展认知假说还可以在延展体验（extended feeling）中激发第二个视角的思考：当我们通过感官剥夺使得认知主体在虚拟现实环境中构造虚拟在场的时候，不仅仅他的感觉扩展到了新的环境中，而且感受者的在场主体与生物主体的真正在场也分离了，这一点成为了虚拟现实理论及其反思的主要理论资源——处在虚拟现实中的认知主体，不仅认知活动的边界模糊了，认知主体的感知边界也会随着感官剥夺和身体边界幻觉而游移不定（比如，当虚拟现实游戏中的动画身体遭受怪兽攻击，我们关于疼痛的感觉或许会发生在赛博网络空

---

⑨ John Haugeland, *Having Thought* (Cambridge, Massachusetts: The MIT Press, 1998), "Mind Embodied and Embedded."

间,而不是我们的身体之上)。

而与上面理论不同,后人类主义智能理论的支持者则希望更进一步。在他们看来,既然在延展认知假说中,人的认知部分功能可以延展到外在的设备中去,那么在未来的人机融合智能社会中,人类的主体性也将不再仅存在于一个纯然的、生物基质为构造的身体之上,人的本质将在生物组织、身体、机器人、赛博格(人机融合)和互联网中来回争夺(grabs)。^⑩

后人类主义者的智能假说以虚拟主题(theme of virtuality)为核心展开论证,在他们看来,"后人类"不仅仅是对人机融合技术的现象解释,而且是对智能的形而上学论述的范式转移。我们将从在场的虚拟性与主体的虚拟性的不同侧面刻画这种范式转移。

首先,在场的虚拟性建立在经验者对身体经验的强烈依赖的基础上。回顾前面所述,反身性的、具身的智能理论中强调认知主体必须在情境中在场(presenting),即认为智能的实现基于一种具体情境中的在场行为,从而实现智能主体与环境中设备之间的宽带信息流动。而后人类主义的智能理论却认为,智能设备发展的最终目的是使得空间与时间虚拟化,借助虚拟场景的构建,使得具身主体的在场与不在场的边界变得模糊,虚拟的边界使得智能的实现脱离具身的主体,而不再是身体的随附(supervenience)。在这种情况下,要么我们通过人机融合技术来制造一个物理生物混合身体,要么通过强虚拟现实,在信息世界构造一个完全虚拟的肉身及其体验。

其次,主体的虚拟化试图说明,过去的主体性是凌驾于"生物—物理系统"的肉身之上的存在。而在后人类主义哲学看来,既然人的经验在场已经随着边界的虚拟而模糊,那么人类主体也将不再成为肉身的主体,而可以是任何基质之上的主体。新的智能主体不仅像之前人类主体那样具备自我知识和表征力,而且它的存在方式超脱了生物基质和物理基底,它可以成为兼具生物与物理的人机融合混合体,也可以摆脱物理基底、成为赛博空间中的经验漫游者。正如海尔斯所说,智能实现的边界与内稳态不再是皮肤,而是生物技术的整合回路。^⑪ 这就改写了过去人文主义哲学中将人类视作经验中心的观点,而是将经验的主体视作正在体验着的汇集者(experiencing collector)。

最后,我们可以看到,无论是人机融合技术下的混合主体性,还是虚拟现实中的赛博空间主体性,伴随技术延伸到日常生活的后人类思想主题已经无法被

---

⑩ Hayles, *How We Became Posthuman*, p. 30.

⑪ Ibid. , p. 27.

我们忽略：新技术与新的生活体验已经撼动了传统人文主义所主张的"人作为身体—精神综合体"的人类中心主义信念，取而代之的，或将是一个新的诺斯替主义蓝图——追求更广泛意义上的赛博虚拟身体体验，或更遥远的赛博空间意识上传的可能性。但是，当这一天到来的时候，人类的未来将不再是生物族群，或许成为人机融合共生体族群，或者赛博空间的比特心灵族群。怀疑主义者或许会问：那时候"人类"（homo sapiens）是否还存在？

不过，一种技术乐观主义的后人类主义的支持者认为，思考担忧人类未来并不意图否定人类，而是扩展人类的生存方式的可能性。而在短期未来的后人类技术实践上，或许可以在三个侧面得到部分印证。第一个侧面是超距离虚拟体验，即借助远程视觉辅助完成认知任务，即我们今天所熟知的远程机械臂手术、无人机远程打击，以及未来的远程太空操控任务等。第二个侧面是化身（avatar）虚拟体验。飞行员模拟训练机是最早的化身虚拟体验的人机互动平台，虚拟现实游戏和教学将成为未来人机融合场景的重要实践舞台。第三个侧面是人机接口和体外骨骼构建的植入/非植入人类增强设备。马斯克的人机接口设备可以辅助瘫痪病人获得体外神经通路，辅助病人获得身体感知，并通过体外回路（external feedback）信号虚拟正常神经回路信号。体外骨骼则可以辅助身体瘫痪病人或者需要身体增强的士兵完成行走、运动等，实际上是一种人体增强的后人类策略。

未来建立在虚拟主体之上的后人类主义还会在多方面影响和改变我们的智能体验。当人机融合智能社会降临，终将使得从前生物学人类的定义转变为智能人类（没有身体的智能信息主体），如同延展认知改变我们对于认知边界的看法，人机融合策略和虚拟现实确实改变了我们对人类定义的看法。未来的智能主体或许终将成为智能主体在不同场域中的漫游者。

四、一个开放性的结论：后人类主义未来

行文至此，当我们回顾三种智能理论的发展历程，我们可以发现，早期智能理论沿着控制力和电子信号模拟路径一路发展到今天，仍然在智能产业界占据举足轻重的地位，并持续发挥着影响力。然而，1970年代以来，反身性智能理论在认知心理学和认知科学领域的发展使我们对智能的理解也更加深刻和丰富。在这种理论范式的影响下，生态平衡机器人和相应的智能设备也逐渐多元起来。而1990年代以来以虚拟为核心概念的后人类智能理论则立足于超脱旧有的人类中心主义的认知范式，在人机融合与虚拟现实技术的发

展下,许多思想家借助虚拟主体和虚拟在场的两个维度来思考人类未来的智能范式。

表 1　三种智能理论的理论维度

时期	理论	模拟	反身性	虚拟	人造物	主体
1945—模拟	控制论 计算表征 联结主义	电子信号 逻辑指令			电子鼠 恒温器	模拟计算 语义分析
1970—反身性	具身认知 生态机器人		反身性语言 与环境的耦合 自我表征		人造脑皮层 波士顿动力	生物智能 反身性 机器人
1990—虚拟	人机融合			意识涌现 延展功能主义 人机互动	虚拟现实 人机接口	虚拟体验 延展意识 (extended conscious- ness)

　　然而,一个可能的怀疑在于,后人类主义智能设计和人机融合的未来中,是否会出现类似强人工智能反噬的情况呢?即智能增强设备剥夺人类自由意志,或虚拟在场的主体在信息空间作恶等。但正如后人类主义者们,如海尔斯、罗西·布拉伊多蒂(Rosi Braidotti)[12]和弗朗西斯·费兰多(Francesca Ferrando)[13]等所强调的:后人类主义智能理论并不试图取消人类或反对人类价值,而是取消人类中心主义,超越人类作为生物学存在的中心主义,转而思考人类作为一种中性的智能主体应该具有怎样的伦理价值。而在智能理论和实践中,后人类主义者仍然强调,虽然人机融合技术中的人类主体和虚拟赛博空间中的体验主体都将对过去人类中心的伦理价值观产生冲击,但是这些技术并不会带来混乱(chaos)和罪恶。关键问题并不在于我们是否应该因为技术的负面可能性而否定技术,因为技术的发展往往并不是理论否定可以拒绝的,而是应该通过拥抱后人类未来,建立新的良善价值与伦理秩序,这才是解决风险和危机的道路。由此,我们认为,脱离在场认知的智能主体以及人机融合的后人类智能设计虽然存在技术反噬的潜在风险,这足以成为我们担忧的理由,却不是我们拒绝(新

---

⑫ 罗西·布拉伊多蒂:《后人类》,宋根成译,郑州:河南大学出版社,2015 年。

⑬ Francesca Ferrando, *Philosophical Posthumanism* (London, UK: Bloomsbury, 2019).

的智能理论和技术应用）的理由。

（责任编辑：王聚）

作者简介：朱林蕃，复旦大学哲学学院博士后，研究方向为认知科学与心理学哲学、社会知识论。

万物的终结

——康德的终末论与道德理论之间的冲突

李晋　马丽

【摘　要】在康德研究中，较少有人关注他的终末论。本文通过分析并讨论康德 1794 年所写的《万物的终结》及其与道德理论之间的关系，提出一个重要论证：一方面，在康德的道德论中，义务的内在动力和绝对命令依赖一个终末论的框架；另一方面，这种终末论也造成了康德道德理论的冲突和困境。解决康德理论中的这些内在冲突，能进一步将康德的思想体系普遍化，从而可以超越西方自身的背景。

【关键词】康德　终末论　道德理论

在康德所建立的先验观念论中，他对自然的现象领域和自由、道德的领域两者进行了区分。当代学者迈克尔·吉莱斯皮（Michael Allen Gillespie）认为，康德确立了一条人类启蒙的道路，人如要在道德上进行对与错的判断，只能通过基于人的先验自由（transcendental freedom）的道德感才可以实现。因此，对理性的正确使用能够解决自然和人的自由之间的二律背反，从而产生出道德和人类的繁荣,实现永久的和平。[①] 在近来的康德研究中,一种观点指出,尽管康德强调他的批判依赖上帝存在的先验性作为条件,但事实却是,康德的伦理学正尝试摆脱中世纪以来以上帝为基础的伦理学,转向以人自身为基础的伦理学。例如,在《道德形而上学基础》一书中,"上帝"一词仅出现过两次,并且也是以负面的意味出现的;而康德于 1794 年所写的《万物的终结》(*Das Ende aller Dinge*,以下简称为《终结》)只是他为了隐晦地批评当时德国的出版审查制度所写的一篇短文。[②] 相反,另外一种观点则认为,尽管康德发起了一场形而上学的革命,但是他也意识到了理性的局限,从而真诚地提出要为信仰保留空间的论断。[③] 当康德在讨论到人的未来这个主题时就已经表明,尽管理性不能够证明上帝和人类的未来,然而对这两者的相信却能够给予人理性实践的指导,并且解决实践理性中存在的悖论。[④] 总之,在近来康德思想的研究中,学者们注意到了上帝、不朽等超验理念对于康德道德体系的重要性,[⑤]但是,他们却很少深入讨论康德所提出的终末论和他的道德理论之间的联系。[⑥] 在这个问题上,反而是一些当代的神学家更多关注到康德对终末论这个概念的影响,如于尔根·莫尔特曼(Jürgen Moltmann)就认为,康德建立起了先验性终末论的经典哲学形式。[⑦] 在哲学上,这一转折的标志就在于,康德因为用理性无法讨论终末论的内容,所以只能用实践理性中的道德作为替代方案来讨论。莫尔特曼对此评价

---

① Michael Allen Gillespie, *The Theological Origins of Modernity* (Chicago: University of Chicago Press, 2008), p. 260. 中译本参见米歇尔·艾伦·吉莱斯皮:《现代性的神学起源》,张卜天译,长沙:湖南科学技术出版社,2012 年。

② Manfred Geier, *Kants Welt: Eine Biographie* (Reinbek bei Hamburg: Rowohlt, 2005), pp. 247 - 251.

③ John H. Zammito, *Kant, Herder, and the Birth of Anthropology* (Chicago: University of Chicago Press, 2002), p. 256.

④ All W. Wood, "Rational Theology, Moral Faith, and Religion," in Paul Guyer (ed.), *The Cambridge Companion to Kant* (Cambridge: Cambridge University Press, 1992), p. 404.

⑤ 迪特·亨利希:《在康德和黑格尔之间——德国观念论讲座》,乐小军译,北京:商务印书馆,2013 年,第 86—104 页。

⑥ 长期以来,英文哲学界对康德的关注通常将康德的哲学和神学理论割裂开来讨论(除了艾伦·伍德等学者外),直到最近帕门奎斯特(Stephen R. Palmquist)对康德《纯然理性界限内的宗教》的重新解读才引起了哲学界的康德研究者更多关注到康德哲学和宗教之间的密切联系。帕门奎斯特的书中也较少谈及康德终末论的主题,只在一处正文和两个脚注共三次提了康德受到 12 世纪神学观念的影响,持有一种实现的终末论(a realized eschatology)。参见 Stephen R. Palmquist, *Comprehensive Commentary on Kant's Religion within the Bounds of Bare Reason* (West Sussex, UK: John Wiley & Sons, 2016), pp. 380, 440。

⑦ Jürgen Moltmann, *Theology of Hope: On the Ground and the Implications of a Christian Eschatology* (New York: Harper & Row Publishers, 1975), p. 39.

说:"终末之物的各种观念已经以伦理的方式来进行检验,并且被视为属于道德理性、可以成为自我实践的能力领域。[康德]这种方法所开启的结果就是,仿佛我们已经'在这里通过这些终末的观念来行动……这些观念是理性为自身所创造出来的一样',就好像我们与这些观念'为伍',把它们当成是'与实践目的相伴随的立法性的理性所给予我们的一样',目的在于根据关涉到万物终极目的的道德原则来对这些终末的观念进行反思。"⑧

在上面这段话中,莫尔特曼强调了一个通常在康德研究中被忽视的终末论和道德伦理领域之关系的主题。延续着这个主题,本文将进一步讨论康德的终末论和他道德理论之间的关系。我们主张,尽管康德将终末论化简到了道德理论中,但这种方法却导致在康德道德体系中产生了内在的矛盾和冲突。尽管康德假设的灵魂的不朽将终末论中的今生和来世联系在一起,但他忽视了单纯的灵魂不朽是否能够承担道德责任的问题。当他将终末论消解或者隐藏在他的道德理论中时,却没有解决如何对恶的行为进行惩罚的问题。此外,他的道德理论是袪历史性和经验性的,但是在其涉及终末论方面的道德理论上,暗含了一种无限的历史过程,这也和他本身的先验性前提产生了矛盾。本文主要首先论述康德的终末论,其次论述康德的道德理论以及和终末论之间的关系,然后将对康德理论进行批判性的反思,最后是结论。

一、康德的终末论概念

康德对终末论主题的专门性论述出现在《终结》一文中。在该文中,他否定了一种流行的观点,即认为永恒是指无限的时间。因为人的存在必须始终在时间之中。他指出,时间的终结只能够从设想人处在一种不间断的绵延的状态来理解。然而这种状态是人的理性难以理解的,在他看来,"这种持存(人的存在作为量来看)是作为一个完全无法与实践相比的量(作为本体的绵延)"。⑨ 事实上,这种"终结"是和存在于任何时代的一切理性存在的人相关联,所以,他认为,正如理性在道德领域一样,时间转变为永恒,是不能从自然

---

⑧ Jürgen Moltmann, *Theology of Hope*: *On the Ground and the Implications of a Christian Eschatology* (New York: Harper & Row Publishers, 1975), p. 40.

⑨ 康德:《万物的终结》,载康德:《康德著作全集》(第 8 卷),李秋零主编,北京:中国人民大学出版社,2010 年,第 330 页;以下简称《终结》。本文中所用康德文本也参考了剑桥英文版和哈克特(Hackett)英文版以及德文科学(学院)版,因为中文版附有边页,除非有较大的翻译修改,下文将不再一一注明其他版本页码,而主要采用中文版的翻译。

(物理)进程的角度来理解的,而是要从各个目的的道德秩序上来理解。因此康德进而说道:"这种持存及其状态只能是其性质和状态的道德规定。"⑩

当把物理性进程转变到道德领域时,康德认为,在道德进程中所涉及的是超感性的内容,从而意味着超出了理性所能理解的范围,只能被当成一种先验性的前提来接受,于是康德说:"所以,那些应当在末日之后来临的最后的事物的表象,就必须仅仅被视为末日连同其道德上的、此外在理论上对我们来说无法理解的后果的一种感性化。"⑪

为了进一步说明这种终末与道德之间的联系,康德先比较了两种传统的终末论的观点,一种被称之为一元论体系(Unitarier),也就是普救论的观点,认为最终永恒的福祉是给予所有人的;另外一种是二元论的体系,也就是主张一些人最终获得祝福,而一些人得到永恒的咒诅。尽管康德承认后者在实践中更具有有效的道德约束,但是他仍认为一些人被造就是为了被咒诅,却又陷入到了神义论的困境中。最终康德认为,判断这两种体系的优劣已经超出了理性能够洞察的范围,他说道:

> 因为我们毕竟眼前看不到任何东西,能够现在就把我们在来世的命运告诉我们,除非是我们自己的良心的判断,也就是说,我们当前的道德状况,就我们认识它而言,让我们以理性的方式对此作出判断:我们发现直到我们生命终结时都在支配着我们的那些生活方式的原则(无论它们是善的原则还是恶的原则),甚至在死后也将继续下去;我们没有丝毫理由假定这些原则在来世将会有所改变。⑫

在上面这段论述中,康德已经将道德法则的普遍性从此世扩展到了来世中,而这种普遍性的延续是通过人作为道德的行动者所实现的。因此,道德法则是一种超越了时间和空间限度的普遍性法则,这是康德能够将"永恒"这个概念脱离时间维度来进行理解的基础。

在《终结》(附释)中,康德继续提出了对永恒的理解。在他看来,万物终结不在于时间的终止,因为一切的变化都必须发生在时间中,而如果终结意味着时间的终止,那么对于所感知的客体就意味着一切都毫无意义;当人们把从时

---

⑩ 康德:《终结》,第330页。
⑪ 同上书,第331页。
⑫ 同上书,第333页。

间中进入永恒理解为仅是时间的无限延续时,那么,这在我们的认知中也是无法理解的,因为时间并没有结束,也就没有万物终结的发生。[13] 康德认为,这对于理性而言也是空洞、无法想象的。这里他再次强调,万物终极的含义不是在时间上的,而是理性使得人进入自由国度的一种状态。他表达了启蒙运动中普遍对人类历史所抱有的一种乐观主义,即认为"按照我们的时代与过去一切时代相比在道德上的优越性的经验证明,人们应当能够怀有这样的希望,即末日会宁可以一种以利亚升天的方式,而不是以可拉一伙人相似的下地狱的方式而来临,并且导致尘世万物的终结"。[14] 对于康德而言,真正意义的万物终极是超越了时间的限制,而在道德领域里实现的一种状态。他说道:"依照这个理念在实践上应用理性的规则所要说的无非是:我们必须这样对待我们的准则,就好像在由善向着更善的一切无止境的变化中,我们的道德状况在意念上(人自身,本体之人[*homo Noumennon*],'在天上发生改变'),根本不会屈从于任何时间的变迁。"[15]

康德以伦理学的视角重新解释了传统的终末论概念,这种终末论已经摆脱了时间的限制。[16] 康德明确地表明,在他的道德体系中,他所关注的不是世界终结之后要发生的事情,因为这是超出了理性的范围而无法理解的领域。他也指出,终末论中所涉及的不朽的上帝的概念对于此世的实践是具有重要影响的。在他的观点中,终末论中上帝的审判和世界的终结都是以道德为导向的目的论作为基础的。他不仅仅从象征符号的角度理解世界的终结,并且因此也使得上帝的国变成了一种具有象征符号意义的表征,即自由、道德的国度。在《纯然理性界限内的宗教》(1794)中,康德对《启示录》的解读就认为上帝的国的降临是一个无法中断的过程,他将天国理解为具有象征意义的表象,在世界的终结之前,能够在道德实践中给予人激励。他指出:"对自身并非历史的来世作一种历史叙述,这种表象是一个美好的理想,即通过引入真正的普遍宗教,造成道德上的、在信仰中预见到的世界新纪元,直到其实现。作为经验型的实现来预期,而且只能在持续不断的进步中和向尘世可能的至善的迫近中(这里没有任何神秘的东西,所有的一切都是以道德的方式自然而然地进行的)来期望这一实现,即

---

[13] 康德:《终结》,第 337 页。

[14] 同上书,第 335 页。

[15] 同上书,第 337—338 页。

[16] Ulrich H. J. Körtner, *The End of the World: A Theological Interpretation*, trans. Douglas W. Stott (Kentucky: Westminster John Knox Press, 1995), p. 38.

为这一实现作好准备。"⑰

二、康德的道德理论和终末论

很显然，根据上面的论述，康德之所以刻意地将终末论转变为在此世中实践理性的道德问题，一个重要原因就是他坚持认为道德产生出了宗教，人的道德只能够建立在理性的基础上。甚至他在一个注释中特别写到，犹太教怎样错误地持守了一种政治弥赛亚的观念，他们错在不是从道德上来理解这一观念。⑱在这种转换中，他以一种目的论的思考方式将自己的道德立场和终末论联系在了一起，这种思想脉络延续了犹太-基督教的传统，如乌利希·孔特纳（Ulrich H. J. Körtner）所指出的，"然而康德没有进一步发展出对这种终末论起源的讨论，因为他对基督教和犹太教之间存在正面的实质联系持有疑问"。⑲ 换句话说，在康德的观念中，基督教与犹太教的终末论之间的断裂正是以将政治和世俗领域的终末论转化到道德实践领域为标志。

在讨论康德的道德理论和终末论之间的联系之前，我们先简要论述一下康德关于道德理论的体系。当康德将理性作为道德理论的基础时，就已经意味着道德理论研究只能够限制在理性的范围中。在《道德形而上学》（1797）的结尾处，康德强调伦理学作为一种纯粹的内在立法的实践哲学，必须在理性限制的范围内进行讨论，在人与人之间的关系中进行研究和理解；相反，人和上帝的关系则完全超出了伦理学范围的那部分，人是无法理解的，从而伦理学也是不能够超出人类对于彼此义务的界限之外的。⑳ 换句话而言，伦理被限制在了人与人的范围之间，人对于上帝而言只是承担义务而没有权利，人与上帝之间的道德关系的原则就是一种超验的关系；只有人与人之间才具有权利和义务的双向关系，才是伦理学中的内在原则。㉑ 道德不同于自然法则，而是一种自由法则，只有符合行动准则的才是道德的。而道德的最高原则就是"按照一个同时可以被视为普遍法则的准则行动。——任何不具备上述资格的准则，都是与道德相

---

⑰ 康德：《纯然理性界限内的宗教》，载康德：《康德著作全集》（第6卷），李秋零主编，北京：中国人民大学出版社，2007年，第138—139页。

⑱ 同上书，第140页。

⑲ Körtner, *The End of the World*, p. 38.

⑳ 康德：《道德的形而上学》，载康德：《康德著作全集》（第6卷），第501页。

㉑ 康德：《道德的形而上学》，第498页。

悖的"。^㉒ 在康德看来,从理性延伸出来的道德法则是规定善和恶的基础,而善和恶的概念不能够先于道德的法则。善就是善的意志本身,而不是作为行动的结果进行评价。为了发现道德形式真正的理性基础,康德指出不能够通过质料具体的经验性知识来获得,相反道德概念的来源应当是先验理性。因此,基于善的意志本身,只有无条件的绝对(定言)命令才代表了善自身。^㉓ 从而康德拒绝将幸福论作为道德的动机,而是认为通过理性所具有的实践能力可以影响意志。理性的真正作用是善的绝对的必要条件,并且这里的善尽管不是唯一和全部的善,却是最高的善。当康德主张道德理论必须基于义务时,是说必须基于这个最高和无条件的善本身(因为它就是基于善自身的意志),同时也排除了任何的后果作为评价道德行动的准则。^㉔

与过去德国传统的基督教观点不同,康德拒绝认为宗教产生出了道德的标准,能够使得人判断善和恶;相反,善和恶的标准是根据理性作为立法者所订立的标准。他认为只有承担义务的人才是道德实践的主体。而且,理性的人作为道德的主体,必须是以自由为前提。自由作为在人的意志中是独立于因果定律的。康德在先验的意义上将这种自由意志作为道德立法的原则和基础。^㉕ 善和恶中道德的含义必须是人具有自由时才能够得以实现。因此,人行为的善和恶在于是否将普遍道德的立法标准作为自己的准则,将道德准则作为自己的义务去行使。这个抽象的人的概念被康德称为自律(autonomy)。在布兰特看来,此时康德的道德论已经转向了一种主观主义,需要依靠人的决断来进行道德实践,实际上已经成为了心理学的过程,却在自然和自由两个世界中不足轻重,成为了康德需要不断修补的一个缺陷。^㉖

为了支持他的义务论的道德理论,康德求助于先天综合命题。对于康德来说,人类作为一个理性的、自由意志的存在,对目的王国是有义务的。这个目的王国本身就隐含着康德终末论的前提。与之相关的就是康德的这个自律概念。康德诉求于先天综合命题来证明他的义务论,从而将人作为理性、自由意志的存在和对目的王国的义务联系在一起。自律意味着个体的准则也能够成为一种普遍的法则,并且应用于他人。在康德看来,意志的自主是道德的首要原则,

---

㉒ 康德:《道德的形而上学》,第 233 页。

㉓ 同上书,第 228 页。

㉔ 同上书,第 233—34 页。

㉕ 康德:《纯粹理性批判》(第 2 版),载《康德著作全集》(第 3 卷),李秋零主编,北京:中国人民大学出版社,2004 年,第 17—19 页。

㉖ 莱茵哈特.布兰特:《康德——还剩下什么?》,张柯译,北京:商务印书馆,2019 年,第 88—112 页。

这个自主既是道德的主体,也是道德立法的主体。从而,道德律并不是从外部对主体实施强制,而是从自主的主体自身所产生的。因此,康德实际上的主张是道德义务基于理性存在的个体彼此之间的关系,这些个体自身同时必须既是目的也是手段,因此,对于康德而言,道德赋予了人性自身的意义,这点也被康德称为尊严。㉗ 他基于自律的概念指出人作为道德存在的主体,是自己的手段也是目的。换句话说,自律意味着理性的立法是以自身为前提条件。他认为德行教义的最高原则就是绝对命令。通过理性所确立的道德法则是普适性的道德法则,能够适用于任何人。在他的理论体系中,尽管已经将终末论化简到了伦理学的范围中,但是,他主张道德法则事实上仍具有一种目的论的导向,将这种自律所确立的一切普遍法则的范围称为目的王国。据此,任何人都应当被当成目的来对待,人不能够将自己和任何人仅仅当作手段。康德指出,在道德原则下,人对待他人不能够是漠然的,相反,人自身的义务出于普遍、内在的法则将人作为他的目的。㉘

当确立了道德法则的标准后,就可以区分善和恶,这两者真正的区别在于是否将道德的普世标准作为人自身的义务去服从。在康德看来,只有道德上违背理性所确立的普遍法则时才是恶。恶并不是因为人的倾向(propensio)所决定的,人的自然冲动和本能并不能够让人在自由下进行选择,而道德上的恶则是处在自由中的人背离了自身本应遵循的法则时所产生,也就是,当一个人已经意识到这种道德法则,却仍旧违背时就是恶。㉙ 对于康德而言,恶的本质不是在于经验性的,而是和自由的选择有关,因此自由和道德法则是恶的概念的前提。他认为,即使是最为邪恶的人也不会脱离道德法则的约束,因为道德法则是人与生俱来的倾向,不可抗拒地对人施加影响。据此,康德进一步解释道:

> 人是善的还是恶的,其区别必然不在于他纳入自己准则的动机的区别(不在于准则的这些质料),而在于主从关系(准则的形式),即他把二者中的哪一个作为另一个的条件。因此,人(即使是最好的人)之所以是恶的,乃是由于他虽然除了自爱的法则之外,还把道德法则纳入自己的准则,但在把各种动机纳入自己的准则时,却颠倒了它们的

㉗ 康德:《道德形而上学的奠基》,载《康德著作全集》(第4卷),李秋零主编,北京:中国人民大学出版社,2005年,第427—447页。
㉘ 同上书,第427—441页。
㉙ 康德:《纯然理性界限内的宗教》,第27—54页。

道德秩序;他意识到一个并不能与另一个并列存在,而是必须一个把另一个当作最高的条件来服从,从而把自爱的动机及其偏好当作遵循道德法则的条件;而事实上,后者作为满足前者的最高条件,应该被纳入任性的普遍准则,来作为独一无二的动机。㉚

从上面这段话中我们可以看出,康德不仅将善和恶的标准诉诸个人的准则,并且强调了人本性中的一种倾向,那就是把自我之爱和理性所确立的道德准则混淆和颠倒。恶并非人必然的本性,而是因为本性中滥用自由的倾向所导致的,因此,善和恶是在人的自然和自由的能力选择范围之内所承担的责任。这种道德上的颠倒被康德称为"根本恶",即由于缺失了善的准则,"它败坏了一切准则的根据,同时它作为自然倾向也是不能借助人力铲除",但是康德对此也并没有失去乐观,而是认为这种倾向正是由于自由行动所产生,人既然对此负有责任,那么也必然能够克服。�31 他在讨论"善"的重建中提出了一个问题:在自然状况下的"恶人"如何能够成为"善人"? 他延续了传统基督教的人性原初的善却堕落的教义,和奥古斯丁一样,将"自我之爱"视为一种恶的源泉,认为依靠其无法重建善。相反,他诉求于人永不会丧失的道德动机本身,善的重建首先并不是在于行动上,也不是靠神圣恩典,而是人重新将颠倒的道德法则确立为最高的纯粹性的法则,只有这样的法则才能够使人在自由中获得道德法则,并且对此负有义务。㉜ 对于康德认为善和恶发源于人的自由的看法,不少研究者提出了质疑和批评。在伯恩斯坦看来,康德并没有明确地说明这种自由是隶属于具体的个人还是作为种类的人,并且,如果恶起源于自由被认为是就人的种类而言,就意味着作为种类的人自由选择了这种品性。这里康德就面对着一个明显的矛盾:一方面,所有人作为类属都倾向于一种与生俱来的恶的品性;另一方面个体在道德选择时则需要独自承担选择的后果。㉝ 布兰特则认为,康德强调的道德必然实在性预示着善和恶的必然实在性。换言之,就是善和恶两者在康德的道德体系的绝对命令中成了彼此共存的实在,"这是一种浮士德式的幻想,要相信它,需要巨大的精神之力"。㉞

㉚ 康德:《纯然理性界限内的宗教》,第36页。

㉛ 同上书,第37页。

㉜ 同上书,第45—54页。

㉝ 理查德·伯恩斯坦:《根本恶》,王钦、朱康译,南京:译林出版社,2015年,第37—41页。

㉞ 布兰特:《康德——还剩下什么?》,第112页。

三、康德道德理论的预设前提

在上面所论述的理论中,康德不仅预设了自由的概念,在他的伦理学中也没有摆脱终末论所涉及的重要主题:上帝和不朽。事实上,康德将终末论的要素隐藏在了先验前提中。正如莫尔特曼所说,"这种终末(*eschata*)是超感官的,并且也超过了一切知识的可能性,反之,终末论的视角也完全和经验世界的知识不相关"。[35]

对于康德而言,道德法则所表达的就是自由的自律,一种在纯粹实践理性中的自律。通过自由作为道德的条件,可以揭示出其他两个纯粹理性的条件——上帝的存在和不朽。尽管康德强调这两者不是道德法则的条件,这却是将道德法则实施到客体上的条件。在他的体系中,基于自律所包含的自由的概念得出两个先验前提,即上帝和不朽。他认为这些先验前提对于道德不是任意的假说,而是在实践中必要的,如康德所说,这里"绝不是思辨的随便哪一个意图的假说性需要,即人们要想在思辨中上升到理性应用的完成就必须假定某种东西,而是一种合法则的需要,即假定某种东西,没有这种东西,人们为了自己行止的意图而应当毫不马虎地设定的东西就不可能发生"。[36] 康德为的是避免一种终末论的后果主义,即人的道德动机将建立在最终所期待的上帝的惩罚或给予的永恒福祉上,那么在道德中理性就必须接受这两个先验性的前提。理性必须通过上帝和不朽的概念才能和道德法则之间建立起联系,否则道德法则就不可能存在。康德指出了三个重要的道德预设,除了上文我们提到的自由的公设之外,他认为灵魂的不朽创造出了人的意向和道德法则完全适合的可能,也就是在延绵持久的条件上,人才能实现道德上无限的进步。这里他承认人在此世是理性却有限的,一旦缺失了灵魂不朽,就失去了道德先天无条件的实践法则。这一条件和上帝作为无限者存在的条件一起保证了人能够在道德法则的牵引下,对于人而言"从他迄今比较恶到道德上比较善的进步中,从他由此得知的始终不渝的决心中,希望不论他的实存能够达到多久,甚至超出此生,这种进步今后都能坚持不懈地延续下去,而且绝不是此时或者在他的存在的某个可以预见的未来的时刻,而只是在他的存续的(惟有上帝才能综观的)无限性中与上

㉟ Moltmann, *Theology of Hope*, p. 47.

㊱ 康德:《实践理性批判》,载康德:《康德著作全集》(第5卷),李秋零主编,北京:中国人民大学出版社,2007年,第6页。

帝的意志完全契合(无须与公正不相称的宽纵和赦免)"。㊲ 康德在这段话中已经将人的道德实践通过灵魂的不朽与无限和上帝联系在了一起。他认为传统基督教的终末审判的教义并非公正的,于是将其转化为了人的意志与上帝的意志完全契合,此时就意味着道德和上帝最终是一致的。因此,上帝的存在这个前提就意味着是最高的、独立的善,也是可知世界中能够理解至善的必要条件。按照康德的观点,"即使每个人都把道德法则视为诫命,但如果道德法则不先天地把适当的后果与它们的规则联结起来,从而自身带有应许和威胁的话,道德法则也就不能是诫命。但是,如果道德法则不蕴涵在一个作为至善的必然存在者之中的话,它们也不能做到这一点,惟有至善才能使这样一种合目的统一成为可能"。㊳

在康德的终末论中,上帝所承担的是作为审判者的角色,而在他的伦理学体系中,上帝则被转化成为了内在于人自身的良心,而良心被康德视为是人内在的道德人格,是内在审判的法庭。㊴ 上帝则被认为是一个理念的人格,是人良心的审视者,他的一切义务都能够被视为是命令,能够判断内心,而正因为上帝是对人内心主观的审视,因此并非使用强制的外力来限制人的道德自由,康德将其视为仍旧属于人的道德的自我意识范畴之中。他称上帝是一个全能的道德存在者,对于人的良心而言,上帝不是一个客观性的外部强制,相反"良心就必须被设想为在上帝面前应当为其行为承担责任的主观原则,的确,后一个概念(尽管仅仅是模糊的)将在任何时候都包含在那种道德的自我意识之中"。㊵ 因此他认为,人必须接受上帝的这个理念,不是以一种客观的、理论性的理性方式来接受,相反是出于实践的原因,自己赋予自己这个义务,接受并指导道德实践。他说:"没有一个上帝和一个我们现在看不见、但却希望着的世界,道德性的这些美好的理念虽然是赞许和叹赏的对象,但却不是立意和实施的动机,因为它们并未实现那对每一个理性存在者来说都是自然的、通过同一个纯粹理性先天地规定的、必然的全部目的。"㊶

而在第二个预设和关于灵魂不朽的先验前提中,康德也是以同样的理由来接受这个前提的。在康德的终末论中,他指出人尽管处在不断的进步状态之中,却无法达到圣洁完美。在他对此世的描述中把最高的善作为道德法则所决

㊲ 康德:《实践理性批判》,第 130—131 页。

㊳ 康德:《纯粹理性批判》(第 2 版),第 518 页。

㊴ 康德:《道德的形而上学》,第 448 页。

㊵ 同上书,第 450 页。

㊶ 康德:《纯粹理性批判》(第 2 版),第 519 页。

定的意志的客体。但是这里存在的一个张力是,在感官的世界中,以理性而存在的人不可能达到道德上的完美,无法企及最高的善。为了解决这个矛盾,康德将实现至善看成了一个永无休止的进步的过程,而假设灵魂不朽的前提是对人的思辨理性无能的一种补偿,他认为,"这种无限的进步惟有预设同一个理性存在者的一种无限绵延的实存和人格性(人们把这称为灵魂的不死)才是可能的。因此,至善在实践上唯有预设灵魂的不死才是可能的,因而灵魂不死与道德法则不可分离地结合在一起,是纯粹实践理性的一个公设"。[42] 一方面,康德将最高的善的意志等同于上帝的意志来解决道德之善的问题;另一方面,他通过不朽来解决在时间之内实践中不能够实现至善的这种张力。在实践理性中,他认为完全的善只能够在一种无限进步中才能够达到,因此在实践理性中,将这种无限的进步作为前提预设是必要的。在道德的至善体系中,只有接受这样一个前提,才能使得灵魂不朽这个预设得以成立。

按照康德的观点,灵魂的不朽是理性推理和宗教的基础之一。只有这样,道德法则和人性才能够完全相符合。缺乏了这个基础,道德法则就不具备神圣性,也使得个人无法承担道德的义务。一个理性却有限的存在者,只有通过这种无限性的可能才能实现从较低的道德不断得以改进到较高的道德阶段。[43] 康德坚信,灵魂的不朽提供了人坚守道德法则的动力,期望在这种不断的进步中最终实现最高的善。因此他总结到,人在不断的道德进步这个过程中都希望这种进步能够继续下去,甚至是在来世之中(beyond this life)。

四、终末论和道德理论之间的矛盾

在以上论述中我们分别阐释了康德的终末论和道德理论,当康德将终末论化简在他的道德理论中时,终末和时间的绵延性就已经作为一种先验性的前提被包含在了上帝的存在和灵魂的不朽中。[44] 在埃米尔·法克海姆(Emil L. Fackenheim)看来,这两个前提假设暗含着人自由和道德的有限,而正因为这种有限的道德结构,在康德的义务论的道德体系中产生出了矛盾和二律背反。他

---

[42] 康德:《实践理性批判》,第130页。

[43] 同上。

[44] 亨利希描述康德的物自体(自在之物)的概念时就已经说明,只有物自体本身是没有空间和时间的属性,而这两者是以感性的形式存在的,而脱离了时间和空间的物自体的本质是一个限制性的概念,表明人是无法对此进行思考的。参见亨利希:《在康德和黑格尔之间——德国观念论讲座》,第130—132页。

指出，正是为了解决这种矛盾，康德才提出了这两个先验的预设。⑤ 然而，如果我们将康德的终末论与这两个与之相关的前设放在一起思考时，就会发现康德仍旧没有解决他理论体系中存在的一些矛盾。

首先，灵魂不朽的概念和道德行动的承担者作为一个整全的个体之间存在着矛盾。康德用不朽这个前提来指出人在道德实践中可以具有一种无限的进步，尽管不能完全实现至善，但会不断在今生去接近至善的方向。然而，他仅仅假设了灵魂的不朽，而不是人的不朽，也就是在他的终末论背景下，人其实处在两种状态：今生和来生。但是，按照他对道德主体的定义，只有今生的人才能够承担道德责任，而仅仅假设死后灵魂不朽，事实上并不表明人还能够持续地接近至善，他不得不诉求于传统基督教的终末论主题，将其纳入自身的道德理论的框架中重新解释。⑥ 他认为道德义务的主体只能是作为理性存在的人。他明确地强调尽管从理论的角度上可以将人划分为身体和灵魂，但是承担道德义务的主体却只能是整体的人，他坚持认为人作为一个整体是不能够被区分为两种主体承担义务，即存在身体的义务和灵魂的义务：

> 虽然在理论方面允许我们在人身上把灵魂和肉体作为人的自然性状彼此区分开来，但毕竟不允许我们为了有理由划分为对肉体的义务和对灵魂的义务，而把它们设想成为使人承担义务的不同实体。——无论是通过经验还是通过理性推论，我们都没有被充分地教导，人是否包含着一个灵魂（作为居住在人里面的、与肉体有别的、能够独立于肉体进行思维的、亦即精神的实体），或者是否毋宁说生命是物质的一种特性，而且即便事情是前一种情况，也毕竟还是不能设想人对一个肉体（作为赋予义务的主体）的义务，哪怕它是人的身体。⑦

所以，康德的灵魂不朽的假说并不能完全代替或转化终末论到现世的道德领域中，复活和死后身体的状态超出了理性的范围。因此，就人仅仅作为一个自律的道德主体而言，没有理由认为单纯的灵魂不朽就能够作为道德责任的承担者、激发道德行动者的内在动力。因此，也就没有理由相信道德实践能够趋

---

⑤ Emil L. Fackenheim, *The God Within Kant*, *Schelling*, *and Historicity*, ed. John Burbidge (Toronto: University of Toronto Press, 1996), p. 10.

⑥ 特里·平卡德：《德国哲学 1760—1860：观念论的遗产》，侯振武译，北京：中国人民大学出版社，2019年，第 57—63 页。

⑦ 康德：《道德的形而上学》，第 428 页。

向于至善。对于任何一个理性的道德存在者而言,实际上道德实践始终是处于不确定的状态下,但从理性看,灵魂是否不朽都不会对自律的人提供任何道德实践趋向善的动力。伯纳德·瑞东(Bernard M. G. Reardon)就提出质疑认为:"如果灵魂如康德所陈述的那样,具有一个永无止境的'时间',在那里灵魂能够为了道德圣洁的理念而不停奋斗,那么我们就非常难以理解,在那里灵魂如何还能够继续有对幸福的需要。"[48]此外在这个单一的灵魂中,康德依旧假设道德能够无限进步,然而这种改变并不是祛时间性的,它和时间必然联系在一起,在这点上约翰·赫尔(John E. Hare)就指出:"这就意味着康德所提出的'变化'的这个概念是和时间没有关联的,一旦假设人在来世的状态和时间的关系如同上帝和时间的关系那样,那么时间的状态就是虚无的。自从亚里士多德将时间作为变化的尺度时,人们都是在不同的时间尺度、类型中来思考变化。"[49]在上文对康德终末论的论述中也已经指出,康德自身已经意识到了终末的问题并不意味着时间的终结,他所提供的解决方式却是提出了一个本体意义上的道德王国,该领域超出了现象中的经验世界。然而这点却正是一直被人所诟病的,即在康德观念的统一世界中,实际上可能分裂出了两个世界,但是他并没有成功地将本体和现象两个世界联系统一起来。[50]

当康德试图用理性和道德法则将自然王国和自由王国、感官世界和道德世界在无限的进步中统一成为一个世界,也就是在终末论中实现了理性和道德法则的结合,"这个作用因给按照道德法则的行为规定了一种与我们的最高目的精确相符的结局,不管是在今生还是来世"。[51]康德所提供的被他称为至善的理性的状态,即道德的世界,能够将至福和最完善的道德意志统一在一起,也是世间一切幸福的原因,他说道:"既然我们必须以必然的方式通过理性把自己表现为属于这样一个世界,即使感官呈现给我们的只是一个显像的世界,我们也必须假定那个世界就是我们在感官世界中的行为的一个后果,是一个对我们来说未来的世界。因此,上帝和来世是两个按照纯粹理性的原则与同一个纯粹理性让我们承担的义务

――――――――

[48]　Bernard M. G. Reardon, *Kant as Philosophical Theologian* (New Jersey: Barnes & Noble Books, 1988), p. 66.

[49]　John E. Hare, *God and Morality: A Philosophical History* (MA, USA: Blackwell Publishing, 2007), p. 160.

[50]　限于主题和篇幅,本文不深入展开讨论。具体对康德两个世界的批判,可以参见 Alvin Plantinga, *Warranted Christian Belief* (New York: Oxford University Press, 2000), pp. 3 - 30。

[51]　康德:《纯粹理性批判》(第2版),第518—519页。

不可分割的预设。"⑤然而,为了达成两个世界的统一,康德在晚期试图放松道德法则对上帝前设的依赖时却最终违背了自己的意愿,反而将有限的自我当作经验的绝对基础。⑤而艾伦·伍德对此的批判则指出,康德在他的体系中一方面将上帝作为本体论的意志主体,同时却想要把上帝作为人理解能力之外空洞、模糊的概念,康德所面临的困境是西方正统理性神学本身的传统所造成的。⑤当康德诉求于"自我"概念来处理两个世界的问题时,这种解决方法却是在康德最终的本体论框架中一开始就已经预先排除的,即不存在一个维系着两个世界关系的"自我",因此亨利希对此评论道:"把自我解释为两个世界的其中一个世界的成员并不合理。只要我们把我们自身限制在自我作为一个联结被给予它的东西的人的概念上,那么也就没有作为两个世界之间的一种联系的自我的概念。"⑤

此外,康德并没有解决终末论中"恶"的问题。他通过假定上帝的存在,以上帝作为至高的善,成为人自己立法追求至善的前提。但是此前提所激发的诸多的批评和挑战之一就是人如何获知检验道德法则的真正标准。正如一些学者对康德的道德理论的批评,如阿拉斯代尔·麦金泰尔(Alasdair MacIntyre)指出的一些具体例子,都仅仅具有持久普遍性,但并没有任何的道德内涵,甚至可能是日常的琐事,例如,"在三月的每周一吃鲜贝"完全符合康德所提出的作为绝对命令的条件,即有可能成为一项不仅针对个人的普遍性原则,但是此类的原则在现实中却是无关道德的琐事。⑤ 事实上,康德预设上帝存在的假设作为道德行动者的内在的激励和确信最终能够实现至高的善时,仍旧无法摆脱目的论的困扰,因为作为先验前提的概念"上帝"已经暗含了"至善(*summum bonum*)"的含义。瑞东在这点上认为,康德理论中对上帝的相信和对至善的相信本身就不可分离。⑤ 此外,康德悬置了这样一个问题,即在终末的时候,人如何承担在道德实践中先前违背理性所造成的恶的结果。尽管康德提及人以善的意志进入到自由王国的状态,然而并没有回答先前的恶所产生的结果是否在终末能够转变为善的状态。相反,他提出的是一个善的意念战胜恶的抽象的问题,也就是,人只有把真正的道德法则纳入自己的意念中,才是唯一得到救赎的

㉜ 康德:《纯粹理性批判》(第 2 版),第 517—518 页。

㉝ 潘能博格:《神学与哲学》,李秋零译,北京:商务印书馆,2014 年,第 236—237 页。

㉞ 艾伦·伍德:《康德的理性神学》,邱文元译,北京:商务印书馆,2014 年,第 100 页。

㉟ 亨利希:《在康德和黑格尔之间——德国观念论讲座》,第 134—135 页。

㊱ Alasdair MacIntyre, *After Virtue*, third edition (Indiana:University of Notre Dame Press,2007), pp. 45 - 46.

㊲ Reardon, *Kant as Philosophical Theologian*, p. 67.

方式,"人们只需要努力地维护它,以便通过它对心灵逐渐地造成的影响而坚信,恶的可怕的权势对此无可奈何"。⑱ 然而,一个完全没有后果评价的义务论是否在实践理性中可行却是让人产生疑问的。

这一思路引发出了进一步的问题。对于康德而言,人的自律中包含着一种祛历史性,即人作为理性的存在,因此不再为过去所产生的道德后果负责,而只有责任纠正违背理性的这种状态。假设康德的灵魂不朽的假设是成立的,那么在无限的过程中,基于康德的体系,可以得到这样一个推论:任何时刻,一个道德个体按照绝对命令去实践时,并且不再违背时就能够达到所谓的目的王国。⑲ 康德在这里还面临着一个二律背反:一方面,自律的人本身应当不受历史因素的影响,不再是作为质料的存在,而是具有一个普遍的形式;另一方面,康德又坚称,灵魂的不朽中暗含着理性的存在,能通过设想时间绵延的过程,通过这种无限的过程而让人感受到激励,能够不断向至善的方向上改进。事实上,康德这里已经给自律的理性存在添加了一个额外的假设,就是这个自律之人受到历史和时间过程中的质料事物的影响,能够不断通过经验而改进自己真正理性选择的基础。在这个历史过程中,康德为道德赋予了目的论的含义,但是一旦目的论出现在历史中就不仅和形式有关,也和历史的质料相关,而他却早已在自己的体系中拒绝了这点。正如法克海姆对康德的批评所指出的,"康德要求在历史中具有一个目的,并不是为了解释历史事实,而是为了展现出它们具有价值。然而,一旦不能够给予证明,那么历史和道德之间的必然联系就只能说明这一点,那就是康德的整个设想都会遭到动摇"。⑳

五、总结

上面的论述中阐明,康德的道德理论中暗含着诸多前提预设,除了他自己提出的一些先验的预设(如上帝和灵魂不朽等)外,他已经将一套传统西方神学

---

⑱ 康德:《纯然理性界限内的宗教》,第84页。

⑲ 莫尔特曼对此就专门提醒,对于康德的理论而言,"就'终结'和'目标'这些观念而言,都依赖于相信一个事物必须具有终结这个信念,以及必须有一个目的的信念,那么这里所涉及的'时间'是具体的时间,被视为是历史的和所预期的变化的过程。在这个意义上,时间的意义和时间的各种观念都是伴随着预期而发生着变化的。这种抽象的时间的科学化概念,从范畴上是从康德开始对现代的思考起到了决定性的作用,然而在康德的先验范围中,我们需要审视这个时间概念的终末论范畴时,才能够使用这个观念。"参见 Moltmann, *Theology of Hope*, p. 126。

⑳ Fackenheim, *The God Within Kant*, *Schelling*, *and Historicity*, p. 49.

中的终末论当成了自身道德理论的论述基础。康德已经意识到终末论所属于的范畴是在宗教领域,不是理性能够触及的,然而当他悬置终末论的时候,他的义务论的道德体系却不断地求助于这套终末论来解决体系中所出现的一些困境和冲突。然而,正如本文论述的观点,这套隐藏的终末论不仅没有能够解决康德哲学体系中的问题,反而造成了他的终末论和道德论之间的一些张力和冲突。很显然,康德标志着西方近代思想中的一次变革,正如平卡德的评价:"他实现了欧洲文化中一种根本性的,甚至决定性的变革,这种变革摆脱了传统教会权威的统治,从而转向一种非天启的、体现了新生的自由与自律理想的宗教。康德是在玩一场高风险的游戏,而随着事态在欧洲开始升温,他也逐渐意识到了这一点。"[61]康德的变革和内在思想中的冲突也导致了在他之后德国观念论分裂成不同的立场,直接影响到今天我们对现代哲学的思考和理解。

这种对康德终末论和道德论的冲突的批判性反思促使我们思考:是否单纯的义务论能够成为一个完整的道德理论,康德的体系是否能够适用于一个非欧洲传统的背景,以及如果摆脱了中世纪神学和哲学支持的康德体系能否被改进为一个更为普遍性的、超越了西方的道德理论体系?特别是今日,在一个多元文化和多族群的全球化的世界中,也许这是思考康德对于我们的意义所在。

(责任编辑:刘剑涛)

作者简介:李晋,美国加尔文大学神学院(Calvin University and Seminary),哲学和神学双学位博士候选人,研究方向为认识论、政治和社会理论、神学思想史、经济和经济史理论;马丽,美国康奈尔大学(Cornell University)博士,加尔文大学亨利研究中心高级研究员,研究方向为社会学、政治和社会理论、女性主义、历史宗教理论和口述历史。

---

[61] 平卡德:《德国哲学 1760—1860:观念论的遗产》,第 62—63 页。

整体的分裂与出路

——早期黑格尔思想进路探微

刘海鹏

【摘　要】青年黑格尔曾经历过多次转变，但这些转向并不能够简单地归结为从康德主义向康德主义的完成的转变。康德哲学可以被视为黑格尔哲学的重要对话者之一，但不应当被看作是为黑格尔哲学搭建起结构框架；黑格尔本人有着清晰的问题意识和时代关切，在黑格尔思想中占据第一位的乃是整体世界观。在经历了对实定宗教的客观化的主客分裂、康德的主观化的主客分裂的批判之后，黑格尔提出了爱、生命等概念来支撑其一元本体世界观。然而问题是，尽管爱是对主客二分的克服，但爱本身是纯粹主体性的；法兰克福后期的黑格尔最终不得不再次求助于宗教，将后者看作爱的完成，同时这也意味着黑格尔试图重新将意识纳入自己的哲学思考之中。

【关键词】道德宗教　实定宗教　分裂　爱　整体

相比较图宾根时代的同窗谢林与荷尔德林,宗教是黑格尔早期更为关注的哲学主题之一,对宗教问题的探讨凝聚着黑格尔早期哲学的问题意识与精神取向。通过早期手稿的探讨可以看到,青年黑格尔与其说是沉浸于康德哲学,或者深受谢林、荷尔德林等人的影响而几乎没有自身的独立性可言,不如说黑格尔本身就已怀有某种哲学立场——万物一体的整体观——的雏形,并且为了将这种素朴的哲学观充实和建构起来而不断地与前人和同时代人切磋学习,以求得一条真正的出路。而从哲学史上的意义来说,对早期黑格尔哲学问题意识的探究可以帮助我们更好地理解成熟时期的黑格尔哲学。

一、为什么是宗教?

关于黑格尔早期哲学的问题意识,我们首先需要回答一个问题,黑格尔为什么如此关注宗教? 大多对黑格尔早期哲学的研究都不太谈论这个问题,而更多的是追问黑格尔在谈论什么。关于这样的追问,我们或许可以像赫尔曼·诺尔(Herman Nohl)、杰拉德·汉拉第(Gerald Hanratty)[①]等人那样认为,黑格尔在早期的关切点是宗教问题;或者我们也可以像卢卡奇[②]等人那样,认为黑格尔对宗教问题的关切的根本指向是社会问题;如上等等我们都可以找到各自的文本依据。然而,黑格尔为什么要关注宗教,这才涉及黑格尔本人的问题意识与关切,而这也说明了黑格尔自身思想的独立性。[③]

或许有人会说,黑格尔关注宗教是因为黑格尔受教于图宾根神学院,[④]在神学院时期撰写的四篇布道文不可谓不虔诚。但是根据同时代人的记载,黑格尔与其同学好友对神学院的氛围并不满意,青年黑格尔也绝非循规蹈矩之人,在他与荷尔德林等人组成的读书圈子里,他们广泛阅读了"柏拉图(现在还有黑格尔对柏拉图的一些常识性翻译稿件存世)、康德、弗里德里希·雅可比(Friedrich

---

① 杰拉德·汉拉第强调灵知派对黑格尔构成了重大影响,以至于可以说黑格尔体系与灵知派处于一种从属关系。而早期黑格尔的思想则是这种从属关系的明证之一。杰拉德·汉拉第:《灵知派与神秘主义》,张湛译,上海:华东师范大学出版社,2012 年,第 110—132 页。

② Lukács, *The Young Hegel* (London: Merlin Press, 1975), pp. 7 - 10.

③ 帕纳约缇斯·孔蒂里斯(Panajotis Kondylis)认为早期黑格尔哲学主要受到荷尔德林、谢林等人的影响,并且将黑格尔对他人哲学的误解理解为哲学上的不成熟,而青年黑格尔本人的哲学的独立性是成疑的,参见 Panajotis Kondylis, *Die Entstehung der Dialektik: Eine Analyse der geistigen Entwicklung von Hölderlin, Schelling und Hegel bis 1802* (Stuttgart: Klett-Cotta, 1979), S. 11。

④ 关于黑格尔在图宾根神学院的学习课程,参见 Henry S. Harris, *Hegel's Development: Toward the Sunlight 1770 - 1801* (Oxford: Oxford University Press, 2002), pp. 72 - 95,尤其是 pp. 73,74,89。

Heinrich Jacobi)的《沃尔德玛》(*Woldemar*)、《阿维尔》(*Allwill*)和《关于斯宾诺莎学说通信集》(*die Briefe über Spinoza*)",⑤而自诩为黑格尔在神学院期间的密友劳特温(Ch. P. F. Leutwein)在与友人的信中强调黑格尔对卢梭的喜爱:"他的英雄是让-雅克·卢梭",在卢梭的《爱弥儿》《社会契约论》《忏悔录》中洋溢着相似的情志,"在其中人们摆脱掉了普遍的理智规范——或者像黑格尔所说的——枷锁",⑥并且称赞黑格尔是"关于自由与平等的最富激情的演说家"。⑦虽然或许有布道文习作来证明黑格尔的虔诚,但是在图宾根时期撰写的《论希腊人与罗马人的宗教》一文中,黑格尔竟然认为基督教备受推崇的教义"可能完全是错误的或者仅仅只是半真的",⑧而这明显受到戈特霍尔德·莱辛(Gotthold Ephraim Lessing)的影响;此外,以外在教育背景来说明早期黑格尔对宗教的关注,并不能够解释为何黑格尔的同窗好友谢林与荷尔德林早年对宗教问题并没有太多关注;可见,教育背景与黑格尔对宗教的关注只具有偶然性的联系。

黑格尔对宗教的异常关注或许可以在黑格尔《宗教讲演录·导言》中得窥一斑:"虔诚信徒的宗教……信仰还被预先设定为无所顾及的和无对立的。对上帝的信仰在其单纯性中不同于人们用反思和意识——这种反思意识到有一个他者与信仰相对立——所声称的'我信仰上帝';因为在后者那里已经出现了正当性论证、推理和辩驳的需要。自由的、虔诚的信徒所信奉的那种宗教,并不与信徒相割裂、与他的其他定在和生活相分离,而是把宗教气息(der Hauch)散播到信徒的感受和行为中……"⑨"虔诚信徒的宗教"类似于黑格尔早期所说的主观宗教,信徒在其中达到与世界融为一体,宗教并不是外在于信徒的东西,在那里,其有限的生命借助于突破自身的片面性得以提升为无限;在虔诚信徒的宗教中人们或许可以找到对时代精神危机的事实上的反驳,就像第欧根尼对飞矢不动困境的反驳一样;然而前一反驳跟后一反驳一样绵软无力。但是,在"虔诚信徒的宗教"中所体现出来的素朴的整体观恰恰是当时的完美标本,与这种素朴的世界整体观相对立的是时代精神危机,对宗教的探究,尤其是对宗教实

⑤ Karl Rosenkrany, *Georg Wilhelm Friedrich Hegels Leben* (Darmstadt: Wissenschaftliche Buchgesellschaft, 1998), S. 40.

⑥ Günter Nicolin(hrsg.), *Hegel in Berichten seiner Zeitgenossen* (Hamburg: Felix Meiner Verlag, 1970), S. 12.

⑦ Ibid., S. 14.

⑧ Georg Wilhelm Friedrich Hegel, *Gesammelte Werke*, Bd. 1, in Verbindungmit der Deutschen Forschungsgemeinschaft hg. von der Rheinisch-Westfälischen Akademie der Wissenschaften (Hamburg: Felix Meiner Verlag, 1968ff), S. 45. *Gesammelte Werke* 以下简写为 GW,后面附卷数。

⑨ Georg Wilhelm Friedrich Hegel, *Werke*, Bd. 16 (Frankfurt am Main: Suhrkamp, 1986), S. 16.

定性的根源的探究,可以帮助人们更好地理解当时的时代危机以及探寻出路。

与当时的时代背景相关的现代社会危机,雅可比看得非常清楚,"当我们撕裂开宇宙,并且创造出一个与我们的能力相匹配、并与现实世界相区分的理念世界时,我们就占有了宇宙。对于我们以此方式创造出来的东西,我们理解……不能借此方式被创造的东西,我们不理解。"⑩换言之,世界以人的知性为中心,本身已经丧失了与人类相沟通的独立性,世界注定被建构、待建构,但是这种建构是以世界的分裂为代价的,这是黑格尔所面临的时代问题。从这种意义上来说,黑格尔对宗教的考察是对世界整体性之可能性根据的探究;正像马克思与鲍威尔在犹太人问题方面的争论一样——马克思所指向的不是一个单纯某个领域的问题,而是整个文化、社会整体的问题——黑格尔对犹太人的批判、对基督教之沦为实定宗教(die positive Religion)的批判,并不是在批判某个特定族群、特定文化。这些批判对象只是一个表征,表征着现代文明的分裂与危机。

二、主体内部的裂痕

黑格尔虽然抱有一种整体世界观,但是并没有倒向通常意义上的斯宾诺莎主义——知性支配下的一元决定论,并且坚定地认为用理智推理介入宗教是一种愚蠢的做法,在图宾根时期的一篇手稿中,黑格尔写道:"事实上一切事物由以构造起来的材料,仅仅是感性……众所周知的结论是,人是一个由感性和理性统合起来的存在……"⑪黑格尔明白,当我们使用知性去研究宗教时,宗教就已经不成其为宗教,而成为一种知识,成为神学。所谓客观宗教与感性宗教之间的对立,在黑格尔看来,本质上是主体内部分裂的外在表现。

相比较前人的那种理性宗教,黑格尔更加看重的是人的主观心智、情感。在《宗教是最重要事务之一》一文中,黑格尔借鉴了雅可比对体系与生命的区分;前者对应于客观宗教,后者对应于主观宗教(die subjektive Religion)。确切地说,黑格尔并没有将客观宗教(die objektive Religion)看作是真正的宗教,而是将之看作是神学体系,"宗教并不是一门单纯历史性或者合理性的认识,它是

---

⑩ Friedrich Heinrich Jacobi, *Werke*, Bd. 1. 1 (Hamburg: Meiner/frommann-holzboog, 1998), "Über die Lehre des Spinoza in Briefen an den Herren Moses Mendelssohn," S. 249.

⑪ GW 1, S. 78.

对心灵的触动"。⑫ 但是不同于雅可比之处在于,黑格尔并没有完全抛弃理性,虽然"感性是人的一切行为和追求的主要因素",⑬但是理性理念对于宗教同样是必不可少的,黑格尔所反对的是知性推理在宗教中的滥用,但是在黑格尔看来,在感性之外,并不只是单纯存在着知性;正如上文所指出的,"人是一种由感性和理性统合起来的存在",黑格尔的宗教并不像雅可比那样将人割裂为二,一部分托付给信仰,一部分托付给斯宾诺莎式的知性知识;在黑格尔看来,宗教是人最重要的事务之一,它牵扯到人的存在、人与世界、人与神之间的关系,关乎人与世界这个整体。如果我们进一步探讨主观宗教与客观宗教区别的底层原因,或许就会更加明了黑格尔的问题关注点。

在黑格尔看来,"主观宗教仅仅将自身表达于感觉和行为中","是有生命的"。⑭ 生命、感觉并不是割裂的,而是一个整体;值得注意的是,当黑格尔谈论主观宗教的感觉、生命时,黑格尔并没有将知性删除;而黑格尔之所以强调感性、生命乃是基于感觉更能够把捉到整体性,这整体中包含着知性,后者同样是不可或缺的。黑格尔曾经将客观宗教知识看作是压在稚嫩的根茎上的石块时,他所意指的稚嫩根茎既包括自由的感官(der freie Sinn),也包括知性(der Verstand)。⑮ 黑格尔的立场更像是这样的,虽然作为一种理论取向的知性是应当被排斥的,但是其本身仍然是人的一部分而不应当被排斥,情志、自由的感官等等指向一种整体性,它们作为一种立场取向来说与知性相对立,但是就其本身而言可以容纳、包容知性,继而以主观感受为根基的主观宗教更适合于通向整体世界,而不会通向另一种压制、分裂。主观宗教之所以是主观宗教,并不在于主观宗教使得被客观宗教所压制的感性获得了本体论上的地位,而是在于主观宗教内人的生命整体得以保存,生命整体的保存是宗教之所以拥有神性的基础,因为神性本身就是一种整体性;而神性的缺失恰恰是知性支配下的客观宗教的实际情况,这意味着宗教的死亡。而从人是知性与感性的整体这种意义上来讲,主观宗教是能够涵盖客观宗教的。

在主观宗教那里,黑格尔仿佛在主体层面上实现了对分裂的克服;但是黑格尔在主观宗教的论述中留下了一个漏洞。"主观宗教中最重要的是,情志(das Gemüth)是否以及在多大程度上被规定为可以由宗教行动因(der religöse

---

⑫ GW 1, S. 85.

⑬ Ibid. , S. 84.

⑭ Ibid. , S. 87,88.

⑮ Ibid. , S. 89.

Beweggrund),或者说情志面对宗教行动因时的应激性(die Reizbarkeit)有多强烈。"⑯黑格尔在谈论主观宗教时认为主体本身并不具备真正的自主性——而在早期黑格尔那里,自由恰恰意味着一种自主性(die Autonomie)。⑰ 主观宗教相比较客观宗教,没有分裂,去除了那种显而易见的压迫,但是并没有保障主体的自由,它的理论根基是主体的接受性(die Receptivität)。在这个意义上,客观宗教本身也是主观宗教的一部分,正如黑格尔所说,"我(研究客观宗教——引者注)的目的并不是要探讨,哪些宗教学说最为触动人心,最能够给予灵魂以慰藉和提升,也不是谈论某一宗教所具有的教义必须具备什么属性以便使得某个民族变得更善良和更幸福,而是谈论宗教机构如何能够使得宗教的教义和力量渗透进人的感受层面,并且提供行动因"。⑱ 换句话说,黑格尔之所以将客观宗教纳入主观宗教之中,其目的依旧在于增强宗教对主体的影响,不同点仅仅在于客观宗教是从宗教这一方推动这种影响,而主观宗教则是强调主体本身的接受性。

总之,根据以上的论述可以看出,黑格尔之偏向主观宗教,更多地是依据否定的层面,即主观宗教代表着从主观方面来讲的不压制、不分裂,而不是从肯定的层面去阐述整体。在该手稿中对教化的阐述明显是传统意义上的启蒙概念的翻版,启蒙与被启蒙,教化与被教化,唤醒与被唤醒;宗教虽然在主观宗教的范畴下变得柔和,但是其背景仍旧是一个高高在上的无限上帝;虽然犹太宗教与主观宗教仍然有很大的区别,犹太人的宗教——黑格尔心目中实定宗教的典型——就是完全建基于主观宗教所强调的主体接受性;所以主观宗教仍旧有蜕变为实定/权威宗教的隐忧;换句话说,内在与外在之间的紧张关系被凸显出来了。对于这种隐患,黑格尔的想法显得苍白无力,"它(民众宗教的仪式——引者注)应当尽可能地不成为拜物教的诱因;它不应当始终只是机械论的作品,而没有精神"。⑲ 黑格尔已经看到了生命与教义的割裂所导致的机械论、决定论的后果,但是黑格尔并没有找到出路;他给出的建议只是一种比康德、费希特还要贫乏的应当,毕竟在后两者那里,其应当尚建立于最高道德公设之上。

---

⑯ GW 1, S. 88.

⑰ Angelica Nuzzo, " Freiheit beim jungen Hegel," in Martin Bondeli, Helmut Linneweber-Lammerskitten(hg.), *Hegels Denkentwicklung in der Berner und Frankfurter Zeit* (München: Wilhelm Fink Verlag, 1999), S. 188 – 189.

⑱ GW 1, S. 90.

⑲ Ibid., S. 109.

三、实定宗教疑难：两部耶稣传与道德宗教的困境

关于实定宗教的反思可以追溯至莱辛——近代最早对启蒙运动提出疑问的思想家之一。莱辛认为，自然宗教是上古时代和谐的宗教生活与自然状态，而实定宗教更可以被看作是这种自然状态的分裂和破坏，是对道德的一种限制。那么实定宗教的必然性何在？这是莱辛提出的问题。提问者本人给出了一个回答：他并没有去批判实定宗教，而是将实定宗教的必然性建基于人的差异性，使得宗教无法普遍地在每一个人那里都得到满足，所以就需要实定宗教来作为标准；而问题是，"虽然莱辛合理地解释了实定宗教必定而且确实已经出现的原因，但他完全没有解释清楚为什么它们不可或缺。"[20]

相比较莱辛对实定宗教的妥协立场，黑格尔对实定宗教的批判显得更为有力；黑格尔继承了莱辛等人对实定宗教的评价，即它是对自然和谐状态的一种破坏，但是黑格尔并不止步于对实定宗教的这种批判，而是借助对实定宗教的批判揭示实定宗教的内在问题，这一思考在黑格尔早年撰写的耶稣手稿中得到阐释。

青年黑格尔撰写的大量有关耶稣的手稿大致可以分为两类，一类将耶稣置于一种没有冲突的环境之中，这种没有冲突并不是指现实意义上的没有冲突，而是精神上没有任何碰撞交锋，耶稣出生、耶稣传教、耶稣遇害完全是在一种真空的理想状态下进行的，其作品类型更像是一种记叙文形式的散文诗，其典型就是《耶稣传》；在第二类文稿中，耶稣被真正投入到了历史之中，生活之中，耶稣不再是一种高高在上的理型、标本，而是走下了神坛，作为人出现，时时面临着成为实定宗教倡导者的危险，其代表有"如果有人想进行最矛盾的考察……"（"man mag die widersprechendste Betrachtung..."）。[21] 通过历史考订版《黑格尔全集》对文稿写作时间的考订和校正，[22]我们会发现两点：（1）这两类文稿

---

[20] 维塞尔：《启蒙运动的内在问题：莱辛思想再释》，贺志刚译，北京：华夏出版社，2001 年，第 111 页。

[21] GW 1, S. 281.

[22] 黑格尔对这两类的手稿的撰写基本是同时进行的；而历史考订版《黑格尔全集》的出版，尤其是对黑格尔早期手稿的撰写时间的考订为我们考察黑格尔的问题意识以及心路历程提供了很大的帮助。《耶稣传》在许多学者看来是黑格尔依照康德哲学原则的仿写（例如在耶什克（Walter Jaeschke）看来，黑格尔在《耶稣传》中接受了康德宗教著作中的诸原理，同时还强调，黑格尔从未像在 1794—1795 年那样接近于康德，这种情况在《耶稣传》显得尤为突出。参见 Walter Jaeschke, *Hegel-Handbuch*: *Leben-Werk-Schule*(Stuttgart：J. B. Metzler Verlag, 2016), S. 60。持此论点者还有 Hans-（转下页）

的写作时间不相先后;(2)黑格尔对康德的批判早已开始。1795 年黑格尔在写给谢林的信中说到自己正在研读康德哲学,"以便将他的重要结论运用(anwenden)到一些通常的观念,或者运用前者来对后者进行加工(bearbeiten)"。㉓ 这里的关键词是"运用"和"加工",是一种方法论上的术语,而不是意味着在本体论上对康德的接受。《耶稣传》、诸"权威性"文稿可以被看作这种运用的体现;而这两类有关耶稣的文稿正可以被看作是对于实定宗教之必然性以及对以康德道德公设理论为基础的道德宗教学说的反思。第一类文稿可以看作是康德式道德宗教的美好画面,而第二类文稿恰恰可以看作是黑格尔对康德式道德宗教的一种批判,这种批判不是单纯站在康德哲学之外去批判康德哲学的不足,例如康德哲学将外在的实定之物转化为内在的道德律令重新建构起对立和冲突,而是说第二类文稿演绎了康德式道德宗教滑向实定宗教的内在必然性。黑格尔对实定宗教的批判与其说是借助康德哲学来完成的,不如说是借助于对实定宗教的反思,黑格尔完成了对康德哲学二元论的批判。

　　回到对这两类文本的比较中,我们就会发现:

　　在《耶稣传》中,黑格尔所描绘的耶稣不同于先前在主观宗教中那种作为单纯接受者的被动主体,黑格尔描绘的作为模范的耶稣只听从内心的道德律,"唯

(接上页)Jürgen Gawoll, "Glauben und Positivität," in *Hegels Denkentwicklung in der Berner und Frankfurter Zeit* (München: Wilhelm Fink Verlag, 1999), S. 94. 黑格尔进行这种仿写的目的是什么呢? 是像有些学者所说的那样对康德哲学的坦然接受吗? 答案或许是否定的。"信仰是一种方式……"在很长时间都被认为是写作于 1797 年 12 月或者 1798 年(该手稿在诺尔编辑的《黑格尔早期神学著作选》中被命名为"Glauben und Sein",写作时间参见 Hegel, *Frühe Schriften*, Werke in 20 Bänden Bd 1 (Frankfurt am Mein: Suhrkamp, 1989), S. 250, Fußnote,而在历史考订版《黑格尔全集》中,该日期经过考订,校正为伯尔尼时期手稿,写于 1795 年(参看 GW 2, S. 634 附录),它与《耶稣传》开首段落使用的是同一张纸,大致可以推断出该文稿应当先于《耶稣传》。在该手稿中,黑格尔将康德哲学与实定宗教并列(GW 2, S. 13),而以往学者更是将之看作是法兰克福手稿,并将之作为黑格尔批判和反思康德哲学的重要材料(Ingtraud Görland, *Die Kantkritik des jungen Hegel* [Frankfurt am Main: Vittorio Klostermann, 1966], S. 12 - 13, S. 16 - 17; Klaus Düsing, *Das Problem der Subjektivität in Hegels Logik* [Bonn: Bouvier Verlag, 1995], S. 60;尤其是 Harris, *Hegel's Development: Toward the Sunlight 1770 - 1801*, pp. 310ff);两份手稿——一份被学者们看作是对康德哲学的仿写,一份被学者们看作是对康德哲学的批判——之间的冲突与写作时间的重合性,恰恰也说明本文的一个论点,即黑格尔始终秉持的是一种整体世界观,对康德哲学的反思是一贯的,而不是说在某个阶段黑格尔全身心地接受康德,黑格尔对康德哲学的接受更多地是出于自身问题的困惑,而不是一种单纯的接受。

㉓ Johannes Hoffmeister (hg.), *Briefe von und an Hegel*, Bd 1 (1785 - 1812) (Hamburg: Felix Meiner Verlag, 1969), S. 16.

一的价值就是伦理给予人的价值"；㉔在此主体变得能动起来，内心的道德律成为人与神相交通的唯一纽带。其次，作为教导者的耶稣，"并不期望任何人基于我的权威而信奉我"。㉕ 在此，黑格尔笔下的耶稣试图消解掉主体与客体之间的对立，努力实现二者的和谐统一；即便在施舍与行善时，也应当做到类似于佛教所说的无相布施；㉖作为教导者、救赎者的耶稣不是以一种压迫者、强迫者的姿态出场。启蒙与被启蒙之间的紧张对立，在作为道德典范的耶稣那里就融为一体。然而，这里所谈论的依旧是一种要求，一种应当，而不是存在。虽然黑格尔所撰写的是耶稣的传记——一种历史记载，但是在《耶稣传》中耶稣并没有处在历史之中，他出生，他传道，他自始至终洁白无瑕，与世无染。与其说这是一部传记，不如说这是一种记叙文形式的散文诗，其中并没有时间的流动，没有真正介入到作为受教者的耶稣与作为教导者的耶稣的对立与统一之中。耶稣这样的道德典范是无法进入到历史中去的，一旦进入历史，就意味着直线式堕落的开始——基督教一步步地走向实定宗教；就像康德的道德公设无法真正进入到经验世界中一样。㉗

首先，进入历史中去的耶稣，为了打破人们的固有习惯——对教义、仪式的执着——而迫不得已将自己同样置于权威性（die Autorität）之上；㉘耶稣要求信徒关注自己的教义，其理由"不是因为教义适宜于我们精神上的道德需要，而是因为它们是上帝的意志"；㉙这样一来，信仰就成了一种远离人的生命的单纯义务。步入生活、历史之中的耶稣已经不同于之前《耶稣传》的耶稣，在那里，耶稣依靠他的行为表率（sein Beispiel）和他的教导（die Belehrungen）使得顽固的犹太人放下原有的偏见，㉚号召（aufrufen）人们改善性情，㉛类似于古人所说的"故远人不服，则修文德以来之"（《论语·季氏》）。其次，信徒们——在耶稣传中作为道德典范的耶稣同样曾经扮演过这一角色——在进入到历史中去之后，同样无法摆脱沦为受实定宗教奴役的命运。在《耶稣传》中，黑格尔记载了耶稣还乡

㉔ GW 1，S. 229.

㉕ Ibid.，S. 223.

㉖ Ibid.，S. 217.

㉗ 席勒曾借一首小诗发出慨叹，"我乐意为朋友效劳；可惜我是有意（mit Neigung）而为；我并非有德之人；这时常让我恼怒"，参见 Friedrich Schiller, *Sämtliche Werke I*（Berlin：Aufbau-Verlag, 2005），S. 299。

㉘ GW 1，S. 289.

㉙ Ibid.

㉚ Ibid.，S. 210.

㉛ Ibid.，S. 214.

时不受欢迎的场景，"一个先知在自己的家乡最是一文不名"；[32]人的自然本性不肯改变自己的固有认知，而是执着于外在而不接受教导，但是在《耶稣传》中，信靠耶稣的人与不信靠耶稣的人，二者是截然对立的，并没有实质性的交流，信靠的人本已信靠，不信靠的人对耶稣的教导充耳不闻，乃至哂笑污蔑；而在其他法兰克福手稿中，我们看到，在现实中，二者并不是截然对立的，二者之间的中介就是实定的东西。借助这种实定的东西，例如奇迹，不信靠耶稣的人转变了自身的信仰，信靠了耶稣的教导；同时正是这种实定的东西，反过来加深了信徒的无能，使之背弃了耶稣的教导，信靠的人转变为不信靠的人。

在康德那里，纯粹道德宗教是高高在上的、但不能进入到生活当中去的道德律条、宗教教义，并没有拉近无限与有限、主体与客体之间的距离，解决二者之间的对立，反而将这种对立模式化、固定化，终究变成云上的呓语、死的东西，成为另一种形态的实定宗教。而通过两类文稿的对比可以发现，虽然黑格尔与莱辛在谈论实定宗教的必然性时都涉及人的本性，但是黑格尔与莱辛的不同之处在于，莱辛是赞同历史上、经验上在上古时代存在一个和谐的自然宗教，它与实定宗教都处在同一条历史长河上。然而，在黑格尔对耶稣的描述中，纯粹道德宗教并不存在于某一个特定的历史时刻，纯粹道德宗教进入到历史之中必然会沦落为实定宗教，这同样是人的本性使然，[33]这样一来，黑格尔在反思实定宗教的必然性的同时也指出了和谐的自然宗教的片面性。康德哲学看似是在否弃实定宗教，但实际上是将外在的实定的东西转变为内在的普遍的道德律对人的特殊感性的压迫，转变为内在的支配与被支配关系。

帮助黑格尔捅破这个泡沫的人或许是谢林，[34]或许是荷尔德林，[35]或许是其

---

[32] GW 1. , S. 215.

[33] 这种本性使然不同于莱辛，黑格尔所说的人的本性更像是经验杂多的代名词，以此来解说普遍对特殊的支配与统治关系；而在莱辛那里，本性是变动不居的，这也就使得莱辛借助于人的本性不能够说明任何东西，因为与其说它在解释实定宗教，不如说莱辛是在借助于实定宗教来说明人性。

[34] 谢林曾批评当时试图宾根神学院对康德哲学的滥用，并试图提醒黑格尔注意这种情况，避免重蹈覆辙，参看罗久：《理性信仰的悖论——青年黑格尔对康德实践理性公设学说的接受与批判》，载《黑格尔与我们同在：黑格尔哲学新论》，上海：上海人民出版社，2017 年，第 73—76 页；以及库诺·菲舍尔：《青年黑格尔的哲学思想》，张世英译，吉林：吉林人民出版社，1983 年，第 34—35 页。

[35] 迪特·亨利希(Dieter Henrich)意在发掘荷尔德林"判断与存在"的哲学内涵及其对黑格尔的影响，意在建构起德国观念论世界的星阵，参见 Dieter Henrich, *The Course of Remenbrance and Other Essays on Hölderlin* (Stanford: Stanford University Press, 1997)；久保洋一(Yoichi Kubo)举证了"基督教精神"与荷尔德林《许佩里翁》之间思想上的相似性，参见 Yoichi Kubo, *Der Weg zur Metaphusik*: *Entstehung und Entwicklung der Vereinigungsphilosophie beim frühen Hegel* (München: （转下页）

他人如席勒，㊱但是从上文的分析以看，泡沫之所以破裂乃在于康德哲学并没有达到黑格尔所期许的那个高度，并没有解决黑格尔的哲学疑难。早在伯尔尼时期，黑格尔思想中就已经出现与康德分道扬镳的苗头，在手稿《宗教是人的最重要事务之一》当中，黑格尔尝试着在实践领域克服感性与理性之间的对立，同时强调"感性是人的一切行为和追求的主要因素"。㊲ 黑格尔与康德之间的貌合神离也正佐证了黑格尔对一元整体的坚持，㊳从早期黑格尔对康德的接受来看，更多地是一种方法论意义上的，而不是一种信奉或者说沉溺，并没有接受康德的二元本体论。在黑格尔那里，问题在于"世界作为整体何以可能？"，而不是"世界应当是整体还是分裂？"。如果说康德所追求的是认识论上的统一并为此不惜造成本体论上的二元对立（不可否认，康德为了克服这种二元对立做了大量工作），那么黑格尔所秉持的则是本体论上的一元整体。从这个意义上说，黑格尔日后的本体论上的一元论与其说是对康德哲学的完善，不如说是一种回归，以思辨方式向早期一元论的回归。如此一来，在探讨黑格尔作品时，康德哲学（或者谢林、荷尔德林等人的思想）可以作为交流者，乃至主要的交流者之一，但不应当被看作是黑格尔哲学的结构框架。

四、对分裂意识的批判与爱的宗教

在回顾伯尔尼以及法兰克福时期的宗教批判时，黑格尔曾经说他的目的并不是以知性的方式去批判宗教，并将之作为迷信加以遗弃，相反，他清晰地知道，宗教——哪怕它十分粗糙——之所以能够存在，恰恰在于它迎合了人的本性，符合于它的精神气质。随着黑格尔批判的深入，内在与外在、内在普遍的道德律与感性杂多、主观与客观之间的分裂在黑格尔那里愈发暴露出来，即便是

（接上页）Wilhelm Fink Verlag, 2000），S. 38；而 H. S. 哈里斯（H. S. Harris）则是从 1795—1796 年间的信件对这种影响加以佐证，参见 Harris, *Hegel's Development*：*Toward the Sunlight 1770 -1801*, p. 258；威廉·狄尔泰（Wilhelm Dilthey）在其一篇谈论荷尔德林的文章中，更加倾向于二者的相互学习借鉴，参见 Wilhelm Dilthey, *Das Erlebnis und die Dichtung*：*Lessing，Goethe，Novalis，Hölderlin* (Göttingen：Vandenhoeck & Ruprecht, 2005)。

㊱ 参见 Daniel Unger, *Schlechte Unendlichkeit*：*Zur einer Schlüsselfigur und ihrer Kritik in der Philosophie des Deutschen Idealismus* (München&Freiburg：Karl Aber Verlag, 2015), S. 25 - 38。

㊲ GW 1, S. 84.

㊳ 杰拉德·汉拉第（Gerald Hanratty）基于灵知派对黑格尔的影响所进行的分析，同样指出了黑格尔早期的整体世界观，后者作为黑格尔的理念处在其思想的底层，但是又影响着黑格尔对显现出来的那些理论形态的判断。参见杰拉德·汉拉第：《灵知派与神秘主义》，第 126—127 页。

康德哲学中也包含着理性与感性的对立，前者对后者的压制。

那么什么是实定性呢？黑格尔对这个概念的理解是逐步深化的，对实定性的理解的深化就意味着黑格尔对世界整体的理解的深化。在早期，黑格尔基本上是继承了莱辛的说法，"实定宗教靠其创立者的威信获得了认可，它的创立者声称：实定宗教的规范肯定来自上帝，只能间接通过他，正如[自然宗教的]实质只能直接通过每个人的理性"（《论启示宗教的产生》）；[39] 在黑格尔看来，犹太教就是这种实定宗教的典范，而后来的基督教则步其后尘，所谓的实定性乃是强调对立的一方对另一方的强制与支配，尤其是客体对主体的压迫。待被黑格尔寄予希望的康德式道德宗教也沦为被批判的对象时，黑格尔对实定性的理解已经不同于以往，黑格尔认为，实定性发生在"将不可统一之物统一起来"时。[40] 这无疑指向了以"应当"为基石的康德学说。对实定性理解的转变表明黑格尔不再能够容忍建基于"应当"之上的本体论上的二元论，不再认为这样一种处理方式会是通向一元论的正当道路。黑格尔在此对康德的批判不单单是批判康德将内在道德律作为支配性的一方而压制感性，而且批判康德的二元本体论。黑格尔清楚地看到对于对立，我们不应当单单处理对立的某一方，而是要处理对立的双方，处理对立本身。黑格尔借助耶稣为例说道，"耶稣不单单与犹太人的命运的一方面作斗争——因为它并不曾为另一方所羁绊——而是与整体相对抗"。[41] 在达到批判康德哲学这个阶段时，黑格尔就跳脱出之前那种为了克服对立而偏向于某一对立项的做法，真正转向了存在（das Sein）、统一（die Vereinigung），整体不再是一种应当。这是黑格尔恢复人的全面性、世界的整体性所做出的努力。

黑格尔的存在并不是一些死物，而是生命；爱则是生命的感觉（das Gefühl des Lebens），是一种整体感（die Empfindung des Ganzen）。[42] 从惩罚与命运之间

---

[39] 转引自维塞尔：《启蒙运动的内在问题：莱辛思想再释》，第 151 页。

[40] GW 2, S. 96. 贡扎罗·鲍达勒斯（Gonzalo Portales）同样看到了实定性概念的转变，不同的是，他认为，实定性的批判最初涉及的是作为机构实体的宗教，后来则涉及主客体之间的关系，并且客观之物被看作是实定之物。鲍达勒斯没有看到黑格尔一开始并不是抱着批判作为实体机构的宗教的目的而写作，而是指向背后的精神内涵；同时他也没有注意到写于 1798 年的《及诸种类》（"so wie sie mehrere Gattungen..."）（GW 2, S. 96 - 97），在该文中黑格尔一改原先对对立的一方的批判，而是转向批判对立本身、批判以不合理的方式将对立统一起来的方式，这种方式被他称为"实定的"（positiv）。参见 Gonzalo Portales, *Hegels frühe Idee der Philosophie* (Stuttgart-Bad Cannstatt: Frommann-holzboog, 1994), S. 156 - 157。

[41] GW 2, S. 141.

[42] Ibid., S. 196, 163.

的区别看,对前者的畏惧是对异己之物的恐惧,而对命运的畏惧则是对生命的分裂的畏惧。换句话说,惩罚是以分裂为前提,而命运则以统一为根据,命运发生在生命的领域中;[43]而这也是命运更容易得到和解的原因。因为和解并不是走向一个异己之物,而是生命的恢复,向原初统一的回归。爱作为一种整体感,命运的和解正是在爱之中达成的。

对爱(Ερως)的推崇,可以追溯至恩培多克勒,在柏拉图《会饮篇》中,医生厄吕柯西玛库的颂词就是对这种思想的宣读;在恩培多克勒看来,爱是结合对立、结合万物为一体的力量;这种思想在黑格尔陷入二律背反困境时可谓一剂良药。在有些学者看来,这种爱不过是一种情感层面的东西(Etwas Emotionales),而不是理智之物(Nichts Intellektuelles)。[44] 但是情况并非如此简单。在黑格尔早期作品中,爱是克服对立者;或许是源于对知性推理方式的排斥态度,[45]因为一旦由知性概念介入,则必然会产生对立,关于爱如何克服对立,是不做说明的,

---

[43] GW 2, S. 192.

[44] Vottorio Hösle, *Hegels System* (Hamburg: Felix Meiner Verlag, 1998), S. 273. 赫斯勒(Vottorio Hösle)非常正确地指出了爱这一概念在早期黑格尔那里并不是于主体性与客体性相对立的第三者,即并不是主体间性;但是他并不是由此而把爱看作是生命的有机纽带,而是将爱贬低为连主体间性都不算,仅仅只是一种状态,一种单纯情感(Ibid. , S. 272)。

[45] 黑格尔认为,"在知性联系之下,杂多之物仍旧是杂多之物,知性的统一性仍旧是杂多"(GW 2, S. 84),知性所做的仅仅只是抽象的统一,而不是有生命的统一,活生生的复杂的本性被排除在外,"在抽象统一性中所建立起来的要么是一个被规定之物,要么一切其余规定性都被抽象掉(或者)它的纯粹统一性只是一个被建立起来的要求,即抽象掉一切被规定者;消极的无规定者。纯粹生命是存在"(GW 2, S. 248),所以对于探讨有生命之物而言,普遍概念就力有不逮,这不同于《逻辑学》中的概念运动。这与雅可比对知性概念的批判相呼应,雅可比指责知性思维不能够把握"质本身"(die Qualität als solche)、"事物本身"(die Dinge selbst),概念式理解乃是一种建构行为,我们在思维中将对象的客观方面——自为持存着的方面——废弃掉(aufheben)、否弃掉(vernichten),"以便使得对象可以在主观层面上成为我们的创造物,即单纯的图型(ein bloßes Schema)"(Friedrich Heinrich Jacobi, *Werke*, Bd. II. I〔Hamburg: Meiner/frommann-holzboog, 2004〕,"Jacobi an Fichte," S. 201－202),而"关于我们本己的定在,我们只拥有感觉,关于质本身(die Qualität als solche),我们没有概念,只有直观"(Friedrich Heinrich Jacobi, *Werke*, Bd. I. I〔Hamburg: Meiner/frommann-holzboog, 1998〕,"Über die Lehre des Spinoza in Briefen an den Herren Moses Mendelssohn," S. 258),在概念之下,质本身、事物本身就会受到破坏,以概念这种破坏性的建构方式,我们在知性层面上认识到对象,但是质本身——在此类似于黑格尔的事情本身(die Sache selbst)、生命——就消弭不可见。由于知性的无能,黑格尔在批判实定宗教、康德形式主义的道德哲学所导致的二元对立时,并没有将知性看作是一个好的出路。"知性只服务于客观宗教;阐明基本教义、阐述其纯粹性"(GW 1, S. 94),"对知性的教化和将知性运用于我们感兴趣的对象上,即启蒙,始终有着美好的优越性,例如对义务的清晰认识,对实践真理的启蒙——但是它们并不具有如下属性,即它们不能够给予人们道德;在价值方面它远远落后于善和心灵的纯洁性……"(GW 1, S. 97)黑格尔在伯尔尼时期就认识到,"理解就是掌控"(Begreiffen ist Beherrschen.)(GW 2, S. 8),"概念是一种反思活动"(GW 2, S. 6)。

爱是一种直接之物。在伯尔尼时期撰写的《宗教》(1795—1796 年)⑥中，黑格尔说道，"神性既是主体也是客体"，而"只有在爱中人才能够与客体合一，没有支配，也没有被支配"；这可以与在《耶稣传》中耶稣对门徒所说的在施舍时不应当有施舍之心相对应，因为一旦这种想法升起就意味着人我之间的对立，而在神性之中是不应当有对立的。然而到了法兰克福时期，黑格尔的爱与生命的概念便逐渐具有了更丰富的内涵。黑格尔延续了伯尔尼时期爱的直接性这一观点，因为在黑格尔看来，爱不同于意识，不应当有意识的掺杂，它不是意识者也不是意识的产物，无论是意识者还是被意识者都是受到限制的特定之物，这与爱的整体性背道而驰，黑格尔说，"进行意识者限制自身，所以意识与无限不能够为一"，所以"必须避免对一切有关客观之物的反思表达"。⑰ 如果爱仅仅是这样，它就并不能够逃脱上文中所提出的指责。

黑格尔并不单纯将生命看作是爱的本体论上的根据，将爱当作生命的外在表现；在黑格尔看来，"爱是生命的血液"(die Blüthe des Lebens)，⑱这句话想要表达的并不是二者之间的直接依存关系。在法兰克福时期，黑格尔逐渐意识到分裂的必然性，但是黑格尔不再像上文中所说的那样止步于将单向发展的历史引入到对实定宗教的反思和批判中，而是追求生命的辩证法，生命并不是分裂之后直接败坏掉，而是存在着一个向自身恢复的过程，重新恢复到生命，这个过程的桥梁就是爱，黑格尔正是在这个意义上说"爱是生命的血液"。黑格尔曾经将生命比作胚胎，"胚胎日益走向对立，它的每一个展开环节都是一个分裂"，⑲作为原初统一的生命必定走向分裂，这是黑格尔在法兰克福时期的一个洞见，而爱则扬弃掉一切对立，"爱努力扬弃区别，扬弃掉作为单纯可能性的可能性，将可死之物统一起来，使之不死"，⑳最终"生命在爱中重新发现自身"。㉑ 黑格尔将这种可死与不死、有限生命与无限生命之间的关联称为生命，这个生命已

---

⑥ 在诺尔版中称为《宗教，重建一种宗教》("Religion，eine Religion stiften")(1797—1798)，编入法兰克福手稿，现以参照历史考订版《黑格尔全集》校订时间为准，其他手稿均以历史考订版为准，不再另作说明。

⑰ GW 2，S. 251.

⑱ Ibid.，S. 121.

⑲ Ibid.，S. 91.

⑳ Ibid.，S. 87. 黑格尔在此处所说由可死到不死并不是在现实层面上讲的，而是说，借助于爱，可死之物摆脱掉了支配与被支配的关系，恢复到原初生命之中。

㉑ Ibid.，S. 211.

经不同于那种原初统一，而爱则成为其纽带。㉜

而从整个体系来说，爱也占据着重要地位；这体现在爱与美德和宗教的关系上。黑格尔承认康德道德哲学在克服外在权威方面的重要意义。黑格尔曾经提出两组扬弃组合，一组是："情志扬弃了诫命的客观性，即实定性；爱扬弃了情志的限制；宗教扬弃了爱的限制。"㉝另一组组合是："道德扬弃了被意识者范围内的支配性；爱扬弃了道德范围内的限制；但爱尚是不完善的……宗教是爱的完成。"㉞暂且不论爱的不足（下文中会做出说明），从这两套组合中，我们就能够清楚地看到爱在整个哲学体系、哲学进程中的思维，其作用是不应当以单纯的情感之物一笔带过的。恰恰是由于爱的缘故，黑格尔的美德与康德的美德有着根本的差异，前者是一种整体性，而不是一种压制，哪怕是主体内部的压制，这种压制本身也意味着主体自身的分裂，这种美德已经不单纯是道德哲学意义上的美德，而是关系到主体自身的存在方式问题，它意味着主体自身的整体性，人的全面性，这种对美德的理解可以追溯至古希腊的αρετή，人的天然本性；同时美德是一种对法则的充实与满足（πλήρωμα），㉟这种充实和满足不同于康德式的在形式与内容二分情况下的充实；"在爱中，一切义务的想法都被丢弃了"，㊱因为义务以现实与理想、普遍与特殊的分裂为前提，在爱中已经取消了支配与被支配，义务已经丧失了自己的根基，由此"道德情志（die moralische Gesinnung）、义务停止其为普遍物，意向（die Neigung）也停止其为特殊之物，不再与法则相对立"。㊲ 耶稣对待法规的态度可以作为示例说明这种πλήρωμα的独特性，耶稣反对法规，但是这种反对是一种超出，"并不是要废除法规"；㊳同样耶稣也遵守法规，但是这种对法规的践行与满足（πλήρωμα）并不是要实现法规，而是要"使之成为多余的东西"，㊴换句话说法规并不是耶稣行为的动因，耶稣的行为本身与法规并不存在实质上的联系，由此法规作为法规的性质就丧失

㉜ 米歇尔·史毕克（Michael Spieker）将爱看作是理性的认识原则和行为原则，并且在书中引马丁·邦德利（Martin Bondeli）以为同道，后者将爱不单单理解为道德行为的动因，而且是其理性原则，参见 Micheal Spieker, *Wahres Leben Denken*: *Über Sein*, *Leben und Wahrheit in Hegels Wissenschaft der Logik* (Hamburg: Felix Meiner Verlag, 2009), S. 22 – 23。

㉝ GW 2, S. 123.

㉞ Ibid., S. 246.

㉟ Ibid., S. 163.

㊱ Ibid., S. 196.

㊲ Ibid., S. 159.

㊳ Ibid., S. 155.

㊴ Ibid., S. 154.

了。在耶稣这里,法规成为不是法规的法规,丧失其本身普遍形式的法规,已经不再具有普遍约束力。美德对法则、义务的充实与满足(πλήρωμα)也是同样的,人借助于这种满足而恢复到原初统一之中。"爱不仅仅是违法者与它的命运相和解,而且使得人们与美德相和解;也就是说,假如爱不是美德(die Tugend)的唯一本原(das einige Prinzip),那么每一种美德就同时就是非美德(die Untugend)",⑥黑格尔之所以做此说法,乃正是由于爱的作用,美德才能够从康德的道德牢笼中挣脱出来,真正作为人的全面性出场,而不是反映出人的某一方面的支配性地位。所以黑格尔说:"在爱中的和解不是犹太式的重返顺从,而是一种解放,不是对统治的重新承认,而是在生命纽带(即爱的精神)的恢复中扬弃统治……一种境界,这种境界是犹太精神所完全不可理解的对立。"⑥由此看来,爱并不能够被理解为一种单纯的情感之物,无论从生命这一角度来看,还是从哲学体系的角度来看,它起到枢纽作用,是一元整体不可或缺的组成要素,同时,这种作用的发挥也包含着丰富的思辨内涵。

当然黑格尔也意识到了爱的片面性,爱虽然不能够被贬低为一种情感之物,可是爱毕竟是主观的,它要取消客观之物的暴力,实现客体与主体之间的真正统一,但是它缺乏客观性的一面;它贯穿于有生命之物,但是对于无生命之物则无能为力,"死物就只是所有物",⑥"尽管爱是完善的,但是只有有生命之物中方才发生爱,所以在爱之外仍是杂多对立"。⑥ 如此看来,支配关系更像是比爱更普遍的关系;同时这也暴露了生命概念本身的短板。所以这就为宗教的回归提供了契机,在黑格尔看来,宗教就是爱的完成(πλήρωμα),是反思与爱的统一。但是遗憾的是,黑格尔并没有说明这种统一如何实现。同时,爱的问题并不单纯在于它的主观性,更大的问题是,生命与爱的本体论地位在黑格尔那里爱明显充当起了生命的动因,那么爱与生命的这种二分如何与黑格尔的一元本体论相契合呢?虽然黑格尔强调生命就是存在,但是由于爱的掣肘,二者之间已出现明显的裂痕。虽然本文并不赞同将爱贬低为单纯情感之物,因为这与黑格尔本人的论述不相符合,但是必须承认的是,降低或者更确切地说取消爱、并将生命看作是一个基于自身的自我展开过程,这乃是黑格尔克服二元论隐患的必由之路。或许是基于这些原因,我们看到,在法兰克福后期(1799—1800 年)

---

⑥ GW 2, S. 223.

⑥ Ibid. , S. 214 - 215.

⑥ Ibid. , S. 93.

⑥ Ibid. , S. 92.

撰写的三份手稿(《绝对对立》(Absolute Entgegensetzung)、《一个客观中点》(Ein objektiven Mittelpunkt)、《实定性概念》(Der Begriff der Positivität)中,虽然其中的一个重要问题是有限生命与无限生命的关系和过渡问题,但黑格尔已经基本不再使用"爱"这一表述了。

五、结语

从上文的论述中,人们可以看到,黑格尔早年并非是如浮萍般地随波逐流,彷徨于康德、荷尔德林、谢林等人的思想世界中,他本身有自己的问题关切,为此他不断地尝试寻找一条可靠的出路,但处处碰壁,并最终走向了"存在",以之作为自己哲学的出发点。此外,在这个过程中,无限问题也逐渐凸显出来,从最早的作为实定宗教之客体的绝对无限,到康德道德哲学中感性特殊向普遍道德公设的无限逼近,再到神圣的秘密——从有限生命向无限生命的提升,无限已经不是像最初那样是一个存在者,也不再是一种依托于普遍与特殊对立的运动进程,而是与存在、生命相弥合的;这种思想的发展与黑格尔对于世界整体的反思与理解密不可分。同时,由于尚缺乏思辨精神,黑格尔并没有真正处理好有限生命与无限生命的过渡问题,而是将之抛给了宗教——爱与反思的统一,而至于如何将二者统一起来,以及有鉴于黑格尔早期对哲学的批判态度,[54]哲学、反思应当如何运作,黑格尔还有待于进一步说明。换言之,黑格尔在此时还处于对存在的信仰阶段。然而可以明确的是,现在有限与无限的问题已经不再单纯是一种自然哲学的问题,而是直接触及到黑格尔的本体论,涉及一元本体论能否成立的问题。接下来,黑格尔就需要一面批判旧有的那种无限观,一面为自己的无限观寻找出路,《信仰与知识》与《差异》在某种意义上正是这种需要的产物。

(责任编辑:张庆熊)

作者简介:刘海鹏,复旦大学哲学学院博士生,研究领域为德国古典哲学。

---

[54] 在青年黑格尔那里,哲学不能理解和把握统一,而是要以统一作为必要前提,参见 Klaus Düsing, *Das Problem der Subjektivität in Hegels Logik* (Bonn: Bouvier Verlag, 1995), S. 48。

评弗里德里希·威廉·约瑟夫· 谢林的《学术研究方法论》

弗里德里希·丹尼尔·恩斯特·施莱尔马赫 著

周小龙 译

在近来的哲学中，整体体系的首要原理以不同的形式被重提，这并不罕见，即便只是在对体系的某个特定部分进行阐释的著作中，比如，费希特在《自然法权》和《伦理学》①的导言中为这个目标所做出的成就，或许多于在这些作品自身中为它们所献身的科学所做的贡献。同样地，大多数人将期待，在谢林的这部作品中也能发现，作者的哲学的首要原理再次以新的、特有的方式得到阐释，尽管这部作品昭示了一个完全显白的目标。诚然也有可能的是，比起别的作品，一些人在这部作品中更直观地找出这些原理，并且对这些原理的效用

---

① 1802 年夏季学期，谢林在耶拿大学讲授"学术研究方法论"（Vorlesungen über die Methode des akademischen Studiums）这门课程，翌年发表了讲稿。这部著作从同一哲学的视角论述了科学整体及其与各个学科之间的关系。施莱尔马赫的哲学体系与谢林的同一哲学既有相似之处，也有重要的差别。1804 年，施莱尔马赫发表了这篇题为《评弗里德里希·威廉·约瑟夫·谢林的〈学术研究方法论〉》（Rezension von Friedrich Wilhelm Joseph Schelling：Vorlesungen über die Methode des akademischen Studiums）的书评，试图从自己的哲学立场来评判谢林的著作。此译稿的原文来自《耶拿大众文学报》第 96 与 97 号，1804 年 4 月 21 日，第 137—151 页（Jenaische Allgemeine Literatur-Zeitung，Num. 96 u. 97［den 21 April, 1804］，S. 137‑151）。施莱尔马赫文中提到的《学术研究方法论》的版本为 F. W. J. Schelling, Vorlesungen über die Methode des akademischen Studiums（Tübingen：Cotta, 1803），正文中出现的页码均指此版本页码。涉及谢林原著的段落，拙译尽可能按照先刚教授的译文，参见谢林：《学术研究方法论》，先刚译，北京：北京大学出版社，2018 年。另外，有些段落过长，译者将其分为若干段。——译者注

这里分别指代费希特的《自然法权的基础》（Grundlage des Naturrechts）和《伦理学体系》（System der Sittenlehre）这两部著作。——译者注

(Geltung)也能获得更加正确的观感。然而在这部作品中,作品的这种纯粹偶然的方面并不构成评判的对象,因为它的本质方面占据了它全部的注意力,而体系本身对本质方面也不再陌生;不过,体系本身在这部作品中却没有得到探讨,除了偶尔提及。因此,顺便提醒那些至今为止对谢林的体系持有五花八门的误解的人,记住第一讲探讨的原初知识(Urwissen)以及观念和实在的同一性如何为哲学奠基。还不要忘记的是谢林着重在第七讲对哲学本身所说的东西,尤其是他在其中对技艺和诗歌的留意。人们或许可以宣称,承认技艺和诗歌这两者是真正的哲学工作的试金石。因为,谁为了他的哲学努力而蔑视技艺,谁就将总是停留在不成熟中,这是不言而喻的。同样确信无疑的是,谁在思辨中不承认诗歌元素,谁就总是漂泊在空洞中,尽管手握辩证法;更加紧迫的是,我们要把诗歌元素恰当地揭示出来,尤其是我们现在谈论到某个体系在进行更新时退回到神秘主义,这个体系的主要错误恰恰在于,尽管诗歌元素对它而言并不陌生,但它却从未达到过对诗歌元素的正确意识。这部书第五讲有关哲学中形式多样性的论述也毫不逊色。这值得关注,因为哲学自其革新以来在我们之中发展出来的可靠性(Sicherheit)如此自由自在地显示出来,这也许是破天荒的第一次。

但现在,我们将忽略所有的细节而把目光投向眼前这部作品的本质内容。它的本质内容存在于两个终极目的的联合,一个在标题上赫然昭示,另一个则高远得多、重要得多,即至少提纲挈领地给出所有知识及其关联所构成的体系。然而就其本身而言,对于只想要以某一方式谈论前一个终极目的的人,我们不能指望他也关心后一个终极目的,因为,学术研究既不包括由众多科学构成的这样一个整体,它现实地从中所把握到的东西也不会按照一种纯粹科学的视角而被分门别类和整理。正如我们迄今为止所谓的百科全书,由于没有得到这样一个理念的指引,它总是仅仅按照经验过分详细地论述细节。但是,这个对象的科学工作者却至少不能回避对比,如果每个人都能够同意谢林先生所言,即为实在科学(reale Wissenschaften)设立的外在机构(Organisation)应该忠实地复制实在科学之间内在的和自然有机的关联,尽管直到现在,不同种类的元素之间毫无头绪的混合还在阻碍正确的外在形态的自由发展,那么每个人就肯定都会欣慰地看到,下面的原理,即在实在科学的实际状况中找到它们本应该有的样子的不完满踪迹,决定了作者在这些授课录中回溯到知识本身的体系。因为,确立这样一个体系是对每种哲学的一个不可疏忽的要求,而在这过程中哲学在多大程度上至少对自己本身感到满意,以及它如何根据自身的原理产生出某种与这些原理和哲学本身相契合的东西,这似乎是哲学内在真理和牢靠性的外在检验;谢林先生已经明确地将确立这个体系当成是自己的义务,还承认这个任务是必然的,这与康德和费希特所做的类似尝试的方式相比显现出了极大的优势。就方式和路径而言,尽管他辩护说,在这个联合中,知识的体系看起来不能"以最严格的方式从最高的原则"中推导出来,然而,这并不会损害整个框架的正确性和完备性,因此,行家或将很容易为这部书的这个隐秘部分补充原则,即使就像看起来的那样,作者在这方面实际所做的恰恰比他承诺过的更多。

在第 153 页及以下讨论知识体系的建构(Construction)的主要文本中,他实质上是这样来阐明自己的观点的:哲学只是原初知识的观念呈现,而所有别的知识合在一起则是它的实在呈现;但是在所有别的知识中,特殊化和分裂占据着支配地位,这些知识只能在类(Gattung)之中实在地合为一体,即便在类之中,它们也必须在无限的进程中实现合一。一个理念发生的每个连续的实在转变(Realwerden)就是历史,这就导致了实在科学实际上是原初知识的开显(Offenbarung)的历史学方面,也就是说,实在科学必须按照人们也能在哲学中找到的同一种类型(Typus)而被组织起来。对建构方法的这种规定很大程度上源自首要原则,这就使得即便只是理解了第一讲的人也能够轻易地展示整体脉络。这进而意味着,每个历史都指向了外在有机体(Organismen)的实现,以作为对理念的表达。因此,从知识的历史学方面来看,知识也必然地追求给予自己一个客观显现或外在实存。通过这些有机体或者观念的产物,行动(Handeln)将自己外在地表达为客观化了的知识;在这些有机体或观念的产物中,国家是最具普遍性的。国家又必然地在自身内包含一个服务于知识本身的特有的外在有机体,只要科学以这样的方式通过国家或者在与国家相关时获得客观性,它们就叫做官方(positiv)科学,[2]而为它们设立的联合体就叫做系科,因为它们通过这种客观的实存而变成一股势力。

这些就是科学的外在机构的建构原则,而学术的形式也应该符合外在机构;不过,本评论者(Rec.)在这里承认,他完全是按照这种形式来衡量科学向前推进的确凿性和一个像谢林这样的人的可贵能力。因为在别处存在着一些玩弄讨人喜欢的形式和命名的游戏,它们是为了在其中找到对理念的表达,虽然它们在与官方因素(das Positive)的关系中被重复,实际上却完完全全地类似于

---

② 人们通常将"positive Wissenschaften"翻译成"实证科学"。但是在谢林与施莱尔马赫时代,"实证科学"这个词并没有出现。当谢林和施莱尔马赫称医学、法学和神学等为"positiv"的时候,其含义是指这几门学科是官方设立的。参见谢林:《学术研究方法论》,第 160 页。出于这个考虑,也因为译者想要尽可能贴近先刚教授翻译的谢林原文,以方便读者相互对照,所以拙译将"positive Wissenschaften"译为"官方科学",而将"das Positive"译为"官方因素""官方色彩"等。——译者注

一种道德的解释;此外还存在着一些松散的演绎。当费希特偶尔想要运用这些游戏和演绎的时候,它们已经足够令人恼怒了;我认为我们最好把它们完全委托给如今已经作古的康德的晚期作品,尤其是那些惟因康德年事已高而不便苛责的作品,比如《系科之争》;作者出于对前辈的敬重,宁愿完全不曾提及它。在轻松自在的表达中,在处于关联中而未呈现出具体分裂的表达中,作者首先思考的是,所有的历史都指向了外在有机体的实现,这可以通过另一处被引证的段落而得到澄清,这个段落探讨了知识通过行动而客体化(Objektivwerden),行动通过观念的产物而得到表达。别处的文本已经表明,谢林先生在多大程度上将国家当成一个囊括了所有公共事务的形式,在这个前提下,我们当然可以说,知识的外在机构也包含在国家中。只有当"知识的外在机构包含在国家中""随后通过国家并与国家相关时而与国家共在"与"通过国家而成为一股势力"这三者被当作一回事时,才会造成一种几乎费解的混淆,尤其是当人们就此认为,作者自己是在最后这个意义上谈论官方因素,就好像这里谈论的只是实在知识中需要在国家中被认识的、并且对国家目标而言是义务的实在知识。情况的确如此。这些通过国家、为了国家而存在的外在有机体的目标不在于知识本身,而在于理论知识,尽管在模糊的意义上,这是一种应付对国家而言不可避免的和经验的实践的理论知识。

但是,这些有机体如何能够统一,或者说,如何能够借助那些外在的机构——这些外在的机构直接指向知识本身,必然产生于知识本身作为一种连续的和历史学的知识的本性——按照统一的方式被建构? 外在的有机体事实上取决于每个国家的特殊状况,取决于每个国家实际上给自己设定的目标;因为,我们从中必然可以得出国家偏爱什么,限制什么;但是,即便在理念中,它们也只能通过国家的建制,而不是通过知识(作为一种实在知识)的单纯本性而被认识。与此相反,外在的机构虽然能够存在于国家中,但是根据谢林先生的观点,它们本身并不是通过国家并处于与国家的关系中而存在的,因为,它们毋宁说是与国家本身种属相同的规制,而国家甚至也只不过是一种客观化了的知识。国家如何能够偏爱或者限制它们,既然国家毋宁说为了它们之故而有义务去限制自己? 如果人们在现实中想要从这些被事物本性所推动的机构中寻找到不完满的肖像,那么人们只能够在与具有补充性质的历史学知识的传承的自由联盟中找到它,出于这些联盟的考虑,国家的自我限制偶尔已经现实地发生了,以便使它们独立于国家的时间关系(Zeitverhältnisse)。与此相反,系科作为国家中的一股势力,与所有其他广义上的行会组织一样,产生自相同的原因,也就是说,完全不是产生自它们的对象的本性。因此,就首要原则而言,这部作品的隐秘方面看起来比显白方面得到了更好的安排，而显白方面在它追求接近隐秘方面的高贵努力中实际已经获得了一些成果。但是，就严格地从原则开始推导而言，在推导时，即便为了知识体系本身的目的，作者的辩护看来也必须落到实处，因为他貌似恰恰因为上述的努力而没有在书中选择最正确的道路。而且他似乎也很少正确地阐释过实在科学本身，以便实在科学从它们自身方面去靠近官方因素。作者曾认为值得对官方因素进行保护。

我们进一步跟随他的思路，以证成这一判断。他说道，实在知识的机构也必须根据哲学的内在模式而被塑造，而这种模式立足于三个点，一个是无差别之点（Indifferenzpunkt），在其中，观念世界和实在世界被看作是合为一体的，另外两个点则是存在于这两个世界之间的、相对地相互对立的核心点（Mittelpunkten）。把无差别之点客观化的那门科学是一门以绝对的神圣本质为对象的科学，即神学；进一步说，那门接纳了哲学的观念方面并使之客观化的科学是历史学，而在历史学中，官方因素便是探讨法权形式（Rechtsformen）及其个别规定性的知识；最后，那门使实在方面客观化的科学是自然科学，在自然科学中，官方因素便是医学。但是，哲学不能通过这些科学中的任何一门而达到整体上的客观化，这只能发生在艺术中，只有艺术造就观念和实在的一个完满的"一体化塑造"（In Eins Bildung）；而对于这个一体化塑造而言，不存在任何官方因素，而只有自由的联盟，因为艺术既不能被国家偏好，也不被国家限制。非常值得关注的是，在如此直截了当地澄清了官方因素之后，必然会出现的结果是神学唯独被奠基于其上，人们将普遍地假定，神学包含某种官方因素。毕竟，我们很难看透，探究绝对的神圣本质的科学如何能够通过国家而获得客观的实存和外在的显现。正因为这样，在探讨纯粹历史学的和实在的东西的科学中，完全缺乏与官方因素的一个特定区分。但是神学中这种实在的和纯粹历史的东西本身究竟是怎么回事呢？在第八讲结尾处，作者谈论到一门真正的神学的历史科学，这里的论述只能立足于基督教能够被把握为历史上必然的，它实际上更多的是对作者在这部书中应要做出的成就的一个提醒，而不是这种成就本身；因为，用同样的口吻来说，如果是这样，一门真正的哲学的历史科学就使得自身得以产生，不过谢林先生肯定将不会赞成这门科学。也就是说，类似的无稽之谈已经被提出。但是，这种情况到底会不会发生呢？无差别之点是否偶尔能够成为一门实在科学的对象呢？在第 153 页，其他每种知识在这些科学中已经自我分化，在这些知识中，分裂和特殊化占据支配地位，这些分裂和特殊化能够在探讨绝对的神圣本质的科学中占据支配地位吗？或者说，既然在两个相对地相互对立的东西的形态下，绝对者的绝对形式仅仅以分裂的方式显现在非绝对性(Nicht-Absolutheit)中,绝对的神圣本质如何能够持续地、自在地开显自身?因此,宗教在这部作品中也必然地分裂为基督教和神话,其中,基督教在作为观念的东西的历史中直观上帝,而神话则在作为实在的东西的自然中。如此,无差别之点,或观念的东西和实在的东西的"**视为一**"(Als-Eins-Erblickung),就不能通过二者的任何一个而被客观化,毋宁说,这只能通过一种别的把那两种宗教视为一的知识而达成。这种知识在这部作品中虽然也偶然出现,并且也叫作宗教,即纯粹的理性宗教,不过不是通过直观——就像通常情况下这部作品完备地刻画宗教那样——而是通过洞见,这种知识想要一般地根据其本性而具有纯粹哲学的性质,并且就其自身而言,它并不想要拥有任何历史学的东西。如果人们现在看到,由于基督教完全被描述为对历史的更高见解,而必然与此相平行的是,神话如果被正确地把握的话,必定是对自然的更高见解,这里阐述的神学或宗教就消解在两个别的实在科学之中,那么人们就会看得很清楚,神学能够不在别的两门实在科学的意义上是一门实在科学,一种与它们同类型的、只是通过其对象而区分开来的知识,而神学与它们的关系也不是像无差别之点的客观化与有差别方面的客观化的关系那样;毋宁说,神学具有与它们共同的对象,但表现出对同一对象的完全不同的处理方式。如果每个人都像评论者那样,想要拒绝看到神学将它的身份证明(Geschlechtsbeweis)置于实在科学之下,那么只要宗教就像在这部作品中那样被设定和被承认,澄清处理方式的差异这个任务就产生了,历史和自然科学也能够由此而被纯粹地和不相混淆地把握。

然而,如果这项任务在这里没有称心如意地得到解决,这或许不是体系的过错,进而言之,实在科学的体系没有明确地显露出来,对此并不需要别的证明,除了指出比起刚才引用的阐释,人们更加适合远远去按照在这部作品中对哲学类型更加详细的阐释来组织这个体系。第158页提到,哲学的必然模式是这样的:"既要把两个相对的点中的绝对核心点呈现出来,也要把绝对核心点中的两个相对的点呈现出来。"如果在第153页刻画的对原初知识的实在呈现应该根据这个基本模式产生,那么我们就极其幸运地发现,我们自己摆脱了如下这个不可能完成的任务,即确立一个与无差别之点相契合的实在东西;与无差别之点相比并根据其绝对的形式,每种处置方案(Verfahren)又只能够是一个有差别的东西。毋宁说,实在的科学只是对两对自为关系的呈现(参见213页),即精神世界的历史学建构和自然的历史学建构,正是就它们能够被看成是实在的一体而言(第153页),它们二者一起才构成对原初知识的实在呈现。这甚至是完全的和唯一的呈现方式,因为,原初知识在实在世界和观念世界的持续开显穷尽了绝对者的绝对形式。与此相反,根据上述模式,原初知识以三种方式被实在地呈现出来:首先它原原本本地通过宗教而被呈现——因为,如果哲学的内核通过神学而被客观化,那么神学当然就是对原初知识专有的和全部的呈现;其次它分化为历史和自然史;最后它整个地通过艺术而被呈现。现在,尽管这些关于相对地相互对立的东西的历史科学呈现了绝对者,但这毕竟只是假定了这些历史科学被思考为整体,并且通过与知识的思辨方面的关联而被统合起来。但是,由于观念现象和实在现象的序列遵循着历史的方式,个体于是就被思考为外在于绝对者并与绝对者相分离,就此而言,个体与整体——个体是整体的构成部分——不相似了。根据那个模式,正是在这里,第二个任务产生了,对这个任务的解决绝不应该交给实在科学,毋宁说,实在科学是对这个任务的补充,以便绝对者的分裂即使在个别的相对的知识中也得到扬弃,以便这样直接地产生核心点。也就是说,这些解决方案首先借助艺术,通过观念的东西和实在的东西在特定的现象中的一体化塑造(In Eins bildung),将绝对者呈现在个别的、相对的东西中;其次,反过来,将个别的、相对的东西呈现在绝对者之中,这是因为,个别的有限者,无论它是观念的还是实在的,直接地在无限者中得到直观,而在无限者之中,观念的东西和实在的东西自行地并总是必须被看成是同一个东西(Eins und Dasselbe),而这恰恰是借助宗教而得以发生的。

我在这里并不打算进一步详述这个整体是如何通过象征和神话而与艺术和宗教发生关联的,也不打算详述当一方面哲学自身被内化(eingebildet)为艺术的现象,而另一方面宗教只是直接地开显在现象世界中的哲学,原初知识的观念呈现和实在呈现如何双重地相互缠绕。关联到眼前这部作品,看起来只有下面这点是清晰的:有更多的和更重要的东西,而不是蹩脚的东西,被牺牲给这个貌似轻而易举的行动,即从那三个点中不仅仅推导出历史学的知识,而且与此同时推导出学术研究的三重形态。因为,一切在方法论自身中看起来有些凌乱的东西,如何能够从这部作品确立的立场出发轻易地得到澄清?关联到刚刚处理过的内容,神学(作为研究绝对的神圣本质的科学)与宗教(作为在有限者中对无限者的直观,或反过来)之间的关系即属一例,因为后者似乎具有强权(Gewalt),无须进一步被阐释为与前者相同。进而言之,通过谈论无限者在可流变的形态中的开显,再通过谈论作为理念之祖国的东方(Orient),基督教与神话之间的对立尽管变得极其晦暗不清,却从未明白无误地瓦解。因为,尽管神话会提及一种建立在神话基础之上的宗教,而基督教则会提及一种必然伴随宗教的神话,但没有哪里还存在着一种建构,以便把对立双方再次相提并论和统合起来。通常来说,基督教卓越地呈现在整体中,它彻底的神话本性以及它与历史的关系都昭然若揭地发展了起来。对于许多人而言,基督教与历史的关系也许不是什么新鲜玩意,这也不是谢林先生的独到见解,人们在阅读作者的作品时并非罕见地发出的这种责难只是对如下的人来说才是一种责难,这种人不知道去区分两种采纳别人思想的方式,一种是生硬的采纳,另一种采纳方式是通过将别人的思想融进一个以合规则的方式设立起来的整体,宣称自己是真正的二次发现,而别人更早的发现只是偶然地先于这个二次发现。本评论者只想提示个别对这种基督教的建构的质疑。按此方式,和解与牺牲这两个理念都是没有根据的,按照它们所属的类,它们部分地被高估,部分地受到过多限制;对解经人在其对个别事实的阐释中的努力的训斥,违背了以思辨的方式理解奇迹概念这个要求,毕竟这些事实的自然属性完全没有违背概念的思辨成分;对基督的思辨观点也确实不能与如下的断言统合起来,即基督是两个时代的分界线,在这部作品中,对基督的思辨观点也多少使得高级的意愿(hohe Willkür)逐渐消退,后者在我们看来或许还是基督教的关键。

在对艺术的论述中,同样是某些凌乱以及更多的促狭,拖了所选择的类型的后腿。因为,即便由于缺乏文本改进工作,艺术鲜有能够得到详细论述,但是只要艺术被推导为整个机构的必然环节,那么艺术领域的轮廓就必须能够得到确切的阐述。但是,在真正处理艺术的地方,它与哲学的关系只是以图示的方式而被言说,而它与宗教的关系则更多地是被预设而不是被指明,即便是艺术的整个领域,跟一些更早的表述相比,比如国家和教会必须有能力成为艺术作品,也是相当不完备地得到规定。因此,艺术最终也只是在次要的意义上,按照一种非常碎片化的方式,几乎是用请求的语气,被推荐给哲学家、宗教家和治国者——这种分类看起来在作者的口中是某种特别的东西。

就历史学而言,人们从它身上移走了更高的关于神学中最佳者的论断,在这部书中,实用的处理方式连同其某些特征被十分恰切地描述和尊崇,这种实用的处理方式是经验主义的,它被认为不足以给予历史学一门实在科学的地位;就这样,通过某个按照间接证明方式进行的演绎——评论者从来就不喜欢这些演绎,总是把它们看成是值得怀疑的——只剩下作为艺术的历史学了。谢林先生为了向他自己或者向我们隐藏事物的真实状态,甚至多少有些好高骛远地(schieldend)表达了这一想法,即历史应该被置于"**与艺术相同的层次**";然而,没有人会反对,照此以往,历史学会完全从实在科学的行列里消失,只变成宗教和艺术按照各自方法、采用各自形式进行加工的对象。甚至,假设人们一开始也许没有注意到这些,这样人们就仅仅会因为"艺术应该总是将历史学展示为命运,由此历史学作为真正的历史学,既不是站在宗教的立场,也不是站在哲学的立场"这条明文规定,更加清楚地被引导到这条路上来。因为,这种命运除了仅仅是一种与天意这个理念相对立的、适合于更古老的和非基督教时代的宗教性立场,还能是别的吗? 如果以希罗多德为例,那么如下的尝试,即把这种处理方式仅仅当作适用于实用的,并不罕见,因为厄运和报复在希罗多德那里仅仅建立在各种细微的和经验的对立的基础上。另一方面,当人们考虑到,对于谢林先生而言,各种事件不但是历史学的客体,更是观念世界的机构的实现,那么历史学便是在知识的实在呈现这片领域上的一切;由于历史学既是一切,又是无(Nichts),人们就必须承认,对历史学的阐释缺乏规定性。与此相反,自然科学得到了卓越的处理,"形体序列的建构"作为自然科学的历史学方面的真正内容得到了十分令人信服的阐释,由此每个人都必须承认在这里关于"理论"这个概念的论述,这个概念属于那"普遍者和特殊东西的交织和混杂,而普通知识就是局限在这个领域里",至于这个概念在这里如何与其相关项(即实验)一起被确立为历史学的自然学说的根据,则不再是这个概念的分内之事了。因为在这部作品中上述混杂十分清楚地消解了,它还指出了科学的实在方面如何充当了思辨科学的躯干。我们只需要问:是否对于实验而言,即便是观察也应该被搁置一边,或者,是否每个人把自己当成在观察中一并被把握的东西,从而从自己出发来思考观察? 因为,如果还像直到不久前那样,人们都习惯于分别将实验仅仅运用于非有机的(unorganisch)的序列——这当然也即是说运用于无机的(anorganisch)序列,但根据**语言专家**的说法,这不能被叫作**无活力的**(anorgisch),而将观察仅仅用于有机的序列,那么我们就不能从二者中的任何一个找到裨益。此外,作者似乎太过于保守地把历史学的自然学说仅仅限制在地质学。因为,正如他似乎假定的那样,如果真的存在某种像行星和地球的产物之间的契合那样的东西,那么我们不应该放弃如下的希望:在整个持续不断的进步中,至少以历史学的方式达到某种太阳论(Heliologie)③,虽然还完全没有达到宇宙论。评论者虽然想要无条件地从各个方面承认贡献给自然科学的这三讲授课录的价值,但是他费了很大劲,才放弃从这三讲授课录出发去触及更多的细节;在其中,就科学的个别部分和个别观点的整合这个主题有如此多漂亮的、恰当其时说出来的话散见各处。仅仅就官方因素而言,甚至在作者所谓"通过国家并在与国家的关联中"这个意义上来说,在这部作品中对各大学现

---

③ "Heliologie"一词是由古希腊文ήλιος(太阳)和λóγος而来,是指对太阳进行研究的科学。在施莱尔马赫的语境中,"太阳论"是指介于地质学和宇宙论中间的研究。这个词并未出现在谢林的原文中。
　　——译者注

实的、目前的组织方式的觊觎(Hinschielen)也可以从事物本身已表明的东西中推导出来的。因为,我们不能够把握,为什么植物解剖学和冶金学不像医学那样,必然通过国家自为地以外在的方式被组织起来。

除了这些造就体系的实在科学外,这部作品还偶然谈及两门别的科学,它们同样在哲学之外,但被与哲学相提并论:数学与哲学同样地绝对,道德与哲学同样地思辨。关于数学,虽然谢林先生认为数学在知识的普遍体系中的地位已经得到了充分的规定,但评论者承认,这对他而言并不是已然清楚明白的。因为,如果数学作为分析和几何学建立在空间和时间的基础之上,而时空又只能在哲学中被构建,只能通过哲学而被认作是数学的客体,那么数学如何能够在知识的普遍体系中作为纯粹的理性科学而使自己与哲学平起平坐?或许是因为绝对的知识类型的形式特征?但是,如果没有哲学知识,这种形式特征从根本上就不能在数学的普遍客体的情状中被指出来,并且完全不能跟数学的普遍客体区分开来,它就只不过是在哲学自身中的特征。作者是如何建构他自己提及的应用数学的呢?那种通常来说完全缺乏类比的东西应该从哪里来呢?此外,这部作品确立了双重的数学观,而象征数学有理由被设定在应用数学之上,但是,比起这样一种意义,即通过它,一门学科已经与哲学平起平坐,一门学科怎么会拥有更高的意义呢?如果我们现在不考虑这个象征物(在这里,我们无论如何都不能够进一步考虑它),那么作者自己关于力学所说的东西,即力学的形式只是动力学演进过程中被剥夺了生命的形式,不是应该适应于整个数学吗?这样的话,力学不应该是除了运用于实验和观察的技术之外的某种别的东西吗?——这部作品只是零星地、偶尔地谈及道德(Moral),这主要是在谈论哲学的外在对立时涉及的,而小部分谈论到道德的地方只是在谈论美的东西(Schönes)。由于只有理念能够赋予行动以意义,人们就希望伦理(Sittlichkeit)这个概念最终应该通过哲学而被变成肯定的,这个希望是对这门科学的爱好者进行的最令人愉快的宣告;当人们宣称这门科学恰恰能够和哲学一样,都不可能被看作是一种无需建构的东西,这是一种荣誉,超出了通常给予它的荣誉。然而如今,在这个全部知识的体系中,这种像理论哲学那样的思辨科学究竟存在何处?很显然,这个补语只有对于这门科学而言才是可爱之物,但这个补语却没有支撑,因为在这里作者通常情况下谈论的绝非与哲学的理论方面相对立的实践方面。但是,如果存在这样一种对立,而诸门实在科学仅仅与理论方面相关,那么它们的有机体也必须仅仅从理论方面这个类型中被推导出来,而这个类型却不是作为全部哲学的类型被给予我们的。与此相反,如果诸门实在科学与哲学的两个方面都有关,那么在实在科学之中就必然存在某种与实践方面相契合的东西。而如果根本不存在这样的对立，那么我们带着道德，带着所有用来言说道德的美的东西，应该走向何方？无论如何，我们都似乎可以得出，道德将这部书和知识的体系置于困境之中。如果人们现在从另一方面来考虑已经在这个体系中找到的一些困难，并且想到，我们的作者认为，伦理通过普遍的自由而被客观化，而这个机构的建构应该与自然的建构平行，那么人们几乎应该相信，那几乎隐身的历史学的位置必然由此而被占据，而所谓的研究历史的科学——据说它根本没有想要让自己被正确地发现——实际上竟是伦理的历史学建构，因为它既不应该站在哲学的立场上，也不应该站在宗教的立场上。诚然，通过这种方式，关于国家和教会的那些支离的表述以及别的观念产物——**行动**就外在地表达在这些产物中——也许能够获得一种更好的支撑。由此，我们几乎可以看出，如果谢林先生想要率先建构道德，并且将这与理论哲学和实践哲学的关系安排得秩序井然，这样的话，在知识体系中的缺陷或将得到弥补。难道不应该是将理性确立为自然界的核心的做法、对居于万物之内的大地之神（Erdgeist）的顾及以及其他某些东西，不费吹灰之力导致了这种结果吗？

是该从这部值得重视的著作中的显白方面去谈论一些东西的时候了，因为它被期待给学术研究提供指南。当然，我们不能够详细地深入其中的细节。作者几乎没有谈到通常的院系划分（Vertheilung）——在其中，讲解官方科学的课程提供给大学里的青年——也没有谈到正确地评价这些个别部分和最合目的地组合这些部分的方式。作者停留在历史学中，最详细地讲解某种指南，甚至在这种历史学中，这种指南还关涉到每个人自己的原始材料研究，涉及每个人成为艺术家的教养，涉及对公开提供的课程的利用。如果人们想到，这样一种指南在学生初次踏入学术生活的时候就处在了它的正确位置——作者自己也在导言中指向了那个位置——那么对现有指南的利用还是显得十分局限。即便这在很大程度上也是如下努力的一个结果：将现今的大学机构中的偶然的东西理解为对内在的和必然的东西的复制。因为，作者由此只会轻易地被引诱到如下的结论上：年轻人将有能力从普遍者那里得出有关特殊者本身的推论。与此相反，如果他已经尝试过让现有指南（它与它应该是的样子存在差别）更加生动形象，那么他或许已经发现自己无可争议地被推着去给出某些规章，去规定学生如何能去利用大学系统（Universitätswesen），使得科学性的推广对他们而言会由此而变得简单，而不考虑那些产生于大学系统拙劣的和古怪的机构的障碍。然而，这些授课录并不缺乏这样的暗示，尤其是在神学和自然科学中；只不过它们太多地与隐秘的东西相关联，而青年在进入学术生活时能够正确利用这种隐秘的东西的前提条件则太严格，甚至与作者自己对理智教育在这个阶段之前所要达到的程度所下的断言相矛盾。在更多的段落中作者也表现出了一定的举棋不定，即学生把自己想成是学术的新手还是老将，这对于显白的目标而言会造成实质的影响。不过，对于成长中的学生而言，这些授课录的巨大用处可能体现在两个方面。首先，如果他们没有理解所有个别具有科学性的东西——很可惜的是，这种事情在大多数课堂中也许经常都会发生——那么几乎可以肯定的是，至少对科学的欲求不是在更好的东西中、在更高的意义上被激起。此外，十分值得思考的是，在给予恰当关注的情况下，他们必须借助对现实的学习和珍贵的历史学知识的充分敬重而得到充实。通过授课录，作者不仅仅向他的人格（Person），而且向他被看成是其领导的学校，消除了那个通常而言合理的指责，即向思辨的提升过程中对历史学知识漠不关心，还轻视后者，因为，这样的话，成长中的一代人在公民生活中以及对于实在科学的领域而言或将无用武之地。因为每个人几乎不可能发现，作者在学习方面给想要接触科学的人提出的要求太低了。他还急切地且有道理地督促预备学校应该承担更多的任务。只是他偶尔让这些学校负担过重。就像他将语言学中所有涉及诠释和校勘的东西从学术中驱逐出去。这种构想与评论者的想法相距甚远，因为这种构想只是鉴定了语言学仅仅在通常意义上的凯旋这种可能性之后的一个结果；而语言学的另一种凯旋，则是当这种构想只是最周密地认识到了语言还有作家的特性的结果，而那些缺少这些认识的人也许甚至不会感觉到需要。总而言之，如果人们将语言本身看成是人类的艺术品，并且去思考，语言的历史学建构多么紧密地与观念世界本身的建构相互关联，在艺术和科学中所有历史学的东西如何反映在语言中，如何在与语言的关联中才能够合理地被认识，那么人们就会清楚，即使在这部作品中，正确的东西（das rechte）也不可能被学校培养，毋宁说，有些人（并非最差的人）将它变成他们终身坚持的特殊科学，就算是赚到了。由于作者在第三讲中很大程度上将自然知识和语言知识平行对待，因此评论者期待在考虑到自然知识时也能找到类似的要求，而事实上在这部书中对更高的预备学校的考虑总是过于少。

如果评论者认为不是必须对"一"（Eins）发表他的意见的话，那么在做出上述这些评述后，他或许就可以下结论了。评论者担心，作者为了能够引起青年对现实的学习的敬重，把他从一个方面所做的那些东西——通过密布在整部书中的论争——从另一方面再次摧毁了。人们当然不应该像对待精神的木乃伊那样，给那些科学中的初来乍到者涂上防腐材料（第113页），但是肯定也不应该用论争来填满空荡的内心空间。毋宁说，恰恰是因为他们还没有成见，所以人们没有必要在传授的过程中跟他们一起反对别的观点。人们使他们恰当牢记的只是正确的原则,这样,错误的观点就无法在他们之中找到入口。真相或许会通过展示对立观点而多少变得更加清楚,但是这样一种针对事物的紧张论争必定与这种轻松的和模仿式的展示不同,这种展示以受到约束的风格进行,但它一般而言是非常私人化的,因为它不是就其本身而言去阐释要去论争的东西,而恰恰像人们习惯的那样,是通过从这个人或那个人那里听来对此的观点。类似的东西只会增加年轻人的自负——对此的抱怨总归是如此巨大——导致年轻人决心要拥有科学,因为他们有能力根据这样一种描述认识到个别例子缺乏科学性,并老调重弹地去蔑视这种缺失,导致他们在跟别人的比较中自我拔高,而这种比较并不是变得精明能干的正确道路。本评论者并不想要谈论,如果人类中的绝大部分——他们通过其工作,与其说是现实地毋宁说是貌似与科学圈有一定的接触——对于青年而言是可鄙的,这对他们而言必然多么地不利于他们的公民关系,虽然作者在关联到其作品显白部分时不能够说这种情况与此书无关,他只会让自己注意到,根据他自己的原则,这种蔑视绝大部分都是不公道的。谢林先生甚至承认了一种不依赖科学的、通过生活而实现的教育,这种教育虽然是更慢的和更费力的,人类却能够通过这种教育而摆脱低俗,提升至理念。这样教育出来的人在思考科学时容易犯错;但如果伦理是一种艺术或类似的东西,那么尽管如此,比起那些没有超越其艺术而将自己提升至哲学以及在谈论到科学时大惊失色的艺术家,这些人不会变得更加可鄙。作者自己已经在第八讲的开始和第十二讲中给出了一个更加高贵的、尽管不是更加无力与和缓的论争的案例,这样人们就不能够说这种误导性的论争只是表达上的失策,不如说其中的错误似乎与我们用来衡量隐秘部分的工具相关。对于每种哲学而言,一个与知识的体系相对应的任务是去确立一个符合知识原理的、探讨意向(Gesinnung)和生命的体系,这个任务在这部书中在有些地方偶尔也可以识别出来。但是,在这个体系连同道德被带向正确方向之前,在行动的重要性被理念确定下来之前,难道对于这个体系而言除了科学和艺术的体系——或者说,通过一个征服者的堪称神奇的力量造就的体系——就没有别的了吗? 在这部书中,某种特定的预感如今显现出来,即还缺少某种东西,使得自己忘情于在这种片面的论争中去反对所有不是科学和艺术的东西,也反对与征服者的神奇力量相对立的、温和的限制力量(第 109 页)。至少根据评论者的情感,这种论争也把它的负面后果扩展到了风格上。我们经常会碰到尖锐的、刺激的段落,对于这些段落,我们必须承认,它们或许显得十分像是不连贯的头脑风暴,而这些头脑风暴与整部书的口吻处于令人反感的不协调中。也许,这些段落在教育学的报告中从听者那里找到的掌声极大地诱惑着作者不去压制这些头脑风暴,但是,一位像谢林这样的老师只应该去引导趣味,而不是被趣味引导。另一方面,在这些论争性的描述中也存在着最大程度的疏忽,这些疏忽即便对于一个授课录(只要它被印出来)的自由风格也是不可原谅的,至少当《布鲁诺》一书的作者犯了这样的疏忽时,情况便是如此。

（责任编辑：刘剑涛）

作者简介：弗里德里希·丹尼尔·恩斯特·施莱尔马赫(Friedrich Daniel Ernst Schleiermacher，1768—1834),德国神学家和哲学家,曾先后任教于哈勒大学与柏林大学,在宗教哲学、神学、伦理学、辩证法、诠释学、柏拉图研究等方面影响深远。

译者简介：周小龙,德国图宾根大学哲学院博士生,研究方向为德国古典哲学、基督教神学、古希腊哲学。

对方法论逻辑学的本质奠基

——胡塞尔在《纯粹逻辑学导引》中对认识之明见性的证成

张睿明

【摘　要】胡塞尔在《纯粹逻辑学导引》中通过对规范规律的标准的探究,将判断与论证的有效性建立在作为它们内容的超越的客观-观念的真理中,并把关系于判断的内容、关系于诸命题的统一的理论置于纯粹逻辑学之下,进而以纯粹逻辑学为建立在判断与论证中的方法论逻辑学奠基。当纯粹逻辑学被转用于其经验个别情况的普遍被表象的领域时,它的个别情况就可以成为在明见的判断中的现时体验,并要求心理学的因果条件的满足。

【关键词】判断　论证　逻辑学　流形论　明见性

一、科学的特性

"科学这个名称意味着,它与知识有关。"①那么,这种关系是什么? 单纯知

---

① 埃德蒙德·胡塞尔:《逻辑研究》(第一卷),倪梁康译,上海:上海译文出版社,1994 年,第 8 页。

识的总和是否已经是科学的全部呢？胡塞尔认为："在科学的概念和科学的任务中所包含的还不仅仅是知识"，②科学"体现了一批外在的活动，这些活动产生于许多个别体③的知识行为之中，又能够以一种容易理解、但又难以精确描述的方式向无数个体④的知识行为过渡。"⑤所以除了知识以外，科学还相关于知识行为。知识行为相对于科学所具有的"外在"性指明了科学作为科学自身所具有的内在性，这种内在性独立于知识行为。科学由此"提出产生知识行为的某些更进一步的前提条件，即知识的实在可能性，这些可能性由那种'正常的'人或那种'相当有才能的'人在已知的、'正常的'状态中加以现实化⑥"。⑦通过这种现实化，我们就获得了知识，在知识中我们拥有真理。在我们最终所依据的现时知识中，我们拥有的真理是"一个正确判断的客体"。⑧这种判断在它的现实关切中为此要求一种明见性，这种明见性关切于"存在"⑨："我们承认的东西是存在的，我们否认的东西则不存在"。⑩这样，判断的正确性的最完善的标志就是明见性，"对于我们来说它就是对真理本身的直接拥有"。⑪

但是具有明见性的个别的知识行为是个别的，这种个别性如何能够被超出，从而向无数个体的知识行为过渡？——这种过渡是否只有在"一个正确判断的客体"对于所有正确的判断来说都是同一个客体时才可能呢，即至少要求通过诸具有明见性的个别知识行为所得到的诸个别的具有真理性的知识具有内在的一致性？或者这种过渡直接要求诸具有明见性的个别的知识行为本身具有内在的一致性？无论这种一致性存在于知识行为当中还是存在于知识当中，一致性本身正是科学所内涵的。所以科学比知识要求的更多，它要求"在理论意义上的系统联系，其中包括对知识的论证以及在论证的顺序上从属于理论意义的衔接和调整"，⑫只有具备"在知识的杂多性⑬中的统一性"，⑭知识才是具

---

② 胡塞尔：《逻辑研究》（第一卷），第10页。
③ 本文中，"einzeln"及其相关构成词译为"个别（的/体）"。
④ 本文中，"Individuum"译为"个体"。
⑤ 胡塞尔：《逻辑研究》（第一卷），第9页。
⑥ 本文中，"wirklich"及其相关构成词译为"现实（的）"。
⑦ 胡塞尔：《逻辑研究》（第一卷），第9页。
⑧ 同上。
⑨ 本文中，"Sein"译为"存在"；"Existenz"译为"实存"。
⑩ 胡塞尔：《逻辑研究》（第一卷），第9页。
⑪ 同上书，第10页。
⑫ 同上书，第11页。
⑬ "杂多性"（Mannigfaltigkeit），本文中也译为"流形"。
⑭ 胡塞尔：《逻辑研究》（第一卷），第11页。

有科学性的知识。

所以科学的本质中包含着论证联系的统一,在这种联系中,不仅个别的认识,而且论证本身以及被我们称为理论的论证的更高组合都已获得系统的统一。由此而来的系统形式对我们来说是知识的理念⑮的最纯粹的体现。另一方面,这种系统性并不是由我们发明的,而只是为我们在实事中找到、发现而已。从而就知识所具有的真理而言,在这真理的王国中居统治地位的是规律性的统一,因此对真理的研究与阐述也必须有系统性,它们必须反映诸真理的系统联系并且以这些联系为向导向前迈进,使它们能够从那些已被给予我们的或已被我们获得的知识出发,不断地进入到真理王国的更高区域。

二、理论科学的建立

正是出于科学所具有的"系统联系",明见性作为认识行为对存在的切中,而始终关切于实事,就不是一种无需经过任何方法和工艺上的筹划就会随着对事态的单纯表象一同出现的自然附加物。这不仅意味着,当明见性"只能在相对来说极其有限的一组原始事态中直接地表现出来"时,⑯比如一个被表象的事态存有⑰的明见性,或者说,被表象的事态不存有的荒谬性,这种明见性需要我们从某些认识出发,走上一条通向这个被考察的命题(Satz)(以命题的方式被转述的事态)的思想道路时才会出现;同时意味着,我们需要论证,以便能够在认识中、在知识中超出直接的明见性,这种情况不仅使得科学成为可能并且成为必要,而且随着这些科学还使一门科学学、一门逻辑学得以可能并且必要。对于前者,这种作为方法和工艺上的筹划的论证意味着在论证联系中的理性与秩序,即支配性的规律,换句话说,具有明见性的特性⑱的命题 S 并不会连同一些不按理性规律而盲目地划归给它的认识 P1、P2……一起出现。对于后者,只要我们通过论证从已有的认识上升到新的认识,在这个论证的道路中便会寓有某种形式,这个形式对于该论证的道路和无数其他论证来说是共同的,即不是此时此地的推理所特有的、而是对于推

---

⑮ 本文中,"Idee"译为"理念";"Ideal"在逻辑规律作为观念直观的含义以及与之先天地相应的对象性的意义上译为"观念",在逻辑规律作为规范的意义上以及在目的论的意义上译为"理想"。

⑯ 胡塞尔:《逻辑研究》(第一卷),第 12 页。

⑰ 本文中,"bestehen"及其相关构成词译为"存有",以区别于"sein"(存在)。

⑱ 本文中,"Charakter"译为"特性";"Merkmal"译为"特征"。

理的整个类⑲来说典型的形式，并且，这个形式与一个普遍的规律有关，这个规律可以一举证明所有这些个别论证的合理性（rechtfertigen，合法性）。由此，一方面有典型的、每门科学都共有的诸形式的存有，另一方面有与诸个别科学的特殊性有特别关系的诸形式的存有；在有规则的形式使诸科学的存有得以可能的同时，在大范围（Umfange）中存有的形式对于知识领域的独立性则使一门科学论的存有得以可能。⑳

虽然方法和工艺上的筹划与论证有密切的关系，但是论证并不能穷尽方法和工艺。因为在方法和工艺中包括对论证的思维经济性的简化和替代以及服务于论证的辅助工作，它们本身不具有真正的论证特性。前者本身先要通过论证来获得其永久性的意义和价值，然后它们在实践运用的过程中尽管会获得论证的成就，但它们自身却不会包含论证所具有的那种明晰的思想内涵，即实事之间的特有理论联系；换句话说，它们作为辅助，并不能获得与论证这个科学的基本过程相等价的和与之平行独立的含义。

因为统一的系统形式是知识的理念的最纯粹的体现，当以这种统一的系统形式作为基本规范，就需要有一门科学能够论证这样一些普遍㉑命题："这些普遍命题拥有确定的与规范性的基本尺度有关的特征，这些特征或者为基本尺度的恰当性提供保证，或者反过来为这种恰当性提供必不可少的条件；同样论证与上述命题相似的命题：这些命题或者顾及基本尺度不恰当的状况，或者说明这种事况（Sachlagen）的不存在。"㉒这样的一门科学就是规范科学。当这种基本规范是一种目的或者能够成为一种目的时，一门工艺论便可从规范学科中产生出来。工艺论的特性在于目的性的实践，正如将知识与知识联结在一起的论证在朝向统一的系统形式迈进时，我们在这种从认识到认识的有系统规则的进步中，就看到论证的工艺论特征。

出于被理解为工艺论的逻辑学的实践性，逻辑学就此可以单纯地被称为"实践的逻辑学"，这门逻辑学表现在康德的理论中，其作用为调整对知性的使用："这种调整是'根据主体所处的、有助于或有碍于知性使用的各种偶然条件的不同来进行的'；并且我们可以从这门逻辑学中学到：'哪些东西会促进对知性的正确使用，哪些是正确使用知性的辅助手段，哪些是治疗逻辑错误和缺陷

---

⑲ 本文中，"Klasse"译为"类"；"Spezies"译为"种类"；同译为"类"或者"种类"的其他词，本文在中译文后的圆括号中另外标出。

⑳ 参见胡塞尔：《逻辑研究》（第一卷），第17页。

㉑ 本文中，"allgemein"译为"普遍的"；"überhaupt"译为"一般的"。

㉒ 胡塞尔：《逻辑研究》（第一卷），第21页。

的良药.'"㉓由此似乎就可以期望作为实践科学论的逻辑学会为人类的认识带来很大的促进。

但是将逻辑学单纯地理解为"实践的逻辑学"具有一种含混性:"逻辑学作为一门独特的科学学科的合理性(Recht,合法性——引者注)是否仅仅只有从实践的角度出发才能得到论证,而从理论的角度来看,是否在逻辑学收集的所有认识中,有一部分是那些原初㉔渊源于人们所熟悉的其他理论科学,但主要渊源于心理学的理论定律,而其余的部分则是建立在这些理论定律上的规则?"㉕这样的话,相对于知识领域而具有独立性的形式就被单纯地限制在心理学的理论定律上。

胡塞尔引述康德意欲凸显出来"一门完全独立的、相对于人们所熟悉的其他科学而言新型的科学,即纯粹理论性的科学,这门科学和数学一样,不考虑自己实际运用的可能性,并且它也和数学一样,是一门先天的、纯粹论证性的学科。"㉖这样,将逻辑学限制在其理论性知识内涵范围之内,就不是将它限制为从其他学说以及经验科学中分隔出来的零星片段,而是"在康德看来,这种限制则毋宁会将我们引向一个自身封闭的、独立的、而且先天的理论真理的领域,引向纯粹的逻辑学"。㉗

对逻辑学之实践性与理论性的区分,胡塞尔在叔本华(Arthur Schopenhauer)那里找到了表达:"工艺论体现了规范学科的一种特例,在这种特例中,基本规范在于实现一个普遍性的实践目的。显然每门工艺论自身都包含着一门规范的、但本身却非实践性的学科。因为,工艺论所提出的任务是以对下列较狭窄的任务的解决为前提的:如果撇开所有与实践性的获得有关的东西不论,那么这些任务首先在于对各种规范的确定"。㉘将基本规范本身区别于工艺论中"与实践性的获得有关的东西"而单独加以讨论,指向"应当"与"是"之间的区别:"规范科学的规律通常(gewöhnlich)来说意味着:应当在(sein),尽管它现在也许还不在(ist)或者在现有的状况下还不能在(nicht sein kann);而理论科学的规律则始终意味着:什么在(ist)。"㉙所以依据规范科学的规律所做的判断

㉓ 胡塞尔:《逻辑研究》(第一卷),第 25—26 页。

㉔ 本文中,"ursprünglich"译为"原初的"。

㉕ 胡塞尔:《逻辑研究》(第一卷),第 26 页。

㉖ 同上。

㉗ 同上书,第 27 页。

㉘ 同上书,第 39 页。

㉙ 同上书,第 33 页。

并不具有明见性,因为明见性的确定性意味着:"我们承认的东西是存在的,我们否认的东西则不存在"。通过规范判断我们只能得到关于一个事态的或然性的明见性,即"将明见性作为某个事态的或大或小的或然性来运用",[30]这种明见性论证那种比较的和明见的价值评价,借助于这些价值评价,我们能够根据肯定的或否定的或然性价值的不同而将理性的设想、猜测与得到不良论证的设想、猜测区分开来。这与较确切意义上的知识——比如关于 S 是 P(dass S P sei)这一事态的真理的明见性——不同,后者是一种绝对确定的、观念的界限。S 的 P 状态(P-Sein des S)这种或然性是在上升的序列中无穷地接近这个界限的。[31] 而在理论学科中,各项研究与作为规范化主导兴趣的源泉的基本价值认定之间并不存在以后者为目的的中心关系,[32]理论的兴趣只是在于"研究实事的(即理论的,因为实事具有内在规律)相属之物以及研究可以在这种相属性中一同加以研究的东西"。[33] 在这种情况下,必须受到规范化的事态就必须与基本规范相区分。实事之间的特有的理论联系不是被纳入规范的形式,而是被纳入各种客观联系的形式。

三、理论科学与心理学的区分

对规范科学与理论科学的区分另一方面指向对逻辑学与心理学领域的区分。胡塞尔引述康德道:"逻辑学应当教会我们如何正确地运用知性,即与知性自身相一致地运用知性。"[34]"如果我们从心理学中,即从对我们知性的观察中获取原则,那么我们只会看到,思维本身是如何进行的,它如何处于各种主观障碍和条件中;但这只能导致对偶然性规律的认识。然而逻辑学的问题并不在于偶然性的规则,而是在于必然性的规则……因此,逻辑学的规律必定不是从对理性的偶然使用中、而是从对理性的必然使用中获取的。人们不借助心理学也可以在自身中发现这种对理性的必然使用。"[35]

逻辑学对思维的考察在于研究:思维应当怎样。心理学对思维的考察则在

㉚ 胡塞尔:《逻辑研究》(第一卷),第 10 页。

㉛ 埃德蒙德·胡塞尔:《逻辑研究》(第一卷:纯粹逻辑学导引),倪梁康译,北京:商务印书馆,2017 年,第 27—28 页。此处引用了 2017 年版,其余引文均为 1994 年版。

㉜ 胡塞尔:《逻辑研究》(第一卷),第 39 页。

㉝ 同上书。

㉞ 胡塞尔:《逻辑研究》(第一卷),第 46 页。

㉟ 同上书,第 45 页。

于研究：思维是怎样的。思维应当怎样，这仅仅只是思维是怎样的一个特例。人们应当做什么的问题因此始终可以被回溯到人们为达到某个目的必须做什么的问题上去；而这后一个问题与另一个问题又是一致的，即：这个目的事实上是如何达到的。由此思维的规范规律就被纳入思维的自然规律之下。

在这种情况下需要考虑的仅仅是人们为了正确地进行思维所必须遵循的那些规则，即：人们只有根据这些规则，才能像思维的特质、[36]像它特质的规律性所要求的那样进行思维。因而一切逻辑规律都被归结为思维的自然规律，即"一种关于必然的和无例外的、以并存与持续方式进行的联结的概括性公式。这是一种因果性的关系"。[37] 但是在胡塞尔看来，这样一些规律并不是精确的规律，而"只是一些有关并存或延续的大致规则，它们还远远无法做到以必要的、单一的规定性确定：在得到精确说明的一定状况下，哪些东西必定共同存在，或者，哪些东西必定会接着产生"。[38] 逻辑规律既然具有绝对的精确性，以经验的不确定性来阐释（Interpretation）这种精确的规律，并使后者的有效性依赖于模糊的状况，就使这些规律的真正意义被改变了。另一方面，"在所谓精确的思维的自然规律基础上建立起心理学的规律（Gesetze）"，[39]在胡塞尔看来"仍然无济于事"。因为"论证或证实（rechtfertigen）这种规律的唯一途径是对经验的个别事实进行归纳。但归纳并不论证规律的有效性，而只论证这个有效性的或高或低的或然性；明确地得到证实的是或然性，而不是规律。据此，逻辑学规律必然也毫无例外地被纳入或然性的档次"。[40] 但是就逻辑学规律来讲，得到明确证实的需要是它们的有效性或真理性本身，只有在此情况下我们对事物的思维与事物相一致的这种思维的正确性才能够得到保证。否则就必须保留这样一种可能性，即：或然性的推测在我们始终有限的经验范围（Erfahrungskreis）的扩展的过程中得不到验证（bestätigen），并且也不会有任何纯粹逻辑学的规律可以被视为"先天"有效的，它们不会具有本质可靠的明见的真理性。

认为作为自然规律的思维规律"体现了我们的精神（Geist）的特质，即思维着的精神的特质，因此，作为定义着正确思维的相符性的本质便在于这些思维规律所具有的纯粹的、不受其他心理影响（如习惯、嗜好、传统）干扰的效用

㊱ 本文中，"Eigenart"译为"特质"。

㊲ 胡塞尔：《逻辑研究》（第一卷），第 47 页。

㊳ 同上书，第 52 页。

㊴ 同上。

㊵ 同上。

性"。[41] 这毋宁是对逻辑规律与这些逻辑规律在其中可能被认识的判断的混淆。后者是具有原因和结果（Ursachen und Wirkungen）的实在事件；前者具有纯粹规律的特性，它们自身不含有任何实存性内涵。换句话说，逻辑规律在其中可能被认识的判断属于个体性的体验，所以只具有属于个别体验的此在的事实可靠的明见性，而不具有普遍规律的存在所具有的本质可靠的明见性。

这种混淆带来的结果是"人们会把规律看作是一种决定我们思维过程的力量"。[42] 作为规范的逻辑规律被误解为心理学的因果规律，如此一来，"逻辑基础"的概念就会被用思维压迫的概念来解释。但是"没有一条心理学的规律在强迫判断者受逻辑规律的束缚"，[43]正如思维现象中除了仅仅规定逻辑思维得以形成的因果进程外，同样还包括参与规定非逻辑的思维。一方面，正如在精神病人那里或者在睡眠状态或发烧时的病态的情况下，人们的思维是否是逻辑的要被打上问号。另一方面，即使在将逻辑思维限制在"对正常的、处于正常的思维状态中的人（home）这一类的个体有效"，[44]但是这种"正常个体"和"正常思维状态"却是模糊的。所以逻辑学"不询问智力活动的因果性（kausal）起源和结果；而是询问它们的真理内涵"，[45]因而无关于该规律所可能涉及的任何事实，而具有非时间的普遍性。否则，当我们将真理规律解释成为一种时间性的个别之物，但又是一种对所有时间性的存在之物（das Seiende）来说至关重要的一般规则时，就会产生悖谬。

将概念的含义置于经验的范围内理解的另一种方式，表现在胡塞尔对西格瓦特（Christoph Sigwart）意识一般的引述中："据说所有概念（更确切地说是所有陈述[46]）都在绝对同一的含义上被运用，没有变动不居的（fließend）含义，没有什么双重的和四重的含义。"[47]胡塞尔这里所引述的西格瓦特向这种理想意识的一再回溯与其另一处所引述的西氏讲述的规范规律"的运用范围是对意识而言所具有的全部表象内容的始终变动不居的（veränderlich）当下的观念状态"[48]不尽一致。依照后者，各个不同的概念性的内涵之流相应于诸表象之流，表象的

---

[41] 胡塞尔：《逻辑研究》（第一卷），第 56 页。

[42] 同上书，第 57 页。

[43] 同上书，第 77 页。

[44] 同上书，第 70 页。

[45] 同上书，第 47 页。

[46] 本文中，"Ausdruck"译为"陈述"。

[47] 胡塞尔：《逻辑研究》（第一卷），第 86 页。

[48] 同上书，第 84 页。

概念性内涵每变化一次,我们便具有一个新的概念;依照前者,则所有陈述"都在绝对同一的含义上被运用"。概念含义的这种同一性与作为表象内容的概念性内涵的变动性在何种意义上可以是一致的呢? 胡塞尔对此问题的解答在于区分概念含义的观念性与作为表象内容的概念性内涵的经验性。他讲:"每一个个别的概念自身都是一个超经验的统一并属于那些与其形式有关的诸逻辑真理。正如经验的诸颜色内容的变动(Fluß)和对它们质性⑭上的确认的不完善性与作为质性种类的诸颜色的区别无关,正如相对于可能的(本身不是诸颜色,而是一个颜色的各种情况的)诸个别情况的杂多性而言,一个种类是一个观念的同一物,那些与诸概念的表象有关的诸同一的含义或诸概念的状况也是如此,诸概念的表象的诸内容是诸含义或诸概念。在个别之物中观念直观地把握普遍之物,在一经验的表象中直观地把握一概念并在对概念的意向的同一性的重复表象(Vorstellen)中对此一概念做出确证,这种能力是认识可能性的前提。就像我们在观念直观的诸行为中直观地把握一个概念之物一样——作为这样一个种类,我们能够明晰地主张这个种类的相对于事实的、或作为事实被表象的诸个别情况的杂多性而言的统一性——我们也能够获得诸逻辑规律的明见性,这些规律与这些有时具有这种,有时具有那种形式的诸概念有关。"⑩将诸个别情况的杂多性与作为种类的观念的统一物相区分,即:将前者限制于经验的领域,而将后者划归入超经验的领域并作为一个超经验的统一,这是通过"观念直观"做到的。通过观念直观,在诸概念的表象的诸内容中,即在诸含义或诸概念中(或者称为诸含义之物或诸概念之物),普遍之物被作为一个"超经验的统一"的种类而把握。观念直观之所以可能在于概念的意向,正是后者在同一性的重复表象中,一个作为观念的统一物的概念才能够被确认。所以通过观念直观,我们得到的就不是关于一个概念的或然的明见性,即使对比如诸经验的颜色内容的质性上的确认是不完善的,但我们得到的始终是关于该概念的真理的明见性,并因此该概念能够从属于与其形式有关的诸逻辑真理。胡塞尔就此讲:"只要我们进行概念的表象的行为,我们也就具有概念;表象有其内容,有其观念的含义,我们可以抽象地、在观念直观的抽象中获取这些内容和含义;这样我们也就普遍地提供了运用逻辑规律的可能性。但这些规律的有效性是绝对无限的,它并不依赖于我们和其他人是否能够事实地进行概念表象并且用同一

---

⑭ 本文中,"Qualität"译为"质性"。

⑩ Edmund Husserl, *Logische Untersuchungen*, *Erster Band*: *Prolegomena zur Reinen Logik* (Den Haag: Martinus Nijhoff, 1975), pp. 108 - 109.

意向的意识去确定或重复这些表象。"⑤所以胡塞尔认为作为我们陈述的含义而起作用的概念或命题的同一性,只是在观念直观中其有效性才得到了确证,即具有了明见的真理性,因而并不能够作为其有效性的前提。⑤ 但是这种同一性为规律的经验运用提供了前提,即为有效性可能地运用于已有的个别情况提供了前提,"正如运用数字规律的前提在于:我们也许已经拥有数字,并且是拥有受此规律明确规定的数字;与此相同,(经验地运用)逻辑规律的前提在于:我们已经拥有命题,并且是拥有逻辑规律所明确要求的同一质料的命题。"⑤这种经验运用为此只取决于对观念直观所把握到的概念或命题的合规律性(gesetzmäßig)运用,它以概念或命题及其所属规律的先在性为前提。

与此相应,如果我们离开关于思维的自然规律的探讨,将思维规律从经验的领域中提升出来作为一种先天认识能力,那么认为思维规律不具有本质可靠的明见性这样的想法似乎就会被克服,正如"康德的形式观念主义"⑤那样。胡塞尔在此引述了朗格(Friedrich Albert Lange)的理论:"逻辑学的真理和数学的真理一样来源于空间直观,'由于这两门科学保证了我们所有认识的严格的正确性',因此这两门科学的简单基础也就是'我们智力的结构(Organisation)的基础',从而'这两门科学所具有的、为我们所赞叹的合规律性实际上起源于我们自身……起源于我们自身的未被意识到的基础'。"⑤因此,比如在经验的进程中逐渐消灭不可行的表象联系,并使较为可行的表象联系继续维持下去的"心理学的矛盾律"是"直接产生于我们的结构之中并作为所有经验的条件而先于所有经验起作用"。⑤

先天的"心理规律"作为规范规律来调整实际的心理过程,这使在主观方面谈论"任何一门理论的'可能性'的明见条件"成为可能,它"植根于一般主体性的形式之中以及植根于这种主体性的形式与认识的关系之中"。⑤ 将这种主观方面绝对化,就会认为:"'没有客观的认识'(即:对物自体的认识);或者:'所有认识都是主观的'(即:所有事实-认识都只是对意识事实的认识)",⑤如此一来

---

⑤ 胡塞尔:《逻辑研究》(第一卷),第 87 页。
⑤ 同上书,第 85 页。
⑤ 同上书,第 86 页。
⑤ 同上书,第 80 页。
⑤ 同上。
⑤ 同上书,第 81 页。
⑤ 同上书,第 97 页。
⑤ 同上书,第 99 页。

就会导致怀疑论的结果：

一方面，"如果物自体的概念已使个别认识与其对象之间的比较（对存在与智性[59]之间的相应性［adaquatio rei et intellectus］的主张）成为不可能，那么要想对我们的意识作用的主观合规律性与事物的客观存在及其规律进行比较就更不可能了。因此，如果有物自体的话，我们对它只能是一无所知。"[60]

另一方面，认为"所有认识都是主观的（即：所有事实-认识都只是对意识事实的认识）"，会导向相对主义，并进而导向怀疑论。胡塞尔讲："如果一门学说……按先天主义者的方式将纯粹逻辑规律或多或少神秘地回归为（人类）理智的某种'原初形式'或'作用方式'，回归为作为（人类）'种类理性'的'意识一般'，……回归为那种作为先天（一般人类）结构而先于所有事实性思维和所有经验的'智性本身'（intellectus ipse），如此等等——那么这门学说就显而易见是相对主义的或者说是那种种类的相对主义的学说。"[61]

在胡塞尔看来这种相对主义学说首先混淆了个别的、实在的判断行为与作为判断内容的判断，前者在时间上受到规定，后者作为真理的内涵则是超时间的。其次，就人类本身所有真理的唯一源泉是在一般人类的构造之中而言，如果没有这种构造，真理便也不存在，那么一方面人类判断在人种的开端前和终结后不存在真理时会发生"存在着这样一个真理，即真理不存在"[62]这样的背谬，同时人类自身在做出其自身不存在的判断时就已经发生了背谬："一个种类的构造的不存在的根据就在这同一个构造之中"。[63]再次，正如同一个判断内容随两个判断者的不同而可以为真并且为假是背谬的那样，"对这个种类或那个种类而言的真理"[64]同样是一种背谬；而且当不同的种类在完全不同的意义上运用真与假时，那么所谓"真理"就不能够避免陷入到歧异的模糊当中。复次，在"真理的相对性导致世界存在的相对性"[65]的意义上，直接直观的此在的明见性，或者说，"内在感知"[66]的明见性就被否认了，就此我们可以设想"如果这个世界上判断生物的事实种类被如此不幸地构造起来，以至于没有一个种类能承认这个

---

59 本文中，"Intellectus"译为"智性"，以区别于"intelligent"（智慧的）。

60 胡塞尔：《逻辑研究》（第一卷），第 99—100 页。

61 同上书，第 108 页。

62 同上书，第 104 页。

63 同上书，第 105 页。

64 同上书，第 103 页。

65 同上书，第 106 页。

66 本文中，"Wahrnehmung"译为"感知"。

世界(包括它自己),那么就不只是没有为这个种类或为那个种类的世界,而是根本就没有世界了"。⑥⑦

但是"内在感知"是明见的。以直观为依据的判断当在意向地超越出事实性意识材料的内涵之外,例如在康德意义上的物自体,那么对这些判断所具有的明见性的否认才是合理的。但只要这些判断的意向仅朝向意识材料的内涵自身,只在如其所是的内涵之中找到充实,那么它们就是真正明见的判断。事实原初只是在感知的意义上被给予,即在意识材料中被给予。当我们的判断意向地朝向意识材料的内涵时,我们的判断就是关于作为观念的统一物的概念的判断,即使这些判断仍然具有一定的模糊性,即具有对该判断的事态的质性的确认的不完善性,但是因为真理的观念的可能性在属于该判断的意识材料中得到了充实,这些判断就仍然是明见的。因此,在胡塞尔看来,一个东西如果是真的,便绝对"自在地"为真,"真理总是同一的一个,无论它是被人还是被非人、被天使还是被上帝判断地把握",⑥⑧换句话说,"如果没有智慧生物,如果自然秩序排除了这种生物的可能性,也就是说,如果智慧生物不可能实在地存在——或者,如果就某些真理的类(Wahrheitsklassen)而言,没有能认识它们的生物——那么这些观念的可能性便永远缺乏充实的现实;对真理(或真理类)的'把握'、'认识'和'意识到'便永远得不到实现。但每一个真理自在地仍然是它所是,它保留着它的观念存在。"⑥⑨

在胡塞尔看来,将主观主义绝对化,认为"没有客观的认识(即:对物自体的认识)",也是将规范规律混淆于理论规律。因为与作为规范规律的思维规律有关的"是实践的作用,是利用方式,而不是某种处于它们内容自身之中的东西"。⑦⑩ 因此当它们能够作为规范规律起作用时需要"满足下面这个前提,即:在这些规律中,必然的和充足的标准⑦⑪已被给予,人们依据这些标准来测量任何一个判断的正确性"。⑦⑫ 这种标准体现着观念的规律,后者并不是判断自身的规律,而是"纯粹地建立在那些属于所有科学的遗产的概念之中,因为它们代表(darstellen 展现)了作为基石的范畴,诸科学本身(als solche)按其概念来说便是

---

⑥⑦ 胡塞尔:《逻辑研究》(第一卷),第 106 页。

⑥⑧ 同上书,第 103 页。

⑥⑨ 同上书,第 113 页。

⑦⑩ 同上书,第 122 页。

⑦⑪ 本文中,"Kriterium"统一译为"标准"。

⑦⑫ 胡塞尔:《逻辑研究》(第一卷),第 122 页。

由这些基石构造起来的"。⑦ 因此当一个论证自我取消了，只有在它的特殊内容（意义、含义）"违背了那些建立在真理本身的意义之中的原则"⑦时才会发生。原则是建立在理由与结论（Grund und Folge）的关系当中的。当我们说"一个真理（不是判断，而是观念的有效性统一）具有一个理由，这意味着，用相应的说法，有一个理论的证据（Beweis，证明——引者注）可以把这个真理回溯到它的（客观的、理论的）诸理由上去"。⑦ 这种向理由的回溯使一门科学所具有的诸真理具有本质的一致性，就此使科学成为科学；同时出自于理由的认识就表现为解释或论证，所有解释都指明一个理论，这个理论作为观念上封闭的诸规律的全体，⑦"建立在一种根据规律性当中（Grundgesetzlichkeit）即如建立在其（该规律全体的）最终理由之上，并且该全体通过演绎而从这个最终理由中通过系统性演绎产生出来。……这种根据规律性或是由一个根据规律，或是由一组同类的根据规律组成的"。⑦ 胡塞尔将对这些真理（观念的有效性统一）作出论证的规律称为"总体规律"，⑦对"总体规律"的论证必然会"引导到某些按其本质无法再论证的规律上去。这些规律就叫做根据规律"。⑦ 换句话说，"对一个被给予的理论本身（根据它的纯粹形式而进行）的逻辑论证需要回复到理论的形式的本质上去，从而也需要回复到概念和规律上去，这些概念和规律构成了一般理论的观念成分（'理论的可能性的条件'），并且这些概念和规律还先天地和演绎地支配着理论这个理念向任何可能的理论的种⑧的转化（Spezialisierung）。"⑧因而"本质"构成了对一般理论的规定性。

四、纯粹流形论

胡塞尔建立了他的"纯粹流形论"来对这种本质作出补充解释。他讲："这门补充性科学先天地探讨理论的本质种（形式）以及探讨理论所具有的关系规

---

⑦ 胡塞尔：《逻辑研究》（第一卷），第 107 页。

⑦ 同上。

⑦ 同上书，第 116 页。

⑦ 本文中，"Gesamtheit"译为"全体（性）"，指作为总和的整体性，以区别于"generell"（总体的），后者侧重指规律或概念的观念性。

⑦ Husserl, *Logische Untersuchungen*, *Erster Band*: *Prolegomena zur Reinen Logik*, S. 234.

⑦ 胡塞尔：《逻辑研究》（第一卷），第 201 页。

⑦ 同上书，第 202 页。

⑧ 本文中，"Art"译为"种"，在这里作为相对于属的特殊化的类型。

⑧ 胡塞尔：《逻辑研究》（第一卷），第 210 页。

律的本质种(形式)。……这门科学在其基础部分中研究那些构造性地包含在理论的观念中的本质概念和本质规律,然后它过渡到对这观念进行区分,并且,它……先天地研究这些可能的理论。"[32]"流形",作为一个可能的一般认识领域,是胡塞尔所沿用的数学术语,"隶属于那种形式的理论",[33]从而完全受这种形式的理论所支配。换句话说,这个认识领域中的客体之间所可能具有的某些联结服从"具有这种或那种确定形式的基本规律"。[34] 但是这种形式的理论并不讨论概念,因而不直接关涉真理,即这些客体"不被直接地规定为个体的个别性或种类的[35]个别性";[36]同时出于流形的纯粹观念性,它的客体因而独立于"质料的种或属"。[37] 这些基本规律的形式"像领域形式那样规定着构造性的理论,或更确切地说,规定着理论的形式",[38]这样,"所有现实的理论都是那些与它们相应的理论形式的特殊化(Spezialisierung)的结果,或者说,单项化(Singularisierung单个化)的结果,正如所有经过理论加工的认识领域都是个别的流形一样。"[39]由此,这些先天的、范畴的理论形式(形式演绎系统)相互间便"有规律地联系成为一个系列"。[40] 从而遵照一定的程序,通过规定性基本要素的变更(Variation),一种形式就可以被转为另一种形式,正如通过曲率的变化,空间性流形的不同属可以相互过渡。因而任何一门理论都能够被纳入它的形式类之中,并都统一在流形论之下。所以流形论正是一门"关于一般理论的理论科学"[41]所要达到的最终目的和最高目标,并就此成为真理王国的唯一统治者。

出于总体规律与规范规律的区别,意图作为规范规律的思维规律所提出的要求在于,它提出的判断所声称为真的东西确实为真,即能够"切中真理",而且"有把握证实并且也确实能够证实这个要求的合理性"。[42] 所以规范性恰恰不在于关于判断的规律,而是在于关于判断的内容的规律,即:"作为一种客观的、由

---

[32] 胡塞尔:《逻辑研究》(第一卷),第 215 页。

[33] 同上书,第 217 页。

[34] 同上。

[35] 本文中,"spezifisch"译为"种类的",与"Spezies"(种类)一致。

[36] 同上书,第 217 页。

[37] 同上。

[38] 同上。

[39] 同上。

[40] 同上书,第 219 页。

[41] 同上书,第 216 页。

[42] 同上书,第 96 页。

理由与结论关系联结的真理，或者说，诸命题的统一的理论"。[93] 因为我们做出判断的过程在心理学上不受到逻辑规律的支配，[94]如果认为"每个判断都受纯粹逻辑规律的'束缚'"，[95]这里所说的束缚就不是指心理学意义上的思维强制力，而是指"在观念意义上的规范：谁做出别的判断，谁的判断便必然是错的"。[96]因此任何正确的判断的最终标准都出自本质性的真理，在此意义上我们才可以说诸标准"表现了所有思维的观念本质"。[97] 正是这个纯粹客观的和观念的概念才是"纯粹逻辑学的客观意义上的所有本质可靠判断的基础；唯有它在统治着和构造着所有理论的统一，它将假设性联系[98]的含义规定为命题的客观-观念的真理形式的含义，它把推理命题作为'必然的'（观念-规律）结论与前提结合在一起"。[99] 所以怀疑论在胡塞尔看来在对任何发现了真理的领域的人来讲都不会起作用。

　　对真理和其所从属的理论规律这二者的自在性与对它们的利用方式的区分，明确地划分出了科学的领域，即人们必须承认作为一门真正科学的纯粹逻辑学的观念存在，这种观念存在"绝对地独立于所有其他的科学学科，在这种独立性中，纯粹逻辑学对那些从根本上属于系统统一或理论统一这个理念的诸[100]概念进行划界，并且更进一步地研究纯粹建立在这些概念之中的理论联系，这门科学的唯一特性将在于：它本身在其形式上要服从于它的规律的内容，换言之，将它本身构造成真理的系统统一的各种要素和各种理论联系，受那些同属于它的理论内涵的规律的支配。"[101]它构成了方法论逻辑学的，即判断与论证的最本质的第一基础。

五、认识的明见性

　　因为纯粹逻辑学并不唯一地是方法论逻辑学的基础，正如判断同时要服从实在的-经验的规律。那么，对于判断来讲，这种实在的-经验的规律与作为其

---

[93]　胡塞尔：《逻辑研究》（第一卷），第 97 页。

[94]　同上书，第 103 页。

[95]　同上书，第 122 页。

[96]　同上书，第 124 页。

[97]　同上书，第 122 页。

[98]　本文中，"Zusammenhang"译为"联系"；"Beziehung"译为"关系"。

[99]　胡塞尔：《逻辑研究》（第一卷），第 118 页。

[100]　本文中，以"诸"标识复数名词，以区别于"jeweilig"（各个），后者指相应地起作用的那（几）个。

[101]　胡塞尔：《逻辑研究》（第一卷），第 140 页。

第一基础的观念的-超越的判断是什么样的关系？换句话说，实在的-经验的规律如何才能具有切中于真理的明见性？胡塞尔讲："我们否认纯粹逻辑学的命题本身会对明见性和明见性的条件做出任何表述。[102] 我们相信能够表明，……只有当任何'纯粹建立在概念中'的规律可以被转用于那些概念所具有的经验个别情况的普遍被表象的领域时，它（规律）才具有那些与明见性体验的关系。"[103]在这种转用中，明见性的可能的出现在与判断的命题形式的相关关系中被设定，真理的概念就被转变为明见的判断的可能性的概念。这些"纯粹建立在概念中"的规律由此"获得与认识和认识主体的明确联系并且自身作出有关认识的实在可能性的表述"。[104] 这意味着，一方面，这些规律构成了意向作用的[105]条件，即："它们建立在认识本身的理念中，并且是先天地建立在这个理念之中，它们并不顾及人的认识在其心理约束性方面的经验特殊性"。[106] 另一方面，作为被转用的、相关于认识与认识主体的观念的真理，它的个别情况就可以成为在明见的判断中的现时体验，并要求心理学的因果条件的满足。在这种体验中，任何一个判断者都可觉察到他的判断的正确性，即判断与真理的相符性：对象作为意向性行为的被意指物。同时，明见的被判断之物不仅仅被判断（以判断的、表述的、断言的方式被意指），而且在判断的体验中作为自身当下的被给予，从而"现实地出现在我们的眼前"。[107]

在将明见性限制在"自身当下的被给予之物"，或者说，"本原地"[108]被给予之物时，单纯对真理的把握就被限制在对本原地被给予之物（实事）的观念直观的抽象当中。通过这种抽象，我们方才说"被把握的对象便不是那个对象之物，而是真理本身"，[109]实事之间的联系与真理之间的联系从而"一同先天地被给予，相互不可分开"。[110]

但是这种"一同先天地被给予"并不意味着实事与真理是同一的。胡塞尔讲："人们将所有本原地[111]给予性的体验联结在一起的相似性导致了相似的话

---

[102] 本文中，"Aussage"译为"表述"。

[103] 胡塞尔：《逻辑研究》（第一卷），第159页。

[104] 同上书，第207页。

[105] 本文中，"noetisch"译为"意向作用的"。

[106] 胡塞尔：《逻辑研究》（第一卷），第206—207页。

[107] 同上书，第199页。

[108] 同上。

[109] 胡塞尔：《逻辑研究》（第一卷），第200页。

[110] 同上书，第199页。

[111] 本文中，"originär"译为"本原地"。

语：人们将明见性称为对自身被给予的（'真实的'［wahr］）实事状态或者近似模糊地称为对真理的看、洞察、把握。"[112]实事状态相对于真理是"模糊"的，这种模糊性应该如何被理解？就这句话本身来说，一方面，"本原地给予性的体验"的相似性指向质料的同一性；另一方面，与明见的判断相关的分析是含义分析，被分析的是"意向统一的形式（Formen intentionaler Einheiten）"，[113]这种形式的统一性作为意向性行为对同一概念的确证，关涉于真理，即"将真理把握为短暂的主观认识行为的观念相关物，把握为相对于可能的认识行为和认识个体的无限杂多而言的那个一"，[114]即作为一个"种类的差"，因为在现时的含义体验中，与统一的含义相符合的是作为种类的个别情况的个体特征：正如在红的对象中，与种类的差异（Differenz）"红"相符合的是红的因素。[115]

但是当观念真理作为认识中的真理，即作为"在明见的判断体验中的个别化"，[116]这种对真理的关涉首先关涉于实事。实事则首先意向地被关系于"思维体验（现实的和可能的思维体验）"，[117]而判断体验属于思维体验。所以就认识行为和认识个体的杂多的无限性而言，作为思维体验的意向相关物的实事相对于观念的真理就不是完全的。正如在感知中的被感知之物，因为牵制于现时的感知的时间与空间的有限性，所以不能够摆脱该被感知之物（被判断之物）的质性的确认的不完善性。所以对真理有效的观念真理并不等于就是对在真理中被设定的实事有效的真理，前者是本质可靠的明见的，后者是或然的明见的，因而表现出其相对于观念真理的"模糊性"。但是，比如，当存在着这样一种感知，"它在一次直观中感知到个体（Körpern）极大的无限性"，[118]或者说，"它作为本身当下地和无余地被把握"，[119]那么观念真理与被感知之物（被判断之物）就是等值的。

所以当明见性是本质可靠的明见性时，其可能性是观念的可能性，这种明见性不等同于限制在"本原地被给予之物"（实事）之中的明见性。后者所把握的是"个体的真理"，它"（明确地［explizit］或隐蔽地［implizit］）包含着有关个体

[112] 胡塞尔：《逻辑研究》（第一卷），第 166 页。

[113] 同上书，第 153 页。

[114] 同上书，第 200 页。

[115] 埃德蒙德·胡塞尔：《逻辑研究》（第二卷第一部分，修订本），乌尔苏拉·潘策尔编，倪梁康译，上海：上海译文出版社，2006 年，第 116 页。

[116] 胡塞尔：《逻辑研究》（第一卷），第 200 页。

[117] 同上书，第 199 页。

[118] 同上书，第 161 页。

[119] 同上书，第 166 页。

个别性的现实实存的论断"，⑩换句话说，这种把握是限制在"体验"之中的，因而不能够摆脱"质料的特殊性"，或者说，经验的有限性，因而被把握到的不是作为规律总体的本质，而是纯粹观念的要素。而且正是因为这种限制性，"某一门经验理论在已有的经验认识的水平上是唯一合适的理论"。⑫ 但也是出于这种限制性，在此经验的领域中，"个体的真理"只是作为"或然性的理念"⑫出现。因而虽然真理在理由和结论的形式中被构造为理论，但是这种关系的构造在质料有限性的限制中不能够达到一门理论的完善性，所以只作为解释性的假设联系被建立起来。在此意义上建立起来的科学的着眼点在于"实事的统一"，⑬胡塞尔借用克里斯（Johannes von Kries）的术语将这种科学称为"'本体论的'（ontologisch）科学"，⑫个体的真理从属于这样的一种科学。个体的真理所描述的对象之物就其经验有限性而言，只是与作为观念本质的总体规律的"较低级规律相联接"。⑮ 但是在向总体规律的回溯中，即向一门完善理论的回溯中，解释性的假设联系能够获得其"上升着的解释的主要方向"。⑯

与限制在"本原地被给予之物"（实事）之中的明见性不同，本质可靠的明见性把握的是"总体的真理"，它完全摆脱了关于个体个别性的现实实存的论断，并且"只允许阐明个体的（纯粹出自概念的）可能实存"，⑫这种可能的实存作为"纯粹概念地被思维的客体"具有"概念的本质性（Wahrhaftigkeit）"，⑫或者说，是"包含在有关概念之中的对象的实存"。⑫ 这种超越的观念的实存在作为认识的相关物时，就"被标识为可能性"。⑬

所以在心理学中不可能的东西却完全可以为人们观念地加以讨论。这些观念的可能性（本质可靠的明见性）当被转用在逻辑规律中时就为人们所获得并且作为先天有效的可能性表现在我们面前，并且表现为"标准"。通过这种表现在逻辑规律中的标准，我们同时即获得，比如从任何纯粹数学命题那里，有关

⑩ 胡塞尔：《逻辑研究》（第一卷），第 201 页。
⑫ 同上书，第 224 页。
⑫ 同上。
⑬ 同上书，第 204 页。
⑭ 同上。
⑮ 同上。
⑯ 同上。
⑰ 同上书，第 201 页。
⑱ 同上书，第 209 页。
⑲ 同上。
⑳ 同上。

在心理之物的领域中可能的和不可能的事件的教益——任何经验的计数和计算,任何代数变换或几何构造的心理行为,只要它们与数学的观念规律相矛盾,便是不可能的。然而,"如此产生的明见性命题仍然与以前一样保留着它们的先天性特性,而它们表述的明见性条件绝不是心理学条件,亦即实在的条件。"[131] 心理学的任务,就明见性而言,"仅仅在于探讨在明见性标题下所包含的体验的自然条件,即探讨那些根据我们的经验的证实(Zeugnis),明见性在其中产生并消失的实在情况(Zusammenhänge)。"[132]换句话说,只涉及"出现在心理学范畴中的心理本质(Wesen)的种类(Arten 种)的特殊构造"。[133]

（责任编辑：张庆熊）

作者简介：张睿明,兰州大学哲学社会学院副教授,研究方向为现象学、康德哲学、新儒家。

---

[131] 胡塞尔:《逻辑研究》(第一卷),第159页。
[132] 同上书,第162页。
[133] 同上书,第163页。

海德格尔思想道路的"转向"问题争议

——兼论一个"中期"阶段的必要性*

李红霞

【摘　要】自 20 世纪 70 年代以来,"转向"问题已经成为海德格尔研究中一个重要主题。学界一般将海德格尔的"转向"划分为前后两个时期,并且中文学界主要强调的是以研究者的视域从外在的角度来定位这一"转向"。事实上,海德格尔的"转向"不是某种突然的"转折"而用一个前后期的"转向"便足以描述,更为科学与符合实际的划分是早中晚三个时期。特别重要的是,作为海德格尔思想道路自身发展与延续的"转向",其早中晚三个时期中的"中期"阶段必须凸显出来,亦即在存在的形而上学历史当中的政治与艺术的主题要作为其转折道路中重要的议题与站点,而这一阶段在以往的"转向"问题和海德格尔思想研究的整体中被重视程度是远远不够的。

【关键词】转向　中期　政治　艺术

---

* 本文受 2018 年江苏省社会科学基金项目"海德格尔政治哲学的基础与转向"(项目编号：18ZXC001)的支持。

如海德格尔自己所说,思想是一条道路:"也许,这乃是一条通向**对思想之实事的规定**的道路。"①但这条道路不是直接通达目的地的高速公路,而是"林中路"。既然如此,这条道路必然存在一些转折、站点和"路标"。以这种理解为基础,海德格尔思想道路的"转向"问题也确实成为海德格尔研究领域中一个长期被关注甚至被争论的基础问题,并因为"转向"问题所经历的激烈而长久的争论获得了"哲学史的意义"。② 围绕着海德格尔的思想道路是否有"转向"以及如何"转向"等问题历来存在着多种说法,但目前学界普遍承认和接受海德格尔思想道路存在着"转向"亦即 Kehre(turning, turnabout, shift),并且这种转向并非思想的割裂和对早期《存在与时间》的否定,而是思想道路的延续与推进。在海德格尔思想道路的转向与区分问题上,目前学界主要用"前后期"来划分,亦即以 1930 年代思想主题与风格的转变作为"转折",这作为目前海德格尔"转向"问题上的主流观点而被当作海德格尔研究的常识与背景资料。

本文则认为,早晚期这种直接"转折"的区分难以直观明晰地凸显海德格尔思想转向的内在的阶段性和意义。对于海德格尔思想道路中存在的转向问题,应更加系统全面地呈现多种观点。将海德格尔的思想道路区分为早、中、晚三期并以各阶段进行主题界定的方式,能更清晰地区分出海德格尔思想道路转向的原因和具体表现、方式。特别是为何要提出一个中期阶段并将之凸显出来?这一方面是因为国内目前研究转向问题的专门成果较少,而且没有把它本身作为一个问题去研究。而中期阶段的有些主题如政治事件与思想的激烈动荡,中期阶段的思想风格等等,国内专门研究的成果还不多;另一方面,非常重要的是,以往有一种看法,认为海德格尔哲学缺乏伦理和实践的维度,一直以来都有人对此诟病,但近年来人们越来越注意到海德格尔的伦理和实践思想,突出对中期阶段进行研究,可以弥补海德格尔思想的这些维度。

一、"转向"的两种主要观点

以往学界对于海德格尔思想道路的"转向"的看法存在较多争议。戴月华在《国内海德格尔思想转向问题研究述介》中将之归纳为五种看法。(1)没有转

---

① 海德格尔:《路标》,孙周兴译,北京:商务印书馆,2014 年,"前言",第 1 页。
② 杨栋:《论海德格尔的转向问题》,《学术月刊》2017 年第 9 期,第 51—57 页。W. Franzen 所编撰《哲学历史辞典》中"转向"(Kehre)词条专属于海德格尔哲学。见 W. Franzen, "Kehre", in J. Ritter, K. Gründer(Hrsg.), *Historisches Wörterbuch der Philosophie*, Bd. 4(Basel: Schwabe Verlag, 1976), S. 806 – 809.

向。(2)前后期发生显著转向。(3)前后期发生根本转向。(4)存在两类转向，一类是内在转折，表现为从存在者去揭示存在；以存在去规定存在者；另一类转折是与此在相关联的语言观和真理观上的转折。(5)前后期的转向只是海德格尔思想的根本主题，即存在问题思考道路的合乎逻辑的内在转变。③ 随着研究的深入，目前学界已普遍接受海德格尔思想道路确实存在着"转向"问题这一说法，但随之而来又暴露出一些更深层次的问题，如海德格尔思想道路的具体转向如何、前后期的划分是否符合海德格尔思想道路自身的发展等等。

在这些问题当中，关于海德格尔思想阶段的划分是一个关键问题。对此问题的回答目前主要有两种观点，即以他的思想转折或"转向"为分界点区分为前期与后期，或以主题和标志性作品为标准划分为早中晚三个阶段，其中，前一种观点比较流行，而后一种看法则容易被忽略。

前一种观点以 1930 年为大致时间点，认为海德格尔在此时经历了剧烈的思想转向(Kehre)，将海德格尔思想道路分为早期(1919—1929)与晚期(1930—1976)两个阶段。早期作品以《存在与时间》为代表，但它是一部未完成的作品；而且正是这部作品促使了海德格尔思想的转向。在 1930 年特别是 1935 年后，海德格尔作品中出现了许多新的主题，如艺术、诗、语言、技术、道等等；在写作风格上亦有改变，除讲稿外以短篇文章为主。④ 此说法是较为主流的看法。海德格尔在《论人道主义的书信》中谈到，他的《论人道主义的书信》可被视为"转向"的标志。⑤ 他自己也讲到，1930 年的《论人道主义的书信》这篇演讲"对那个从'存在与时间'到'时间与存在'的转向之思想做了某种洞察。这个转向并非一种对《存在与时间》的观点的改变，不如说，在此转向中，我所尝试的思想才通达那个维度的地方"。⑥ 这表明在 1930 年思想转向的可信性，但也说明思想的转向并非是思想道路上的彻底的割裂，相反是一种延续和必要藉此才能发展的思想契机。孙周兴在《海德格尔选集》的"引论"部分——《在思想的林中路上》——谈及海德格尔的转向问题，其中第一部分"海德格尔前期哲学及其思想之转向"也认为，海德格尔的"转向"问题意味着海德格尔的思想发生了一些转变，在晚期思想中谈论很多早期没有的主题，如语言和艺术等。⑦

---

③ 戴月华：《国内海德格尔思想转向问题研究述介》，《哲学动态》1997 年第 6 期，第 23—24 页。

④ 张祥龙：《海德格尔传》，北京：商务印书馆，2007 年，第 227 页。

⑤ 同上书，第 231 页。

⑥ 海德格尔：《关于人道主义的书信》，载《路标》，孙周兴译，北京：商务印书馆，2014 年，第 388 页。

⑦ 孙周兴：《编者引论：在思想的林中路上》，载海德格尔：《海德格尔选集》，孙周兴主编，上海：三联书店，1996 年。

至于"转向"的原因,按照关于前后期或早晚期的这种看法,主要是因为早期《存在与时间》中的思维方式无法真正追问到存在的真理、无法实现对传统形而上学的批判而促使"转向"。早晚期的区分在于"转向"后的思想不再从"此在"出发去探讨存在,而是直接面对存在本身。"海德格尔对非真的研究表明,非真相对于此在的真是更为源始的现象,同时也就是更为源始的真。海德格尔转向之后所推进的现象学也就不再是显现、展开的现象学,而是遮蔽与隐匿的现象学,是不显现者的现象学。"⑧早期对存在意义的追问其思路仍在为存在的阐释寻找一个起点和支撑点,即此在。此在是"我们存在-于此"(our being-here)、"在澄明中存在"(being-the-clearing)。⑨ 那么,以"此在"作为支撑点是必需的吗? 到了"转向"后的晚期,存在不需要一个外在于自身的支撑点,存在只以自身为依据,自己作为自己的支撑。

后一种观点将海德格尔的思想道路划分为早中晚三个阶段。那么,研究者们通过什么标准来对海德格尔的思想道路进行站点的标注和阶段划分呢? 一种方式是主题式的,如将海德格尔思想道路上的"站点"标注出来,如"世界"、"历史"和语言:"人们怎样标明这样一条在不同站点变化的道路? 它首先是世界性的(《存在与时间》),其次是历史性的(《对哲学的贡献》),最后是语言性的(《通往语言的途中》)。海德格尔的思想以此方式变动于存在亦即虚无的世界性的、历史性的和语言性的维度。"⑩还有一种是通过海德格尔的思想与主体性的关联这一标准,将海德格尔思想道路划分为前期、转折期和后期三个时期。该种观点认为,海德格尔主体哲学转向的内在逻辑体现在三个不同的阶段。前期海德格尔用"此在"取代胡塞尔的先验主体,开创了一种异于胡塞尔的"共在"理论。转折期的海德格尔经由探讨"此在""共在"后,反转了对物和世界的理解,克服了"主体中心困境",主体间性转向的维度彰显,但此时的海德格尔仍然有形而上学残余。后期海德格尔直接思"本有",与"此在"作了最大限度的剥离,完成了对主体形而上学的批判,进入"主体间性"的哲学维度。虽然后期海德格尔对主体间性作了进一步推进,但并不彻底,这是令人遗憾的地方。⑪

将海德格尔思想道路划分为前后期和早中晚期三个阶段,这两种观点各有

---

⑧ 文晗:《存在的意义如何转向存在的真》,《北京社会科学》2016 年第 2 期,第 41—47 页。

⑨ Daniel O. Dahlstrom, *The Heidegger Dictionary* (London: Bloomsbury, 2013), "Turn (Kehre)," p. 226.

⑩ 彭富春:《论海德格尔》,北京:人民出版社,2012 年,第 10 页。

⑪ 张博、张廷国:《海德格尔主体哲学转向的内在逻辑及其推进》,《江西社会科学》2014 年第 12 期,第 13—18 页。

优劣。前后期的划分比较简明,能直接肯定并突出海德格尔思想道路的转折及此种转折的张力,但比较容易忽略其"过渡性",仿佛"转向"是一种突然的、直接的、一蹴而就的转折。与前后期此种区分相反,对他的思想道路进行早中晚三期的划分则具有明显的优点:更能突出海德格尔思想道路的演进,突出从前向后的过渡与发展,并且这种划分对每一个时期的主题的凸显十分明晰,有助于对海德格尔整体思想道路和每个阶段的明确把握与理解,并且还特别突出中期以政治和艺术为主题的思想阶段。而这一阶段往往很少被放入海德格尔思想道路的整体与系统之中,当作一个与早晚期同样重要的部分来思考。而以政治和艺术为主题的中期思想,恰恰凸显了以往海德格尔研究中比较薄弱和被忽视、而近年来越来越被重视的海德格尔哲学的伦理和实践维度。

综合而言,将海德格尔的整个思想道路划分为早中晚三个阶段,分别选取其三个阶段的具体文本进行细致的探讨,将更有助于对海德格尔整体思想及其道路发展的理解。这是因为,将海德格尔思想道路仅仅分为前后期的做法难以全面明确地突出其思想道路的转折与发展,而划分为早中晚期三个阶段的做法更能清晰地突出每个阶段的主题与标志性文本,可以凸显出《林中路》尤其是《艺术作品的本源》等的中间过渡意义,将中间阶段的政治与艺术主题的重要性相对独立地凸显出来。

二、海德格尔对"转向"的谈论

海德格尔自身谈论"转向"问题涉及的文本十分丰富,散见于各种演讲与著作中,比较集中谈论"转向"问题的有《论真理的本性》(1930 年作、1943 年出版)、《人道主义的书信》(1947 年出版)、《哲学论稿(从本有而来)》等。

在《论真理的本性》(1930 年)中海德格尔首次公开谈论"转向",这正是海德格尔研究者们认为的海德格尔思想"转向"的开始时间,也是目前所认为的最早的时间,后来被研究者们定论为:海德格尔思想道路的转向即 20 世纪 30 年代。在该篇文章的第五部分"真理的本质"的第一个注脚中,海德格尔写道:"1943 年第 1 版:第五、六节之间,向(在本有中成其本质的)转向的跳跃。"[12]正是在这篇文章里出现了从"真理的本质"到"本质的真理"的发展。《论真理的本质》的第九节("九、注解")中海德格尔写道:"真理之本质的问题起于本质之真理的问题。……真理之本质问题的答案在于下面这个命题:**真理的本质是本质的真**

---

⑫ 海德格尔:《路标》,第 225 页。

理。依照我们的解释，人们不难看出，这个命题不只是颠倒了一下词序而已，并不是要唤起某种悖谬的假象。"⑬同时他也开始用"无蔽"（Aletheia）一词指代存在的真理："对真理之本质问题的回答是对存有之历史范围内的一个转向的道说。因为存有包含着有所澄明的庇护，所以存有源初地显现于遮蔽着的隐匿之光亮中。这种澄明的名称就是希腊的 Aletheia［无蔽］。"⑭"无蔽"的出现及其意义也成为思想转向问题中的关键词。

　　《关于人道主义的书信》的出版则直接引起了对"转向"问题的讨论。海德格尔在《关于人道主义的书信》中罕见地提及了一种"源伦理"（original ethics），但在此时他强调自己并没有摒弃前期"此在"（being-there）的概念，而是更源初地思考着存在的无蔽的"地方"，以及更加激烈地与"存在主义"相区分的作为"存在出"（ek-sistence）的人类存在的概念。这篇文章特别重要的是，海德格尔直接明确地谈论了"转向"问题，其主要意思即是，《存在与时间》的"未完成""含而未发"，主要是由于其中的思想无法真正说明"转向"，借助形而上学的语言也行不通。海德格尔明确讲道："我的演讲《论真理的本质》是在 1930 年思得的，并且当时就宣讲过，但直到 1943 年才得付印。这个演讲对那个从'存在与时间'到'时间与存在'的转向之思想作出了某种洞察。这个转向并非一种对《存在与时间》的观点的改变，不如说，在此转向中，我所尝试的思想才通达那个维度的地方，而《存在与时间》正是由此维度而来才被经验的，而且是根据存在之被遗忘状态的基本经验而被经验的。"⑮

　　《哲学论稿（从本有而来）》公开出版后，"转向"作为海德格尔思想核心概念的事实被人们广泛认识和承认。在与国家社会主义决裂和向《哲学论稿（从本有而来）》的转向后，"此在"被抛性的有限性发展为有死性。四元或四重整体性中的有死、能死的凡人和神结合在一起。《哲学论稿》中涉及"转向"的论述有三十处左右，其中重点和主要的涉及包括：第 8 条"从本有而来"中对"转向"的解释：在此-在（Da-sein）的建基中开启自身的即是"本有"，而"此一"（Da-）正是转向中的转折点；⑯第 255 条"本有中的转向"（Die Kehre im Ereignis）与第 256 条"最后之神"都对海德格尔在《哲学论稿》中反复提到的"本有中的转向"有大量谈论。第 255 条核心谈论"本有中的转向"是其他一切"转向"的基础：

---

⑬ 海德格尔：《路标》，第 234 页。

⑭ 同上书，第 234—235 页。

⑮ 同上书，第 387—388 页。

⑯ 海德格尔：《哲学论稿（从本有而来）》，孙周兴译，北京：商务印书馆，2017 年，第 36—37 页。

本有在转向(Kehre)中有其最内在的发生和最广阔的伸展,在本有中本质性地现身的转向,乃是所有其他转向、循环和圆圈的隐蔽基础。⑰

这种原始的本有中的转向是什么呢？唯有存有之突发作为"此"之本有过程,才能把此－在带向它本身,并因而把此－在带向那种内立的被建基的真理的实行(即庇护)——这种真理被建基于存在者之中,而这个存在者在"此"之澄明的遮蔽中找到了自己的场所。⑱

《海德格尔哲学历史辞典》也肯定《哲学论稿(从本有而来)》里海德格尔提出的"本有中的转向"(die Kehre im Ereignis, turning in Enowing)蕴含着一个历史性的转折,在这一历史性的转折中存在的澄明(the clearing of being)⑲作为阐明向前照亮思想的任务,同时也是引导朝向唯一独特任务的思想。

1949 年 12 月,海德格尔在不莱梅发表了四篇著名演讲:《物》(Das Ding)、《集-置》(Das Ge-Stell)、《危险》(Die Gefahr)与《转向》(Die Kehre),其主题主要是对技术的批判。这也是研究者们普遍认为海德格尔开始转向技术批判的依据之一。在《危险》中海德格尔强调人类必须首先把危险当作危险去经历;在《转向》中海德格尔强调,人类必须要面对技术的危险,作为解释存在的澄明(the clearing of being)区分控制、控制和剥削之必然意愿(will)的准备。在具体的讨论中,"转向"与"自转向"(Sichkehren)联系:

> 集置的本质乃是危险。作为危险,存在远离存在之本质而转身进入存在之本质的被遗忘状态之中,并且因此同时转身背向存在之本质的真理。这一尚未被思考的转身在危险中起支配作用。因此,在危险之本质中,**隐藏着**一种转向(Kehre)的可能性。在这一转向中,存在之本质的被遗忘状态如此这般地转变了,以至于存有之本质的真理随**这种**转向而特别地投身于存在者之中了。⑳

1962 年 4 月在《给理查森的信》中,海德格尔也明确提到了他在这封信中回

---

⑰ 海德格尔:《哲学论稿(从本有而来)》,第 484 页。

⑱ 同上。

⑲ Frank Schalow, Alfred Denker(eds.), *Historical Dictionary of Heidegger's Philosophy* (New York: The Scarevrow Press, 2010), p. 281.

⑳ 海德格尔:《不莱梅和弗莱堡演讲》,孙周兴、张灯译,北京:商务印书馆,2018 年,第 87 页。

复的两个问题之一就是"人们议论纷纷的所谓转向问题"。㉑ 海德格尔说，人们认为他在 1947 年思想就发生了"反转"，而其实"为对某种如此关键性的实事内容反思透彻，也得花多少年的功夫呀！"他陈述道："被称为'转向'的这一实事内容到了 1947 年已经震荡我的思想有十年之久了。"㉒并且他非常明确地指出：这种转向是延续着《存在与时间》中思考的问题追问不休的，并不是立场的转变，更不是抛弃了《存在与时间》中问题的提法，因此，"转向"本身不是某种进程，而是思考的事情本身。因此，针对理查森提出的"海德格尔 I"和"海德格尔 II"的区分，海德格尔明确提出应该始终注意到："只有从海德格尔 I 那里思出的东西出发才能最切近地通达在海德格尔 II 那里有待思的东西。但海德格尔 I 又只有包含在海德格尔 II 中，才能成为可能。"㉓

根据以上海德格尔自己对"转向"的谈论以及研究者们的研究，"转向"显然可以区分为两种："内在的"和"外在的"。"内在的"转向即是存在本性自身的转向，是思想道路自身的延续与发展；而"外在的"转向则是一种研究者们对海德格尔思想道路的划分，对思想道路的转折、延续与各阶段的主题区分。因此，转向的原因既有思想道路发展自身的原因，其根源也可归结为本文上述的"内在的"转向，即存在本性自身的转向，也有外在事件经历激发促使的原因，比如政治事件。关于外在的原因，《海德格尔哲学历史辞典》的作者这样写道："在他一生最大的错误之后，海德格尔在 1934 年重新开始了思想之路。"㉔海德格尔后期哲学的两条轨道即是：(1)对作为虚无主义的存在的历史和形而上学的历史做详细的阐释；(2)作为对现代性危机的一种可能性回答，他开始发展另外一种非形而上学的思想。这种新思想是对存在的神秘的纪念，并且让存在作为它们自身而存在，㉕以此改变现代科学和技术的计算思维，而为一种作为居住的此在的新的可能性做准备。基于"转向"问题内在和外在以及原因的复杂性，我们难以把它仅仅作为一个早晚期的转折，仅仅当作《存在与时间》之后的一个转折点，而应看作是一个长期的多次的"回转"发生。

㉑ 海德格尔：《给理查森的信》，载海德格尔：《海德格尔选集》，第 1271 页。
㉒ 同上书，第 1276 页。
㉓ 同上书，第 1278 页。
㉔ Frank Schalow, Alfred Denker(eds.)，*Historical Dictionary of Heidegger's Philosophy*, p. 31.
㉕ Ibid. ,p. 33.

三、多次转向及中期阶段的必要性

本文将本次论述的"转向"限定在研究者对海德格尔思想道路进行的区分与把握、一个"从外向内"去窥探海德格尔思想转折的视角与意义上。海德格尔的"转向"问题在最初的意义上似乎主要是一个研究者视域的问题,而非海德格尔本人及其思想的根本问题。《论海德格尔的转向问题》一文作者杨栋认为:中文学界对"转向"问题的研究基本上都是在研究者视域这个向度上展开的,戴月华《国内海德格尔思想转向问题研究述介》也可看出此种思路,但"转向"更重要的含义仍然是海德格尔思想自身的内在层面的,即"存在的对转性"和存在的多重发生。㉖ 笔者亦赞同此说。对海德格尔"转向"问题的研究者视域的探讨只能看作是对此问题的一种开端性的关注,深入的研究仍然有待从外在的视角转向内在的视角,亦即从研究者视域转向海德格尔思想道路自身的发展,从而将"转向"问题的内在与外在层次结合为一个十分自然的根本问题。

有学者认为,海德格尔最终转向了艺术。㉗ 但海德格尔的思想道路并不只是一次转向或一种转向,而是为了存在及其真理而进行了多次转向。从"转向"的内在层次这一方面讲,它至少包括更倾向于从西方形而上学向古希腊早期非形而上学思想"返回"的一种"转向"、"存在的意义"向"存在的真理"的转向以及"存在的真理"方面朝向政治与艺术的转向等。常为人知的是,海德格尔在 1927 年《存在与时间》发表之后有一个转向,但事实上在此之前的 1917—1918 年就有一个显著的转向,海德格尔经历了从学生时代(1909—1915 年)的天主教信仰和新-经院哲学到宗教现象学和现象学本体论的转向。㉘ 海德格尔在成熟的作品中不再使用"存在"作为自己的核心词,他甚至说:"我不再喜欢使用'存在'这个词。"㉙

海德格尔的转向问题可以归结为"海德格尔思想道路的转向",可以将之视

㉖ 杨栋:《论海德格尔的转向问题》,《学术月刊》2017 年第 9 期。另参见戴月华:《国内海德格尔思想转向问题研究述介》,《哲学动态》1997 年第 6 期。

㉗ Martin Travers, "Gottfried Benn's Statische Gedichte (1948) and the Final 'Turn' towards the Poetic in the Work of Martin Heidegger," *German Life and Letters*, vol. 63, iss. 2(2010), pp. 179 – 193.

㉘ Hubert L. Dreyfus, Mark A. Wrathall (eds.), *A Companion to Heidegger* (New Jersey: Blackwell Publishing, 2005), p. 19.

㉙ Thomas Sheehan, *The Turn: All Three of Them*, in Francois Raffoul, Eric S. Nelson(eds.), *The Bloomsbury Companion to Heidegger* (London: Bloomsbury, 2013), p. 31.

为海德格尔"思想—道路"自身的一种发展与延续,而非一种前后绝然的割裂或本质的改变。研究者们在转向问题上的观点有一些具体细节的差异,如珀格勒(Otto Pöggeler)主要谈论"存在的转向"(die Kehre des Seins)而不是"海德格尔思想的转向",而理查德森(W. J. Richardson)将从《存在与时间》到《论真理的本性》的转变看作正是"现象学"与"思想"的差异。冯·赫尔曼(F. W. Von Herrmann)也是在思想转向的意义上谈论海德格尔的转向问题。但非常值得注意的是,他将海德格尔的思想道路解释为一条弧形。1976 年德国《哲学历史辞典》将"转向"认定为"从早期生存论存在论方式到后期存在历史思想的转向"这一基本转变(Wandlung)以及"存在历史本身的发生(Ereignis)"两种。㉚ 但通过上述观点,我们都看到了"思想本身的转向"这一内涵,并且这种转变本身更像是在同一条朝向存在及存在的真理的道路上的变化与延续,而非走向不同的道路。

而托马斯·希恩(Thomas Sheehan)采用的仍然是将海德格尔思想分为前期和后期的做法,即 1919—1929 年和 1930—1976 年,但他区分了"转向"的三重含义"转向 1""转向 2"与"转向 3"(Kehre 1,2,3),㉛可以给海德格尔思想道路的区分以新的视角与启发。(1)转向 1:"转向"首先的和最初的含义是"反摆"(reciprocity,Gegenschwung)或者一种人类存在(Dasein)与意义之间的"后-与-前"摆动(back-and-forth oscillation)。没有人类,就不会有意义;没有意义,就没有人类。这种"反摆"、相互作用是海德格尔思想的核心,这也是海德格尔称之为的"事情本身"(the thing itself)。在《哲学论稿(从本有而来)》中海德格尔表明这种"反摆"、交互作用事实上就是"转向"的合适意义。㉜(2)转向 2:"转向"的第二个也是非常独特的含义是"反转""逆转"(reversal)。1930 年代的这一"转向"最具有对海德格尔思想道路进行区分的转折与过渡意义。许多海德格尔学者错误地将"转向"的第二重含义当作最合适的意义,希恩则仅仅将之称为"转向-2"。㉝(3)转向 3:"转向"的第三个也是类推的意义是"信念"(resoluteness)。晚期海德格尔"泰然让之"(Gelassenheit)被理解为将"转向"带向本有。希恩认为转向 1、转向 2 和转向 3 之间的关系是:"转向-1"即人和意义之间的相互作用是海德格尔思想的核心和最终目标,也就是"物自身"(die Sache selbst)。㉞ "转向-3"或者"信念"不仅仅依靠对于"转向-1"的洞见,而且

㉚ 杨栋:《论海德格尔的转向问题》,《学术月刊》2017 年第 9 期。
㉛ Thomas Sheehan, *The Turn: All Three of Them*, pp. 31 - 38.
㉜ Ibid. , p. 32.
㉝ Ibid.
㉞ Ibid. , p. 33.

还在其他三个方面和"转向－1"关联。㉟

可以看出,"转向"本身就具有层次分明的内涵和内涵之间的关联,绝不只是一个以 1930 年代为界限的、明晰的、时间点的转折。更有意义的做法是将"转向"作为一个过程、一个部分,而不只是一个转折点。与之相应的,"转向"的"中期"阶段的界定不仅仅是一个时间或阶段性的意义,更重要的是作为必要的转折与过渡过程的意义,这比作为一个时间、阶段的意义更加重要。存在与政治、艺术、技术等问题的紧密关联都发生在"中期"。海德格尔日益增加的尖锐的"本体论的历史化"(historicization of ontology)——在他对形而上学的解构(Destruktion)中——作为他著名的转向中的一个决定性的特征,区别于早期阶段(1937 年之前)和晚期海德格尔。㊱

将海德格尔哲学道路区分为三个阶段的理由正在于此:将"转向"这一过程本身作为他思想道路发展的一个过程和阶段加以独立的重视与研究。独立出来至少有一个重要的好处:就是将海德格尔"转向"时期的政治、伦理与历史等议题作为重点突显和独立出来研究,作为承接前后期哲学道路的桥梁,这样也可以更好地解释海德格尔晚期的思想和语言的超越风格。

（责任编辑：王春明）

作者简介：李红霞,苏州大学政治与公共管理学院哲学系副教授,研究方向为海德格尔、西方近现代哲学与美学、中国道家哲学与美学、中西美学比较等。

㉟ Thomas Sheehan, *The Turn：All Three of Them*, p. 35. 三个方面的具体内容如下：第一个方面与"本有"(Ereignis)的三重隐藏性(their *intrinsic* hiddenness；the *overlooking* of that hiddenness；the present age's *virtual obliteration* of both the intrinsic hiddenness and its overlooking)相关,并因此与个人认识到他的被抛性的困难作为一种可能对话的基础。第二个方面是海德格尔所谓"存在的历史",他在作为"意义的顶点"(epochs of meaningfulness/die Geschicke des Seins)的给予的 Appropriation/thrown-openness 的标题所表达的。这方面与形而上学的历史相关。第三是当代对所有"本有"(Ereignis)的踪迹的删除,此一方面与技术-思维的现代性相关。

㊱ Iain Thomson, "Heidegger and National Socialism," in Dreyfus, Wrathall(eds.), *A Companion to Heidegger*, p. 45.

从辩证法角度对施特劳斯解释学的批判[*]

王运豪

【摘　要】施特劳斯强调解释学的客观性,他要求读者要像作者一样地阅读作者,通过此种阐述,他意图重返古典哲学。但是这可能并不是一种有效的解释方式。从辩证法的角度,施特劳斯的解释学陷入到知性思维之中。他坚持作者与读者、智者与俗众、隐微与显白以及古典与历史主义的对立,而忽视了它们之间的相关性以及统一性。这致使施特劳斯的解释学存在片面性。本文指出,辩证的解释学才是一种真正有效的解释方式,它能综合地考虑不同的因素。

【关键词】施特劳斯　解释学　古典哲学　辩证法　伽达默尔

　　解释学在西方源远流长,但是只有在 20 世纪,它才不再只是停留在文本的解释之上,而更多地包含了本体论的维度。列奥·施特劳斯(Leo Strauss)的解释学是其中的典型代表,其解释学是 20 世纪不多的带有原创性的思想之一。[①]

＊ 本文为天津市科研创新项目"黑格尔因果理论研究"(项目批准号：2020YJSB182)的阶段性产物。

① 何卫平：《伽达默尔与列奥·施特劳斯之争》,载《德国哲学》(2013 年卷),北京：社会科学文献出版社,2014 年,第 338 页。

但是施特劳斯的解释学并不能表达解释学的本质。因为他认为要像作者一样地理解他,解释即返回作者原意,如此一来就忽略了读者的因素。这表明施特劳斯忽视了辩证法。这一点,正如伽达默尔所言:"然而,当他(施特劳斯——引者注)论证说,为了更好地理解,我们就必须像作者自己理解的那样理解这位作者,我认为他就低估了一切理解所具有的困难,因为他忽视了我们可以称之为辩证法的东西。"②伽达默尔认为,同样的问题也表现在施特劳斯对文本客观性解释的捍卫上。③ 这造成的困难是,施特劳斯解释学并不真正客观、全面。

虽然伽达默尔指出了施特劳斯缺乏辩证法,但是一方面伽达默尔认识也不够全面,对于施特劳斯解释学中的诸多对立,例如隐微与显白、智者(the wise)与俗众(the vulgar)的对立,伽达默尔并没有加以阐明;另一方面伽达默尔的阐述也不够深入,他没有指出,施特劳斯缺乏对普遍性和特殊性关系的把握。因此,笔者试图立足伽达默尔的提示,进一步阐述施特劳斯是如何缺失辩证法的。

一、施特劳斯的解释学思想

本文意在对施特劳斯的思想进行批判性的解读,那么笔者必须先梳理施特劳斯是如何理解其解释学的。这正是这一部分所要阐述的内容。

施特劳斯解释学的特点在于,他强调作者如何写,读者便如何阅读,读者要像作者一样地去理解他。用他的话说即是:"对过去的每个时期都必须按其本身来理解,而不能按外在于它的标准来评判;对每个作家都必须尽量按其本身来解释……对一个作家观点的描述最终须得到作家本人的明确陈述的证实,只有这样的描述才能被当作真实的描述予以接收。"④施特劳斯强调文本解释的内在性,这种内在性似乎表明了解释的客观性,读者只是去接受此种客观性。正如潘戈(Thomas L. Pangle)所言,这意味着:"施特劳斯训练他自己(disciplines himself)通过思考者的眼睛以及感情去观察,甚至去感受这个世界,并且只使用思考者的范畴和术语,去展示这个思考者对其他与之相冲突的观点的或明确或隐含的批判之力"。⑤ 施特劳斯在此有一个前提,即读者只能被动地接受文本中

---

② 伽达默尔:《真理与方法》(下),洪汉鼎译,上海:上海译文出版社,2007年,第717页。

③ 同上。

④ 施特劳斯:《迫害与写作艺术》,刘锋译,北京:华夏出版社,2012年,第20页。

⑤ Thomas L. Pangle, *Leo Stress: An Introduction to His Thought and Intellectual Legacy* (Baltimore: The Johns Hopkins University Press, 2006), p. 45.

的内容。施特劳斯没有把握到读者的认识并不一定带有主观性,其认识并不是相对的。读者的思维具有能动性与普遍性,它能够参与到文本意义的构建之中。施特劳斯忽视了读者的因素,这造成的后果是,他陷入到主体(读者)与客观文本的对立之中。

读者要像作者一样地理解作者,那么我们如何能够做到这一点?施特劳斯认为这必须考虑迫害在其中所起的作用。迫害首先存在于专制与极权社会中。由于思想控制的需要,此种社会拒绝思想的多元性与可能性,这就产生出对作者的迫害,此种迫害尤其指向智者,其哲学思想与专制主义直接对立。但是根本上来说,迫害普遍地存在于任何社会之中。因为"'智者'和'俗众'之间有一道鸿沟,这是人类本性的一个基本事实⋯⋯哲学本身受到大多数人的怀疑和敌视⋯⋯他们必须对除哲人以外的所有人隐瞒自己的观点"。⑥ 即使没有政治上由于专制而来的迫害,也会有俗众对哲学思想方式的敌视,它产生的结果即是对智者的迫害。因为智者是以哲学的方式思考、生活的。迫害存在于任何社会,这才体现出迫害的普遍性。对解释中迫害的发掘是施特劳斯的突出贡献,它使得我们关注到文本构建中的复杂因素。然而,迫害的普遍性是立足于智者和俗众的区分之上的。在施特劳斯这里,俗众是俗众,智者是智者,他们的身份带有固定性,因而他们的思维方式也带有固定性。在这种固定关系中,只有二者的对立,而无所谓他们之间的转化及统一。

因为存在迫害,所以智者会采取隐微写作的方式来阐述自己的观点。隐微写作与显白写作相对。隐微写作是作者并不把他的观点直接地表达出来,而是在字里行间表露出自己的观点,它本身并不带有公开性。与之相对,显白写作即直接地把自己的观点表露于文字间,它带有公开性。施特劳斯强调了作者的两套话语:一套话语是直接呈现出来的内容,即显白的写作;另外一套则是隐含在文字背后的思想,这是作者真正想要表达的,它表现于隐微写作之中。这两套话语彼此区分,严格对立。所谓像作者一样地理解,即理解文本在字里行间中表达出的观点,它并不是直接呈现出来的内容。字里行间的写作带有普遍性,因为正如上文所述,迫害具有普遍性,而它是由迫害产生的。这种写作表现为作者犯了明显的错误:"如果一位写作艺术的大师犯了一些连聪明的中学生都会觉得丢脸的错误,那就有理由假定,这些错误是有意犯下的。"⑦明显的错误即文本中的矛盾,如果文本中上下文表述的思想并不一致,甚至意思完全相反,

---

⑥ 施特劳斯:《迫害与写作艺术》,第 28 页。
⑦ 同上书,第 19 页。

这个时候我们便可以断言,作者是在采用隐微写作的方式进行创作。例如施特劳斯在解释斯宾诺莎的思想时,即认为其《神学政治论》便运用了此种表达:"因此,斯宾诺莎的说话方式就是让大众搞不懂他的意思。正是由于这个缘故,斯宾诺莎就以自相矛盾的方式来表达自己的观点:那些对他的异端陈述感到震惊的人读到多少有点正统的套话,又会感到宽慰。"⑧

但是施特劳斯的解释学不只是针对文本。如果施特劳斯的解释学停留在文本解读之上,那么他的解释学只是一种技术性的革新,并没有比之前的解释学推进太多。因为例如在施莱尔马赫这里,他也强调通过语法的解释和心理的解释,而返回到作者的原意。施特劳斯则进一步把文本的解释与真理问题相关联。施特劳斯认为,作者之所以采取隐微写作是因为:"只要涉及至关重要的问题,真理就毫无例外地透过字里行间呈现出来。"⑨智者致力于追求真理,而不是意见,而真理的表达并不是显白的,因为真理认识带有独特性,它往往与主流意识形态的观点相背离,所以它会受到政治的迫害。与真理问题相关,这使得施特劳斯的解释学更具深度。

对文本真理的寻求与施特劳斯对政治哲学的思考相伴随。政治哲学是:"有关政治事物之本性的哲学问题,有关最好的或正当的政治秩序的哲学问题,根本不同于历史问题。"⑩即是说在施特劳斯看来,政治哲学是与追求好与善,追求什么是正当的生活相关。在此,施特劳斯表达出哲学与追求事物本质有着不可分割的关联。对好的生活的追求在古典时期得到了典型的表达。此处古典时期具体指代从苏格拉底到亚里士多德这一历史阶段。他们关心人事,关心政治共同体。此处的共同体生活不是指狭义的政治形式,而是指:"它还指社会的整个生活方式,其习惯、风度、道德准则"。⑪ 因此,通过关注共同体的本质,他们试图"正确引导政治生活",⑫即返回一种带有本质性的生活方式。在他们看来,只有本质的才是客观的、完善的,它才代表了好,因而才是值得追求的。此种生活方式也"始终是一种否定,否定人间生活已臻于完美"。⑬ 人间的生活,立足于

---

⑧ 施特劳斯:《迫害与写作艺术》,第 179 页。

⑨ 同上书,第 25 页。

⑩ 施特劳斯:《什么是政治哲学》,李世祥等译,北京:华夏出版社,2011 年,第 47 页。

⑪ 斯密什:《阅读施特劳斯——政治、哲学、犹太教》,高艳芳、高翔译,北京:华夏出版社,2012 年,第 293 页。

⑫ 施特劳斯:《古典政治性主义的重生——施特劳斯思想入门》,潘戈编,郭振华等译,叶然等校,北京:华夏出版社,2017 年,第 106 页。

⑬ 陈建洪:《论施特劳斯的否定哲学》,载中国比较古典学学会编:《施特劳斯与古典研究》,北京:三联书店,2014 年,第 31 页。

感性经验之上，它只能是主观的、相对的，因而并不完善。此处我们可以看到一种分裂，即本质的生活与人间的生活的分裂：本质的生活是真实的，它并不体现在生活世界之中，生活世界与本质世界存在着对立。

概而言之，解释学的目的就是通过对隐微写作和显白写作的区分，返回作者原意，并进一步返回古典时期的政治生活，此种生活才带有本质性。这背后是施特劳斯对作为第一哲学的政治哲学的追求。因此，施特劳斯的解释学深入到了本体论层面，亦即他的解释学最终与追问事物的本质相关。

立足于古典的本质性、绝对性，施特劳斯批判了现代思想里实证主义与历史主义。对他而言，实证主义本质上也是历史主义："实证主义如果理解了自身，必然就会变成历史主义。"[14]因此，历史主义可以涵盖实证主义，对历史主义的批判也包含对实证主义的批判。对他而言，历史主义不只是一种解释方法，也不只是一种特定的思想。它是我们时代精神的表达："历史主义就是我们时代的精神。"[15]需要注意的是，此种历史主义并不是 19 世纪的历史主义，它是当代的历史主义，后者更多强调了主体的历史性[16]在认识中所发挥的作用。在此可以看到施特劳斯对时代本身的反思。

施特劳斯认为，历史主义会陷入主观主义与相对主义之中。主观主义与客观主义相对。在他看来，只有像作者一样地理解才能保证客观性，因为"这种学说的创建者只有一种方式理解它，倘若他本人不糊涂的话"。[17] 相反，当代历史主义似乎认为读者能够比作者理解得更好，这就是说在不同的历史情境下，同一文本在不同读者这里会呈现出不同的内容，它表明读者的理解带有合理性。然而，读者的理解并不是绝对的，它是个别的有限存在者，如果肯定它的合理性，这似乎就有把解释主观化、相对化的危险。因为每个历史时代、每个个体的理解都千差万别。

主观主义和相对主义最终会导致虚无主义。历史主义和虚无主义密不可分："历史主义的顶峰就是虚无主义。"[18]虚无主义即标榜个别认识的绝对性，它

---

⑭ 施特劳斯：《苏格拉底问题与现代性》，刘小枫编，彭磊、丁耕等译，北京：华夏出版社，2008 年，第 351 页。

⑮ 施特劳斯：《什么是政治哲学》，第 48 页。

⑯ 伽达默尔对当代的历史主义与传统的历史主义做了严格的区分，他称前者为第二等级的历史主义，它与传统历史主义的不同在于，它强调认识解释中主体的作用。参见伽达默尔：《真理与方法》（下），第 710 页。

⑰ 施特劳斯：《什么是政治哲学》，第 57 页。

⑱ 施特劳斯：《自然权利与历史》，彭刚译，北京：三联书店，2003 年，第 57 页。

除了肯定我的认识具有合理性之外,不再肯定其他。如此一来,虚无主义必然会否定并且消解一切超越的价值、普遍的认识。此种虚无主义正是我们的时代精神。施特劳斯对时代问题的把握无疑是准确的,他认识到了时代由于强调人的有限性而产生的弊病,他力图通过古典哲学来抵抗虚无主义。如此一来,施特劳斯似乎就用普遍性否定了历史相对性。然而,这也导致普遍性和特殊性(即此处历史的相对性)的对立,二者非此即彼,不能相互融贯。

基于对历史主义的批判,施特劳斯还批判了蕴含在其中的进步主义。进步主义认为,历史是发展的,此发展进程带有唯一性,并不存在脱离于历史进程之外的内容。它即是历史主义的表达,因为它确信读者能比作者理解得更好,这体现了历史主义的相对性。在施特劳斯看来,进步主义并不具有正确性。首先,现代人的理解并不一定就优越于古代人。例如黑格尔对阿里斯多芬《云》的解释,就远不及柏拉图《会饮篇》中对它的解释。其次,进步观念还会导致对过去的忽略:"如果我们事先就知道,就最重要方面而言,现在优于过去,那么,我们就不会对过去兴致盎然,不会真正对过去感兴趣。"[19]对过去研究的忽略实质上是对古典学的忽略。对于施特劳斯而言,如果忽视古典学,那么就会产生深刻的危机,因为"危机的含义首先是,西方哲人不再知道什么是对错,甚至不再相信自己'能知道什么是好或最好的社会秩序'"。[20] 在此,施特劳斯陷入到古典与现代的对立。他表明了古代认识的价值,并由此认为古胜于今,这样就否定了当代认识的价值。他没有认识到,这并不是一个二选一的问题,这两种认识可以共同存在。

二、基于辩证法的批判

在第一部分,本文展示了施特劳斯解释学的特征。在序言中,笔者已经提示出,他的思维缺乏辩证法。在这一部分,本文将对这一点进行详细的阐述。

笔者首先需要对辩证法进行界定。笔者主要在黑格尔、伽达默尔意义上使用辩证法。由此,辩证法不只限于指出事物的矛盾,即指出在某一认识中包含着与之对立的因素,它不应该仅仅致力于否定性的批判。在这种理解中,辩证法只具有消极的含义,它忽视了辩证法的统一性。反之,在黑格尔这里,辩证法则具有肯定(das Postive)的含义,它并不认为矛盾所包含的对立没有价值,它能

---

[19] 施特劳斯:《什么是政治哲学》,第56页。
[20] 刘小枫:《施特劳斯的路标》,北京:华夏出版社,2011年,第149页。

够把对立的内容看作是对自身的规定，如此即把对立的一方统一于自身之中。黑格尔表明了对立双方的统一性，它们都是思维自我规定的体现。辩证法呈现了思维在不同范畴中不断丰富自己、发展自己。这正如伽达默尔在分析黑格尔时所言："这种辩证法是一种从一个逻辑规定到另一个逻辑规定的内在演进，它被认为……随着概念自我运动，在思想自身的逐步展开过程之中呈现它的内在结论的。"[21] 辩证的运动是随着否定而进行的："引导概念自己向前的（weiterleitet），就是前述的否定（Nagative）的东西，它是概念自身所具有的；这个否定的东西构成了真正（wahrhaft）辩证的东西。"[22] 否定是思维发展自身的动力，它使得思维范畴能够不断地运动，并在这种运动过程中发展自己。它区别于知性（der Verstand）思维。知性思维是："一般说来，抽象反思知性的方式（die Weise der abstraketen Verstandsreflexion），就在于任意抓住（willkülich zu ergreifen）个别（einzelen）范畴，把所要考察的一切对象，都归结到这些范畴。"[23] 知性思维坚持某一范畴的固定规定（fasten Bestimmtheit），并把它作为衡量认识正确与否的标准，由此即会陷入到范畴与范畴之间的对立。即便范畴之间有所联结，此种联结也是外在的，它以事物之间的相互独立为前提。这导致的结果是，知性思维会陷入主观性与偶然性之中。因为这一范畴是主观抓取的，它只体现了认识的一个方面，因而还不能涵盖认识的全部，这就导致了认识的片面性、独断性。它没有把握到，每一个范畴只有在与其他范畴的关联中才能获得意义，[24] 这即是说，知性认识没有认识到辩证法的存在。辩证法能够在否定的运动过程中克服概念之间的对立，从而实现其统一。伽达默尔虽然强调基于对话之上的辩证法，但是就他反对知性认识、强调认识的关联而言，他与黑格尔保持着一致。笔者在序言里所说的施特劳斯缺乏辩证法即是指这一层面的辩证法。

施特劳斯典型地体现了知性思维。在其解释学中，他坚持着智者和俗众、隐微写作与显白写作的差异（der Unterschied），坚持着作者思维方式与读者（历

---

[21] 伽达默尔：《伽达默尔论黑格尔》，张志扬译，北京：光明日报出版社，1992 年，第 2 页。

[22] 黑格尔：《逻辑学》（上），杨一之译，北京：商务印书馆，2009 年，第 38 页。德文版见 G. W. F. Hegel, *Wissenschaft der Logic I* (Frankfurt: Suhrkamp, 1986), S. 51。

[23] 黑格尔：《小逻辑》，贺麟译，北京：商务印书馆，2015 年，第 272 页。德文见 G. W. F. Hegel, *Enzyklopädie der philosophischen Wissenschaften im Grundrisse 1830* (Frankfurt: Suhrkamp, 1986), S. 258。

[24] Robert Stern, *Hegel, Kant and the Structure of the Object* (London and New York: Routledge, 1990), p. 55.

史中的人,主体)的差异,同时坚持着古典哲学与历史主义、古典哲学与进步主义的差异。在这种差异中,前者对于后者有绝对的权威性,并与后者对立。施特劳斯没有把握到诸概念之间的关联,以及概念的统一性。

笔者先分析隐微写作与显白写作的对立,在此种对立中,也包含着智者和俗众的对立。首先,施特劳斯坚持因迫害而来的隐微写作的普遍性,而读者之所以能够发现隐微写作,是因为文本中有矛盾。文本中的矛盾是为了避免俗众的迫害。但如伽达默尔所言,迫害只是极端的情况:"正如迫害(官方的或是教会的、宗教法庭的等)与社会和舆论对人的思想造成的有意或无意的压力相比也只不过是一种极端状况。"[25]因为有些内容可能不涉及政治;或者随着政治的进步、思想的自由,一些内容也能够得到表达,如此一来,迫害亦不复存在。反过来说,施特劳斯认为迫害的主体是俗众,俗众与智者有严格区分。但是事实并不一定如此。正如沙迪亚·德鲁里(Shadia B. Drury)所言:"经验并没有表明,存在着纯粹理性化身的人,他缺乏欲望;世界也不是由仅仅具有一大堆的欲望,而缺乏理性的人所构成。"[26]此处理性的人即智者,欲望的人即俗众,施特劳斯预设了智者生活与俗众生活之间的对立。施特劳斯没有认识到理性也会实现于现实之中,它并不是脱离现实的抽象的本质。施特劳斯的本质生活只是思维抽象的产物,它并不具有客观性,因为并不存在这种绝对理性的存在者,并且正因为它与现实世界相对立,所以它并不能够真正对现实世界有所影响。在对智者预设的背后,施特劳斯没有真正地重视人的经验生活,没有真正重视人的有限性。此外,也可能存在哲人与俗众的中间状态,因为人性本身具有复杂性、多样性,它无法用对立的概念予以充分规定。因此,不一定有哲人与俗众的绝然对立。即便存在俗众与智者之间的对立,俗众也不一定会对智者进行迫害。因为第一,俗众不一定敌视哲学思维方式,哲学的思维方式可能对他们有吸引力。因为未经反省的人生是不值得过的,对于真正追求思想自觉的人,哲学或许是他们最好的伴侣。第二,即便哲学的思维方式对他们没有吸引力,他们也不一定就会迫害智者。因为他们可能对此漠不关心。由此可见,隐微写作的前提并不自洽,因为迫害并不具有普遍性,因此隐微写作并不普遍存在。

其次,即便文本中有矛盾,它也不一定是出于隐微写作。因为人类可能有一种无意识的冲动,它可能表现在作者的论述里,这种论述会与他的有意识论

---

[25] 伽达默尔:《真理与方法》(下),第 721 页。

[26] Shadia B. Drury, *The Political Ideas of Leo Strauss* (London: The Macmillan Press, 1988), p. 199.

述相矛盾。例如施莱尔马赫即揭示出写作中存在着无意识的因素,正因为它的存在,所以才需要解释。这样一来"虽说矛盾性是一种出色的真理标准,但可惜它在诠释学事物中却不是清楚的标准"。[27] 并且就算排除无意识的因素,有矛盾的地方也不一定就是出于隐微写作,例如黑格尔辩证法处处展现出矛盾的存在,但是它表明的是思维自身的辩证运动,它与隐微写作毫无关系。反过来说,如果真的存在隐微写作,那么没有矛盾的地方也可能有隐微写作。因为作者也可能会采取其他的表达方式。例如作者可以通过神话故事,通过某些词语的关联来表达自己的观点,这都可能存在。因此,作者表达自己观点的方式并不是唯一的,并不能拿存在矛盾来论证隐微写作的合理性。

最后,如果存在隐微写作,隐微与显白也并不是那么截然地对立。因为如果一部作品构不成经典,那么也不会有人关注其中的隐微写作。这就是说,隐微写作也要依赖于显白写作。没有好的显白写作,隐微写作也没有意义。如此一来,如果坚持隐微写作的普遍性,那么只会导致认识的主观性与偶然性。这种隐微写作只是施特劳斯的假设的产物,它只存在于极其个别的情景之中,而并不必然地存在于一切文本之中。因此,隐微写作只是知性认识的先入之见,它没有考虑到认识过程本身的复杂性。

另外,施特劳斯坚持作者与读者、古典与历史的对立,而没有把握到它们二者的统一性。它们之间的对立根本上是古典主义与历史个体之间的对立。因为他坚持着古典的绝对性,而否定了历史中个人所起的作用。这种对立,第一,它没有办法真正表达理解的客观性,因为读者并不是被动地接受文本中的内容的。人是有认识反思能力的,人具有能动性,因而能够参与到文本意义的建构之中。这本身是客观的事实,它不能被忽略。此种人的因素在人文科学中尤其重要。因此,更进一步地说,施特劳斯忽视了人文科学本身的独立性。第二,它也无助于真正克服时代的问题。对古代思维的推崇,正如黑格尔所言,"这表示着精神的无能"。[28] 之所以如此是因为当代有其自身的问题,此种时代问题是我们无法回避的。我们不能依凭古人来回答我们时代的问题,时代的问题指引着我们的解释,我们需从时代的具体处境出发来回应时代的问题。施特劳斯意识到了虚无主义的问题,但是他由此推论出我们应该返回古典,此种推论无疑过于简单。古希腊思想不可能是时代问题的回答者,我们并不是生活在城邦的时代,同时也不可能援引古希腊的共同体生活。正如黑格尔所言,现代生活已经

㉗ 伽达默尔:《真理与方法》(下),第 722 页。

㉘ 黑格尔:《哲学史讲演录》(第一卷),贺麟、王太庆译,北京:商务印书馆,1996 年,第 50 页。

完全不同于古代城邦生活，我们已经有了主体的自由："这种自由，就是我们现在说到自由时所了解的那个东西；这种自由在希腊人那里是没有的，这一点我们在柏拉图的共和国思想里更可以看到。"㉙既然如此，我们不能简单地援引古希腊思想来解决我们时代存在的问题。因为它并不能涵盖我们现代的具体问题，它还具有抽象性。当我们试图把这种抽象的理念应用于现实之中时，它只会导致异化，正如法国大革命所表现出来的那般，它标榜着抽象的自由，最后只能因为抽象自由与现实的不符而产生恐怖。应该看到，古人是我们时代问题的对话者，而不是回答者。它提示出解决时代问题的思路，即我们需要立足普遍性来克服相对主义、虚无主义，但是我们却不能照搬他们的理解，因为主体的视域不可以被忽略。我们应该基于主体性之上，立足于其理性能力的发挥，如此一来，才能建立真正具体的普遍性，这或许有助于克服时代的虚无主义。

但是也有学者认为："尽管施特劳斯认为古代哲人比现代哲人更接近真理，但也明确表示读者思考问题时，需要听取各种意见，考虑各种可能的解决方案。所以施特劳斯鼓励读者研究古人与今人、哲人与诗人、理性与启示的争端冲突……施特劳斯因此无论如何都算不上独断，尤其像现代常听到的指控那样，是独断的无神论者。"㉚但是笔者认为，此种辩护并不成功。首先，施特劳斯对读者的要求和他自己的思想内容是两个不同层次的问题，对读者的要求可能并不代表他本人的要求。并且读者如果顺着他的思路，也一定会返回古典学，因为施特劳斯并不强调读者在认识中的作用。其次，即便这种要求能够表达他本人的思想，但是也不能真正地发挥作用。因为施特劳斯已经预设了前提，即古人代表真理，如此一来就算我们考虑各种方案，也不是为了推翻前提，而是为了佐证前提。

更进一步地说，施特劳斯忽视了普遍性和特殊性的辩证关系。普遍性并不是与特殊性相对立，普遍性能够与特殊性相统一，特殊性是普遍性自身规定、区别的："普遍的东西规定自己，所以它本身就是特殊的东西；规定性是它的区别；它只是自己与自己相区别（Das Allgemeine bestimmt sich, so ist es selbst das Besondere; die Bestimmtheit ist sein Unterschied; es ist nur von sich selbst unterschieden）。"㉛特殊性规定了普遍性的内容，它使得普遍性超出抽象的规

㉙ 黑格尔：《哲学史讲演录》（第二卷），贺麟、王太庆译，北京：商务印书馆，1997 年，第 87 页。

㉚ 凯瑟琳·扎科特、迈克尔·扎科特：《施特劳斯的真相：政治哲学与美国民主》，宋菲菲译，刘擎校，北京：商务印书馆，2013 年，第 47、58 页。

㉛ 黑格尔：《逻辑学》（下卷），杨一之译，北京：商务印书馆，2011 年，第 273 页。德文见 G. W. F. Hegel, *Wissenschaft der Logik II* (Frankfurt: Suhrkamp, 1986), S. 181。

定。普遍性能够与特殊性相统一,这种统一也就是具体的普遍。这表明时代的特殊性不一定与普遍性相冲突,特殊性并不一定就是主观的、相对的。因此,虽然施特劳斯指出当代的历史主义可能导致相对主义,但这并不带有必然性。对于古希腊智者派而言,他们的认识会导致相对主义,因为智者派认为感觉能够作为认识的尺度,感觉本身是经验的、偶然的。但是当代的历史主义却与之不同,例如在伽达默尔解释学这里,他考虑了解释者所处时代的历史性,并要求解释者在这种历史性中不断超越自己,实现更大的视域融合,亦即更大的普遍性。在此处,时代的特殊是基于普遍的维度之上,它是普遍的内容规定,而不再是感觉的相对的维度,因此当代的历史主义也不一定导致相对主义。时代的相对主义乃至虚无主义和当代的历史主义并无关联。更进一步来说,施特劳斯没有区分两种特殊,亦即经验的特殊和观念的特殊性。前者可能会导致相对主义,但是后者不惟不会导致相对主义,反而会使得我们实现更具体的普遍性。

此外,进步思维不必然是错误的。因为首先,现代人的认识不一定就不如古代人。笔者认为,应该区分两个层次的认识,即个别人的认识和时代总体的认识。个别的人的认识可能不如古代人恰当,但是就时代总体而言,现代人的某些理解可能优越于古代人。首先,经过时代的洗礼,现代人可能提出更新的、更深层次的问题。就此而言,虚无主义问题的提出,可能是我们思想层次优越于古人的表现。因为古人或许更关注世界的本质,它还没有深入到个体具体的生存体验。其次,就算现代人提出和古人相类似的问题,它也可能是站在更高层次,更高视角之上。例如就算提出本质性的问题,近代哲学也是建立在主体性基础上,而当代哲学则进一步去除了任何外在的本质的预设。这均表明,进步思想可能在一定程度上具有合理性。

更进一步地说,进步也可能并不与古典相对立。这里的进步特别指辩证法意义上的进步。因为辩证法强调的是在否定的过程中达到与他物的统一,在他物中保持自身。它区别于单纯线性的进步观念。具体来说,首先,古典首先代表了精神成长的一个阶段,作为个体的解释者必须经过这一发展阶段,并在其中逗留。因为它代表了精神的普遍本质,个体必须在其中得到教化。教化的本质"并不是单纯的异化,而是理所当然以异化为前提的返回自身"。[32] 个体能够在古典中实现自我认识。它是认识不可或缺的一个环节。其次,辩证法还要求个体不断地与古典对话。因为辩证的发展是不断在否定中返回自身的,它会在

---

[32] 黑格尔:《精神现象学》(句读本),邓晓芒译,北京:人民出版社,2017 年,第 19 页。

更高的阶段重复之前的认识。因此站在辩证法的角度,进步也要求着我们返回古典,并在不断地与古典的对话中发展自身。在辩证的发展观里,它恰恰要求对古典哲学加以重视。施特劳斯没有把握到进步不只存在线性的进步,如果是这种进步的话,那么它还只是一种知性式的进步观,它坚持着概念之间外在的联结,而无所谓辩证法内在的统一。因为线性的进步表明认识不断地趋向他物,杜威主义的进步观即是它的典型体现,它坚持着现代社会不同于以往,现代社会的进步会带来自由与民主。施特劳斯并没有对不同进步观作细致的区分。

如果他只是单纯地坚持古典主义,那么这只会是一种非此即彼的知性认识。在这种认识中,第一,古典认识也是被抽象而出的,这意味着,我们只是单纯关注古典的本质的一面,而忽略了任何时代都可能有其自身的问题与危机,因此古典时代也可能有自身的问题,这种问题被施特劳斯或有意或无意地忽视了。正如张敏在其著作中所言:"施特劳斯将现代哲学的理论缺陷视作肇启现代社会危机的始作俑者,但在讨论古代的情况时,他对社会或政治危机却似乎毫无兴趣……将现代社会与古代社会进行客观对比的公正做法施特劳斯却从未实施过。"[33]第二,即使古典思想具有合理性,那么我们也可能会忽略其他思想的合理性。因为我们把古典当作绝对的权威,那么正如上面所反驳的,其他思想也不会发挥作用了。这样,我们仍不免使得认识处于片面之中。第三,如果认为古典代表了我们的本质性,那么个体或许只会采取盲从的态度。因为我们把它当作我们的绝对本质,而我们个体的特殊性便不再重要。这样一来,则必然再次导致普遍和特殊的对立。但"真正的权威所具有的遵从既不是盲目的也不是奴性的服从"[34],真正的权威也是辩证法所要求的权威。它召唤着人们从其历史性出发,发挥其能动性,并在此基础上对虚无主义加以克服。

笔者认为,真正的解释学,尤其是人文科学的解释学,它应该基于辩证之上,这种解释学才能够真正表达解释学的客观性。因为一方面,它考虑了主体的因素,并把主体认作理性的事实;另外一方面,辩证法能够通过否定,从而拒绝任何固定的解释,它能够考虑不同因素的合理性,从而能够把不同的规定统一在一起,这就使得真正普遍的认识得以可能。

---

③ 张敏:《现代性危机的政治哲学救赎——列奥·施特劳斯的政治哲学研究》,北京:中国社会科学出版社,2014年,第208页。

④ 伽达默尔:《哲学解释学》,夏增平、宋建平译,上海:上海译文出版社,第1994年,第34页。

三、结语

综上所述,施特劳斯阐述像作者一样地理解,他关注了隐微写作,以及包含在其中的对智者的迫害,由此他要求返回古典哲学。但是施特劳斯陷入到概念的对立之中,这体现为作者与读者、哲人与大众、隐微写作与显白写作、古典与历史主义的对立。这表明施特劳斯的解释学缺乏辩证思维,由此也使得他的思想陷入片面性之中。但是这并不代表施特劳斯的解释学没有贡献,他深刻地指出了时代的弊病,并且指明了古典哲学的必要性。然而限于篇幅与能力,笔者无法对此问题加以深入的探讨。对此一问题的探讨,或许有助于我们更好地理解施特劳斯,以及更好地把握时代的精神。

(责任编辑:孙小玲)

作者简介:王运豪,南开大学哲学院博士研究生,主要研究方向为德国哲学,特别是黑格尔哲学。

信仰与知识*

于尔根·哈贝马斯 著

方环非 译

【摘　要】世俗社会与宗教可以分别用不同的相似范畴或概念来替代，以更加具体地展现两者之间丰富而又多样化的关系。这样的关系在后世俗化社会中表现得更加具有冲击力。然而，这一新的社会发展阶段中，对世俗化意涵的理解将影响到如何来回应世界上不同地区世俗化失败所带来的风险。这种风险广泛体现在诸多不同的领域，比如科学、民主政治、启蒙遗产以及基因工程等，需要对它们给予新的诠释与定位。

【关键词】后世俗社会　宗教　理性　知识

　　当主体的选择受限于当前一个令人沮丧的事件时，就会有极为强烈的愿望与我们知识分子中的约翰·韦恩斯(John Waynes)展开竞争，以确定谁最先胜

---

* 本文译自 Jürgen Habermas，"Faith and Knowledge，" in Jürgen Habermas，*The Future of Human Nature* (Cambridge：Polity Press, 2003)，pp. 101–115。本译文受国家社科基金项目"应用知识论研究"(项目编号：18BZX100)的支持。

出。就在几天前,关于我们是否应该以及如何通过基因工程,顺从于自我工具化,或者乃至追求自我优化这一目标,人们对这一问题还是众说纷纭。虽然在这条道路上只走出最初几步,但是它已经导致制度化科学的代言人与教堂代言人之间的激烈冲突。一方从面向科学的怀疑主义出发,担心蒙昧主义以及固守残留下来的旧有情感;另一方则因为它有可能损毁道德,而在进步问题上反对科学主义信念所持有的原始自然主义。然而,在 2001 年 9 月 11 日,世俗社会和宗教之间的紧张关系以一种完全不同的方式爆发出来。

正如我们现在从阿塔的遗嘱(Atta's testament)以及从本·拉登本人那里所了解到的那样,受到宗教信仰驱使的自杀型凶手们制造了民用飞机活体炸弹,并用它们反对西方文明资本主义堡垒。对他们来说,全球化现代性的象征就是大撒旦的化身。而且,作为"世界末日"事件的普遍目击者,当我们以一种自虐的态度,看到电视一次又一次地重复播放曼哈顿双子塔的图像时,也就被圣经里的画面所纠缠。这种报复性的语言带有旧约时代的味道,作为对这个难以置信的事件的回应,美国总统不是唯一一个使用这一语言的人。仿佛盲目的原教旨主义攻击在世俗社会的正中心引起了宗教共鸣一样,各个地方的犹太教堂、基督教堂和清真寺中如潮涌一般塞满了人。然而,这些隐藏的关联并没有让一周后聚集在纽约体育场的民间宗教哀悼会变成事实,尽管那样就会显示出一种与之对应的仇恨态度。出于爱国主义的考虑,人们甚至没有听到任何一种声音,要求将国家刑法扩展到像战争一样的程度。①

尽管原教旨主义有其宗教语言,但它完全是个现代现象,因此不只是他人的问题。特别令人震惊的是,对于伊斯兰袭击者而言,他们的动机和手段之间有明显的延迟。这反映了文化与社会之间的延迟,在他们的祖国,这种延迟只是因为加速、彻底根除现代化而逐渐形成。而在更为理想的条件下,在我们国家中,作为一个终究可能经历的、带有**创造性的**破坏过程则表现为,它没有跟传统生活形式解体所遭受的痛苦要做出补偿的承诺密切关联。看到一个人物质生活条件得到改善的前景只是一方面而已。重要的是心态的转变,(这种转变)或许到目前为止受到羞辱感的阻碍,而这种羞辱感在政治领域中随着教会和国家的分离才得以表达出来。甚至在欧洲,在类似的情境中,历史允许人们面对着有着双面特征的(Janus-faced)现代性时花上更多时间形成一种敏感的态度,而对"世俗化"的感受仍然极度充满矛盾,正如在基因工程的争论中所表现出的那样。

---

① Heribert Prantl, "Das Weltgericht," *Süddeutsche Zeitung*, Sept. 18, 2001.

　　无论是在西方世界,还是在中东或远东,无论是在基督徒、犹太教徒还是穆斯林中间,都存在着正统的观念。如果我们想要避免文明的冲突,我们必须记住,我们自己的西方世俗化进程的论辩尚未接近尾声。"反恐战争"不是战争,在恐怖主义中所表达的也是世界上致命而无言的冲突,世界必须在恐怖分子或导弹的沉默暴力之外找到一种共同的语言。面对通过放松管制的市场而强加给它自己的全球化,我们中间有许多人希望政治能以一种不同的方式回归——不是以原来霍布斯主义式的全球化安保状态,也即警察活动、秘密服务以及军事方面的维度,而是作为一种全球范围内的教化力量。我们当前所剩下的只不过是渺茫地希冀获得精巧的理性和一些自我反思。无话可说所带来的裂痕也侵袭着家庭。只有当我们意识到后世俗化社会中世俗化的意涵时,我们才能对世界上其他地区世俗化失败所带来的风险做出回应。正是这样的意图引导着我再次讨论"信仰与知识"这一主题。我既不谈生物伦理学,也不谈新型恐怖主义,而是谈论我们后世俗社会的世俗化。如果我们想要将西方的不同形象呈现给其他文化,那么这种自我反思就是必要的几个步骤之一。我们不希望被视为相互竞争的宗教十字军,或作为工具理性和带有破坏性的世俗化的兜售者。

一、后世俗社会中的世俗化

　　在欧洲,"世俗化"一词首先具有将教会财产强制转移到世俗国家的法律意义。这一意义随后扩展到涵盖整个文化和社会现代性的兴起和发展。从那以后,"世俗化"一直受到对比评价的影响,取决于将其主要特征视为对神职人员权威的**制服**还是非法侵占的行为。根据第一个解读——"制服",宗教的思维方式和生活方式被那些在任何情况下都更高一级的理性等价物所**替代**;而在第二个解读——"窃取",这些现代思维方式和生活方式则被视为非法侵占的物品而显得声名扫地。替代模型依照已然被祛魅的现代性提出了一个进步主义的解释,而征用模型根据衰落理论形成另一个解释——毫无遮蔽的现代性。以上两个解读均犯了同样的错误。他们将世俗化理解为资本主义肆无忌惮的科学技术生产力与宗教和教会的保守势力之间的零和博弈。一方的收益只能以牺牲另一方为代价、根据自由规则来实现,按照这样的自由规则来行事就是对现代性驱动力的支持。

　　这一图景与后世俗社会并不一致,后世俗社会契合于宗教团体在持续世俗化背景中继续存在这一事实。它使得在民主意义上得以形塑与启蒙的常识所具有的教化功能变得模糊,可以这么说,这样的功能在各种不同声音的文化争端所造成的混乱中逐渐成为第三方。可以肯定的是,从自由主义国家的视角来看,只有那些以自己的眼光,在传播其信仰并将其施加给自己成员的过程中不使用暴力的宗教团体,才称得上是"合理的",更不用说操纵自杀式袭击了。② 这种克制是由于信徒们在多元社会中对其立场的三重反思而产生的。首先,宗教意识必须接受跟其他教派和宗教相遇而出现的认知失调。其次,它必须适应对世俗知识拥有社会垄断的科学权威。最后,它必须同意以世俗的道德为基础的宪政国家这一前提。没有这种反思的推动,一神教在无情的现代化社会中就会释放出毁灭性的潜力。然而,"反思的驱动力"这一术语所表现出的是一幅充满误导的图景,它是只有一方操作的进程的图景,也是一个已然走向终结的进程的图景。实际上,这样的反思一次又一次地出现,并且随着每一个现有势力的冲突而继续。

一旦现存的相关问题列入政治议程,对于公民而言,无论是相信的人还是不相信的人,都会因为被不同的世界观所灌输的信念而发生冲突;在应对公共争论的尖锐不和过程中,他们经历了相互竞争的世界观的对立性共存这一令人不快的事实。如果他们意识到自己可能犯错的话,就会学会以非暴力的方式处理这种多元化的事实,也就是说,在不破坏政治共同体的社会凝聚力的情况下,他们意识到后世俗社会中宗教与政治分离的世俗基础实际上意味着什么。中立国家面对知识和信仰上的竞争性主张,避免支持一方还是另一方时做出充满偏见的政治决定。公民大众的多元化理性遵循一种动态的世俗化,只要后者力主保持相等的距离,以便**在结果上**不受任何强大传统和综合性世界观的影响。然而,在其学习的意愿中,民主的常识在没有放弃其独立性的情况下,仍然对**双方**——科学和宗教,保持着渗透性开放的状态。

二、科学作为一种可靠常识的媒介

当然,鉴于常识往往充满着错觉的缘故,因此科学就有必要毫无保留地对它施加影响。然而,侵入生活世界的科学理论,并没有在实质上触及我们日常

---

② John Rawls, *Politischer Liberalismus*（Frankfurt am Main：Suhrkamp, 1998）, pp. 132 – 141, English edition, *Political Liberalism*（New York：Columbia University Press, 1993）; Rainer Forst, "Toleranz, Gerechtigkeit, Vernunft," in Rainer Forst（ed.）, *Toleranz*（Frankfurt am Main：Campus, 2000）, pp. 144 – 161.

知识的**框架**,它与言说者和行动者的自我理解关联在一起。无论是学习这个世界中的新鲜事物,还是学习关于我们自身作为世界中的存在的什么东西,均会改变我们自我理解的**内容**。哥白尼和达尔文彻底改变了地心说和人类中心主义的世界观。事实上,关于恒星轨道的天文学错觉被破坏后所留下的痕迹,远不如人类在自然史中的地位在生物学上的幻灭来得深刻。科学发现越接近我们的身体性存在,就越让我们对自我的理解感到不安。脑研究在意识的生理学层面上引导着我们的行动。但它是否也会改变我们对那些伴随着我们所有行动的权威与责任的直觉式认识呢?

如果我们与马克斯·韦伯(Max Weber)一道,来审视"世界的祛魅"的诸多起点,我们就会意识到什么才是利害攸关的问题。通过客观观察与因果解释,就能够把握大自然,在这个意义上说,大自然是去个人化的(depersonalized)。作为科学的对象,大自然就不再是人们所指涉的社会框架的构成部分,在这个框架中人们得以彼此沟通、互动,并互相归赋意向与动机。那么,如果这些人逐渐将**自身**纳入科学描述之中,他们又将会变成什么样呢?常识是否会最终同意不仅接受有悖直觉的科学**知识**的指导,而且完全被它所吸收呢?哲学家威尔弗里德·塞拉斯(Wilfrid Sellars)1960 年在其著名文章《哲学与人类的科学形象》(Philosophy and the Scientific Image of Man)中阐述了这个问题,并通过这样一种社会场景来回应这个问题,即我们日常生活的旧式语言游戏因为赞同心理过程的客观化描述而被抛弃了。

这一逐渐消亡的心智自然化图景就是人类的科学形象,它形成于物理学、神经生理学或者进化论的外延性概念中,同时又导致了我们自我理解变得完全非社会化。然而,如果人类意识的意向性,以及我们行为的规范性都能通过这样的客观化自我描述而得到完整解释的话,那么心智的自然化也就能够实现了。所需要的理论将不得不解释,比方说行动者是如何遵从或违反规则的,它们是如何合乎文法、如何变得概念化,或者具有教化意义的。③ 塞拉斯的追随者们误会了他们老师这一充满悖论、作为研究纲领的思想实验。④ 我们日常(everyday)心理学的科学"现代化"这一工程⑤导致出现了很多尝试,它们根据

---

③ Wilfrid Sellars, *Science*, *Perception and Reality* (1963; Altascadero, Calif.: Ridgeview, 1991), p. 38.

④ Paul M. Churchland, *Scientific Realism and the Plasticity of Mind* (Cambridge: Cambridge University Press, 1979).

⑤ John D. Greenwood (ed.), *The Future of Folk Psychology: Intentionality and Cognitive Science* (Cambridge: Cambridge University Press, 1991), "Introduction," pp. 1 – 21.

生物学对思想的内容给出语义学-目的论语义学-解释。⑥ 但是这些最为超前的努力甚至都以失败而告终，原因似乎是我们用以投诸达尔文式的语言游戏，如变异与适应、选择与生存的目的性（purposefulness）概念太过贫乏，难以解释"是"与"应该"之间的差异。倘若我们违反规则——错误地应用一个谓词或者违反一个道德规则，这样的差异就暗含其中。⑦

在描述一个人如何做某些她不想做的事情、也不应该做的事情时，我们描述她的方式不同于我们描述科学对象所用的方式。对人的描述默认包括了言说者和行动者的前科学自我理解的要素。如果我们将一个事件描述为一个人的行动，那么我们就会知道，我们描述的东西不仅可以**解释**为自然过程，而且如果需要的话，也是可以得到辩护的。在背景中总是有着人的形象，他们可能会彼此要求为自身进行解释，他们与生俱来就参与规范意义上得以约束的交互之中，并在公共理性的范围内遭遇彼此。

这一视角与日常生活一道，解释了辩护的语言游戏和**单纯**描述之间的差异。甚至那些针对解释的非还原主义策略到头来还反对这种二元论。⑧ 毕竟，他们也从观察者的视角提供了描述。不过对于我们日常意识的参与者的视角而言，尽管研究的辩护性实践建基于此，但这样的视角既不能轻易被整合，也不能简单附属于观察者的视角。在我们的日常交往中，我们的注意力往往集中在被我们视为第二人称的他者（others）身上。是否理解来自他人的肯定或否定的态度，也即是否理解我们彼此应该给出或期望得到的富有争议的陈述，这一点与其他人会采取什么样的态度密切关联。对那种蕴含着责任的权威的认识乃是我们自我理解的核心要义，它只向参与者的视角显示出来，但同时又回避任何修正性的科学描述。如果科学中的科学信念某一天通过客观化的自我描述，不仅构成那些作为人的行动者的自我理解的补充，而且也替代了这种理解的话，那么这样的科学信念就不是科学，而是糟糕的哲学。如果要形成某个判断，

---

⑥ Wolfgang Detel，"Teleosemantik. Ein neuer Blick auf den Geist？" *Deutsche Zeitschrift für Philosophie*，vol. 49，no. 3（2001），pp. 465－491. 目的论语义学立足于新达尔文主义假设和概念分析之上，它致力于表明，那些运用符号并表征事实的生命体的规范意识是如何得以发展起来的。按照这一进路，人类心智的意向框架发端于特定行为（比如蜜蜂跳舞）的选择优势，它被解释为那些属于相同物种的行为的表征。那么，与这种标准化的复制品的背景相反，各式不同行为就应该被解释为错误的表征，这就为规范性的起源提供了一个自然的解释。

⑦ Wolfgang Detel，"Haben Frösche und Sumpfmenschen Gedanken？ Einige Probleme der Teleosemantik，" *Deutsche Zeitschrift für Philosophie*，vol. 49，no. 4（2001），pp. 601－626.

⑧ 有诸多概念乃适用于更低级的进化阶段，这些研究策略通过避免描述这些概念中的更高级进化阶段的过程，来阐释涌现于更高级进化阶段的（有机生命或人类的）新属性。

那么对于这一任务的常识而言,没有什么科学能够消解这样的常识,即使它在科学意义上很可靠,而且这样的判断可能涉及我们应该如何应对分子生物学描述中的那种前人格意义的人类生活,恰恰正是这样的描述才使得基因干预得以可能的。

三、民主常识和宗教

这样看来,常识与行动者能够采取行动、制造和纠正错误的意识联系在一起。常识反对科学,它坚持自身的视角,从而保持了自己的立场。另一方面,那种对自主的相同意识,它避开了自然主义还原,同样也是与宗教传统保持距离的理由,我们自身则无论如何都不得不依赖于这种传统所蕴含的规范性的东西。通过强调其理性的辩护,科学似乎最终成功地与可靠的常识处于同一个阵营之中,这种常识在宪政国家的大厦中占有一席之地。当然,契约主义传统同样有其宗教根源,它植根于伟大的世界宗教的崛起所带来的伟大思想革命。但是,根据现代自然法所形成的法律和政体的这种合法性依赖于宗教渊源,这个渊源自其世俗化以来已经存续很久。在反对宗教的同时,民主的常识一再强调那些不只为单个宗教群体成员所接受的理由。因此,自由主义国家使得信徒们怀疑,西方世俗化可能是一条单行道,规避了作为边缘的宗教。

事实上,宗教自由的另一面就是平复世界观上的多元主义,这样的世界观在分配负担时并不均衡。迄今为止,只有信奉宗教的公民才需要将自己的身份分割为公共部分和私人部分。他们必须把他们的宗教信仰转换成世俗语言,这样他们的观点才有机会获得大多数人的支持。不妨来举一个例子,在德国,天主教徒和新教徒声称在子宫外受精的配子具有人权主体的地位;这就是他们如何试图(我认为是个糟糕的尝试)将人类与上帝的相似之处转化为宪法的世俗语言。不过,只有当世俗方面对宗教语言所固有的表达力仍然保持敏感时,致力于寻求普遍可接受性的那些理由,才不会有失公允地将宗教排除在公共领域之外,也不会切断世俗社会与意义的重要来源之间的关联。无论如何,世俗和宗教理由之间的界限是不固定的。因此,确定这些争议的边界就应该被视为一项需要合作的任务,它要求双方都要采取对方的视角。

自由政治必须避免将针对社会的世俗的自我意识所存在的持续争议外部化,也就是说,不要将其仅仅降位于人类整体中的宗教群体。民主常识不是单数形式;它描述了代表**众多声音的**公众的心理状态。在听到对那些认为这样的决定违背其信仰的反对者的异议之前,世俗世界中大多数人不得不在这样的问题上做出决定;他们必须将这些异议视为一种拖延的借口,目的在于检视从中可以学到些什么。不妨来看看其道德基础的宗教渊源,自由主义国家应该意识到黑格尔的"常识文化"在面对完全新颖的挑战时,可能没有达到描绘其自身起源的清晰表达的水平。今天,市场上无处不在的语言将所有人际关系置于针对自身偏好的自我中心导向的约束之下。然而,由相互承认构成的社会纽带,不能仅仅用契约、理性选择以及利益最大化的概念来加以说明。⑨

因此,康德拒绝让绝对的"应然"被吸进那种自视开明的自利的漩涡之中。他将主体的自由扩大至自主性的范围,由此给出了形而上学之后对宗教真理解构的世俗化,但同时也是拯救的第一个伟大的世俗化例证。在康德那里,神圣命令的权威始终显而易见地回响在无条件的道德义务的有效性中。可以肯定的是,康德用他的自主性概念,摧毁了人类作为上帝之子的传统形象。⑩ 不过他通过对宗教内容的批判吸收,抢先解决了这一收缩所导致的微不足道的后果。他进一步试图将"极端邪恶"这一观念从圣经语言转化为理性宗教的语言,这一努力看起来似乎不太有说服力。今天,再次以这样一种毫无约束的方式来处理圣经遗产,就表明我们仍然缺乏充分的概念来说明,什么东西是道德上错误的与什么东西是极端邪恶的这两者之间的语义学差异。尽管没有所谓的恶魔,但堕落的大天使不但在可怕行为的反常扭曲中祸害万方,而且在随之而来的毫无约束的报复之强烈冲动中也是如此。

有鉴于它曾经只打算消除一些有重要意义的东西,世俗语言给人们留下无尽的烦恼。当罪恶时代转变为罪魁祸首,并将打破神圣律令视为违反人类法律的罪行时,就会失去一些东西。宽恕的愿望仍然与消除造成他人伤害的理智的愿望密切相关。更令人不安的是,过去对遭受虐待、贬抑和谋杀的无辜人民的不公正所造成的痛苦无法逆转,其影响远远超出人类能力所及的补偿范围。失去复活希望被强烈地视为一种空虚。马克斯·霍克海默(Max Horkheimer)用他有着充分理由的怀疑论——"被屠杀的人真的被屠杀了",驳斥了瓦特·本雅明(Walter Benjamin)对人类记忆中固有的、对于补偿的记忆力量的强烈或过度

---

⑨ Axel Honneth, *The Struggle for Recognition*, trans. Joel Anderson (Cambridge: Polity, 1995).

⑩ 1793 年《单纯理性限度内的宗教》(*Religion within the Limits of Reason Alone*)第一版前言的第一句话就是:"既然道德是建立在人这种自由的存在者的观念之上,人这种存在者又正因为自由而通过自己的理性使自己受无条件的法则的制约,那么,道德也就既不为了认识人的义务而需要另一种在人之上的存在者的理念,也不为了遵循人的义务而需要不同于法则的另一种动机。"参见 Immanuel Kant, *Religion within the Limits of Reason Alone*, trans. and intro. Theodore M. Greene and Hoyt Hudson (La Salle: III. Open Court, 1934), p. 3.

的期望,不过这样的怀疑论远非否定对改变那些无法继续被改变之物的无助冲动。本雅明和霍克海默之间的信件来往可以追溯到 1937 年春天。无论是真正的冲动还是其最终毫无效果的表现,都因为"与过去妥协"(阿多诺语)这场必要又无望的实践而在那场大屠杀之后得以延长。它们也显见于因为这一实践的不恰当而产生的日益严重的悲叹之中。在这样的时刻,现代性的那些原本有着怀疑精神的儿女们,似乎相信相比于他们在转化宗教传统中所能通达的东西,他们彼此之间的亏欠更多,并且他们自己的需要也更多——就好像后者(指宗教传统转化)的语义的潜力仍然没有用尽。

四、一场关于遗产的争论:哲学 VS 宗教

在康德之后,德国哲学史可以根据这一充满争议的遗产审判来进行理解。到中世纪末期的时候,基督教的希腊化导致宗教与形而上学之间形成共生关系。这样的共生关系又一次被康德所打破。他在理性宗教的道德信念与启示真理的积极信念之间划出一条清晰的界线。从这个视角来看,尽管信仰当然对"灵魂改善"做出其贡献,但是"因为其规程与仪式的附属内容的缘故……信仰一点一点地……最终变成桎梏"。[11] 对黑格尔而言,这就是纯粹的"启蒙的教条主义"。他揶揄理由所获得的这种得不偿失的胜利,就像那些蛮族尽管是胜利的一方,但又向征服者的精神臣服,因为它只是"通过外在的统治而占有优势"而已。[12] 因此,在黑格尔那里,对理性的**界定**就被其所**包含**的理由所取代。黑格尔将上帝之子被钉死于十字架上作为一种思维方式的中心,它试图将基督教的积极形式融入其中。上帝的道成肉身成为哲学精神的生命象征。甚至绝对也必须在它的他者中实现其自身,因为只有当它经历对自我限制的痛苦否定时,它才会体验到作为绝对权力的自身。因此,宗教内容通过哲学概念而得以保留。不过与被牺牲的历史一道,黑格尔牺牲了拯救未来的承诺,用以换取在其自身中旋转往复的世界过程。目的论最终又退回到一个循环之中。

黑格尔的学生以及追随者们打破了这种永远重复相同事情、前景沉闷的宿命论。他们希望在团结实践的政治努力中实现其非宗教的内容,而不是理智的宗教思想。正是这种对天国的庸俗化的尘世实现的悲怆,在背后驱动着从路德

---

[11] Kant, *Religion within the Limits of Reason Alone*.

[12] G. W. F. Hegel, *Faith and Knowledge*, trans. Walter Cerf and Henry S. Harris (Albany: State University of New York Press, 1977).

维希・费尔巴哈(Ludwig A. Feuerbach)与马克思到恩斯特・布洛赫(Ernst Bloch)、本雅明和阿多诺从事他们的宗教批判:"没有任何神学内容会在未被转换的情况下持续存在;每一内容都不得不让其自身接受迁移到世俗、也即非宗教领域的考验"。⑬与此同时,从历史进程中可以明显地看出,这样一个计划对理性要求太多了。当理性在这些苛求之下对自身正充满绝望的时候,尽管带着纯粹的方法论意图,阿多诺还是牢牢把握住了来自救世主视角的帮助:"除了通过救赎世人普照大地,知识没有任何光明。"⑭这里适用于阿多诺的东西,正是这样一个待处理的问题——"知道没有什么上帝,尽管如此还是相信他",⑮它是霍克海默在面对批判理论时的整体上的目标。今天,雅克・德里达(Jacques Derrida)从不同的前提出发,也形成相似的立场——在这方面也是阿多诺奖(Adorno Prize)的当之无愧的赢家。他所要保留弥赛亚主义的只是"被剥离一切的弥赛亚精神"。⑯

　　然而,哲学和宗教之间的界限实则是埋在地下的根基。**理性公然否定了自身**,它很容易因为被诱惑而向那些已经被剥夺了关键要素和形象、变得籍籍无名的神圣权威寻求借力。与海德格尔一起,祈祷骤变为回忆。但是,如果把最后审判的那一天化为存在史上一件未确定的事件,就不会有什么新的洞见了。假如要在回到基督之前和苏格拉底之前的远古开端时,就实现了后人本主义的话,那么宗教媚俗的时刻就会到来。然后,艺术百货商店向世界各地的祭坛敞开大门,祭司和巫师从指南针上的四个点飞来进行独家展览。相比之下,除了败而不溃之外,非宗教的理性对于炽热的余烬有太多的尊重,并一次又一次被神正论问题重新点燃,而无法构成对宗教的冒犯。众所周知,对神圣权威的不敬始于那些世界宗教,它们祛魅了魔法、解蔽了神话、升华了牺牲,又揭示了秘密。因此,它能够在丝毫没有忽略其视角的情况下保持与宗教的距离。

⑬ Theodor Adorno, *Critical Models: Interventions and Catchwords*, trans. Henry Pickford (New York: Columbia University Press, 1998), p. 136.

⑭ Theodor Adorno, *Minima Moralia: Reflections from Damaged Life*, trans. Edmund F. N. Jephcott (London: New Left Books, 1974), p. 247.

⑮ Max Horkheimer, "Kritische Theorie und Theologie," (Dec. 1968), p. 508 in *Gesammelte Schriften*, vol. 14, pp. 507 - 509.

⑯ Jacques Derrida, "Faith and Knowledge: The Two Sources of 'Religion' at the Limits of Reason Alone," in Jacques Derrida and Gianni Vattimo (eds.), *Religion* (Cambridge: Polity; Stanford: Stanford University Press, 1998), p. 18; cf. also Jacques Derrida, "Den Tod geben," in Anselm Haverkamp (ed.), *Gewalt und Gerechtigkeit* (Frankfurt am Main: Suhrkamp, 1994), pp. 331 - 445.

五、以基因工程为例

这种矛盾心理也可能导致合理的态度,也就是保持与宗教的距离,而不必无视它所提供的视角。尽管公民社会已经被文化争端撕裂,但这种态度可能有助于为它的自我启蒙设定正确的道路。后世俗社会就像宗教对待神话那样,为了宗教本身而继续做着这项工作。可以肯定的是,这不是出于怀有什么敌意的强行接管中蕴含的多样化意图,而是出自在面对其自身领域中稀缺的意义资源时,对内心产生的无序状态的相应反应的关注。民主的常识必须忧心因为媒体而引起的冷漠,以及面对所有差异时出现的盲目而又琐碎的会话,事实上这些差异的确有所不同。那些道德情感,目前只能通过宗教语言来对它们给出充分差异化的表达。一旦某种拯救性表述因为某个几乎已经被遗忘、却隐隐错过的东西而出现时,这样的道德情感就有可能找到普遍的共鸣。非破坏性的世俗化模式指的就是转换。它作为全世界世俗化的力量,这就是西方世界可以从其历史中所吸取的教训。如果它以一种可靠的方式将其自身的这一复杂形象呈现给其他文化,那么跨文化关系可能会找到一种适用的语言,而不仅仅是军事和市场。

比方说,在关于以什么方式处理人类胚胎的争论中,许多声音仍然让人想起摩西的第一本书——《创世记》1：27 中的话:"神就照祂的形像创造人,祂照神的形像,创造他。"为了"在上帝的样式中"理解"肖神性"意味着什么,人们不必相信作为爱的上帝创造出像他一样的自由的造物,一如亚当和夏娃。人们知道,如果不承认他者中(in the other)的自我,就不可能有爱,如果不相互承认,就不可能有自由。因此,拥有人形的他者,其自身必定是自由的,这样才能够回到上帝的爱。然而,尽管他与上帝相似,但这个他者也被想象为上帝的造物。关于他的起源,他不可能与上帝同等出身。这一形象的**造物本性**表达了一种直觉,在当下情境中,这种直觉所指向的是那些对宗教内涵毫无感觉、毫不在意的人。在神圣的"创造"与单纯地"来自"上帝之间,黑格尔对它们的区别有他自己的看法。只要我们不去平衡在创造者和造物之间存在的绝对差异,上帝仍然是"自由人的上帝"。只有这样,上帝赋予人类生命以形式这一事实,才不会蕴含着干预人类自己决定的一种决定。

因为作为创造者的上帝与作为救赎者的上帝,都在他一个人中,所以在他的行动中,这个创造者不需要像技术人员那样遵守自然法则,或者像生物学家或计算机科学家那样遵守道德准则。从一开始,上帝呼唤生命的声音就在一个道德敏感的宇宙中传播。因此,上帝既可以在能够使他自由的意义上,同时也是在迫使他自由的意义上"决定"了人。现在,人们不必为了理解这一点意味着什么而相信这类神学前提,也即无需相信只有创世观中所固有的差异消失,上帝的位置被身份相同的人取而代之的情况下,被知觉到的那种带有因果特征的、完全不同的依赖才变得有所关联。换言之,假如一个人根据其自身喜好,毫无理由地(至少在反事实意义上)假定相关的另一个会同意,来随意干预父母染色体组的随机组合的情况下,那种状况才会出现。这样的解读出现了我在其他地方讨论过的问题:难道第一个可以**依其所愿行事**的人,在决定另一个与他同时存在的人的本质时,不会为了确保他们的差异,而破坏同等出生的人之间存在着的同等自由吗?

(责任编辑:王聚)

作者简介:于尔根·哈贝马斯(Jürgen Habermas),德国法兰克福大学荣休教授。

译者简介:方环非,哲学博士,绍兴文理学院马克思主义学院教授,研究方向为知识论、科学哲学、伦理学、国外马克思主义等。

意义作为使用与圈内圈外之争
——论维特根斯坦后期语言哲学对跨宗教和跨文化对话的意义

成静

【摘　要】是持特定宗教信仰的宗教圈内的人，还是这个圈子外面的人，能更准确地认识一个宗教？随着全球化的进程，不同宗教文化传统之间的遭遇越来越频繁，这个问题进一步涉及认同了不同宗教传统的人如何交往共处的问题。维特根斯坦后期的哲学由于坚持一个语词的意义只有在其实际的使用中才能得到正确的把握，常常被解释为对圈内主义的辩护，然而他对所谓"私有语言"的否定又促使我们怀疑这种简单处理的合法性。本文从"意义在于使用"这一后期维特根斯坦语言哲学的基本命题出发，进一步探讨了维特根斯坦对唯我论和私有语言的否定，从而揭示出无论是圈内主义还是圈外主义其实都会受到维特根斯坦的批评。

【关键词】后期维特根斯坦哲学　语词意义　私有语言　宗教对话

　　在近现代宗教学研究中一个备受争议的问题是：是宗教圈内的人，还是圈外的人更能正确地认识一个宗教，评判其真理性和价值？我们常常会听到某个宗教内部的信徒说，除非某人经历他们在其宗教传统中所经历的，这人就不能理解他们所信的——如此他们可以被称为"圈内主义者(internalist)"；正如禅宗所说，"如人饮水，冷暖自知"。另外一方面，我们又看到很多站在宗教圈外的人声称他们比圈内的人能更加客观地看待和评价这些人的行为——如此他们可以被称为"圈外主义者(externalist)"；古语云："当局者迷，旁观者清。"

　　近现代的全球化进程使得不同宗教文化传统之间的遭遇越来越频繁，圈内圈外的问题又获得了更多的内涵。这个问题不仅涉及某一宗教的信徒和将信仰搁置一边的学者是否能够互相理解的问题，更涉及认同了不同宗教传统的人如何交往共处的问题：我们是要坚持自己对某一精神传统的委身并且以此为标准来评判其余的传统？还是要各自将自己的信仰体系搁置一边，去寻求一种跨体系的标准？前者常常成为宗教和文明冲突的促因，后者则被证明不可行，因为不同宗教和文明之间不可通约。① 德国宗教哲学家汉斯·尤利乌斯·施耐德(Hans Julius Schneider)指出"在宗教研究中**理解的**路径是必要且可能的"，并且指出后期维特根斯坦的语言哲学为这一路径提供了支持。② 在这里根本的问题是生长于不同地理、历史、社会、文化背景下具有不同喜好性情的人如何能够彼此交流，如何可能真的互相理解？

　　在此，维特根斯坦后期语言哲学的主张——语词的意义必须要在其实际应用中，在其"生活形式"(die Lebensform)中才能被理解，似乎可以作为对圈内主义的辩护。③ 可是他对私有语言(某种只能为说话者自己准确地理解的语言)的批驳让我们不得不怀疑这种对他的哲学主张的诠释。**本文**将对维特根斯坦后期的语言哲学做一番探讨，阐明为何维特根斯坦后期的语言哲学并不见得支持圈内主义的立场，同时指出在维特根斯坦后期哲学的视野下圈外主义的问题在哪里，最后在此基础上探求解决圈内圈外之争的新出路。

---

① 汉斯·尤利乌斯·施耐德：《求诸精神可否弥合文化隔阂与宗教隔阂》，杜君瑛、马成慧译，刘剑涛校，载张庆熊、孙向晨主编：《现代外国哲学》总第 17 辑，上海：上海三联书店，2020 年，第 303 页。

② 同上。

③ 例如，Iakovos Vasiliou, "Wittgenstein, Religious Belief, and On Certainty," in Robert L. Arrington and Mark Addis (eds.), *Wittgenstein and Philosophy of Religion* (London and New York: Routledge, 2001), p.32. 尹哲则认为，"维特根斯坦关于原始社会中巫术或宗教仪式的情感主义立场，从另一角度而言就是强调了对事物理解的'第一人称性'或者'参与性'。也就是说，某一仪式的意义和价值只有当事者最有资格进行评述，因为当事人对此的体会会最为深刻。"见尹哲：《维特根斯坦论原始社会中的巫术与宗教》，《世界宗教文化》2011 年第 3 期，第 54 页。

一、意义作为使用

语词的意义在于其使用,这一洞见开启了维特根斯坦后期的哲学思想。由此他转离了他前期视语言为对世界的图像式描述的路径。在其前期的哲学建构中,维特根斯坦认为语言是由一系列的命题组成的;而一个命题又可以被进一步分析为基本命题;一个基本命题又是由名称组成的;名称指称世间的事物;事物共同构成世界的原子事实;而原子事实被语言中的基本命题所反映;原子事实一起构成事实,事实由命题陈述;而所有的事实一起构成世界,世界由语言来描画。④ 这种在一般人看来一目了然的关于语言的理论,后来却被维特根斯坦斥为对语言的幻觉。⑤

陈保亚解释说维特根斯坦之所以放弃了语言的图像论,是因为根据这种理论,"只有名称(词)对应对象,命题(句子)对应事实,才构成有意义的命题"。⑥ 而我们若要判断一个命题的名称是否有对应的对象,首先要有关于名称的定义。⑦ 可是在我们的自然语言中,有些最初始的词的意义不可能通过定义来获得,例如"不""笑""生"这样的词——对于这些词的定义或解释必定会陷入循环,即用来定义或解释这些词的字词本身要由这些词来定义或解释。⑧

词典的定义总是相对的,但是我们何不视那些无法定义的词为对世界和生活中的事或物的直指或命名呢? 在维特根斯坦看来,奥古斯丁在他的《忏悔录》第一卷第八节就阐述了这样一种对语言的理解,但是维特根斯坦认为这种对语言的理解太狭隘,不足以描述语言的整体,也不够根本。⑨ 维特根斯坦认为当我指着一碗水说"这是水"时,将碗里所盛的东西命名为"水"只是许多种语言表达里面的一种,我说这话的场景、表情、声调都会影响这句话的意义,你需要先明白我的表达类型——给事物命名——才能明白我在把这碗东西命名为水。而且,你怎么确切地知道我是把碗里的液体命名为"水",而不是碗或是我指着碗

④ K. T. Fann, *Wittgenstein's Conception of Philosophy* (Berkeley and Los Angeles: University of California, 1971), ch. 2.

⑤ Ludwig Wittgenstein, *Philosophical Investigations*, trans. G. E. M. Anscome, 3rd ed. (Malden, Oxford and Carlton: Blackwell, 2001), I, §109. 以下简写为 PI.

⑥ 陈保亚:《意义即用法,规则即类推》,《北京大学学报(哲学社会科学版)》2015 年第 1 期,第 117 页。

⑦ 同上书,第 118 页。

⑧ 同上书,第 119 页。

⑨ PI, I, §1-3.

的手呢？为了澄清这一点，许多另外的解释又要牵扯进来。于是我们又回到了前面词典定义的困境。

其实维特根斯坦在开辟他的新的语言哲学的路径时，一开始就先带领我们去看孩子最初是如何学会某种语言的。我们在教孩子说话的时候，似乎总是先教他们某些具体物件的名称，可是这是一个怎样的过程呢？当一个幼儿园的老师教孩子一个词的时候，她要指着某个东西说出这个东西的名字。在这样做的时候，为了保证孩子把她所教的词和她所指的事物对上号，她需要为孩子设立场景。例如当她指着一个画着红苹果的卡片教孩子"这是苹果"时，为了保证孩子不是把所有红色的东西都叫做苹果，她可能还要拿着另外一张画着红色草莓的卡片告诉孩子"这是草莓"。当她拿着画有红色苹果的卡片教孩子"这是红色"时，她可能还要拿着另外一张画有黄色苹果的卡片告诉孩子"这是黄色"，或者拿着画有红色草莓的卡片告诉孩子"这也是红色"。此外，为了确定孩子的确在学，她需要让孩子重复她说过的。怎么让孩子做到呢？也许在孩子没有跟着她做时她会皱眉，而如果孩子跟上了她会冲他笑从而鼓励他继续。进而，为了检验孩子的学习效果，老师可能会给孩子一个小测验，要孩子说出一个他已经学过的东西的名字；每当孩子说对了，她会鼓掌，当孩子说错了，她会摇头，等等。维特根斯坦指出，这种语言的教学"不是解释，而是训练"[⑩]。在这里重要的是，除了老师指向一个东西说出它的名字以及孩子的复述，还有很多别的事情要进行：老师摇铃，做表情，鼓掌，摇头，等等。所有这些都是老师为了跟孩子交流采取的行动，没有这些交流活动，孩子就不可能学会一个事物的名称。维特根斯坦把这种交织在语言中的活动和语言构成的整体称作"语言游戏"。[⑪]

在观察了孩子学习母语的过程之后，维特根斯坦进一步带领我们思考人类从一开始是如何有了语言的。在上面的情境中，其中的一个交流者——老师已经精通了一门语言，而她的教导帮助孩子学着跟她说话。想象一下在人类历史的原始时期，没有哪个人头脑里面有某种成体系的语言。人与人之间是如何开始交谈的呢？维特根斯坦会说，人与人之间进行交流的必要性是他们在一起生活和工作的过程中产生的——当他们在一起打猎，一起种植，一起盖屋子，一起吃饭，一起庆祝，等等，人类最初是在一起学着说话的。语言游戏不只是包含了儿童的玩乐还包含了整个人类生活。如此"语言游戏"这个词表明"这样一个事

---

⑩ PI,I,§5. 若无特殊说明，本文中《哲学研究》（*Philosophical Investigations*）的引文均由作者从 G. E. M. Anscome 的英译本参照德文版译出。

⑪ Ibid.，§7.

实——说某种语言是某种活动的一部分,或,是某种生活形式的一部分"。⑫

在这个过程中,为了人们集体活动的方便,特定的事物被给予了特定的名称。我们可以想象一下一只本来是某家宠物的猴子被遗忘在森林里。当它觉得渴时会喝河里的水,当它觉得饿时会摘树上的果子吃。它不需要和别的猴子交流,于是它也不需要有语言才得以生存。同样,人类的语言也是在人与人之间合作的劳动以及互相交流的生活中产生的。只有当一个人需要和另外一个人一起对水进行处理——例如叫另一个人给自己打一桶水,指称水的词才有必要。没有这种人与人之间的合作,对事物的指称就没有必要。

当过工程师的维特根斯坦给我们举了这样一个例子,告诉我们一个事物如何通过参与到一个整体中获得意义:

> "我通过连接钢条和杠杆设置了制动闸。"——是的,但这要先有整个机器的其他部分。只有当它和那些联系在一起,它才是制动闸的杠杆,离了那些它连杠杆都不是;它可以什么都是,或者什么都不是。⑬

也许有人会说:"但是当你制造这台机器时,难道不是从某个部分开始的吗?例如,先放上底盘?"维特根斯坦会说:"没错,但是如果你在放上底盘后不继续后面的安装工作,放这个底盘就是没意义的。"没有后面的工作,底盘也不成为底盘了,它可能只是一块铁板而已——尽管它可以被用作一台机器的底盘——它可以被用作各种用途,例如,放在一片泥泞的地上供人踩在上面免得把脚弄脏,等等。

在此我们看到当维特根斯坦强调语词的意义在于对语词的使用时,他着眼的是语言的整体,而不是单个的句子,是语言在人类生活的情境中扮演的角色,而不只是在人头脑中的概念体系里的功用。我们不能否认语言有指称世间事物的功用,但如果仅止于此,那么语言真正的功用或意义还没有得到完全的实现。正如费尔哥斯·科尔(Fergus Kerr)在诠释维特根斯坦时说的,"所有的意义,甚至是指出某种东西的手势,必须与人类共同劳作的整个体系有概念的联系。"⑭在维特根斯坦早期对语言的看法中,世界在语言中被对象化了,但是在他

---

⑫ PI, I, §23.

⑬ Ibid., §6. 此处采用陈嘉映的译文,见维特根斯坦:《哲学研究》,陈嘉映译,上海:上海人民出版社,2005年,第6页。

⑭ Fergus Kerr, *Theology after Wittgenstein* (Oxford: Basil Blackwell, 1986), p. 76.

后期关于语言的洞见中,语言参与到了人类的生活世界中。

二、唯我论的幻觉

到此为止,在我们的辩论中圈内主义者会欢迎维特根斯坦的理论并且认为他会赞同他们的立场,他们会不愿意听圈外的人质疑他们的信仰的话。这种立场,说到底是一种唯我论。如何才能让一个唯我论者放弃他的幻觉? 在此维特根斯坦要告诉他:你进行思考的能力和你意识到自我存在的能力其实有赖于你说话的能力,而这个说话的能力最终是以你参与到人类共同体中为前提的。正如科尔所说:"我无法指称周围世界的事物,我的心智更不可能有自我超越的时刻,除非我是在一个传统中被养大,而这个传统又是由除了那两个相对比较唯我的行为之外很多其他实践支撑着的。"⑮

这是不是说我们要会说话才能有自我意识呢? 这一点并不显而易见,我们需要在这里稍作解释。我们还是可以想象森林里的一只猴子,或者是一个出生后就被扔到森林里的人,⑯这个猴子或离开人群在森林里长大的人会渴了就喝,饿了就吃,看见天敌就逃,觉得疼就叫……我们不能说这个猴子或人没有知觉,它(或他)在做那些事情的时候应该还是有意识的,但是这样一个猴或人不会说或者不能说"**我意识到我在做这做那**"。也就是说,我们可以说猴子或那个从小在森林里长大的人有内知觉,但是它(或他)不会进行内省。

这是因为内省作为一种将自身把握为对象的思维活动需要借助语言来完成。语言,作为我的心智和物理世界之间的媒介,使我能够将外在世界的事物(其中包括我和外界的交往)对象化;它使我能够超越外部世界,从而意识到一个处在"高处"的思维的我。猴子由于没有语言,所以它只是吃果子,尽管当我们看到这件事时我们会把猴子描述为事件的主体,把果子描述为事件的客体,但是由于猴子脑子里没有"这是一个果子"这样的判断,所以它完全沉浸在对果子的享受中,与果子融为一体,并不区分彼此。猴子和果子一起参与在这个事件的整体中——大自然并不区别对待动物和植物,并不区分主体和客体。

正如我们在前面已经看到的,语言为不同的人之间的交流提供了通用的表达和概念。维特根斯坦更是指出语言是在人们的交流与合作中产生的。有人

---

⑮ Fergus Kerr, *Theology after Wittgenstein*(Oxford: Basil Blackwell, 1986), p. 73.

⑯ 的确有人曾经在幼年就被带离人类社会和动物一起长大,最后言语行为都与所处的种群相似,无法学会人类的语言,也难以重新融入人类社会。

会说动物之间应该也有交流与合作，那么它们应该也有某种意义上的语言。的确，这一点维特根斯坦应该也会承认。[⑰] 但关键是，它们没有概念性的语言，而正是在人类的概念性语言中世界被对象化了。动物的语言只存在于它们实际的彼此交往中；它们从来不曾有从它们的生活形式中被抽象出来的语言——它们没有文字记载的或书写的语言。我们有书写的语言是我们将外在世界对象化的结果，是因为我们企图就它做出**普遍的陈述**。而这种书写的语言进一步为我们提供了更多将周遭世界对象化和概念化的工具。也正是由于有了概念性的语言，我能把我自己作为一个对象进行审查，由此我有了关于"自己"的知识，而唯我论也有了得以生长的土壤。

三、私有语言的困境

"我从来不想说我是世上唯一的主体"，圈内主义者会说，"但你不得不承认每一个主体都是独特的，别人无法真正理解我的感觉，当我描述我的感受时他们也无法真正明白我说的。"在这里维特根斯坦却要说，这话"在一种意义上是错的；在另一种意义上没有意义"。[⑱] 何以如此呢？我们来看一下维特根斯坦自己的论述：

> 在什么意义上我的感觉是**私有**的？——那是，只有我知道我是否真的疼；别人只能推测。——这在一种意义上是错的；在另一种意义上没意义。如果我们依正常的用法使用"知道"这个词（否则我们又该怎么用！），那么我疼的时候别人经常知道。——不错，但还是不如我自己知道得那么确切！——一个人一般不能用"我**知道**我疼"这话来说他自己（除非在开玩笑之类）。——这话除了是说我有疼痛还会是说什么呢？
>
> 不能说别人仅只从我的行为举止中得知我的感觉，——因为我不能用得知自己的感觉这话说到我自己。我**有这些**感觉。
>
> 正确的是：说别人怀疑我是否疼痛，这话有意义；但不能这样说我自己。[⑲]

---

⑰ PI, I, § 25.

⑱ Ibid. , § 246.

⑲ Ibid. , 陈嘉映译文。

在这里维特根斯坦的逻辑是,若要"A 知道 P"这句话有意义,那么它就必须能够排除"A 不知道 P"的可能性,但是"我不知道我疼"这话毫无意义,于是"我知道我疼"这句话也没有意义。说"我知道我疼"无非就是说"我疼"。当然在一些特别的情况下,"我知道我疼"可以有意义,例如表达某种强调或作出某种让步,等等,爱德华·坎特里恩(Edward Kanterian)对此做了很全面的分析,其结论是无论如何那些表达不能说明"我知道我疼"可以成为一种关于认知的陈述。⑳ 本文就不做重复性的细究了。

可是为什么我不能说我自己"怀疑我是否疼痛"? 为什么我不能用"得知自己的感觉"这话说到我自己? 何谓我就是简单地"有这些感觉"? 难道这仅仅只是我们说话的习惯吗? 在前文我们看到我们的自我意识有不同的形态:内知觉和内省。其中内知觉是处于持存状态的意识,而内省是在行动的意识。施莱尔马赫(Friedrich Schleiermacher)称持存的自我意识为"直接的自我意识",或"主体性的意识",称行动的自我意识为"间接的自我意识",或"客体性的意识"。㉑意思是,行动的自我意识或客体性的意识不是我们直接的自我意识,或终极的自我意识。这是因为在每一句"我意识到我在做这或那"的前面我都可以再添加一个"我意识到":"我意识到我意识到我在做这或那",没有止境。直接的自我意识总是从我们的视线退到背后——难怪维特根斯坦对于想要抓住自己意识的人的描述是那么好笑!㉒ 而行动的间接的自我意识总是要以持存的直接的自我意识为背景和基础。施莱尔马赫指出感觉(das Gefühl)只能在我们的直接自我意识,即主体性的自我意识中产生㉓——在我的感觉中我是我所是。我不能说"我知道我觉得如何",因为当我这样说的时候,我就是将我的直接的自我意识,亦即主体性的自我意识置于我的客体性意识的反思之下了。但是虽然在我们的客体性意识里我可以反思我从前的主体性意识的状态——我可以自省——但是我最直接的此时的意识永远不可能成为我反思的对象。凡是成为了对象都是已经过去了的;当下的感觉和情感不能成为我的自我认知的对

---

⑳ Edward Kanterian, "Privacy and Private Language," in Hans-Johann Glock and John Hyman (eds.), *A Companion to Wittgenstein*, 1st ed. (Malden, Oxford and West Sussex: John Wiley & Sons, 2017), p. 455.

㉑ Friedrich Schleiermacher, *The Christian Faith* (Edinburgh: T. & T. Clark, 1986), §3.

㉒ PI, I, §412.

㉓ Friedrich Schleiermacher, *The Christian Faith*, §3.

象。㉔ 在我的自我意识的客体性环节中，我可以自我谴责，自我欣赏，自我反省，但是悲或喜，以及疼痛，都只能出现在我最直接的此在中——它们要么不允许自我认知来把握它们，要么在它的把握下变成了别的东西。别人可以怀疑我是否觉得疼，但我自己不能这样说我自己，因为我的此在可以成为别人观察的对象，但它不能成为我自己的对象。说实话，人真正觉得疼时是无暇反思的。正因为如此，"我知道我疼"这话不只没有意义，它还是错误的。

维特根斯坦说："［感觉］不是某种东西，但也不是无。"㉕它不是某种东西，因为它不能被我们当作一个客体来把握，而对那些把它当作一个客体来观察的人来说，它已经变得不再真实；它不是无，因为它确实存在——我们对它有感知。因此当我说"我疼"，我不能说我是在描述一个私人观察的对象，一个只有我自己能通达的对象；我不过像一个孩子需要帮助时哭喊那样表达我的感受。

在这里我们要清楚的是，我自己不能说你不能理解我的感受：说话的人不能对听他话的人说"我疼"，却又说"你并不真的明白我在说什么"。因为我说"我疼"的能力是从某一个"你"或"他"来的。我会说"我疼"，是因为起初当我有疼痛的经历时有人问我"疼不疼"，他教我不只是用呻吟而是也用"疼"这个词来表达我的感觉。即使不曾有人在我觉得疼时教我说这个词，我也可能因为看到别人有和我类似的经历，比如摔倒了、哭了，然后那个人说"我疼"，于是我学到了"疼"这个词。

其实我们在上一节已经看到语词的意义存在于它的生活形式之中。"疼"这个词也一样。是谁对你说"我疼"？什么时候？在哪里？当他这样说时他经历了什么？你们在一起做什么？等等。这些不应该为我们提供足够的线索，告诉我们应当如何看待他的这句话吗？维特根斯坦说"'我'这个词根本不是某种指称的表达"㉖，因为在对"我"面前的你说话的"我"不能指向"我"，"我"也不需要指向"我"，因为当"我"说"我如何如何"时，"我"就站在你面前，你看见"我"，如"我在"的那样看见"我"。

㉔ 也正因为如此我不能为它命名，从而制造某种只有我自己懂的语言。关于维特根斯坦的私有语言不可能的论证，有很多种不同的解释，有的认为私有语言不可能乃是因为私有语言缺乏公共语言得以生成和使用的公共场景，有的认为是因为我们的记忆不可靠，使得"私有语言"缺乏客观标准，最近也有学者立足于后一种解释，同时汇通前一种解释(见代海强：《记忆与标准："私人语言论证"研究》，《哲学研究》2019 年第 11 期，第 95—104 页)。在本文作者看来，正因为感觉不能被对象化，被对象化的感觉已经不是原来的感觉，因此它不能为我们提供命名的客观标准。而在公共的场景中，虽然我自己不能将我当下的感觉对象化，而我身边的人可以。

㉕ PI, I, §304.

㉖ PI, I, §410.

四、圈内与圈外之争

现在让我们重新回到我们一开始提出的问题。谁是对的？圈内主义者还是圈外主义者？我们刚才对维特根斯坦后期语言哲学的阐述应该已经帮助我们看到两者都有问题：无论是圈内主义者还是圈外主义者，都企图对所谓的宗教经验做出对象性的判断，而维特根斯坦对语言（或我们对语言的使用）的分析提示我们这种做法经不起推敲。

圈外主义者企图将宗教言说从它的生活形式，从产生它的语言游戏中剥离开来，然后对这样一种抽象的宗教语言做一种对象化的解释。因此，他们将不可避免地伤害这种语言的意义，因为这种意义是在圈内人士进行他们的语言游戏中产生的。直至今日，很多宗教圈外的宗教学的学者花费了很多的精力研究宗教实践者的行为活动，但是很多时候他们都有意地和宗教圈内的活动保持某种距离，将这些活动放在他们的"研究箱"里观察，似乎只有这样才是符合学术规范的研究。他们把这种活动看成一种和他们自己的生活不同的"生活的形式（a form of life）"，却从不打算参与到它的"生活形式（life-form）"中去。[27] 于是当他们观看这些游戏时，只是把它们当作游戏——即不是成熟的或严肃的有效益的活动，因此他们无法体会其中的真趣。当他们将这些活动对象化时，他们也在把从事这些活动的人对象化；他们没有尊重他们的研究对象的主体性，必然无法触及圈内人实际的主体世界。

另外一方面，圈内主义者满以为他们拥有他们的宗教经验，有能力把它作为一个客体来看待——只有他们明白其中的意义，他们若愿意也可以把它拿出来放在人前。于是一方面他否定圈外的人有权判断他的言说的真理性，另外一方面他有意无意地想要把圈外的人拉到圈内来，拉到他所拥有的语言的空间里。当他这样做时，他首先忘记了他的最直接的"主体性"经验是无法被客体化

---

[27] 在此本文作者坚持将维特根斯坦的"Lebensform"翻译为"生活形式（life-form）"，而不是"生活的形式（a form of life）"，因为（1）后一种译法含有将生活对象化和一般化的倾向，而这种倾向显然是维特根斯坦所反对的；而前一种翻译的言下之意是语言是植根于真实的生活中的，正与维特根斯坦的"语言游戏"的概念的要旨暗合。（2）这个德语词在《哲学研究》中大部分是以单数的形式出现的，而在它以复数的形式出现的唯一地方是说它应该"被接受""被给予"（PI, II, p. 192）；"生活的形式"这一概念意味着它是可以由我们选择和采取的，例如，选择成为一个基督徒，一个佛教徒，等等，而在其"生活形式"中的东西具有自主性，不由我们来选择。（3）将宗教解释为一种"生活的形式"使人将宗教与文化等同起来——一种文化的确是一种生活的形式，但若将宗教只是视为一种生活的形式，则必将忽略宗教之为终极关切的维度。

的——它不是什么"东西",所以不可以被证实,至少不可以被他自己——这一经验的主体——所证实,即使它是真的。其次,他说除非人信他所信的,否则就无法明白,这其实完全排除了一个圈外人作为一个主体性的存在者成为圈内人的可能性,因为他已经预设了他所拥有的语言不可能在公共领域被共享。第三,当他坚持自己的言说的绝对真理性时,他其实也让圈外人士有权做出类似的宣称;而当他不允许圈外人士论断他的宣称时,他其实也剥夺了自己论断圈外人士的权利,从而其实是让圈外人有权做出关于绝对真理的宣称,结果反而将自己的言说相对化。最后,当他这样做时,他忘记了他用来阐述他的宗教经验的语言原本是从他和圈外人共同生活的世界产生的。[28] 当他用自己的语言勾画一种"生活的形式"时,他只是将它从其原初活生生的"生活形式"割裂了;他只是窒息了自己的语言的活力。当他把他的语言游戏禁锢在他自己的语言的屋子里,没有勇气参加外面的语言游戏时,他自己的语言游戏也会变得乏味(回到维特根斯坦关于机器的比喻,如果那台机器即使已经被完全造了出来,放在一个杂屋里,从来不曾为人类的生活和工作服务,它仍然是"无意义的",更不用说它的那些零部件。若是一场地震来了,就完全把它埋在了地下,不被人知)。

施耐德指出维特根斯坦后期的语言运作理论告诉我们,一个关切整体生活的信仰者不能声称自己"有一个特殊的神秘对象领域——我们可能拥有关于这个领域的某种私人知识甚至私人描述,但就是无法用我们共同的人类语言表达出来"。[29] 尽管如此,我们仍然要以我们已经委身的方式(比如某一信仰体系的语言)言说,但是我们要注意不要将我们所使用的语词从其获得生命的游戏中孤立出来,并且将其原初的意义绑定在一个对应物上,然后企图通过指向这个脱离了语境的对应物来解释这个语词的意义。施耐德指出,维特根斯坦告诉我们:"在不同文化和宗教中怡然自适的不同图像可能在世界不同地方的人努力适应各自环境时有相似[的]用法。"[30]

语言的意义在使用得到理解。因此,施耐德在论及后期维特根斯坦的语言哲学对于弥合宗教隔阂与文化隔阂时提出:"将图像表达之运用作为整体来理解,是与宗教问题密切联系的文化间交流中的必要一步"。[31] 有效的沟通只能在各式各样的生活实践中才能发生。正常人类交流发生的领域应该也是不同宗

---

[28] 正如人类学家基本认同整个人类来源于共同的祖先。

[29] 施耐德:《求诸精神可否弥合文化隔阂与宗教隔阂?》,第 305 页。

[30] 同上。

[31] 同上。

教信仰者、有无信仰者之间发生交流的领域。但是在进入这个领域时,人们必须搁置他所谓的"客观"判断,只有这样他才能真正融入其中的语言游戏。在这个领域中,一个人的生活就是他的言说:正是他的生活赋予他的言说意义,也只有他对他的语言的使用才能证明他的语言的意义。在这里,要是有人说除非你信我所信的,否则你就无法明白我所说的,只会暴露他没有活出他所说的,至少他没能在其生活形式里传达他的语词。在这里,不消我们来判断,真理将自己证明它自己,真理乃是在它自己的生活形式中。

(责任编辑:刘剑涛)

作者简介:成静,系统神学博士,兰州大学哲学社会学院外国哲学副教授,研究方向为基督教哲学。

关于理性与感受*

沃尔夫哈特·亨克曼 著

吴思涵 译

【摘　要】本文对理性与感受之间的诸关联的阐述以西方哲学史上的相关理论为开端,第二部分则聚焦于舍勒面对理性与感受之间的关联复合体在经验的和认识论方面的挑战,如何以现象学的方式"就其本身"来进行回应。在他自己的哲学发展中,他尝试了各种不同的理论模式,其间他部分地采用了理性哲学、文化史和观念论的视角,部分地采用了情感心理学和情感社会学、价值级序或人类学的视角。但依照他的观点,这个问题本质上最终是一个形而上学问题,这个问题——如他所坚持的那样——只有如此才会得到解决,即逐渐消解世界中的身体存在和心灵存在的一切存在论区域里的、乃至神自身中的对抗性力量。

【关键词】理性　感受　舍勒

---

* 本文译自 Wolfhart Henckmann, "Über Vernunft und Gefühl," Christian Bermes and Wolfhart Henckmann and Heinz Leonardy(eds.), *Vernunft und Gefühl* (Würzburg: K&N, 2003), pp. 9 - 24。

1862 年，赫尔巴特主义者约瑟夫·维尔海姆·那罗维斯基（der Herbartianer Josef Wilhelm Nahlowsky）曾写道：鲜少有这样一个心理现象的领域，"恰如感受域那般，为研究工作带来如此大的困难"。[①] 对于这样一种说法——费利克斯·克鲁格（Felix Krueger）曾在 50 年代晚期大意上重申过——人们可以一如既往地点头称是。[②] 数十年来，对情感生活的研究都受到忽视，直到 80 年代以来——至少在心理学中——才说得上出现了一种"情感转向"。[③] 在哲学范围内谈及这样一种转向，势必是夸张了。但是这样一种势头在增强，即情感生活作为人类学的基本课题同样也在越来越大的程度上再一次成为了哲学家感知和反思的对象。[④] 情感生活的这些特征是有目共睹的：情感体验的流动性和不稳定性；在体验主体的内在世界之中的局限性，这种内在世界从交互主体的角度来看是不可入的；面对一种语言的固定和传达时的过分敏感性；它对一种刻意再造的抵抗；它在质性和强度上都不可预见的闪现；对于人的思维与行动，它有着强烈却无法估量的影响等等。正是这些特征仿佛在拒绝理论的

---

① Joseph W. Nahlowsky, *Das Gefühlsleben* (Leipzig: Louis Pernitzsch, 1862), p. 1. —— 弗兰茨·布伦塔诺（Franz Brentano）有过相似的表达，参见 Franz Brentano, *Psychologie vom empirischen Standpunkt* (1874), ed. Oskar Kraus (Hamburg: Felix Meiner Verlag, 1973), p. 5f（由 Oskar Kraus 作引言并修订，对 1924 年版的无增改再版）。

② Felix Krueger, "Die Tiefendimension und die Gegensätzlichkeit des Gefühlslebens," Johannes Volkelt and Hans Volkelt and Peter Barth, *Festschrift Johannes Volkelt zum 70. Geburgstag* (München: Beck, 1918), p. 265.

③ 参见"引言"，Lutz Eckensberger and Ernst-Dieter Lantermann (eds.), *Emotion und Reflexivität* (München: Urban & Schwarzenberg, 1985), p. XV。奥伊勒（Harald Euler）和曼尔（Heinz Mandl）几乎在同时断定，长时间以来对于感受的疏忽如今迎来了一种"令人着迷的转向"，见 Harald Euler and Heinz Mandl (hg.), *Emotionspsychologie. Ein Handbuch in Schlüsselbegriffen* (München: Urban & Schwarzenberg, 1983), p. 1。

④ 参见赫尔曼·施密茨（Hermann Schmitz）以一种"新现象学"的视角所筹划的论文集：Hinrich Fink-Eitel and Georg Lohmann (hg.), *Zur Philosophie der Gefühl* (Frankfurt/M.: Suhrkamp, 1993, 1994)（第 2 版）；受到那些经典现象学（胡塞尔、海德格尔、萨特）影响的昆汀·史密斯（Quentin Smith）：Quentin Smith, *The Felt Meanings of the World: A Metaphysics of Feeling* (West Lafayette, Indiana: Purdue, 1986)；与分析哲学关系甚密的罗纳德·代·索萨（Ronald de Sousa）：Ronald de Sousa, *Die Rationalität des Gefühls* (Frankfurt/M.: Suhrkamp, 1997)；出身乔治·卢卡奇（Georg Lukács）学派的杰出的艾格尼丝·海勒（Agnes Heller）：Agnes Heller, *A Theory of Feelings* (Assen: Lexington Books, 1979)；Robert D. Kavanaugh and Betty Zimmerberg and St. Fein (eds.), *Emotion: Interdisciplinary Perspectives* (Mahwah, New Jersey: Lawrence Erlbaum Associates, 1996)。该书呈现了在心理学内部的各种发端。极大地进一步贯彻了"跨学科性"的是 Venanz Schubert(ed.), *Der Mensch und seine Gefühle* (St. Ottilien: EOS-Verlag, 1985)。对于哲学的和心理学的感受理论的概述，亦可见于 Carola Meier-Seethaler, *Gefühl und Urteilskraft. Ein Plädoyer für die emotionale Vernunft* (München: Beck, 1997)。

把握,或者总让这种把握显得徒劳无功。然而,同样涉及非静态对象的还有其他科学,如气象学,人们也将其与感受理论进行比较。既然已经有了一种对外部世界的气候关系的探究,难道不也应该存在一种科学地被论证了的、对内在世界的情感现象的研究吗? 它不必非要是一门"严格的科学"——为了不忘现象学家们的导师——因为亚里士多德已经令一种精确陈述的可能性取决于研究对象的基本特征,人们只能在对象的本性所允许的程度上要求一种准确性。⑤ 如果感受生活并不允许一种精确的理论,那么人们就必须退一步地对一种尚具普遍性的理论感到满意。对一种可能的情感理论进行提问的基本方式之一在于,多大程度的精确性,或者更普遍地说,什么样的科学性标准能够让对情感生活的研究成为合法的。而这些问题只有当人们的目光触及一些已经被论及的普遍陈述时才能得到有意义的答案。

　　因为每一种定义都划定了一道界限,那么人们就会期望能够借此进一步地规定"感受",即我们说出它不是什么,或者说它不允许被和什么相混淆。借此,那我们相信能够获知的、关于感受的正面规定就能够逐渐得到表达。我们关于感受的并不精确的知识可以回溯到我们的日常生活和生活实践之中。如此我们就习惯于例如将理性与情感区分开来,并且为它们保留特定的行为和行动范围,其中我们也归纳出了它们的优先性——例如在涉及我们身边的人们时,就可以或者应该使"感受"成为决定性的词汇,相反涉及科学的问题时则是理性。但是这样的区分和范围划归以及能否坚决地接受它们,在很大程度上依赖奠基于社会关系中的文化和一个社会成员的社会化及受教育程度,它们因此——如人们乐于提及的那样——从社会和文化的角度来看是"相对的"。如果人们一度已经令感受的相对性成为话题,那便会不免同时想起其他一些将感受相对化的因素,这些因素我们在日常生活中都或多或少会确切地遭遇到——性情、年龄段或者健康状况、性别、个人性格以及在文化层面上被塑造出来的民族性格,它们都对感受生活具有某种决定性。针对我们的主题,可以推知的是,理性与感受之间的关系是带有社会和文化环境的烙印的,而且时下所处的环境是被文明进程与——也许是不可改变的——人的本性的要求之间的关系所共同决定的。

　　一旦人们开始追问理性与感受之间的关系,就会遇到这些复杂且不断变化的基本关系,它们在日常世界中曾经在我们看来是不言而喻的。这里的"与"通

---

⑤ Aristoteles, *Nikomachische Ethik*, 1094b.(中译版参见亚里士多德:《尼各马可伦理学》,廖申白译,北京:商务印书馆,2003 年。——译者注)

常而言——在此处也是——不仅会产生出一种对立，而且也产生出一种联系。这种联系并非是基于任意性或者反思的智慧——即令某物与另一物之间处于某种连结之中——而是呈现为一种经验法则。这些可经验的联系在进一步的观察中显得如此紧密，以至于这个自由的"与"恰恰显现为对理性与感受之间的绞缠的误认。每个人都能够就其自身来验证这一点，即不存在无感受的思维，也不存在无可表象内容的感受——人们在感受中意识到这种内容，即使是如莱布尼茨所说的那样，用一种晦暗不清的方式和方法。为了将思维从其与情感的捆绑中分离出来，也为了将感受从来自特定内容的影响中分离出来（这些内容在主观上自发地改变着情性），也从源于道德、宗教或政治的表象、回忆、希望或者随便哪种可能的启发性内容中分离出来，这要求细致的沉思努力，并且尚且存疑的是，这样一种分离是否每次都能够在每个人身上都取得完全的成功。

这种怀疑带来了一个基本的问题：意识生活的特定事件在何种程度上能够被置于思维概念或者理性概念之下？又在何种程度上能够与其他那些被归类于感受概念之下的东西彼此区分？更进一步说，那不停变更的心理生活是根据哪些实质性的理由才能够被划分为泾渭分明的内在体验之诸类型？这个问题将一个非常广阔的问题域纳入了视野。这不仅涉及在何种程度上一切"内在"事件——我们一般能够粗略地根据一些主导性特征将它们彼此区分——都分有了那在人类学上统一地被预设的精神生活之本性，而且还涉及这个问题，即那对每个人都无论如何是已知的、本己的心灵生活在何种程度上是有别于其他（且不仅是人类的）心灵生活的，并且所谓的理性和那我们在感受（概念）之下所理解的东西，在如此这般的区分之中扮演了何种角色。那被狄尔泰作为本真的和基本的对"内在世界"的认识能力而提出的"自身思义"，想要借由这个"自身"，不仅仅让个体与在此之外的人类种属被意识到，而且还有那人在有生命的和无生命的自然之整体中所占据的特殊地位。这种"思义"在此不能仅仅被理解为知性行为，而且必须包括我们对自身的经验的其他类型——为什么不也包括那不同于"自身感受"（Selbstgefühl）的对其自身的感受（das Gefühl seiner selbst）呢？然而，对这种出自实质性的理由而从主体向普遍之物拓展的提问，哲学的传统在回答时却独独预先规定了理性——但是在这种情况中至少不是那从启蒙运动到新实证主义期间都被严格拘泥于其界限内的、被削减了的理性，而是处于其普全职能中的理性，它又一次被授予了这样的任务，即提出人类此在的形而上学大问题和人类生命的意义问题，正如胡塞尔在《危机》中所要求的那样。⑥ 但不得不承认的是，人们关于这项职能不论在日常生活还是科学中都没有达成一致：当我们尝试澄清人在自然、社会和历史世界中的、不论是此时此地的、还是将来的特殊地位时，我们事实上是基于什么样的一个理性概念——是新实证主义式的被削减了的理性概念呢，还是那因胡塞尔和其他一些思想家而复苏的形而上学的理性概念呢，甚或是，如赫尔德（Johann Gottfried Herder）和雅科比（Friedrich Heinrich Jacobi）一度在反对康德时所要求的那个为基督教启示的"审判"所教导的"理性"概念呢？为了用一种"理性的"方式抵达自身，理性无论如何都必须在这些以及所有可能的情况中对其自身、也就是对人类自身进行自身思义——或者在此感受也可以言说？并不是任意某种感受，而是一种特定的感受，其中（或者在其范围内）人在世界中原本的位置和规定会被获悉。

人们会首先跟随每个人都亲熟的经验，即感受会在理性的每一个（并且部分是冒险的）任务中伴随它，此二者以某种方式协同存在并同时出现，但可惜并未处在某种合规则的连结中。也有人——今天或许已所剩无几——除此之外还会承认，一种本己的功能能够覆盖感受（行为），这种功能被描述为对人之无穷尊严的一种感受——一种人与世界根本上并且原则上无条件地彼此谐调的感受，一种让理性面对一种新的、在积极或消极意义上被称为是"思辨的"任务之挑战的感受，它推动理性越出那因过于审慎而墨守成规的知性。如果人们恰恰也并不将对人之无限尊严的感受记入日常感受的话，那么人们就可以断言，原则上来说每个人都可以参与到这种感受中去，这种感受再次揭示出了那思辨的天职、理性之"形而上学的天性"（康德），并且准备好了在其生活实践中敢于运用理性（sapere *aude*）。

但是，感受的无止尽的伴随和激发功能究竟是否如其看起来的那样满足了这个随着对"感受中的理性"的追问而被提出的要求？并没有，这尚且谈不上，或者至少不是无条件的。但是另一方面，如果不是一开始就以那理性与感受之间颇成问题的普遍关联为背景来提出"感受中的理性"这个命题的话，这一命题就很难让人理解。在某种程度上这应算得上是我们日常生活的一致意见——理性和感受始终一同出现，即使并非始终处在同样的连结和强度中。但是总的来说，理性和感受之间的差异和矛盾性是允许不矛盾地谈论二者之间的某种一致和紧密的。

---

⑥ Edmund Husserl, *Die Krisis der europäischen Wissenschaften und die transzendentale Phäno-menologie（Husserliana VI）*, ed. Walter Biemel（Den Haag：Nijhoff, 1962），参见§6。（中译本参见胡塞尔：《欧洲科学的危机与超越论的现象学》，王炳文译，北京：商务印书馆，2001年。——译者注）

　　如果人们尝试越出一种更广泛的视野——即越出心灵生活的各种联系——去理解理性与感受之间的内在联系,在这种心灵生活中这二者自为地针对或协同其他心理生活的显现形式而运作,那么人们会发现那种将整体划为思想、感觉和意志领域的委实粗糙的划分始终是被认可的,它早在柏拉图时期就已经被指出来了,并在18世纪再次被揭示出来。几乎淡出了人们视线的是,这种粗糙的划分也有其对手,并且这三个领域中的每一个在其内部都还进一步地被划分;例如在"思想"这个概念之下涵盖了区分、对比、认为、猜测、提问、思考、断言、否定、判断、推论、论证等等。追问感受中的理性并不是要研究某种临界现象,其中思想和感觉共同作用或者在彼此之中相互交融,正如人们在"明见感"这个概念下所设想的那样;帕斯卡(Pascal)将那种作为不可推论的第一原则的知识归之于心。⑦ 上述提法同样也不意指思想事件和感受事件的共同存在,因为这种共同存在只是偶然的,它并非基于思想的本性,也非基于情感的本性。与这个问题更为切近的是威廉·冯特(Wihelm Wundt)的"表象感受"概念,借此意指的是一种表象与一种符合表象内容的感受之间的自发的、同等源始的关系。⑧ 但是在他看来表象是决定性的因素,感受中的理性相反地则意指一种合理性,这种合理性对一种如其所是的感受应当是内在的。不同于冯特的是,在此感受的一种源始的、不可还原的独立性必须被预设。

　　自古以来,在欧洲文化圈中心理生活的整体就被理解为一种等级分明的功能联系。在这种构想中,人的思想与那合理地被规定的意志构成了"高级的"心理功能,而感受则被归属于"低级的"感性的生命功能领域,下属于前两种理性能力——它只有在这种程度上才能够得到认可,即它毫无异议地服从于高级能力的统治时。⑨ 如果这一点被确证,即感受有其自身的、某些特定的合理性时,那么人们将不仅经验到一种高贵化(Nobilitierung),而且整个等级制的情性生活的设想都变得成问题。在这里将会出现什么样的一种构想呢? 将被看到的是,对感受中的理性的追问不仅仅涉及感受,而且涉及对心理生活的整个构想。

　　以上业已指出的是,心理生活的三个区域中的每一个都在其中进一步地被划分。人们事实上并不止步于将感受的区域仅仅划分为感受两极性,即有欲望和无欲望,亦即适意的和不适意的感受。康德也十分坚持这种基本划分,但他

---

⑦ 参见 Pascal, *Pensées*, Fragment Nr. 285。

⑧ Wihelm Wundt, *Grundriß der Psychologie* (Leipzig: Verlag von Wilhelm Engelmann, 1896).

⑨ 在康德文本的第三章关于学科的争论中尤为突出(1798年):"关于情性的权能,通过它有缺陷的感受之单纯决心成为了主宰。"

事实上以这种方式逾越了这种划分,即他区分了短时燃起的冲动和长期维持的热情。[⑩] 但是,他不仅借助于在道德律令面前的敬畏感和美与崇高感而指出了那些感受类型,这些感受类型没有被限制在被身体—感性地决定的经验区域内,而是有其更高的起源;它们就其本性而言也不是纯粹被动的,而是建基于一种独有的自发的主动性之上的。[⑪] 借此就提出了这个问题:人们是否能够用感受中的理性来意指整个感受区域,或者人们只能将一种独有的合理性归诸特定的感受类型,如果是这样,这些感受是什么以及它们独特的合理性原本存在于何处?

人们可以首先在一种十分普遍的意义上将一种合理性归于感受,即人们赋予其一种信号功能,它针对的是在人类的生命实行与其周边环境及社会关系之间的一致性或者不可协调性。幸福感会指示出此时此地个体的生命实行与环境处于和谐之中,而抑郁感或者悲伤感则透露出一种不和谐。还要补充的一点是,感受的杂多性使人意识到一种在人类生命进程与世界的诸情态之间的和谐或者不和谐的很大的可变性。然而在此显然已经超出了那迄今踏入眼帘的心灵生活的问题域。理性和感受之间的关系在精神生活的内部总是处在与世界的关系中,而我们总已经身处于这个世界之中。据此感受完全不可能作为内在于心理的、主体的现象而恰当地得到把握,而只能在人的世界关联之外被把握,在此不得不承认的是内在于心理的背景明确地显示出一种力量关系,它协同规定了心灵生活的每种类型。而若是如此,心理的背景也作为在其内部自身规定的功能复合体而显现出来,这个复合体同时也是一个身体的功能性的组成部分,其中并且借此心理生活总是已经处在一种与它有机地被纳入的世界的相互关系中。如果人们谈到感受的单纯主体性——又一次关乎康德,那么人们就尚未在一个人与世界之关联的质性和相容性的背景下正确地认识到感受如地震仪一般的通知和定位功能。在此人们只能在全然没有穷尽这个概念的情况下谈及感受中的"理性"。而在这个问题中一种主观的和客观的感受理论会以一种无法和解的姿态而彼此对立,这首先是因为一种不尽相同的理性概念以及它们面对感受时的态度的不可调和性。

如果人们注意到那不断令人感到惊讶的感受的杂多性,那么在一种世界关

---

⑩ 康德将冲动和热情归属于追求能力(Begehrungsvermögen),但他在这里也处理了快乐和悲伤、羞耻和愤怒及其他的感受。参见 Kant, *Anthropologie in pragmatischer Hinsicht*,§71ff.(中译本参见伊曼努尔·康德:《实用人类学》,邓晓芒译,上海:上海人民出版社,2005 年。——译者注)

⑪ 在人类学中他一开始就区分了感性的欲望和理智的欲望(a. a. O. zweites Buch, Einleitung)。

系中对理性和感受进行简单的区分就显得是过于平面和过度还原的,同时也是过于无差别的。人的在世之在的总体背景要求一种基本的核验——一项随着社会和文化关系的变迁而不断被重新提出的任务。在此自然不能去彻底完成它。但是至少应该示范性地指出在某种最近的特定感受理论的主线中的一些问题角度,这些问题出自理性和感受的关系。生命哲学的代表人物(尤其是尼采)、现象学自弗朗兹·布伦塔诺(Franz Brentano)以来的代表人物、狄尔泰学派的解释学哲学或者从克尔凯郭尔和现象学出发的生存哲学,总之一种与之相关的广泛而多样的谱系应当被考虑进来。他们全都在这一点上达成一致,即感受对于人的在世之在的开展发挥着一种基础的作用,但是他们在这一点上又产生了巨大的分歧,即这种作用是否应当被限制在某些或某种感受之上,以及什么样的一种理性、理智、知性在感受中得到了表现。鉴于这些为世界观和宗教所决定着的分歧,人们最好首先追究一种哲学的自身思义的方式和从中凸显出的某位思想家的反思倾向,为了对其并且随其验证,在这种我们所瞄准的问题状况中他的方式能够作出多大的推进。

 绝非偶然地,这种选择也落在了现象学家舍勒头上。他以其"极其善于体会感受生活的细枝末节的本性"[12]而著称。绝非无关紧要的是他对感受在世界关系的开展中所做出的特殊贡献的坚定不移的探究。没有人——或许海德格尔是个例外——像舍勒这般激进,他不仅尝试断言而且试图证明感受相对于一切理性和意志活动的优先性。海德格尔将在世之在的先行开展归诸"畏",而舍勒则回溯至"爱"——二者都执这样的立场:一种独特的感受类型相对于其他类型有其认知的优先地位,但是在这一点上,即要赋予何种感受以这种优先地位,他们恰恰背道而驰,这一对立之实事的和人格-世界观的根据至今尚未得到充分的论证。为了精确化那在舍勒和海德格尔的优先性论断中都包含的意义,与胡塞尔、普凡德尔、萨特、梅洛-庞蒂和其他学者的感受理论的对比无疑将是十分有意义的,但就这篇文章而言已离题太远。

 上述一切哲学的感受理论即使有着愈发原本的开端,但依然可以归入一种特定的问题史传统,虽然经常处于不同的传统线索之中——欧洲传统显得是如此的多义和多面,以至于它在形式上越出自身而挑战着另一种方式。对理解一种理论同样十分有益的做法是,将其与其他同时代或更早的理论进行对比,但这里存在着遭遇一种双重误解的巨大风险——一方面是对被考察的作者之学

---

⑫ Wolfgang Stegmüller, *Hauptströmungen der Gegenwartsphilosophie. Eine kritische Einführung*, *Bd. I* (Stuttgart: Kröner Verlag, 1975), p. 99.

说的视角性误解，另一方面是以这种方式而产生的对本己学说的误解，即人们认为它在被引用的作者那里已经存在了，更确切地说，人们已经超出了这位作者而进一步地发展了其学说。舍勒在其感受理论中主要援引了柏拉图、奥古斯丁、帕斯卡尔、马勒伯朗士、布伦塔诺和尼采——他自然只引用了那些他从他们的作品中所读出的东西，人们可能会为此争论，在何种程度上他比其他那些解读是更富有成果的，或者在何种程度上他距离那些经典学说还相差甚远。诚然舍勒始终在有理有据地质疑着这一点，即所有这些学说的意义内容都能够得到规范性的确定。因此在哲学上和解释学上无甚意义的是，指责舍勒误解了这位或者那位作者，正如很长一段时间人们关于舍勒对康德和胡塞尔的批判所做的那样；更有意义的不如说是去研究，在何种程度上，通过舍勒与其他作者的关联能够使他的学说得到更好的理解。

然而关于感受相对于思想和意志的优先性学说[13]在舍勒那里恰好是容易被误解的，并且也是多义的。这里仅指出三个在其思想中期就已经可以得到证实的例子，这一时期涵盖从他于1906年从耶拿迁往慕尼黑之后到他1919年至约1922年在科隆的任教时期。在爱的最狭隘的意义这样一种理解中，它将爱视作精神性感受的最为源始的活动，借此舍勒援引了布伦塔诺。这种感受的类型仅仅适用于那种因精神而别具一格的东西——同属于此的不仅有人，而且还有上帝和纯粹的精神之物（Geistwesen）（类比于康德同样将理性的存在——譬如天使——归诸理性）。越出精神领域之外，将爱理解为一种"对某物的兴趣"（Interesse nehmen an etwas）就足够了——这种感受类型属于所有生物，无论它有或者没有精神都行之有效，即对于动物也是一样的。在那篇于遗稿中才得以发表的关于爱的秩序（"Ordo Amoris"，约1916年）的文章中（它原本的标题为《关于爱的秩序和它的失序》），[14]还存在一种除此之外的基督教-宇宙的爱的理解。舍勒认为它的本质规定在于，"爱是倾向或随倾向而来的行为，此行为试图

---

[13] 参见经典表达："在人是思之在者或意愿之在者之前，他就已是爱之在者。"（"Ordo amoris", GW X, 356. [中译文引自马克斯·舍勒：《爱的秩序》，孙周兴、林克译，北京：北京师范大学出版社，2017年，第105页。《舍勒全集》(Gesammelte Werke)通行的缩写为GW，以下在涉及对《舍勒全集》的引用时均采用缩写形式。——译者注])曼弗雷德·弗林斯(Manfred S. Frings)早在1966年就指出了"爱的秩序"这个概念对于舍勒哲学的核心意义。参见 Manfred Frings, "Der Ordo amoris bei Max Scheler," *Zeitschrift für Philosophie Forschung*, vol. 20(1996), p. 57. 海因茨·里奥纳迪(Heinz Leonardy)细致地分析了爱的各种类型，Heinz Leonardy, *Liebe und Person. Max Schelers Versuch eines, phänomenologischen 'Personalismus'* (The Hague: Netherlands, Martinus Nijhoff, 1976), pp. 69ff. 他指出，舍勒的很多关于爱的各种形式的说法并不能被统一起来。

[14] 这份手稿位于慕尼黑的巴伐利亚州立图书馆中标号为"Ana 315 D X 6"的舍勒遗稿中。

将每个事物引入自己特有的价值完美之方向，并在没有阻碍时完成这一行为。换言之，正是这种世界之中和世界之上的营造行为和构建行为被我们规定为爱的本质。……人的爱只是一个特殊的变种，只是这种在万物内部和身上起作用的无所不在的力量的一个部分。"⑮这种将爱视作在万物内部起作用的爱的部分的理解是否是一种在现象学分析中可指明的爱的本质内容，还是要归功于一种从外部借鉴而来的基督教-世界观的释义，舍勒并没有对此进行充分的澄清。

　　此处提及的三种对爱的理解——它们尚且不是全部——使得人们得以范例式地了解某种对于"感受中的理性"这种提法的解释学提问。第三种观点包含了一种对特定的、内在于爱的理性之暗示，这种理性不仅对于爱、而且对于一切"意向性感受"都是标志性的，并且构成了感受原本的"认知性内容"：感受，并且唯有感受，把捉着一切存在者的价值维度。如果人们将感受从宇宙中排除出去，那么一切有价值状态都会随之消失。在舍勒的思想中期，当他在宇宙中、在并未明言地与创世纪的对接中看到上帝的创世时，他将宇宙理解为有价值的。这种看法并不意味着一种纯粹的理性洞见，而是基于一种感受的洞见，这种感受打开了理性之眼，使其洞见到世界乃是上帝的创造。这种感受同样是爱，然而是那独独对人类而言才可能的精神的-普全的爱，它是对一种符合感受的确信的回答——为上帝所爱。这种理性洞见与感受之间的相互的决定关系让一种还停留在有限制的、纯粹理智的意义上的理性概念显得是不恰当的；舍勒也越来越多地通过精神这个概念来代替它，这个概念除了认识能力之外还纳入了精神性直观的能力（即直觉性地把握观念）和理解价值的能力。如此"感受中的理性"这一命题就经历了一种不无影响的拓展和一种向着由奥古斯丁传统所规定的基督教世界观的广泛同化。海德格尔因此指责舍勒与传统形而上学藕断丝连。舍勒则批判海德格尔《存在与时间》中的分析都处在某种源自加尔文主义的影响之下。⑯与海德格尔对畏的基础地位的强调相反——舍勒仅仅将畏视为这样一种现象，它纵然是源初的，但也仅仅是一种活力现象——他利用了古典的爱若斯概念："柏拉图无论如何是正确的：**不是畏，而是爱若斯，才是那上升着的分有和认识过程的途径。在爱若斯面前世界自行开启，并且在对一个对象之如在的感知背后有一种冲动在起作用，它是爱若斯发出的芽。**"⑰

　　对立于爱若斯的立场——在哲学上依然悬而未决的是，舍勒在何种程度上

---

⑮ GW X, 355.（中译文引自马克斯·舍勒：《爱的秩序》，第 103 页。——译者注）

⑯ 参见舍勒在 GW IX 中与海德格尔《存在与时间》的辩论，pp. 254ff.

⑰ GW IX, 272.

接受了柏拉图的爱若斯-哲学又保有了多大的差异性——这在很多方面都可以被看作是舍勒感受哲学的典型特征。因为首先不得不提的是他对爱若斯和爱的区分：舍勒将爱若斯如海德格尔的畏一般归诸活力区域，而爱则是一种精神行为（然而其中也可以找到对爱这个概念的其他规定）。爱若斯对他来说只具有一种分有的"工具"的功能，它并不特别地提供某种对于世内之物的认识性的分有——对于事物之如在的感知不如说仅仅是精神的事情。如此通过舍勒的感受哲学出现了一个存在论的断裂，它分离了生命的领域与精神的区域。他对单个感受类型的分析——最为值得一提的是他对于爱与同情、懊悔和羞耻的分析——是嵌入在这种广泛的理论关联之中的，这些关联当然在单个分析上发挥着结构性的作用。在其思想中期一种存在论的分层学说预先给出了感受哲学的框架，在 20 年代一种二元论式的人类学和生命-精神-形而上学日益成为了规定性的。值得注意的是，他的作品中不存在那种能为舍勒的感受理论赋予框架的心理学。这一点不仅会借此得到澄清，即在其思想早期他就同胡塞尔一样已经反对了那可以被认为是在 19 世纪后半叶继承了哲学遗产的心理主义。不如说他们处在一种各行其是的实质性的差异之中，这些差异促使舍勒与同时代的心理学处于批判性的论争之中。舍勒并未将感受限制在情性生活中或者人的心理物理的机制中，而是将其理解为不受限于人的、对特定世界关系的经验方式。这些经验方式并不全然被理解为仅仅是不得不接受的生命体之诸现身情态，而是在一些感受类型中意味着某种行为形式和执态。当舍勒拒绝了心理学理论或者完全不考虑对感情生活的分异，如 W. 冯特的情感三度说（以愉快和不愉快、紧张与松弛，兴奋与沉静为主要方向），他这样做并不是因为，他被认为以一种"连环画现象学"⑱的方式来对心理现象进行描述和分析，而是因为他找到了其他用以支撑情感生活的本质联系。因为一种感受依其本质之所是，首先在它的作用方式中呈现出来，而这种起作用的范围则是那规定着它的本质关联。舍勒因此反对那在现象学的名义下广泛传播的观点，即胡塞尔的方法论陈述"回到事情本身"必然意味着向着个别现象的回溯——对于舍勒而言现象始终处在本质关联中，这些关联是延伸到现象本身之外的。这同样适用于感受。

　　舍勒对爱若斯的奠基到底嵌入在什么样的一种本质联系之中？对于这个问题存在着各式各样的解答；舍勒至少使用了三种不同的思维模式。其中最重要的是已经有所提及的分层模式，对此他在《形式主义》一书的第二部分中有着

---

⑱ GW II, 10f.

最为详尽的阐述,并且随后不断重申,仿佛这是他的标准构想一般。⑲ 同特奥多·利普斯(Theodor Lipps)一样(舍勒在慕尼黑大学时曾在他门下开始了哲学学业),舍勒也区分了情感生活的各种深层维度。这无疑是他为感受理论所做出的重要贡献,即使给人们留下的印象是,他仍默默地站在同时代的感受理论之成果的肩膀上——尤其是弗兰茨·布伦塔诺,特奥多·利普斯和卡尔·施通普夫(Carl Stumpf),因此他的分层理论并未能从那些对情感现象的描述性分析中脱颖而出。不同于许多其他现象学家,他恰恰使这一点成为了规则——对回到"事情本身"进行补充,有时以此作为替代——(然而多数是批判性的)回到个别科学的研究状况上,他对心理学的根本上的拒绝并没有使他彻底忽略心理学的研究。被舍勒主动纳入知识范围的心理学研究首先是狄尔泰学派的"理解的心理学",其次是当时尚在形成中的格拉茨(Graz)学派的整体性心理学,除此之外是关于心灵生活中的病理现象的心理学,以及在经历了最初的拒绝之后在20年代同样对其感受理论变得愈发重要的弗洛伊德的精神分析,以下事实表明了这一点,即这种心理分析促使他默默地修订了他的分层模式。

舍勒区分了感受生活的四个深层次,他将这种分层理解为对由帕斯卡尔所断言但并未得到解释的"心的秩序"的具体化。⑳ 只有当人们将感性感受层(它只评定有感觉的物种的当下状态)与"意向性感受层"区分开时(这能够意指某种完全是决定性的东西),心的"秩序"或者"逻辑"才是可通达的。这些客观内容与意向性感受相互关联,正如被表象的对象之于表象那样,如上所述,这种客观内容就是价值。至于将这种在特定的感受类型中被意向到的内容标识为"价值",这样一种做法能否说是好的这一点将暂且存而不论。㉑ 诸价值彼此之间并非处于一种变幻莫测的关系中,而是处于一个固定的级序中。因此价值级序能够成为揭开"心的秩序"和意向性感受之深层次的主线。在第一个也是最表面的层次上,适意与不适意的价值在感性感受中为人所经验,比之较深的是第二层次上的"生命价值",即高贵与平庸,它们通过心灵感受或者活力感受为人所

---

⑲ 其分层理论的经典思路见于1916年出版的《形式主义书》(即舍勒的主要代表作之一《伦理学中的形式主义与质料的价值伦理学》——译者注)的第二部分中"关于情感生活的层次划分"一节(GW II, pp. 331-345)。(中译本参见马克斯·舍勒:《伦理学中的形式主义与质料的价值伦理学》,倪梁康译,北京:三联书店,2004,第399—418页。——译者注)

⑳ 参见 Pascal, *Pensées*, Fragment Nr. 282。

㉑ 昆汀·史密斯因"价值"(value)概念过于狭窄而拒绝了它;他将被意向到的内容置于"重要性"(importence)这一概念之下。参见 Quentin Smith, *The Felt Meanings of the World: A Metaphysics of Feeling*, p. 23。但是"价值"往往恰恰是通过"对我而言的重要性"而得到定义的,因此在价值和重要性之间的区分就不复存在了。

把握；舍勒有时援引亚里士多德将"心灵/灵魂之物"[22]进一步立义为活力之物。活力之爱，即爱若斯，因此属于第二层次。因此第二层级上的感受类型能够不仅为情感生活的整体（如果真的存在这样一种统一整体的话），而且也为所有其他一切世界关系承担起基本的角色——这是一个此前始终被怀疑的命题。第三个层次则独独包含"精神感受"，这种感受把握到美、正义、真的价值，而情感生活的最深一个层次是由宗教感受构成的，它在极乐或绝望中把握神圣或恶的价值。因为在不同的价值层次中正价值和负价值始终对峙着，在"心的秩序"的展开过程中对价值级序的诉诸就要求必须始终区分指向正价值和负价值的意向性感受，也就是说寻找那关联着的感受类型。以这种方式，情感生活经历了一种被严格执行的结构化，这种结构化在一般的情感生活中并不容易被认识到。对于严格经验导向的心理学家来说这自然意味着一种感觉的缺陷。

第二种思维模式则运行得更为客观而无先入之见。舍勒计划通过对情感生活的三个其他"主干"的研究（即羞感、畏与怕、崇高感的形式与本质[23]）来补充他对同情感之不同类型的研究，这些研究于1913年发表了第一版，并于1923年以《同情的本质与形式》为题发表了本质上得到了扩充的第二版。作为一种被不断分枝的主干思维模式虽然还是能够令一种级序观念得以被认识，但它却借着一种分化着的植物的生物模型胜过了那种级序观念。在这种生物模型中，正价值与负价值之间的对峙不再起到任何作用。这种思维模式因此暗含着对分层模式的批判。这种未经进一步解释的、更谈不上是经得起批判的两种模式之分庭抗礼向人们抛出了那对被断言的本质联系之实质性奠基的问题。现象学原本想要克服那进行哲学和实证科学之理论建构的构造主义。但是它不能跳过这一点，即承认那实事中可指明的本质关联。诸思维模式本身并没有满足这一呈现本质关联之要求，不如说它们只是提出了一种假设性的对比性提要，其实质上的恰当性仍有待指明——但是舍勒并没有接过这项任务，而是令其听凭其现象学研究。主干模型借此抛出了一个额外的问题，即它暗示着被提及的四条主干已经包含了所有。对此却缺乏一种相应的证明，并且崇高感是否真的构成了一条主干也并非是直接地可洞见的。另一方面舍勒仅仅涉足了"尤其对我们的伦理、社会和宗教意义重大的情感生活之主干"，[24]而例如负责生态或者

---

[22] "Das Seelische"一词在亚里士多德的文本语境中被译为"灵魂之物"，而在舍勒处则通常译为"心灵之物"，此处因同时涉及两位作者而保留了两种译法。——译者注

[23] GW VII, 10.

[24] Ibid.

美学价值的主干则被排除在外。是什么让一条主干成为主干的，并且情感生活总共由多少条主干构成，这些问题均未得到讨论。

舍勒也并没有具体而微地执行第三种思维模式，这种模式在生物学的构形中甚至超出了"主干"模式。它旨在将情感生活整理到一种心理生活的发展阶段之中。在《人在宇宙中的地位》（1928 年）的草稿中，舍勒指出了心理生活的四个发展阶段——从展显于植物世界中的"感受欲求"，到规范着动物生命的"本能"和"联想记忆"及至"实践理智"，这种理智已经可以在较高级的动物物种那里得到证明。对情感生活舍勒在这里仅仅只是在略带提及的意义上进行了研究，它被从上述以感受欲求作为开端的欲望结构中区分出来，但尚处在各种动物生命类型的生命图示之下。因为人分有了生命的全部发展阶段，所以他凭借他的感性感受和活力感受、凭借他欲望生命的动力得以深入到生命的宇宙之中——这里可以看到一种完全不同于基于第一种思维模式所进行的那种深度分层的方向。通过那完全与生命无涉的精神，人在此完全置身于生命的阶段建构之外。在第一种模式中所援引的精神感受终归被回溯到作为神性之属性的精神，这种精神感受因此经历着绝无仅有的普全扩张和神圣化。它进一步也超出了那些当今的实证科学归诸心理生活的东西。生命与精神之间的形而上学的深渊（Hiatus）彻底割裂了人的情感生活。舍勒还以这种方式来使这条深渊得以完满，即他将精神行为——情感的精神行为也属于其中——与"精神人格"相关联，这一人格在身体中具身化，而心灵功能则关涉于活力-自我，基于这一自我人也从属于动物性的生命关联。活力-自我与精神人格如何能够在一个且同一个人类个体中并存，这是在舍勒人类学中尚未得到解决的结构性的基本问题。那基于两个根本不同的存在原则而被生命和精神所分解的情感生活，自在地将人置于一种形而上学的撕裂试验中，这种试验通过在其中折射神性之苦，始终都可以戏剧性地取得成功。舍勒在一个他从拉特瑙（Rathenau）的作品中所找到的语句中突然重新认识了他的哲学："Dieu sorffre"，神在受苦。在舍勒的帕斯卡式学说之意义上被理解的感受中的理性里，在这种情感生活的分裂中，在这种"心的秩序"中得到了它的最高的和最后的阐释，即对神性的两种属性之间那对抗性分裂的共同遭受。但是这种对宇宙的基本结构的共同遭受之经验包含了一种形而上学的慰藉。这种慰藉处在那种感受之中，即在宇宙的诸根本力量之间存在着一种旨在和谐化的发展趋势。而且，主动促成这种和解的这项任务命中注定般地降临在了人的身上。希望的感受是以人类存在的悲剧性结构为依据的，人类朝向生命与精神的和解运动着，虽然缓慢而迂回，却从未停息。舍勒的形而上学可以被理解为一种不懈的对这种感受中的理性的独特解释。如果人们在人的世界关系之展开中赋予爱以优先性的话，那么在舍勒于其作品中所援引和分析的一切爱的类型中，被意指的将仅仅是对神性的、朝向神性的精神-宗教的爱。那么对神性的爱人们将必然作此般理解，即它能够为此负责——在那个就其本身而言是可指明的基本结构中，指定人在由其所引导的神谱发展中扮演主角，也是从其渗透着爱自身和世界的基本张力中得到救赎的主角。

舍勒的哲学表明了情感生活远远比人们在一种统一意义的理论中所能把握的要丰富和复杂得多。如果完全聚焦于在其客观的结构化中的实事的话，他发展了适用于各种不同问题域的诸理论形式，尽管没有对它们彼此之间是否兼容这个问题进行进一步的处理。这种客体的特征豁免了这项工作。因为情感生活和人的精神一样是历史地可发展的。舍勒坚信，存在一种精神的增长和一种生命与精神之间不断增强的相互渗透。这恰恰禁止人们去追求一种以封闭的系统性为目的的理论。情感生活被纳入了一种发展过程之中，它将人类总体包含在其所有不同的阶段之中。情感生活的哲学因此必须同时包含历史哲学和文化哲学的问题维度。对此舍勒在他的知识社会学中作出了一些贡献，首先是关于哲学、宗教和科学情感的源初动机。[25]他带来的多重视角的启发促进了进一步的研究成果，但也不乏对其命题的批判性检验。

在某种意义上他已经自行开始批判性地检验其情感哲学了。正因为他坚信，一种认知效能必然从属于特定的感受类型，所以他提出了（并且是很早就提出了）情感理性批判的观念。这一独特的计划并不意味着回落到一种面对情感的合理性之纯粹可能性时的普遍怀疑之中。而是关乎以情感理性这一事实为前提，阐述并论证其特质、界限和认识批判的可控性。舍勒首先鉴于情感直觉的可错性这一点而着手于这一特别任务。[26]培根对外感知进行了批判性的检验，舍勒也想对内感知进行同样的检验，在内感知中所有的心理之物被给予我们。除了情感理性的认识批判，在舍勒那里还存在一种情感之物的意识形态批判，例如在那本大部头《关于憎恨和道德的价值判断——关于文化的病理心理学的文章》（1912 年）[27]之中所做的那样。这两种来自感受的每一种认识要求与合理性要求的批判性质疑止步于舍勒自己的情感的判断建构。愈发令人感到

㉕ 参见 Scheler, *Die Wissensformen und Gesellschaft* (1926)，收录于 GW VIII, p. 69ff。

㉖ 参见其仅仅作为残篇而保留下来的关于《自身认识的偶像》("Die Idole der Selbsterkenntnis", 1915) 的示例性论文，后者最早以《论自欺》("Über Selbsttäuschungen", 1912)为题出版（GW III, pp. 213 - 292）。

㉗ 收录于 GW III, 33 - 147。

惊奇的是,如舍勒偶尔也为此争辩的那样,为什么他后来偏离了那此前被他认为是确凿无疑的、得到了论证的情感的洞见? 整个过程中无须否认的是,他没有将他的情感理性的认识批判运用于他自己的理性运用之上。如果对其情感理性的自我批判式反思的缺失事实上为他招来了指责的话,那么对这个问题:"他要如何回应他的伦理学与他的道德上值得商榷的生活变迁之间的不一致呢?"他或许会这样回答:"一个引路人不需要将他所指出的道路走一遍——一种情感理性批判的观念将葆有其有效性,无论这种观念事实上被实现了多少。"

(责任编辑:刘剑涛)

作者简介:沃尔夫哈特·亨克曼(Wohfhart Henckmann),慕尼黑大学哲学系荣休教授,研究方向为19世纪与20世纪的德国观念论哲学、人类学、美学、艺术哲学、解释学与现象学。

译者简介:吴思涵,德国科布伦茨-兰道大学博士研究生,研究方向为现象学。

"我思"之再思

——亨利生命现象学的开启[*]

刘宏

【摘　要】"我思"现在还有意义吗？为什么现象学家会如此重视笛卡尔的"我思"？因为"我思"追问我们存在的本质，进而追问存在的真相。笛卡尔以"我思——我是"的方式表述了"思想"和"存在"的关系。然而，何谓"我思"之本质？米歇尔·亨利重新诠释了笛卡尔"我思"内涵，他认为笛卡尔的"我思"在没有思维内容的给予下仍然可以用另一种方式给予自身明证性，"我思"的显现隐藏着一种纯粹感触作用于自身的层面，一种感触的内在显现方式。本文试图考察亨利解读"我思"的理论特色，探讨亨利现象学和胡塞尔、海德格尔现象学的差异性，表明一种以隐藏在"我思"中的更为根源的现象性为基础的现象学何以可能。

【关键词】"我思"　再思　生命现象学　米歇尔·亨利

* 本文系国家社科基金青年项目"现象学运动中的生命现象学及其价值研究"（项目编号：19CZX042）的阶段性成果。

一、"我思"引发的现象学思考

笛卡尔对"我思"的论述开启了近代西方哲学强有力的先声,然而后世大多数哲学家都对笛卡尔的论证提出了一定的批判。其中较有代表性的批判是由康德、胡塞尔和海德格尔提出的。康德认为笛卡尔在论证"我思故我在"的过程中犯了偷换概念的逻辑错误。笛卡尔从"我思"出发得到一个作为主体的"我",并赋予其实体性、单纯性、人格性、观念性范畴。"我思"当然要预设"我",但是"我"只是"思"的逻辑前提,即"我"是一个主词。主词并不等同于在时空中存在的主体。如果强行将两者等同,就会造成先验主体和经验性主体的混淆,从而破坏了先验主体的优先性。胡塞尔提出:"笛卡尔的阐释的一个基本缺陷就在于,他的怀疑方法并未进行对客观超越的全面排除。方法上的怀疑尝试并未涉及物理自然,包括身体性的自然。然而在他过快结束的'自我我思'(ego cogito)中,自我(ego)对他来说就代表人或动物或智性(mens sive animus sive intellectus),代表经验的人格性、特征特性的主体、禀性的主体。"①

海德格尔同样提出了有力的批判,他指出,笛卡尔并未说明主体的独特存在特性就断言主体对于客体的优先地位,这实质上是一种飞跃。因为笛卡尔首先确定的是知识论上的区分,即确定性与非确定性,但是"心""物"是两个形而上学的实体,如何能够立即从知识论的区分过渡到形而上学的区分?知识论上的优先序列如何能确定形而上学的优先序列?所以,海德格尔在《存在与时间》中多处指出笛卡尔并未就"我思"的"在"(sum)进行说明。在笛卡尔之后的哲学家中,虽然胡塞尔发现了作为主体的"我思"的特征是意向性,但是海德格尔认为,胡塞尔和笛卡尔一样没有进一步追问意识的存在特性,意识的意向性何以可能?意识总是指向它的外在,即主体是超越的,但是主体为什么是超越的?因此,海德格尔认为胡塞尔没有从人的存在角度去追问主体的优先地位,这样的做法有违"回到事物本身"的原则,因为没有回到事物的最根本处说明事物。真正回到事物根本处在于追问人的特殊存在。人的特殊存在在于人有"存在领悟"(Seinsverständnis)。存在论的方法就是现象学,存在论只有基于现象学才有可能。

如果将现象学视为一种方法,那么海德格尔的现象学方法自始至终就与胡塞尔的相异,因为前者并不以意识的意向性为基本,而是以"此在"让事实以存

---

① 胡塞尔:《文章与讲演(1911—1921)》,倪梁康译,北京:人民出版社,2009 年,第 113 页。

在的身份显现其自身为根本。他追问的是存在者的存在作为存在本身如何向我们显现。他早年的"形式显示"（formale Anzeige）方法是让生命本身自我言说，用已说的概念去指引未说的，流动的生命摆脱了既定的概念束缚，概念是生命本身自然的生成。在海德格尔看来，真理奠基于此在上。易言之，真理奠基于此在的发现上。

海德格尔认为胡塞尔现象学还原方法追求先验的主体性，其中暗含了主观观念论的困境。胡塞尔的现象学还原旨在解决现象学的心理学因素。为了彻底摆脱心理学色彩，只有诉诸现象学还原，从而把握客观意义的先验结构。海德格尔基本认同胡塞尔的这一立场，但是，他顺着《逻辑研究》第二卷两个研究的思路，进一步回到逻辑所在的生活经验之中。

胡塞尔通过现象学还原的目光转向，将真理建立在先验主体性之上，将主体从经验转移到本质。海德格尔虽然对胡塞尔的这一做法颇有微词，但是他并未以心理主义为武器批判客观真理。他认为，先验主体虽然与经验有别，但是两者并不能完全分离，因此现象学只能是回到"在世存在"。"因为现象学所领会的现象只是构成存在的东西，而存在又向来是存在者的存在，所以，如果意在显露存在，则先须以正确的方式提出存在者本身。"②而且现象学还原的可能性建立在主体与世界的关联之上。但是，海德格尔认为，基于胡塞尔现象学方法所开启的现象学并未回答存在问题本身。"一方面，现象学耽误了关于这一特别的存在者之存在，即关于行为之存在的追问；另一方面，现象学还耽误了关于存在本身的意义的追问。"③

由此，海德格尔并未追随胡塞尔的脚步探索意识的意向性结构，他转而关注人的实际生存状态。在他看来，我们的认识是主体在日常生活中投入世界而产生的意义架构，对象有赖于主体的投入和揭示才得以显现。然而，它们的显现有着不同的模式且只显现某个侧面，它们自身的意义和根源依旧处于遮蔽状态。海德格尔将这种有待揭示、在自身中显现的现象称为"存在"。由此海德格尔认为，我们是通过存在者去揭示存在。存在作为存在者的存在，存在和存在者密不可分，但是，两者之间依旧存在着差异。存在不同于存在于世界之中的存在者，前者是理解后者的前提，前者是开示后者的可能性，后者又是理解前者的道路。"在根本上，存在问题之可能性的唯一根据就是作为可能存在的此在

---

② 海德格尔：《存在与时间》，陈嘉映、王庆节译，北京：三联书店，2006 年，第 43 页。
③ 海德格尔：《时间概念史导论》，欧东明译，北京：商务印书馆，2010 年，第 155 页。

本身,是此在的可能性所蕴涵的开觉状态(Entdecktheit)。"④对比起胡塞尔的现象学还原,海德格尔进一步将先验的主体及其对象"悬隔"。它给予了两个新的现象,即此在和存在论差异。

现象学所追问的并非基于人是理性的动物所构建起的经验视域,它探索的是存在者去存在的方式,我们必须揭示的是"此在在其最为切近的日常状态中所具有的存在方式,是此在在其实际的'去-存在'之'如何'中所实现的实际的此在"。⑤ 此在自身就是"在-世界-中-存在"。我们不能通过空间性理解"在-世界-中-存在"。"它作为寓于某物之存在是通过切己的当下(Jeweiligkeit)而得到规定的,它是一种向来我属的和向来作为特定的这一个的之中-在。"⑥它具有一种操持的特性,后者意味着为某事而牵挂,为某事而操心。

胡塞尔以现象学还原为标志开启的现象学运动深刻地启发了后世哲学家,然而,他的现象学方法被人质疑有走向强调先验自我的先验现象学之嫌疑。所以,海德格尔力图使哲学回归到对存在的思索,以便为现象学另谋出路。然而,马里翁指出,海德格尔的现象学"排除了那些不必存在的东西,特别是排除了'存在的现象'的先决条件(无聊、要求,等等)"。⑦

二、回到"我思"本身

基于胡塞尔和海德格尔的论述,我们不得不重新思考"我思"本身以及他们各自论述的缘由。胡塞尔非常重视笛卡尔的"我思"概念,因为在他看来,在一门关于纯粹意识的科学中起决定性作用的是笛卡尔的思维(cogitatio)概念,更准确地说,就是"我思"(cogito)。"我思"通过反思自我思维指向纯粹意识生活本身。"但在'我思'中还包含着已被笛卡尔发现、但只是仓促掠过的东西,即'作为所思的所思'(cogitatum qua cogitatum)。"⑧"我思"意味着"我意识到","因而在笛卡尔所理解的范围里就是指:'我被触发'(例如感性地被触发)",⑨因此,关键在于对意向相关项之组成的观看。"对'我思'的本质分析会引向'所

④ 海德格尔:《时间概念史导论》,第 185 页。

⑤ 同上书,第 209 页。

⑥ 同上书,第 215 页。

⑦ 马里翁:《还原与给予:胡塞尔、海德格尔与现象学研究》,方向红译,上海:上海译文出版社,2009 年,第 349 页。

⑧ 胡塞尔:《文章与讲演(1911—1921)》,第 105 页。

⑨ 同上。

思',对'所思'的分析会引回到'我思',它就是它的'所思'。"⑩胡塞尔告诉我们,问题的核心是对"我思""所思"的直观,那么,如果我们没有一个"所思"的体验,我们如何被触发?如果我们不明白被何物所触发,我们如何能够直观这种"所思"的东西?所以,"所思"和直观的关系就会发生倒转。"所思"决定了直观而非相反。以此看来,笛卡尔确实是隐约地开创了一种进入理想的现象学的道路。

然而,如果我们将"我思"视为一种智性的观看,那么它如何能够为具体的存在提供统一性?传统的观念论将"我思"理解为一种上帝式的观看,它从世界之外或世界之上为万事万物"命名",解释意义的创生过程。就具体的体验而言,"我思"作为具体经验之外,整合具体经验的纯智性活动具有绝对的第一性,这点恐怕难以说服我们。所以,"我思"的先验观念论解读可能并不是一条可取的进路。

所以,我们应该严格区分以胡塞尔和海德格尔的思想为代表的历史的现象学和由笛卡尔隐约开创的理想的现象学。亨利指出,历史的现象学并没有理解笛卡尔"我思"的真正内涵。我们只有真正理解了由笛卡尔开创的现象学,我们才能触及更为源初的彻底内在主体性。亨利试图在重新解读笛卡尔"我思"的过程中为自身的现象学奠基。那么,亨利解读笛卡尔"我思"的关键是什么?他的解读是否真正回到了"我思"本身?他如何在重新解读笛卡尔"我思"的过程中为自身的现象学奠基?

亨利指出前人对笛卡尔"我思"的解读是基于表象概念的解读,"我思故我在"意味着"我表象我自身故我在"(I represent myself, therefore I am)。"笛卡尔主义"正是以这种模式为开端,然而这种解读方式是对笛卡尔的误解。因为第一,笛卡尔本人并没有写"我思故我在",它是在将拉丁文版的《谈谈方法》翻译为法文版的时候出现的,笛卡尔本人更愿意用"Ego sum, ego existo(Je suis, j'existe)";第二,笛卡尔主义者虽然抓住了"我思"是不证自明的第一原则,它抓住了在场的体验,然而,这样一种模式依旧是一种在场的形而上学。

因此,亨利认为,笛卡尔的"我思"的自我明证性并不是由思维内容决定的,作为一个主体的"我"是一个能够思维的物,它在没有思维内容的给予下仍然以某种方式给予自身。因为对于笛卡尔而言,思就是显现,但是这种显现并非事物的显现,而是显现的模式。确定性通过"我思"的自我明证性得以保证,意味

---

⑩ 海德格尔:《文章与讲演(1911—1921)》,第 105 页。

着"我看"因此"我是"，进而将"思想"和"存在"的关系问题重新以"我思——我是"的方式表述。这种方式以一种确定性开启了彻底的"开端"。

现象学的发端应该追溯到笛卡尔的"我思"概念。胡塞尔虽然高度评价了笛卡尔的工作，然而他也提出了一个重要的批判，即笛卡尔物化了"我思"，自我成为了能够"思"的物（思想的东西）。同样，亨利的现象学分析是从笛卡尔的《第一哲学沉思集》的第二沉思中出发。他明确地指出，作为基础的"我思"是源初的显现。这种显现就是笛卡尔命名为"思维活动"的东西。"我是一个在思维的东西，这就是说，我是一个在怀疑，在肯定，在否定，知道的很少，不知道的很多，在爱、在恨、在愿意、在不愿意、也在想象、在感觉的东西。"⑪由此可见，"我在"的先决条件恰恰就是显现，也就是思维。

"我思"、显现自身的现象性定义了存在。因为如果没有显现本身的显现，那么，任何存在都不可能。因此，显现本身的显现即是源初的起点。纯粹的显现即是存在。笛卡尔将显现视为思想，思想本身。"思维物的观念之意义，始于思维物作为一个事物，在于其本质就是思维本身，无论从思维物的实体性和实质性来看都是纯粹现象性的实体，别无其他。"⑫纯粹的显现使得存在、我思、我是成为可能。思想是显现而非显现者，思想是事物的显现模式。换句话说，笛卡尔的"我思"的自我明证性并不是由思想之物给予的。因为"我就是那个在感觉的东西，也就是说，好像是通过感觉器官接受和认识事物的东西，因为事实上我看见了光，听到了声音，感到了热。但是有人将对我说：这些现象是假的，我是在睡觉。就算是这样吧，可是至少我似乎觉得就看见了，听见了，热了，这总是千真万确的吧。真正来说，这就是在我心里叫做在感觉的东西，而在正确的意义上，这就是在思维"。⑬"我思"不仅仅是主体，它还是"思之物"，即在没有思维内容被给予的条件下，它还是可以以另外一种方式给予自身。"我思"的明证性并不是来自清楚明白的知觉。"我思是一种自我显现。"⑭"我思"的自我显现意味着它自身作为一种纯粹的感受性作用于自身，这种感受性是一种内在的方式。只有这样的"我思"才是一种真正意义上的自我性。亨利评论道："思维物的观念的最初意义在于它作为一个事物，其本质就是思维本身，也就是说，思维物的实在性和实体性都是纯粹现象性的实在性和实体性，除此之外别无其

---

⑪ 笛卡尔：《第一哲学沉思集》，庞景仁译，北京：商务出版社，2012 年，第 37 页。

⑫ Michel Henry, *Généalogie de la Psychanalyse* (Paris：PUF, 2003), p. 21.

⑬ 笛卡尔：《第一哲学沉思集》，第 30 页。

⑭ Michel Henry, *Incarnation：Une Philosophie de la Chair* (Paris：Seuil, 2000), p. 126.

他。"⑮基于此点,亨利视笛卡尔为物质现象学的开创者。在亨利看来,物质现象学是处理其本质是"去思"的事物的本质的学科。

以此为据,可以区分开反思性的看和看的直接感受。笛卡尔说:"严格意义来说我只是一个在思维的东西。"⑯亨利据此认为,笛卡尔构建的"看"的行为是属于"我思"的内在。因为,第一,"我思"的自我明证性不需要回返作用给予自身,即"我思"并不依赖于对思维内容的反思而给予自己;第二,笛卡尔并没有怀疑"看"的行为。亨利将这一活动视为原初的感受,这一活动不单单存在于理性的我思中。这意味着,"看"的行为以"感受"的方式直接给予"我思"本身。因此,亨利将笛卡尔的"我思故我在"改写为"我感觉我思,所以我在"(Je sens que je pense,donc je suis)。这意味着看的行为优先于所见。

因此,亨利看到了笛卡尔"我思"所开创的另一种现象性模式。同时,亨利也指出了笛卡尔自身在处理"我思"理论时的不足。他指出,就消极意义而言,笛卡尔是通过怀疑的内在过程思考自我显现,就积极意义而言,他是通过观念思考自我显现。然而,笛卡尔很快就遗忘了他自己的发现而转向了一种希腊化的思维模式,即一种反思性解读"我思"的模式。亨利以一种非反思性的模式解读笛卡尔的"我思",目的是为了在理论源流上将自身的现象学与胡塞尔和海德格尔的现象学作区分。亨利以一种直接内在感触自身的模式解读笛卡尔的"我思",以便真正把握"我思"的真实内涵。亨利对笛卡尔"我思"的重新解读确实是他对现象学重新思考的最具特色的贡献,至于他的这种解读是否能够说服所有人,这可能还有待商榷。然而,我们应该明确亨利的理论目的。他对笛卡尔我思的"异样"解读旨在开启一种异于历史现象学的生命现象学。⑰

三、"我思"开启的生命现象学

亨利赞同海德格尔对胡塞尔的批判,即认为胡塞尔没有进一步追问意识意向性的根源,但是亨利并不满意海德格尔给出的回答。亨利对海德格尔的关注始于他对主体性的强烈兴趣。战时秘密的地下情报活动的生命体验深刻地影响了亨利的哲学思想,以至于他的哲学始终聚焦于"有生命的主体""感触性的

---

⑮ Henry, *Généalogie de la Psychanalyse*, p. 21.

⑯ 笛卡尔:《第一哲学沉思集》,第 28 页。

⑰ 参见刘宏:《米歇尔·亨利对笛卡尔"我思"的解读》,《中国社会科学报》2018 年 9 月 11 日,总第 1534 期。

生命"。他说道:"假如我们深入研究生命现象学,我们会发现其基本问题都是围绕着先验自我,以及允许我们说'我'(Je)'自我'(Moi)的事物而展开的。"[18]

亨利依靠的是笛卡尔"我思"所开启的最广泛的意义,"我"是一个进行思考的事物,即进行怀疑、设想、希望,亦进行想象和感受的事物。"我思"是向源初之流的返回,它不分离于思想-感受-生命。亨利以"我思"的彻底内在方式解读思维现象是一种自发显现的显现。这种解读凸显了"我思"自我明证性的显现方式以反对过去以反思哲学为主的哲学立场。他的这种解读与其对以胡塞尔为代表的历史现象学的批判是一脉相承的。

现象学的核心在于"显现",关键是绝对主体的自我显现。胡塞尔将这种显现视为在意识中显现,但是某物在意识中显现,显现的是某物而非意识本身。这种显现并非显现的本质。因为在这种显现中,它自身被指向某物的运动"掏空"了,它成为了没有自身的向外结构,因此以这种显现为基础的主体在何种意义上能被称为主体?我们发现,事实上,在这种显现中,主体被驱逐了。

那么,显现自身如何显现?是否存在另一种显现?亨利意指的"显现的本质"为何?我们认为,"本质"指明的是基础、源头、可能性的条件,"显现"意味着真相、揭示、确定。因此,"显现的本质"要追问的是事物如何显现的可能性,现象性的构成、真相的基础、存在如何显现其自身。

实际上,亨利已经发现了笛卡尔哲学中暗含着的两种显现的区分,外在事物向我们显现,我们可以怀疑;但是"我看到""我听到""我感受到"是确定无疑的,而这正是一种更基本的显现方式,即内在性。"留在自身之中,从不抽离,这就是哲学上称之为'内在性'的状态。然而,内在性不是含义,也不是概念。它和人的语言所使用的含义或概念相反,是一种源初的情感性。"[19]内在性是一种完全不具有超越性的所有特征的存在方式,它不是一种对象性表象式思维,它没有意向性,没有视域,没有外部性。它是一切超越的源头。这种根本的内在性并不能从世界中显现自身,它通过自身的情感显现出来。作为一种绝对的主体,它在自己的痛苦和享受中的自发感触显现自身。

主体在具体观看的过程中具有一种内在感受的肯定,"对我来说,像是我所观看、感受和触摸",在可见的观看行为中展现了一种感受观看的源初性。这意味着,意义的给予是由"我思"自身发生,"我思"的绝对内在性先于一切反思性思维方式。以此看来,"我思"是源初的真实存在,它是一切存在的可能性基础。

---

[18] Michel Henry, *Phénoménologie de la Vie*, III (Paris: PUF, 2004), p. 287.

[19] Michel Henry, *Paroles du Christ* (Paris: Seuil, 2002), p. 98.

"自我的存在是真理。这是真的,这个真理只有通过超越并作为它的工作才能实现,但是它源于更高、更古老的真理,没有它,超越本身就不可能。对于这样一个与自我本身没有不同并且构成自我存在的真理,我们给出起源真理的名称。"[20]自我的存在是存在的原始基础和存在的条件,它本身绝不是事物。它与现象和超越的一切表现相分离,相反,这个基础只是一种显现,是一种特殊的显现,也就是说这种显现并非来自超越,它是内在体现,是对主体的内部体验,它绝对存在于自身。概而言之,它是内在的显现。内在性是原初显现的存在,它本身就是这种显现,它是存在的纯粹显现,即存在本身就是原始的显现而与自身没有"距离",它是所有启示的基础。因此,作为起源本体论的显现形式的内在性是所有超越性显现形式的本质,它是一种特殊的启示。

"本质的自我性,其自发感触在纯粹的自我情感的内在性,这就是主体作为一种有效的和具体的自我。"[21]作为基础,原始显现形式和内在性的自我就是亨利所称的本质。就其本身而言,它就是本质本身。这种自我显现,甚至是对本质的自我回溯,都不是特定于本质并且在本质之外的方式,恰恰相反,它本身就是这种本质的构成。易言之,它是绝对的内在自我的本质。一方面,显现的本质是存在自我的原初显现,它是一种元显现。一方面,显现的本质是"自我"(ego)。它是所有显现、经验、真相、存在的最终可能性。自我的存在是原初的绝对真理。它的本质是感触。感触是感受性的本质和可能性条件。由此,它有两方面的意义,从消极方面看,它表明了历史现象学对"显现"的理解的不足;从积极方面看,它把握到了"显现"的本质和"自我"的结构。

因为就胡塞尔现象学和海德格尔现象学而言,存在的显现被理解为在直观或视域中的显现。"存在的超越视域定义了不真实的本体论媒介。"[22]因为存在不同于表象形式中的接受性。现象的明晰性意味着它被"看到"了。那么,"看到一个现象"需要什么呢? 在日常生活中,一个人必须具有视觉能力,必须有一个物体,同时该物体必须处于视野中,在可见环境中,在明亮的环境中。由于视力恰好具有创建视野、打开可见视野、照亮物体的功能,因此它可以创建一定距离作为条件,构建起在对象和主体之间的关系。这个距离是"现象学的距离"。它通常被理解为"自我与自我的距离"(ladistance de soi à soi)或者"疏离"(l'aliénation),它指向一个外在的视域。因为现象学的距离,所以存在的启示被

---

[20] Michel Henry, *L'Essence de la Manifestation* (Paris: PUF, 1963), p. 48.

[21] Henry, *L'Essence de la Manifestation*, p. 584.

[22] Ibid., p. 53.

视为非原始的，存在取决于某种存在的理解方式。对于存在方式的理解是一元论发展的产物。我们表象存在，我们将它投射到一个视域当中。在"存有一元论"中，现象学的距离构建起了现象得以可能的条件。"存有一元论是关于思想的理论"。㉓ 所有的哲学都转向外在性、超越性，因为所有人都将直觉视为理想，并根据这种理想来设计思想。同样，现象学陷入了"存有一元论"中，因为它忽视了内在性显现和超越性显现的区分。亨利通过对笛卡尔"我思"的诠释彰显出纯粹现象的现象性，以此说明现象之可能的条件，以此区分存在本身，借此提出现象学要重新思考存在的自我显现。

现象通过给予方式赋予存在意义，现象的显现就是对存在进行充实的表达，因此现象学是一门探索存在的科学。然而，胡塞尔的现象学原则并未指出现象的本质。那么，亨利是如何逆反胡塞尔的理论从而推进现象学的彻底化？首先，我们的目光应该从显现的事物转向显现本身，通过后者理解前者的存在方式。其次，显现自身应该先显现。再次，这存在着两种基本的显现的模式，一是世界；一是自我。在消极方面，自我可被视为内在的和不可见的；在积极方面，它可被视为感触或情感。它是所有真理的最终可能性条件和显现的本质。它是原初的真理、绝对生命的现实。它的存在与它的启示一致，它了解自己；它是内在，感触和绝对主体的身体。因此，自我是他者、外在、超越的启示的条件。自我和非我因其显现方式的不同而构成了两种根本的差异性。它们构成了两个彼此无关的世界，因此存在着本体论二元论。但是，这种二元论归结于统一。因为世界奠基于自我之上，前者永远不会揭示后者，但是后者是前者得以显现的条件。因为自我是自足的，它是原初的。现象学需要回到显现的源头，从现象到存在的意义给予过程，后者只是一个现象赋予意义的对象，它并非现象显现的原因，现象是通过显现自身获得显现的可能。因此，现象性表明了"就自我本身而言，它不需要在世界中寻找自己的影子。"㉔自我对事物的知觉是可疑的，但是对自身的感触是确定无疑的。所以，自我是显现的本质，外在不可能是自我的基础。自我是绝对的现实，超越的世界是虚幻（irréel），"我们说先验的意向性是内在的，就是说它没有沉浸在比它大的环境中。"㉕

基于亨利哲学的基本观点，这种对自身感触确定无疑的存在是生命，它是一种绝对的主体性，它不能对象化，不能成为一个"是什么"的概念，不能成为一

㉓ Henry, *L'Essence de la Manifestation*, p. 485.

㉔ Michel Henry, *Philosophie et Phénoménologie du Corps*（Paris：PUF, 2003），p. 238.

㉕ Ibid., p. 262.

个科学对象。如果它成为了一个"是什么"的概念，那就意味着生命的"死亡"。以此说来，生命是"不死的"，它是活生生的。同样，它也是一个活生生的身体。"自我是身体"（L'ego，c'est le corps）。它回答了自身给予了什么的问题，回答了在意识之前，在印象的情感性之前，在我们的体验之前的是什么的问题，易言之，它回答了"第一性"的问题，回到了意义的起源问题。

此被各种情绪情态所渗透的主体性沉浸于生命和感触的瞬间，它完全不受制于理性的规训，"无理地"以感触的方式呈现自身。我们应该如何理解"生命"？我们认为，在我们自身的各种情绪情态中，生命向我们启示了自身，易言之，在生命自身的感触性激情（pathos）中，生命感受到它的生命。从积极的角度看，内在性是以生命的感触性（l'affectivité）为特质的。感触性意味着自我对自我的感-触。它是启示的本质，在其中，存在和现象得以完美的显现。"感触性是自我性（l'ipséité）的本质"。⑳ 自我是所有显现的可能性条件。感触性是感觉（la sensibilité）的条件和本质。所有的感觉都以感触性的情调（la tonalité affective）为本质特征，因为如果不能自发感触，那么也就不可能感觉到一个对象。感觉、理解总是感触性的，然而感触绝不是意向性的。它独立于思想。它是内在的同一过程，即它是在自身内在本质中的自我遭受自我的过程，也就是说，它的显现是一种"无距离"的自我显现，因此它是外在性的基础和来源。"允许某物在其自身内显现的本质，我们称之为基础"，"基础并非模糊的某物，它也不是光，只有当它照耀沐浴在光中的事物时，光才变得可感知，它也不是作为'先验现象'（le phénomène transcendant）的事物本身，但它是一种内在的显现，对它自身的显现，即使这种显现仍然是'不可见的'。"⑳"在另一方面，苦难的现实是它的感触性，它在根本的内在性领域中对自身自我启示，而内在性正是恰恰构成了他者的自身性。"⑳因为体验者是透过强烈地自发感触重新对不同的思维内容于当下进行意义给予活动，体验者可以自主地以不同程度的感触方式进行自身思维的表达，彻底地区分思维内容和外在存在，属己地进行思维内容体验。

以此而言，我们应该如何表达这种自发感触？实际上，自发感触并不是孤独症（l'autisme），而是始终通过这种情感的双重含义表达出来并产生出的深切感情。生命的自发感触是一种生命的"召唤"，我们能够在自身的存在感中与之

---

⑳ Henry, *L'Essence de la Manifestation*, p. 581.

⑳ Ibid., pp. 40 - 41.

⑳ Ibid., p. 793.

产生共鸣。然而，生命本身是自发感触，"自发感触是对显现形式本质的自我指称"。[29] 生命是一个非常模糊的概念，具有多种含义，因为它还指一些基本现象，例如营养或繁殖现象，还指人们最崇高的精神体验。生命的概念还涉及自发性的概念。但是，我们发现，亨利哲学中的"生命"并非是生物学意义和物理学意义上的研究客体，因为在此意义上，它们只是抓住了生命的外在性和客体性而忽视了生命的内在性。我们认为，如果形而上学对于生命的遗忘和忽视使得思想被视为理性，那么我们可能无法理解生命自身的自发感触，因为它是自己本身的非认识性的自我意识。生命的自我给予即是生命的自发感触、现象学的内在性、显现自身以及上帝的自我启示。如果将生命指定为存在的事实，那么就不能再将其与某些特定现象相混淆，例如通过生物学意义上的生命现象或一些神秘主义现象，这些现象远不能定义或解释它。生命不是一个现象，因为在世界中，我们永远看不到生命本身，我们看到的只是生命的"表现"，例如各种活的存在者、有机体。"生命"是"现象学的生命"，这意味着生命与事物不同，它并非某一种事物，它并不是在世界中的现象的一种。"现象学的生命"意味着生命是揭示现象性自身、给予性自身、显现自身的关键，前者是后者的基础或者说前者是后者自身。因此，生命不能被还原为"世界"或者"在世界之中"的某物，生命只能在自身中源初地给予自身，生命在自身的给予中与自身同一。我们可以举例说明，例如我们能够清楚明白地理解痛苦是我们自身的，并且以一种当下直接的非意识感触到痛苦。这是确定无疑的，这种对自身的"知觉"是我们感受外物的前提，它就是生命。

四、结语

在伟大的哲学思想进程中，生命现象学起源于 19 世纪末的德国。它由胡塞尔开始，通过海德格尔和舍勒而影响至 20 世纪。在今天，特别是法国，它依旧具有强大的生命力。在现代法国哲学界，亨利对"源初现象性"的哲学解读具有深远的影响力。就他自身的研究领域而言，首先，他对笛卡尔"我思"的解读开启了一种思考"我思"的全新进路；其次，他凭借他的现象学著作在现象学界声名鹊起，他的工作不但深化了胡塞尔哲学的关键部分，即显现自身的显现问题，而且影响了后胡塞尔哲学（post-Husserlian philosophy）。亨利的"生命现象

---

[29] Henry, *L'Essence de la Manifestation*, p. 290.

学"是当代生命现象学的典型代表。他力图通过这样一种现象学模式思考一种"另类"的哲学，一种不能还原为"海德格尔所批判的形而上学"。他努力的重点是揭示源初的现象性，即生命自身的自我显现。因为在他看来，这个问题直接关系到现象学的起点。

基于对历史上的现象学的批判，亨利的生命现象学开始于他所谓的两种显现模式的区分。亨利认为，现象学应该区别对待两种本质上完全不同的显现模式：生命在纯粹内在中的自我显现和意向性的显现。在他看来，胡塞尔现象学并未彻底地贯彻现象学的原则。因为胡塞尔现象学仅仅是揭示了对象向某个主体的显现，然而，问题的关键恰恰是要探寻显现自身如何显现。唯有进一步回答显现自身的显现问题，才能彻底地贯彻现象学的原则。他指出，显现自身的显现就是生命纯粹内在的自我显现，即生命的自发感触。生命在纯粹内在中的自我显现根本异于意向性的显现，生命的自发感触是意向性的基础。生命自身的本质是一种源初内在性的显现（l'essence de la vie comme une revelation immanente originaire），它是现象学和哲学之可能性的基础。现象学的最终意义奠基于发现"现象"自身有其奠基这一事实中。现象学和哲学的起点应是"绝对主体性的彻底内在领域"（la sphère d'immanence radicale de la subjectivité absolute）。由此可见，亨利以"源初内在性的显现"为标志区别于胡塞尔先验现象学。

（责任编辑：王春明）

作者简介：刘宏，哲学博士，深圳大学社会科学学院讲师，主要研究方向为生命现象学、艺术哲学。

哈布瓦赫集体记忆理论的符号学再阐释

白金钘

【摘　要】哈布瓦赫集体记忆理论的提出将社会环境引入到记忆研究中来。本文回溯了哈布瓦赫集体记忆理论前的记忆理论以及集体记忆理论与涂尔干宗教社会学之间的关系。随后,本文借助索绪尔与皮尔斯的符号学方法,重新阐述哈布瓦赫的集体记忆理论,并尝试从非时间性和时间性因素两方面对集体记忆理论中提及的记忆的变动做出解释。借助于符号学的理论与方法,本文希望能够尝试在现今将记忆研究与文化研究相结合的方法之外,继续延续哈布瓦赫在集体记忆理论中所选择的道路与倾向。

【关键词】哈布瓦赫　集体记忆　符号学　索绪尔　皮尔斯

　　人们对记忆的关注与讨论有着较长的历史。但直到"集体记忆"(Collective Memory)理论提出,社会环境对记忆的产生、改变和遗忘的结构性作用才开始得到认可。集体记忆理论由法国社会学家莫里斯·哈布瓦赫(Maurice Halbwachs)在于 1925 年所写成出版的《论集体记忆》一书中首次提出。[①] 20 世

---

① 莫里斯·哈布瓦赫:《论集体记忆》,毕然、郭金华译,上海:上海人民出版社,2002 年。

纪 70 年代后,学界受到后现代思潮和"五月风暴"等因素的影响,在历史学学界新兴的"公共史学""历史工作室""日常史"等领域开始关注长期被忽视的普罗大众。[②] 至此哈布瓦赫的理论才被重新发现并发展,如皮埃尔·诺拉(Pierre Nora)"记忆场"理论的提出即是顺应了 20 世纪 70 年代法国由于"社会经济因素、意识形态因素和国际关系因素"而带来的自身记忆的觉醒。[③]

西方历史学界对于哈布瓦赫集体记忆理论的研究在 70 年代后逐渐偏离了哈布瓦赫的方向。在哈布瓦赫的理论建构中,其论述的核心内容是社会环境可以对记忆造成深刻的影响。但是,或许是受到如扬·阿斯曼(Jan Assmann)和阿莱达·阿斯曼(Aleida Assmann)夫妇《文化记忆》和《回忆空间》等著作以及学说的影响,记忆理论研究逐渐转向"文化"领域,学者们也开始探讨文化传承与记忆之间的关系。[④] 尽管并不能否认这种努力的意义,但是无可否认的是,这条线路已经偏离了哈布瓦赫的初衷而走上了另一条道路。

集体记忆理论作为记忆研究理论中的一种,与在此之前的记忆理论有着一定的关联性。同时哈布瓦赫是埃米尔·涂尔干(Emile Durkheim)的学生,我们将集体记忆理论与宗教社会学相联系或许也是有帮助的。因而,在借助符号学理论对集体记忆理论进行再阐释之前,首先应将集体记忆理论与其他记忆理论,以及与涂尔干的理论相对照。

一、早期记忆理论与涂尔干

人们对记忆的集体性层面的思考有着较长的历史,其渊源甚至可以追溯到古希腊时期。[⑤] 但此期间记忆研究多被认为属心理学或生理学领域。即使是记忆的集体性层面也多集中于记忆的"自我维持",它不受作为个体的人的存在和短暂记忆的支配。[⑥] 西格蒙德·弗洛伊德(Sigmund Freud)即认为人的记忆都是可以被复原的。这也更进一步导致他在晚年时相信可以通过心理学的技术

② 沈坚:《记忆与历史的博弈——法国记忆史的建构》,《中国社会科学》2010 年第 3 期,第 208 页。

③ 同上书,第 206 页。

④ 扬·阿斯曼:《文化记忆》,金寿福、黄晓晨译,北京:北京大学出版社,2015 年。阿莱达·阿斯曼:《回忆空间》,潘璐译,北京:北京大学出版社,2016 年。

⑤ Nicolas Russell, "Collective Memory before and after Halbwachs," *The French Review*, vol. 79, no. 4 (2006), p. 792.

⑥ Ibid., p. 796.

来争取对历史研究提供帮助，即超越个体现存记忆的局限性。[⑦] 弗洛伊德以个体记忆"可恢复性"为出发点的研究以其晚年的著作《摩西与一神教》最为著名。[⑧] 英国著名历史学家罗宾·柯林伍德(Robin G. Collingwood)也正是基于超越性，认为历史学家是有能力感知到历史证据背后所暗含着的故事的，进而历史学家或许可以用自己的感觉去了解被掩盖在证据之下的思想，即"一种思想行动，除了实际上的发生而外，还能够维持其自身并能够被复活或被重复而不失其同一性"。[⑨] 因而可以说，在很长的一段时间里，记忆研究或以记忆相对于客观存在的超越性为出发点，或以作为记忆主体的个人作为出发点。对于记忆的应用由此也被认为应当是以"重现"作为目标的。

哈布瓦赫《论集体记忆》一书给出了与记忆个体性相反的观点。哈布瓦赫坚持认为，记忆的产生、唤醒及其作用的施展都是群体性的。由此，其理论的核心转向了对社会环境的考察与重视。这点可与涂尔干对宗教的考察相对照。具体来说，涂尔干对哈布瓦赫的影响可以在后者的两部重要著作《记忆的社会环境》和《论集体记忆》中看出，他深受导师涂尔干"社会事实"与"集体意识"的概念和分析框架的影响。[⑩]

涂尔干对宗教与社会关系的考察是自《宗教生活的基本形式》一书开始的，该书也是涂尔干宗教社会学学说的重要支柱。[⑪] 个体意识的诞生，以及个体意识与社会的关系是涂尔干宗教社会学理论中试图解决的问题。涂尔干认为，正是由于参与到仪式中的个体达到了一种亢奋的状态，环境、装束、动作等诸多因素使得参与到仪式中的每一个人都自认为身处一个特殊的、与日常生活不同的世界，他们也被这个世界中的奇特力量所支配。因而涂尔干认为"宗教的观念似乎正是诞生于这种欢腾的社会环境，诞生于这种欢腾本身"。[⑫]

由此可以说，宗教作为社会力的一种表现方式，使个人不仅是一种简单的、有机体的存在，同时也进一步进入到了集体存在之中。[⑬] 涂尔干在书中提出宗教——或者说集体意识——必然要在外在的共同行为、集体欢腾的状态中诞

---

⑦ Patrick H. Hutton, "Sigmund Freud and Maurice Halbwachs: The Problem of Memory in Historical Psychology," *The History Teacher*, vol. 27, no. 2(1994), p. 148.

⑧ 西格蒙德·弗洛伊德：《摩西与一神教》，张敦福译，北京：北京大学出版社，2015 年。

⑨ 柯林伍德：《历史的观念》，何兆武、张文杰、陈新译，北京：商务印书馆，2010 年，第 296 页。

⑩ 高萍：《社会记忆理论研究综述》，《西北民族大学学报(哲学社会科学版)》2011 年第 3 期，第 113 页。

⑪ 埃米尔·涂尔干：《宗教生活的基本形式》，梁东、汲喆译，上海：上海人民出版社，1999 年。

⑫ 同上书，第 289 页。

⑬ 汲喆：《礼物交换作为宗教生活的基本形》，《社会学研究》2009 年第 3 期，第 2 页。

生。正是因为作为外在环境的社会的存在，才最终推动了个人的意识的产生，并确定了个人意识的发展方向。涂尔干"集体欢腾"这一概念表现的是一种日常生活的突然断裂，同时集体欢腾作为一个社会中的特殊时刻时群体的状态，也是该社会此时群体的道德力量的基础。[14] 在集体欢腾中，个体全新身份依赖于社会环境的支撑。外在社会环境和个人意识之间的结构性关系在涂尔干的理论建构中有着重要的地位。哈布瓦赫作为涂尔干的弟子，其集体记忆理论中也可以发现这种结构性关系的影子。

在《宗教生活的基本形式》中，集体欢腾场景为涂尔干分析社会在个体身上发挥作用的机制提供了重要中介，同时也折射出个体借助仪式、象征性实践参与社会结构及集体意识再生产的重要性。[15] 涂尔干对个体与社会环境、集体欢腾之间关系的论述被哈布瓦赫所继承，并成为哈布瓦赫集体记忆理论中重要的来源与基础。

二、哈布瓦赫集体记忆理论内容与批判

与涂尔干观点相似，哈布瓦赫认为个体记忆的产生、变化或者遗忘也与社会环境有关，这也是哈布瓦赫记忆理论中的重点。与弗洛伊德相对，哈布瓦赫认为记忆并不是一个完整的重复，而是在不断的校正中被合并，而特殊的经历被磨去，保留下来的通常是一个简化版的理想化意象。其次，回忆是在社会环境中被重构出来的，只有当回忆在社会结构中得到定位时，才能变得完整。没有社会结构的支持，个体记忆就不会存在。[16]

在《论集体记忆》一书的开篇，哈布瓦赫举了一个事例展现社会环境对个体记忆的影响，"当向她出示爱斯基摩乡村的小木屋、船、海豹以及甘蔗和美洲其他产品的图片时，她显然被打动了"。[17] 记忆属于个人，但同时也受到周围人以及周围社会的深刻影响。在哈布瓦赫的论述中，记忆虽然是被个人所保留的，但是记忆的产生与唤醒则受到社会结构的影响。回忆的开始并不是因一个人想要这么做，而是由于周围环境或他人的提问等刺激，他被迫诉诸回忆以满足他人。一个人的记忆需要别人的记忆、群体的记忆的唤起……在多数情况下，

---

[14] 陈颀：《走向"集体欢腾"：涂尔干社会理论的危险》，《华中科技大学学报（社会科学版）》2011年第3期，第53页。

[15] 王树生：《关于集体欢腾：与涂尔干理论遗产的对话纬度》，《青年研究》2015年第3期，第77页。

[16] Hutton, "Sigmund Freud and Maurice Halbwachs," p. 149.

[17] 莫里斯·哈布瓦赫：《论集体记忆》，第67页。

我们只是在与他人的交谈中，或为了回答他人的问题，才诉诸回忆。[18]

哈布瓦赫更认为社会环境除了推动记忆产生、保持记忆外，对于记忆内容本身也有着极为重要的影响。因为一段回忆只能在一个共同的价值体系中或相似的个体经历间才能展开。因而对于回忆者来说，回忆的开始必须是外界所发起的。但是外在的社会环境不会是一成不变的。当外界环境发生些许变化后，也会对记忆者的记忆有作用。由此随着社会环境的改变，一些记忆或被忘记、或被改写、或被扭曲。对于哈布瓦赫的这些观点，批判者往往认为哈布瓦赫的集体记忆概念执着于"现在中心观"，而忽视了"历史连续性"问题，认为哈布瓦赫的理论中对于"当下"给予了过多的关注，轻视甚至忽视了"过去"的功用。[19]

由此可以看出，哈布瓦赫对于记忆的讨论是围绕着"塑造"与"重构"展开的，前者用以解释记忆的形成，而后者则被用于理解记忆是如何被其他因素所影响的。在《论集体记忆》中，哈布瓦赫提及"我们保存着对自己生活的各个时期的记忆，这些记忆不停地再现；通过它们，就像是通过一种连续的关系，我们的认同感得以终生长存。但正是因为这些记忆是一种重复，正是因为在我们生活的不同时期，这些记忆依次不断地卷入到非常不同的观念系统当中，所以，记忆已经失去了曾经拥有的形式和外表"。[20] 重构对于过去的记忆，用以满足当下的现实需求便是集体记忆的重要作用之一，记忆所关注的也在于如何重构过去以满足当下。哈布瓦赫的集体记忆理论也关注了记忆的互动。哈布瓦赫一方面认为，个体的回忆是依托外界情景才得以展开；而另一方面，无论是对于激发回忆的提问者，还是对于进行回忆的回忆者而言，这一切的发生必须处于同一价值体系中，后者或称同样的社会背景条件。因而可以说，个人必须在集体所确立的价值体系中才能得以确立自身；缺少相应的价值体系，对应的集体记忆也就不可能产生。

哈布瓦赫的集体记忆理论使得记忆的社会性同个体性同样重要，记忆不仅是个体的心理生理行为，同时也与社会有关。综上来看，哈布瓦赫的集体记忆理论可以被分为两个层面，首先与涂尔干的相关理论类似，哈布瓦赫同样强调社会环境对于记忆的作用，即认为记忆会受到社会背景的影响，当社会大环境改变的时候，被激起的回忆也会因环境的变化而变化；其次则是强调社会环境

---

[18] 陶东风：《记忆是一种文化建构——哈布瓦赫〈论集体记忆〉》，《中国图书评论》2010 年第 9 期，第 70 页。

[19] 刘亚秋：《哈布瓦赫集体记忆理论中的社会观》，《学术研究》2016 年第 1 期，第 78 页。

[20] 莫里斯·哈布瓦赫：《论集体记忆》，第 82 页。

对于群体交往的意义。对于群体中的每一个人而言集体记忆都意味着一个交往边界,同属一个集体的人群可以在集体的边界之内进行相应的交流,但是对于边界之外的人来说,融入其中便极为困难。身份认同便是以集体记忆的这两个要点为基础的。这一点在后世对集体记忆理论的进一步阐释中有所体现。不过应当注意的是,哈布瓦赫关注的焦点是以家族记忆为代表的代际记忆的形式和功能,不过他的集体记忆的概念并未局限于家族,而是扩展到宗教团体和社会阶层,运用于传统构成和文化传承,这里已经可以看到文化记忆的端倪。[21]

哈布瓦赫《论集体记忆》一书重点讨论了作为外部因素的社会环境对记忆的影响,但正如前文所提及的,后世学者在此也有争执。有批评者认为,哈布瓦赫在讨论记忆时陷于"当下的泥潭",由此使得集体记忆仅仅局限于"共时性"中而抛弃了"历时性"。[22] 由此,哈布瓦赫的理论被进一步批评为"社会环境决定论",认为该理论在阐述记忆与社会环境的关系时,将后者列于结构性地位,认为后者能够完全支配前者。另有学者则认为,哈布瓦赫对记忆中"过去"与"现在"的关系的处理并非单纯只重视当下的作用而忽视过去。在处理此问题的时候,哈布瓦赫更倾向于将过去与现在二者的地位进行比较,将现在位列于过去之上,强调过去从属于现在。[23] 因而,哈布瓦赫在对"现在"与"过去"进行讨论的时候,或许过于看重了记忆中与现在相关的方面,但不能说哈布瓦赫完全否认"过去"在记忆构建中的作用。不过,无论从哪一方的观点来看,记忆本身必然是被唤起的,而不是一种"自我维持"的存在。

那么,如果承认记忆是作为一个被唤醒的事物而存在的话,外在的社会环境就有理由被认作是唤起这段记忆的某一对象的对应物,人们的观念则可以被看作是对这段记忆的解释。由此,对哈布瓦赫集体记忆概念的理解与再阐释便可以从符号表意的角度展开。

三、从索绪尔符号学对集体记忆理论的再阐述

符号学的起源可以追溯到瑞士语言学家费尔迪南·德·索绪尔(Ferdinand de Saussure)的语言学中。索绪尔的理论可以被分为两个层面:表层的结构主

---

[21] 王建:《从文化记忆理论谈起——试析文论的传播与移植》,《学习与探索》2011 年第 11 期,第 133 页。

[22] 王子涵:《宗教传承的失控建构——"集体记忆"理论的能动性理解》,《世界宗教文化》2019 年第 2 期,第 120 页。

[23] 刘亚秋:《哈布瓦赫集体记忆理论中的社会观》,第 80 页。

义语言学理论、深层的符号价值系统理论。㉔

索绪尔符号学中有着几组"二元对立"关系，其中指称物"能指"（signifier）与被指称物"所指"（signified）这对关系对于阐述哈布瓦赫集体记忆理论有着较大的作用。在索绪尔的解释中，能指可以被理解为声音或者形式，而所指则可以被理解为内容。但索绪尔关注到，"语言的能指……在实质上不是声音的，而是无形的——不是由它的物质，而是由它的音响形象和其他任何音响形象的差别构成的"。㉕ 能指的产生重点在于差别，即这一能指必须与其他能指存在区别，否则就会造成指称不明。另外，所指有时也会被认为是头脑中的概念，但也有学者指出，"所指就是能指所指出的东西"。㉖

索绪尔符号学中能指—所指这对二元对立关系与哈布瓦赫集体记忆理论中"社会环境—记忆"的关系存在着一定的相似性。符号的表意过程可以被认为是以符号被意识到作为开始的。符号被人所认可，该符号也就可以传达某种意义。与此相关的即是哈布瓦赫集体记忆理论中记忆被唤醒的过程。在哈布瓦赫的记忆理论中，记忆内容的唤醒与塑造同样是自社会环境开始的，社会环境先起作用，然后推动记忆的运作。社会环境作为一个外在于人的客观存在，只有当它被某人意识到时，才是被认可的，对于这个人来说它也才是有意义的。因而，从这个过程来看，社会环境—记忆的关系与能指—所指的关系存在着一定的相似之处。进而，社会环境就可以被视为一个能指符号，在不被人注意到时本身或许不能说是有意义的，但一旦被人注意到，人便会受到其刺激。在人感受到某一特定的外在社会环境后，他被迫诉诸记忆与回忆以满足某方面的要求，或是对某事的回忆，或是对某人的思念。这时作为所指的记忆内容便伴随着人赋予社会环境以意义的思想行动而被唤醒或塑造。当然，整个过程中的符号或外在社会环境的意义始终是人赋予的，即"任何感知，只要能被当作意义的载体，成了符号；被认为携带意义，就使符号成为符号"，但这并不否认作为能指的社会环境的刺激性作用。㉗ 他人的询问等也是同样的过程，只不过社会环境变为了其他形式的声音或文字，但其依然是一种能指；回忆者被激发出的记忆依然是所指。由此来看，哈布瓦赫集体记忆理论中社会环境—记忆之间的关系以及记忆的运作便是可以通过索绪尔能指—所指的符号表意过程来加以理解

㉔ 肖娅曼：《索绪尔符号学的认识论基础——〈普通语言学手稿〉研究》，《社会科学研究》2015 年第 3 期，第 156 页。

㉕ 费尔迪南·德·索绪尔：《普通语言学教程》，高明凯译，北京：商务印书馆，1980 年，第 160 页。

㉖ 赵毅衡：《符号学原理与推演》，南京：南京大学出版社，2016 年，第 88 页。

㉗ 赵毅衡：《符号作为人的存在方式》，《学术月刊》2012 年第 4 期，第 97 页。

的了。

但是，从索绪尔本人的论述来看，这种能指—社会环境与所指—记忆内容的对应或许有些不准确。这主要是因为在索绪尔的理论中，能指并不能完全地被理解为一种实体的存在。如果能指被认为是提问者的声音，两套理论相关联的困境或许还不明显；但如果将能指理解为外在的社会环境，则后者必然不能被认为是一个非实体。借用一套理论来解释另一套理论时，或许难免会遇到一些困境，但这并不能说两者的对应是错误或者无意义的。

索绪尔对能指—所指的阐述中还存在"分节"（articulation）问题。索绪尔的理论被批评为一种静态的、忽视主观作用的描述性理论，但分节有助于缓和这一困境。在索绪尔的理论中分节概念已经存在。索绪尔对分节的设想可以理解为对句子整体的划分，语词分成音节，对应意义分割词汇。此后，在哥本哈根学派的再阐释下，分节概念从索绪尔理论的两个层面中的第一层，即语言学理论，进入到第二层，即符号价值系统中，由此使得分节这一概念从语言层面扩大到所有符号中。[28] 在几乎所有的符号表意系统中，对意义的表达都要借用分节才能加以明确，如在中国古代的官僚体制中，不同的官位品级对应不同的服饰居所，这种等级制度本身就是分节的体现。而不同的节之间不能出现相互重叠的情况，否则就会造成含义的重叠；但所有"节"总和在一起后，又应当覆盖全域，否则又会造成表意缺失。能指的分节会进一步造成所指的分节。

索绪尔符号学中的分节概念同样可以作为解释哈布瓦赫集体记忆理论中记忆与社会环境之间关系的一个角度，给予因地点或群体而产生的非时间性变化以一个合适的地位。一个人或一个群体所拥有的全部记忆内容，无论是潜在未被注意到的还是正在被思考的，全部可以被视为是一个整体。相应地，一个人或一个群体所接触的和可能接触的社会环境也可以被视为一个整体。但是，当作为能指的社会环境被具体到某一种或某一处时，分节便发生了。对于符号系统而言，能指的分节会造成所指的分节，一个能指便可以被视为一个独立的"节"。[29] 因而，作为能指的社会环境的分节自然也会导致个人或群体的记忆发生分节。或许不太准确，但考试的确可以作为一个例子来直观地说明这种情况，例如在语文考试中考生在没有其他刺激的情况下是不会回想起有关数学的知识的，但这并不否认数学知识的存在，只不过是因为环境的特定分节造成了相应记忆的分节。扩展来看则是一个人或一个群体只有在特定的环境中才会

㉘ 赵毅衡：《符号学原理与推演》，第 91 页。

㉙ 同上书，第 92 页。

诉诸特定的记忆内容,这也正是哈布瓦赫在《论集体记忆》一书开篇所举例子的原因,只有在特定的场景下受到与爱斯基摩人相关的事物的刺激之后,小女孩的记忆才发生了分节,特定的记忆内容才浮现出来。

因而可以发现,分节这一概念可以被用以从符号学的角度来阐释个体或集体记忆的产生、变化与遗忘等情况的发生。换言之,当某个个体或群体所身处的社会环境发生改变或具体化时,作为对应所指的记忆也会有相应的变化,如产生、改变或遗忘等。或者当一个人处于某个特定的社会环境时,受到的是特定能指(或节)的影响,作为回应的所指也就产生变化,即激发出特定的记忆内容。例如,子女在家中为回应家庭这一环境所调取的记忆便是有关家庭的,而作为学生在校时所用的记忆内容便是关于学校的。当记忆作为集体性而出现时,这一点亦应当是成立的。如同一个人群处于不同的社会环境时,会被激发出不同的集体记忆内容,人群间的交流、相互身份的确认必须在同一个社会环境中展开;而不同的集体记忆内容之间很难做到相互关联。由此可见,将索绪尔符号学中的能指—所指概念与哈布瓦赫集体记忆理论中的社会环境—记忆相联系,存在一定可行性。

对于索绪尔,有批判认为他"着重研究共时语言学……却忽视了对历时语言学的研究。他强调语言的不变性,忽视了语言的可变性"。[30] 因而索绪尔的研究被认为"聚焦限定在语言结构系统之内,企图割断语言与人和社会之间的联系,独创性地采取了一种'关起门来谈语言'的态度来论述语言,因此他的注意力也就没有,而且也不可能,放在语言与现实之间的关系上"。[31] 由于索绪尔在理论建构中对可变性的忽视,所以在以其理论对集体记忆理论进行再阐释时,如何理解记忆的时间性变化也就成为了一个极为棘手的问题。索绪尔的理论可以被用来解释某个人或某个群体在特定的社会环境中的记忆变动,但尽管记忆被认为是不具有"自我维持"的能力,记忆内容同样可以被不同时代的人通过书籍或文化等方式传递下去,因为记忆不只停留在语言与文本中,还存在于各种文化载体当中,比如博物馆、纪念碑、文化遗迹、歌曲以及公共节日和仪式等。[32] 既然记忆会在代际间传递,那么记忆的内容也会随时代而发生一定的变化。由于索绪尔在符号学理论上对变化的忽视,对记忆变化的解释或许也很难被扩展到一个更大的时间跨度上,或许至多只能解释一代人或一个群体中的同

㉚ 郭洪:《索绪尔符号学与皮尔斯符号学的比较》,《中国外语》2004 年第 2 期,第 27 页。
㉛ 王寅:《对"名实"与"能指所指"对应说的思》,《外语与外语教学》2006 年第 6 期,第 2 页。
㉜ 燕海鸣:《集体记忆与文化记忆》,《中国图书评论》2009 年第 3 期,第 11 页。

一代人因经历增加而出现的变化,至于父子、爷孙乃至跨度更大的代际之间的记忆内容变化的差异,索绪尔的理论或许就显得有些无力了。因为"旧的二元对立模式把重点放在构成符号的两方面,因此在解释为什么意义会在不同人、不同群体、不同时间中发生变化这个问题上受到限制"。③

尽管上述索绪尔符号学理论的不足造成了对集体记忆理论进行再阐释时的一些困难,但正如上文所讨论的,将索绪尔的符号学理论用于解释因地点等非时间性因素所引发的社会环境与记忆的变化却是有效的。也就是说,索绪尔的符号学理论可以很好地对集体记忆理论中记忆的非时间性创造、变化与遗忘进行再阐释。或许可以借助一些其他方式来对索绪尔的符号学理论中的问题做出一些修正,因为它们可以被用来解释一些时间性的变化。譬如让·皮亚杰(Jean Piaget)在其《结构主义》一书中提及的结构的三个特点,"整体性""转换性"和"自我调节性"就涉及了结构的变化。④ 对集体记忆理论中有关记忆内容的时间性变化的解释,所需要的或许是借用其他的符号学理论,而不是在索绪尔的理论上进行相应的修补。因而适时结束索绪尔的理论,使其只是较为清楚地对集体记忆理论以及记忆中有关非时间性的内容进行再阐释或许就是最好的了。对于有关时间性的内容的再阐释,后文将以查尔斯·皮尔斯(Charles Peirce)的符号学理论作为基础展开。

四、从皮尔斯符号学对集体记忆理论的再阐述

和索绪尔同时期的另一位重要的符号学家是皮尔斯。皮尔斯符号学的维度之一是"表意",包括"再现体"(representamen)、"对象"(object)、"解释项"(interpretant)三个概念及其关系。这对于解决哈布瓦赫集体记忆理论中记忆的时间性变化有较大的帮助。相较于索绪尔的符号学展现出的描述性特征,皮尔斯的符号学有所不同,再现体—对象—解释项的表意过程——从发出者意图到文本意图,最终到接受者意图——已经涉及了一个符号文本是否为真的问题。因而,也很难再将皮尔斯的符号学理论简单地看作是一个描述性理论。

在皮尔斯的符号学理论中,符号三元关系指由再现体(即符号)、对象与解释项所构成的符号表意关系。皮尔斯认为一个事物只有处在这样一种关系之

---

③ 王寅:《对"名实"与"能指所指"对应说的思》,第 27 页。
④ 皮亚杰:《结构主义》,倪连生、王琳译,北京:商务印书馆,1984 年,第 2 页。

中时，它才可能被视为符号。㉟ 其中再现体或符号可以是一个实体也可以是一种思想，用以代替其他一种东西；对象被再现体所代替，并且可以传达思想；解释项则可以被认为是由人所赋予再现体的一个意义，或说是再现体所引起的、显现在再现体中的观念。㊱ 解释项同时也可以作为下一个阶段中的再现体而出现，并继续这一过程，即"无限衍义"，其可以更好地解释历史变化。

若以皮尔斯的符号学理论来对集体记忆理论进行再阐释的话，二者理论间的对应关系就可以表示为：再现体—社会环境，对象—记忆，解释项—观念习俗。相较于前文提到的索绪尔符号学而言，作为解释项的观念习俗被给予了一个独立的地位。将观念习俗独立出来，因社会环境改变而引发的记忆变化也就可以得到相应的时间性。再现体或符号与社会环境的对应，与前文提到的在索绪尔的理论中能指与社会环境的对应是相似的。

"对象"（object）一词不应当被简单认为是某物。皮尔斯认为，"从对象经由符号传播到解释项的那种东西是形式；这也即是说，它绝对不是一个存在物，而是一种能力……在符号之中，形式只会体现在一个再现感知之中；这也就是说，不管是否是因为符号进行了某种实在的改变（或由于其他原因），符号都已经被赋予了那种对解释项进行传播的能力。"㊲ 连接对象—符号—解释项并使其成为紧密相连的三元体的是"形式"。㊳ 其中也就暗含着符号表意的基本前提，即"符号过程以其意义的不在场为前提"。㊴ 因而，"在皮尔斯看来，符号不仅有对象，而且可以有多个对象；对象不仅可以是实在的，它还可以是纯虚构。"㊵ 因而即便记忆不是客观的存在，其与 object 或对象的对应也应当被接受。

再现体—社会环境、对象—记忆之间的关系已然明晰，在对哈布瓦赫的集体记忆理论进行再阐释时也应当给予解释项一个恰当的地位。在前文对索绪尔的符号学理论的讨论中，记忆主体是相对缺失的，至少在将索绪尔和哈布瓦赫的理论进行对照解释时记忆主体并不具有一个独立的地位，只是承认记忆主体赋予了符号以意义。但是在皮尔斯的符号学理论中，作为记忆主体的个体或群体通过作为解释项的观念习俗得到了一定的体现，因而在对集体记忆理论进行再阐释时，时间性便可以通过观念习俗这一点得到表现。前文提到，解释项

㉟ 赵星植：《论皮尔斯符号学中的"对象"问题》，《中国外语》2016 年第 2 期，第 48 页。

㊱ 皮尔斯：《论符号》，赵星植译，成都：四川大学出版社，2014 年，第 37—48 页。

㊲ 同上书，第 146 页。

㊳ 赵星植：《论皮尔斯符号学中的"对象"问题》，第 49 页。

㊴ 赵毅衡：《符号学原理与推演》，第 45 页。

㊵ 赵星植：《论皮尔斯符号学中的"对象"问题》，第 50 页。

被认为是由人所赋予再现体的一个意义,或者说是再现体所引起的、显现在再现体中的观念。因而,在对哈布瓦赫的集体记忆理论进行理解的时候,解释项便可以被理解为人们根据自己或集体所保有的记忆而进行的阐述,包括认知、观念或习俗等。

　　记忆的唤醒与意义的传达有很多例子,在这里可以以犹太律法中的"守安息"为例。守安息的内容是"在安息日期间不能做工"。在这个过程中,作为再现体而出现的是社会环境,即特定的时间段以及特定的身份和位置:其他非安息日时间段和安息日所代表的社会环境并不相同,因而也就没有该律法所适用的环境;特定的身份和位置则意味着应当守安息的是以色列人以及寄居在以色列的人等。作为对象出现的,则可以认为是在"守安息"这个律法中所暗含的关于过去的集体记忆内容,即上帝用前六天的时间创造天地万物、在第七日安息的观念,"因为六日之内,耶和华造天、地、海和其中的万物,第七日便安息,所以耶和华赐福与安息日,定为圣日。"(出埃及记20:11)因而对象或集体记忆便是对上帝创世以及圣约等的铭记。最后,作为解释项而出现的便是基于上述集体记忆而生发出的观念以及习俗等。观念可以包括教徒认为守安息即是行上帝眼中看为正的事,才能蒙上帝的悦纳等;而习俗则可以包括教徒坚持恪守安息日不做工等。总之,无论是观念还是习俗,都可以被看作是对记忆或对象在观念上或行为中的解释和补充。

　　上述案例也涉及"无限衍义"这一概念。无限衍义就是指符号表意过程一种持续开放的动态过程,符号意义的解释与传播过程在理论上永无终点。[41] 这与皮尔斯对解释项的建构有关,解释项作为符号意义之解释的产物却并非是一个静态的结果,也并不单纯是符号的"意义"。[42] 这一概念可以被用于对集体记忆理论中有关记忆的时间性变化加以解释。因而对于再现体或符号而言,其含义不需要是固定的。相应的,在集体记忆理论中,社会环境这一再现体所被赋予的观念或习俗也就不需要是确定不变的,时间性的变化便在此得到了承认。若以上文的守安息为例,无限衍义则体现为从社会环境到记忆内容再到观念习俗这一过程的延续。具体来说,作为解释项的习俗,也就可以被认为是确认"以色列人"这一群体身份的一种符号或再现体。前一个过程最后的解释项,即相应的习俗或观念便成为了后一个过程的再现体或符号,由此再现体—对象—解

㊶ 赵星植:《"无限衍义"真的无限吗？——再论皮尔斯的解释项理论》,《河南师范大学学报(哲学社会科学版)》2016年第6期,第138页。

㊷ 同上书,第139页。

释项这个过程便可以继续推进下去。

皮尔斯符号学理论中的"无限衍义"这一概念对阐释集体记忆理论中不同年代中记忆的差异是有所帮助的。由此在对集体记忆理论进行再阐释时,更重要的问题或许就成为了如何解释社会环境—记忆—观念习俗(再现体—对象—解释项)的传递过程,以及如何理解观念习俗被后人理解为一个新的再现体的方式或过程。至于用时多久,是瞬间完成还是如死海古卷一般在千年后才被发现,这并不那么重要。只要记忆以文化或文本等形式被保存,记忆和它所对应的社会环境就都应当是可以被理解的。

回顾上文,索绪尔符号学理论可以解释非时间性因素导致的社会环境与记忆的变化,皮尔斯的符号学理论则可以解释因时间而带来的变化。不过值得考虑的一点是,基于皮尔斯理论的阐释是否可以取代基于索绪尔理论的阐述。本文的态度是不能,至少很难。对于皮尔斯的符号学理论而言,当其与集体记忆理论相对照时,作为解释项的观念习俗被赋予了一个独立的地位。但观念习俗作为上层建筑同样带有一定的相对独立性,譬如集体记忆理论中对群体身份的关注表现出的就是观念的相对固定。那么,观念习俗或解释项的变化尺度究竟如何、变动周期是多久,如果从记忆考察的角度来看或许是较难确定的。相反,基于索绪尔理论的阐述则并不直接赋予观念习俗或符号的意义以一个独立的地位,因而对它们变化的处理也更加灵活。因而,与其尝试修补二者之一以做到对非时间性和时间性变化的全覆盖,更好的做法或许是使二者各司其职。不做出过多的对比或许更明晰,因而也是同样有益。所以本文对此问题不想做出更多的论述,但保持开放态度。

五、结论

哈布瓦赫集体记忆理论的重点在于强调社会环境—记忆的结构性关系,记忆虽是由个体或集体所保有,带有极强的主观性色彩,但是记忆同样深受社会环境的影响,其产生、变化与遗忘等都受到社会环境的左右。基于此,记忆在不同群体间的差异,以及在不同时代的差异也就得到了一定的解释。

本文对哈布瓦赫理论的再阐释则是借助符号学中的一些学说和概念展开的。索绪尔符号学理论中能指—所指的关系以及分节概念有助于解释记忆因社会环境或群体身份等非时间性因素所造成的变化或差异。皮尔斯符号学理论中的三元关系则将观念习俗作为一个独立因素加以强调。并且由于皮尔斯符号学理论中的无限衍义概念,记忆的时间性变化也被给予了合理的解释和定位。索绪尔和皮尔斯二人的符号学理论在结构上的差异较大,但与集体记忆理论的结合使得记忆的时间性或非时间性变化都得到了相应的解释。基于二人的理论,集体记忆理论也得到了再阐释。

对哈布瓦赫集体记忆理论的符号学再阐释或许有利于从一个新的角度理解集体记忆理论。同时,观念史对观念变化的考察或许也能以哈布瓦赫的集体记忆理论为出发点,将观念视作在特定社会历史环境下所产生的集体记忆。因而以符号学理论对哈布瓦赫集体记忆理论的再阐释也是有利于协助观念史的研究的,如解释某一特定时期不同人群的观念、记忆的变化,或某一观念或记忆在历史中的流变等。

（责任编辑：刘剑涛）

作者简介：白金钘,上海大学文学院世界史硕士研究生,研究方向为希伯来文明与古代近东。

社会构形与历史时间

——论阿尔都塞对历史唯物主义的独特阐发

潘裕文

【摘　要】阿尔都塞认为马克思的历史唯物主义提出了一门关于社会构形史的新科学,但是早期西方马克思主义始终笼罩在以黑格尔为代表的历史主义之下。阿尔都塞拒斥了一种同心圆式的表达整体和单一均质的线性历史观,并揭示出历史主义的基础是"认识对象＝现实对象"的问题机制。拨开黑格尔主义的迷雾后,阿尔都塞重新阐发了历史科学的两个科学概念:社会构形与历史时间。马克思所理解的社会是一个多层次参差的结构整体,而历史就是这种差异构形的结构化过程。在此基础上,历史时间是一种复数的且相互交织的时间性。借助多重时间性的构形的眼光,阿尔都塞重新审视了上层建筑与经济基础的关系,从而阐发出一种真正动态的社会再生产理论。

【关键词】阿尔都塞　社会构形　历史时间　历史唯物主义

在西方马克思主义的谱系中,阿尔都塞是一个很独特的存在。这种独特性不是指他比其他人更耀眼,而是指他占据了一个独特的拐点。一方面,阿尔都塞通过寻求马克思主义与结构主义、精神分析和斯宾诺莎哲学的汇合,旗帜鲜明地将马克思主义从意识形态的迷雾中搜出,置于科学的中心,使其既脱离了黑格尔主义的窠臼,重返马克思自己的领地,又超越了以经济主义为基础的斯大林主义,将马克思从教条的泥潭中解放出来。另一方面,在保卫马克思的战斗中,由于阿尔都塞用结构主义一并拒斥了人道主义、经验主义和历史主义等话语,并把马克思的思想回溯到斯宾诺莎,所以他在回到马克思的同时把马克思主义推向了面貌更为复杂的左翼激进主义,其中一个主要的范式转向就是马克思主义理论研究的空间化。[①] 对于那一整个时代来说,阿尔都塞占据了多个转向的共同拐点,而这些转向在归根结蒂的意义上都从属于阿尔都塞想要为马克思建立历史唯物主义科学理论的雄心壮志。

在这项浩大工程中,我们可以找到两个着力点:社会构形(social formation)与历史时间(historical time)。[②] 这两个概念既阐明了马克思主义与黑格尔传统之间的断裂,又使阿尔都塞与结构主义、马克思主义空间理论等保持适当的间隔。一方面,为了解释马克思的历史科学,阿尔都塞必须要说明不同于黑格尔、属于马克思自己的历史概念和辩证方法,他将马克思在《政治经济学批判》序言中所论及的"社会构形"(Gesellschaftsformation)重新阐释为多层次参差交错的复杂整体,以此对抗黑格尔圆圈式的表达总体。但如果把差异化的结构引入历史,历史的变化和时间就不能再被看作是均质的和连续的。因此阿尔都塞必须要进一步澄清结构的时间性问题。另一方面,在阿尔都塞反历史主义的冲击下,战后法国马克思主义愈发抛弃时间性的辩证法,代之以对空间性的关注,从而谋求激进政治的新话语。"今天的辩证法不再坚持历史性和历史时间,不再坚持诸如'正题—反题—合题'或'肯定—否定—否定之否定'的时间机制(temporal mechanism)……分析将揭示空间的矛盾。"[③]但这种过多关注

---

① 关于阿尔都塞开启马克思主义研究空间转向的具体论述,参见爱德华·W. 苏贾:《后现代地理学——重申批判社会理论中的空间》,王文斌译,北京:商务印书馆,2004 年,第 63 页。

② 在马克思著作的中译本中,"social formation(Gesellschaftsformation)"通常被译为"社会形态";而在阿尔都塞的语境中,"social formation(formation sociale)"则被译为"社会结构""社会构形"或"社会形构",具体而言,后两种译法更动态,更贴近阿尔都塞所理解的具有动态变化的"结构",同时也能与"structure"的翻译相区别。在相关引文中,本文皆改译为"社会构形"。另外,"historical time"在《读〈资本论〉》中被翻译为"历史时代",属于误读,本文皆改译为"历史时间"。

③ Henri Lefebvre, *Survival of Capitalism*, trans. Frank Bryant (NewYork: St. Martin's Press, 1976), pp. 14 – 17.

空间而忽视时间的激进话语，把对社会的分析呈现为一种空间化的共时性结构，反而丧失了结构历史性生成和变化的维度，这是阿尔都塞所不能接受的，因为他对历史主义的瓦解工作"并不是通过否定历史性完成的，而是通过把历史性分解成异质性单元完成的"。④ 阿尔都塞实际上阐明了一种历史唯物主义的时间理解。在重新定义历史时间和社会构形之后，阿尔都塞以多重时间性的构形的眼光重新审视了上层建筑与经济基础的关系，从而提出了一种能够超越马克思的地形学隐喻、真正动态的社会再生产理论。

一、批判历史主义：意识形态的历史观与表达的总体

没有人可以选择自己的开端。阿尔都塞诞生在一个"黑格尔 = 马克思"的思想热潮中。一方面，科耶夫那极具魅力的黑格尔解读迅速地在法国思想界掀起了黑格尔复兴运动；另一方面，在那个政治持续狂热的年代，马克思主义作为一种进步的政治话语，以锐不可当之势渗透到法国知识分子中间。当时，"'黑格尔 = 马克思主义'这样的口头禅几乎被当作自明的事实流行于思想界。"⑤在这样的襁褓中，阿尔都塞不可避免地首先是一个黑格尔主义者。但他很快倒戈相向，因为他逐渐认识到，尽管黑格尔哲学本身具有积极意义，但资产阶级只是复兴其反动的方面，并以此来"修正马克思"，"这场盛大的'回到黑格尔'的运动也仅仅是帝国主义在最后关头即将转向法西斯主义的特殊形式下抵抗马克思的一个绝望的企图罢了。"⑥作为共产党员以及曾经的黑格尔主义者，阿尔都塞意识到，资产阶级意识形态对传统哲学范式的反动利用，不仅攻击了马克思主义，而且侵蚀了整个哲学环境和政治情势。如果要从这个死胡同中脱身，除了探索在马克思哲学中已经存在的科学范式，别无他法。

阿尔都塞认为，马克思的历史唯物主义创立了一门"关于社会构形史的新科学"，⑦这种历史科学并不是历史学研究，而是对社会本身的研究，关注由特定生产方式所形成的社会构形的生成、变化和结构化的过程。由这个过程所形成的历史是成熟的马克思真正关注的对象，也是他告别意识形态哲学的标志。然

---

④ 弗朗索瓦·多斯：《从结构到解构——法国 20 世纪思想主潮》（上卷），季广茂译，北京：中央编译出版社，2004 年，第 405 页。

⑤ 今村仁司：《阿尔都塞：认识论的断裂》，牛建科译，石家庄：河北教育出版社，2001 年，第 33—36 页。

⑥ 路易·阿尔都塞：《黑格尔的幽灵——政治哲学论文集［Ⅰ］》，唐正东、吴静译，南京：南京大学出版社，2005 年，第 245 页。

⑦ Louis Althusser, *Politics and History*, trans. Ben Brewster (London：Verso, 2007), p. 166.

而,尽管马克思提出了一个新的总问题,却没法立即超出意识形态的表达,恰如其分地提出与之对应的科学概念,"新的概念已经存在于著作中,但是它是以完全不同于概念形式的形式出现的",⑧因此,在新概念的位置上就出现了沉默或真空(vacuo)。阿尔都塞强调这个沉默并不是毫无意义的,它在发出一种空洞的声音(sounds hollow),如果不细心倾听,意识形态的靡靡之音就会掩盖它的存在。马克思那里空缺的"历史"概念就一直蒙受着意识形态概念的篡位。

在阿尔都塞看来,早期西方马克思主义的理论努力仍然是肇始于黑格尔的历史主义的不同变形:"社会变成一个圆圈的'表达'总体(a circular 'expressive' totality),历史成为线性时间的均质流动(homogeneous flow),哲学则是历史进程的自我意识,阶级斗争是集体'主体'的战斗,资本主义成了主要由异化来规定其内容的领域,共产主义则是超越异化的真正人道主义的状态。"⑨马克思主义者们虽然关注并强化了马克思的历史概念,却没有对"历史"这个概念本身提出问题。并且,他们在使用这个概念时,也在谈论时间性(与非历史的永恒相对),但他们同样也没有对历史时间的结构提出问题。阿尔都塞指出,黑格尔和大多数的历史学家只是从粗俗的经验主义那里随意拿来了历史和时间的概念,它们身上带着日常实践"虚假的明见性"(false obviousness);⑩马克思主义者们则由于这种明见性,不加批判地把它们运用到马克思的著作中。要驶向科学的新大陆,我们必须首先学会从旧大陆离开,而黑格尔的历史和时间概念是一个恰当的港口。

在黑格尔的理论架构中,时间与理念的展开环节内在地结合在一起,时间就像路标一样把我们指引到理念和历史总体的结构。这种历史时间有两个基本特征:同质的连续性(homogeneous continuity)和同时性(contemporaneity)。同质的连续性是指理念在时间上不同形式或形态的依次展开,理念普遍存在于其发展的每一个环节中,因而时间就可以被当作是表现理念辩证发展的连续体(continuum),这个连续体可以按照理念自身的逻辑顺序相应地进行切割而形成历史分期。在这个意义上,黑格尔所论述的历史实乃绝对精神发展史的表达(expression),而非现实历史。同时性指"历史的当下"(historical present),这个范畴使时间的同质连续性得以可能:历史存在的结构本身是一个统一的总体,

---

⑧ Louis Althusser and Étienne Balibar, *Reading Capital*, trans. Ben Brewster (London: Verso, 1970), p. 51.

⑨ Perry Anderson, *Considerations on Western Marxism* (London: Verso, 1976), p. 71.

⑩ Althusser and Balibar, *Reading Capital*, p. 96.

总体的各要素总是同时地共存于同一个当下,它们彼此通透,表达着居于中心的本质内核。每一个部分都是总体的部分(total part),如果我们思辨地对其进行垂直切割,我们就能得到一个本质切面(essential section),从中直接辨认出总体的结构。在黑格尔的语境中,"Moment"总是具有双重意义,一是作为理念发展的环节,二是作为时刻或当下。同时性从根本上体现了黑格尔对于历史的理解,即"任何事物都不能超越它的时代",历史当下是全部知识的绝对地平线(absolute horizon),这个当下是唯一的和预先的,是绝对精神完满的时刻。⑪

我们可以用植物生长的过程来理解黑格尔的历史时间。一粒绿豆种子胚胎、发芽、长叶、开花、结果、凋谢,这个过程是一个环环相接的连续时间序列,每个阶段看起来都极不相同,但本质并没有发生变化,绿豆始终都是绿豆。另一方面,构成绿豆这个统一整体的诸种要素,在胚胎中就已经完全具备,只有在绿豆本身合乎逻辑地变形或条件充实到一定程度之后,才会展现出个别要素的典型形态。黑格尔非常强调纯粹概念对时间形式的扬弃,但这种扬弃只是把差异性的时间阶段处理成自我意识内的辩证发展环节,把外在于理念的时间性内化为理念自身的时间性本质。换句话说,即使用精神的发展来规定时间,而不是用时间规定精神的发展,精神整体始终无法摆脱时间性,尽管这一时间性已经预先地被凝固在一个绝对的当下。此种内化的处理方式,实际上是把历史纳入精神的内部,把社会整体设想为精神整体的现象。精神整体的诸环节直接呈现为时间,"只有整个精神才是在时间中,而且那些作为整个精神本身之形态的形态,才依照某个先后次序呈现出来;因为只有整体才有真正的现实性,因而也只有整体对其他东西来说才具有纯粹自由的形式,这形式自行表现为时间。"⑫也就是说,由精神发展所规定的连续而同质的时间模式取代了直接的现实存在,现实存在的诸多差异性消弭在均质化的历史时间中。

黑格尔的历史时间观不仅在现代理论中依然势力犹存(结构主义的"历时性"和"共时性"可以被视为上述两种范畴的变体),而且在历史主义的马克思主义那里激进化了。首先,安东尼奥·葛兰西(Antonio Gramsci)的绝对历史主义把黑格尔的历史终结历史化了,其不再有享有特权的绝对当下,也不再有绝对知识,历史的每一个当下都具有可以进行同时性的本质切割的结构。如此一来,葛兰西虽然取消了黑格尔的历史终结,但也把这种同时性结构普遍化了,"正如一切科学和哲学本质上都是现实历史,现实历史本身也可以被称为哲学

---

⑪ Althusser and Balibar, *Reading Capital*, pp. 94 - 95.

⑫ 黑格尔:《精神现象学》,先刚译,北京:人民出版社,2013 年,第 420 页。

和科学。"⑬葛兰西不仅忽视了现实与理论的差异,而且也把意识形态和科学不加区分地纳入统一了经济基础和上层建筑的单一的历史团块(historical bloc)。另一端,与葛兰西取径毫不相干的让-保罗·萨特(Jean-Paul Sartre),以看似相背的路径通达了历史主义的总问题。他承接了黑格尔的历史终结和历史的同时性结构,认为每一个当下都可以被总体化,"各种不同的实践(马克思已然区分的不同层次)也必然被归结为唯一的实践"。⑭但正如马克思所说,"生产一般"只是一种思辨的抽象,"历史一般"或"实践一般"也是抽象的和外在于现实历史的。这两种不同的路径表明,历史主义的基本结构是同时性;同时性意味着每一个时刻都是总体的环节,这往回指出历史整体是一个同心圆般的表达总体,各层次(经济、政治和理论等)的现实差异被抽象化为无差别的总体的部分,从而在理论上可以被等同起来。阿尔都塞强势地指出,这种历史主义解读不仅在理论上把马克思主义哲学意识形态化,而且在政治斗争中把一切革命实践"理论化"——马克思主义不是在无产阶级革命外部展开、为后者提供理论指导的特殊实践,而是无产阶级革命的直接的和自发的表达。历史主义裂开了一个理论与实践直接互通的缝隙,"一切自发主义(spontaneism)的论点通过这个缺口涌进了马克思主义"。⑮

阿尔都塞注意到,年鉴学派开始对历史时间的差异性结构提出问题,如费尔南·布罗代尔(Fernand Braudel)把历史时期划分为长时段、中时段和短时段:短时段是单纯事件的历史,中时段是政治和情势的历史,长时段是经济因素或地理因素作为主导的结构历史。在这三者中,他认为长时段是最为关键的,因为它立足于深层结构,有助于我们把握历史的总体。⑯阿尔都塞十分赞赏年鉴学派对于历史时间结构与时间自身的节奏的关注,但是他认为年鉴学派依然是在一个同质的连续性中思考历史的:"他们并没有把不同的时间作为变化与整体的结构联系起来,尽管后者直接支配着这些变化的产生。他们宁愿把这些不同的时间当作可以用持续时间来衡量的变化,从而与寻常时间、与意识形态的时间连续体联系起来。"⑰布罗代尔们对历史时间的结构提出了疑问,却没有对差异的历史时间所直接切割的社会整体本身的结构进行提问,他们只是不假思索地对其进行了"切割"。这种"不假思索"暗示了他们仍然是把社会和历史

---

⑬ Althusser and Balibar, *Reading Capital*, p. 132.

⑭ Ibid., p. 136.

⑮ Ibid., p. 141.

⑯ 布罗代尔:《论历史》,刘北成、周立红译,北京:北京大学出版社,2008年,第30—34页。

⑰ Althusser and Balibar, *Reading Capital*, p. 96.

整体设想成一个可切割的时间连续体。

把历史设想成表达总体在单一的线性时间中展开的历史观实际上是把对历史的认识当成历史的现实存在。阿尔都塞认为,生产这种历史观的机制来源于以"认识对象＝现实对象"为公式的经验主义认识论。经验论和唯理论都共享了这个问题机制。在以黑格尔主义为典型的唯理论路径中,对于历史的认识过程完全是在现实的历史对象之外的主体头脑中完成的,主体对此思辨的结果却被认定为真实历史的实在部分。认识对象与现实对象是一种镜像式的相互映射的表达关系。在这种认识论的框架中,现实对象的外在性和异质性被认识对象的内在性和同质性排斥为不可见的"黑暗"。对历史现象的把握过程(即认识过程或理论实践)被理解为概念的自我创生过程:具有绝对自我意识的主体将自身外化,随后又从这种外化返回自身并收回到自身。因此,现实对象只能是一种思辨的同质性整体,每个部分都是"总体的部分",它们彼此"共谋"(conspire),被统摄在同一个精神之中。另一端,在以路德维希·费尔巴哈(Ludwig Andreas Feuerbach)为代表的唯物主义中,费尔巴哈对黑格尔进行了头足倒置,把概念根据置换成感性根据,把"从抽象到现实"颠倒为"从现实到抽象","不是水果的一般概念通过自我发展产生了具体的水果,而正是具体的水果产生了水果的抽象概念"。[18] 费尔巴哈把对历史现实的认识等同于简单地再现(represent)现实,仿佛本质已事先存在于现实之中,只待采挖出来。阿尔都塞意识到,意识形态的历史观之所以是一种意识形态式的理解,正是因为它从来没有真正领会到历史现象与思辨抽象的非同一性,这导致的后果是:这种历史理解无法交代清楚自己何以可能把握到历史的本质,所得到的历史认识不过是认识对象对现实对象所施加同一性暴政的产物。

二、多层次的复杂整体与不同时间的交织

通过阿尔都塞批判历史主义的阐释,我们可以清晰地认识到:将黑格尔颠倒成马克思是无效的。无论如何颠倒研究对象(思辨或现实、均质的时间性或差异的时间性)和研究进路(抽象⇌具体),都无法从意识形态的总问题中脱身,因为这样的颠倒不过是用同样的辩证方法去研究不同的东西。而辩证法在根本上又涉及整体的结构问题。只有与意识形态的总问题进行断裂、并改造辩证法和整体的结构,马克思对历史的理解才能最终显露出来。

---

⑱ 路易·阿尔都塞:《保卫马克思》,顾良译,北京:商务印书馆,2010 年,第 183 页。

　　阿尔都塞注意到，马克思在他的文本中自觉地与黑格尔主义和常识的唯物主义的问题结构拉开了距离：

> 　　具体总体作为思想总体，作为思想具体，事实上是思维的、理解的产物；但是，决不是处于直观和表象之外或驾于其上而思维着的、自我产生着的产物，而是把直观和表象加工成概念这一过程的产物……主体，即社会，必须始终作为前提浮现在表象面前。[⑲]

　　在这段引文中，马克思明确提出了"认识对象≠现实对象"，进入人们头脑的对象绝不可能是感性直观，也不是超脱于感性直观的纯粹思维，而只能是一种经过思维加工的"思想具体"。这里的思维是"一种思想机器（apparatus of thought）的历史性构成系统，建基于和衔接（articulated to）在自然的和社会的现实中"。[⑳] 也就是说，认识与现实的关系不是直接互通或镜面相映，而是彼此独立但又可以通过某种机制相联系的关系。这个机制就是产生着社会效应（society effect）的"社会"（即下文要讨论的社会构形）。思维作为生产认识的装置，在既予的社会构形中获得它所要加工的对象和理论生产资料，从而构造出概念。质言之，思维必定是社会性的，而不仅仅是生物器官，也不存在孤独个体的思维。也正是在这个意义上，现实对象获得了可理解性：只通过"看"或经验是无法把握现实的，必须要构造出科学的概念来迂回地把握现实。[㉑] 正如阿尔都塞钟爱的比喻所说：仅凭观看，我们是无法知道太阳实际大小的，但是科学的认识可以让我们知道。

　　在打破经验主义认识论模式之后，阿尔都塞才能名正言顺地将"结构"引入社会和历史的分析——仅凭本质切面，我们根本读不出现实的社会整体。"结构"的引入并不是阿尔都塞的创举，毋宁说是他将马克思关于社会的地形学隐喻（经济基础、上层建筑、社会构形）与结构主义和精神分析拓扑学[㉒]结合。马克

---

⑲ 马克思、恩格斯：《马克思恩格斯全集》（第 30 卷），北京：人民出版社，1995 年，第 42—43 页。

⑳ Althusser and Balibar, *Reading Capital*, p. 41.

㉑ Ibid., p. 184. 限于篇幅和本文主题，我不再详细讨论论科学认识的真理性问题，简略地说，阿尔都塞认为他所说的科学知识的真理标准内在于自身，而无需外部实践证明。这一观点显然是与斯宾诺莎的知识论密切相关的。

㉒ 拓扑学（topology）的希腊字源于"topos"，意为"场所"，弗洛伊德将其运用到精神分析中，不同于力学模式的古典心理学，他把精神设想成一个内部有不同系统或层级的场所，各层级依据某种次序相关联，即一个拓比（Topik/topisch）的结构。他先后提出了第一拓比论（意识、前意识和无意识）和第二拓比论（它、自我和超我）。在精神分析拓扑学的启发下，阿尔都塞把马克思的地形学隐喻阐发为一种各层次相对独立而又在特定情势中相互关联的社会构形论。

思认为,任何社会都有其构形,至少可以笼统地分为两个层次(levels):作为基础的经济领域和作为上层建筑的法和国家以及精神生活领域。"随着经济基础的变更,全部庞大的上层建筑也或慢或快地发生变革。在考察这些变革时,必须时刻把两者区别开来⋯⋯无论哪一个社会构形,在它所容纳的全部生产力发挥出来以前,是决不会灭亡的。"[23]阿尔都塞解释道,这个地形学隐喻至少有三层涵义:

(1) 马克思所理解的社会整体(social whole)不是黑格尔所理解的具有本质圆心的表达总体,而是由彼此不同且相对独立的层次交错组合而成的参差性整体。

(2) 社会构形是多层次的,但并不是一个简单的、静止的多元结构,而是每个层次都具有其独特效能的,但经济基础是起最终决定作用的动态结构,结构的动态性来自各层次不同矛盾的交替、移置和凝缩。"每个主要矛盾都构成复杂整体中的一个阶段(这是历史'阶段性'基础),因为我们所接触的是复杂过程的辩证法,是作为'阶段''时段''时期'而存在的多元决定的和特殊的'瞬间',是标志着每个阶段特点的特殊主要矛盾的演变。"[24]因此,人类历史并不是外在于社会生活的"运动、顺序和时间"的抽象逻辑,而是社会整体不断结构化、内部配置不断变动的过程。

(3) 上层建筑与经济基础之间具有不可通约性。上层建筑和经济基础的各种层次都是社会结构存在的条件,都有相对自主的发展空间和进程,它们在社会构形中的效应都是在结构化过程中不断被重新定向的。另一方面,诸层次的独立进程,要被主要矛盾嵌入同一个情势(conjuncture)中的整体。经济层次所占据的主导位置是一种在复杂结构中被定位的最终决定作用,而不是唯一的、轴心式的决定作用。

如此这般充满异质性、各层次力量不均衡的复杂整体是无法完整地被放置在同一条线性时间序列中的,因为每一个层次都有专属于它自身的时间序列或者说发展的节奏。与马克思的社会构形相适应的历史时间不是单一线性进程的、均质的时间连续体,而是多重异质时间穿插交错的结构体。阿尔都塞特别指出,这种时间概念是他从马克思论述资本主义生产方式的"不同时间的交织"(intertwining of the different times)那里引申出来的,他认为马克思"仅仅关注

㉓ 马克思、恩格斯:《马克思恩格斯全集》(第 31 卷),北京:人民出版社,1998 年,第 413 页。
㉔ 阿尔都塞:《保卫马克思》,第 207 页。

到经济层次"的独特时间性，㉕现在应该推广到每一个层次，如哲学的时间、艺术的时间、科学的时间甚至无意识的时间。这里需要澄清一下，马克思的确用了大量笔墨去研究和讨论资本主义生产方式中所独有的时间性问题（因为这与资本增殖和危机密切关联），但他并没有完全忽视其他层次发展节奏的特殊性。在《政治经济学批判大纲》导言的末尾，他草拟了几点写作计划，最后一点就是要研究**"物质生产的发展例如同艺术发展的不平衡关系。进步这个概念决不能在通常的抽象意义上去理解。……（艺术）的一定的繁盛时期决不是同社会的一般发展成比例的，因而也决不是同仿佛是社会组织的骨骼的物质基础的一般发展成比例的"**。㉖ 当然，马克思并没有实现他的写作计划，无论如何，这至少证明了阿尔都塞所阐发的差异史观（differential histories）遵循着马克思的原意。

阿尔都塞认为，历史时间并不是一个毫无内容的先天形式或者只是在时钟上可以直接读取的数字，它是有结构的，并且这种差异化的结构必须要被放置在不均质的社会构形上考察。"历史时间概念只能建基于在社会总体中起主导作用、具有复杂且以不同方式结合的结构之上，而这个社会总体本身是由特定的生产方式所产生的社会构形构成的"；"只有把历史时间定义为我们所考察的社会总体存在的特殊形式，才能赋予历史时间概念以内容"。㉗ 历史时间既是被社会整体内不同要素或结构的接合方式所规定的，同时又是这种接合方式的客观标志。这意味着，时间作为我们把握世界的直观形式，并不是内在于每个自我、普遍而永恒的框架；相反，这种普遍性和客观性恰恰是由社会构形所塑造的。历史时间与社会构形之间是一种结构因果性的关系，后者的构形功能以效应的形式内在于前者之中。质言之，对阿尔都塞来说，日常可经验到的时间只是一种现象，历史唯物主义所要揭示的不是这种虽然清晰透明但实际上被意识形态随意利用的时间性，而是被这种透明时间掩盖的不可见且不透明的时间性——社会结构自身运动的节奏或韵律。

在这种时间理解下，无论是各层次的历史还是总体的历史都不再是一支或一束可见的箭矢，而是呈现出不一致、交织、断裂、错位和扭合的样态。如此一来，在差异和断裂中思考历史的"连续性"便成为了问题：不同的时间如何被设

㉕ Althusser and Balibar, *Reading Capital*, p. 104. 蔡淞任曾考究过这一概念在《资本论》的具体出处。参见蔡淞任：《"不同时代的交叉"——阿尔都塞对马克思主义的时间性概念的独特理解》，《世界哲学》2019 年第 3 期，第 13—23 页。

㉖ 马克思、恩格斯：《马克思恩格斯全集》（第 30 卷），第 51 页。译文中的粗体字原文中为着重号，为原作者所加。

㉗ Althusser and Balibar，*Reading Capital*，p. 108.

想成同一个进程? 或者说,如何理解一种非连续的"连续性"? 要回答这个问题,首先要问"连续性"意味着什么。前文提到,在经验主义的历史观中,连续性是预先被设定好的:历史是一个连续体,具有强大而永恒的粘合性,无论何种巨变都无法使之破碎;这种连续性依托于作为历史目的的本质。阿尔都塞指出,只拿掉"目的"或"本质",留下连续性,这样的理解仍然是非科学的;因为这里的连续性从来不是现实历史自身的连续性,而只是人们附加给历史的外壳。科学的连续性应该是历史"真身"的连续性。

既然阿尔都塞语境中的历史时间归根结底是社会构形,那么我们就要从社会结构化的过程中去确立历史的连续性。马克思认为,"我们判断一个变革时代不能以它的意识为根据,相反,这个意识必须从物质生活的矛盾中,从社会生产力和生产关系之间的现存冲突中去解释。"[28]社会的过渡变化是由经济层次最终决定的,集中体现为主导生产方式的演替。历史的连续性可以从两方面来理解。

(1)在某一生产方式主导的时期内,尽管每个层次都有自己的发展节奏,但是终究都会被生产方式聚拢在一个统一的整体结构中。在这个意义上,经济基础只是为诸层次设定边界,**制约**它们的进程。

(2)在主导生产方式变革或过渡时期,不同的社会形式不可能被放在同一个经济基础上并被视作是连贯的。黑格尔的思路是:这是一个通过持续否定来发展自身的过程。阿尔都塞反对这种内核是肯定的"否定"形式,因为这种形式会把所有变化追溯到本质饱满的起源。这里的问题是要如何理解社会形式的变更或者说断裂。阿尔都塞所勾勒的社会构形是由不同层次、元素、配置关系接合而成的一个"无主体的进程",断裂之所以产生,是因为既有结构中的接合方式出现了持续性的脱节和错位。马克思曾经指出,"资产阶级社会借这些社会构形的残片和因素建立起来,其中一部分是还未克服的遗物,继续在这里存留着,一部分原来只是征兆的东西,发展到具有充分意义。"[29]也就是说,社会更替不是旧结构的骤然坍塌,而是一个新旧结构相互混合的状态。这个过程不应该被理解为"一个结构的简单解体",而应该被理解为转化或移置(displacement):[30]一些元素与原本的接合处分离,转移到新的接合处,形成新的

---

[28] 马克思、恩格斯:《马克思恩格斯全集》(第 31 卷),第 413 页。

[29] 马克思、恩格斯:《马克思恩格斯全集》(第 30 卷),第 46 页。

[30] Althusser and Balibar, *Reading Capital*, p. 243. 中译本把"displacement"翻译为"位移"是不妥当的,因为这个术语来自弗洛伊德的释梦理论,一般译为"转移"或"移置",指意义与原初的意义载体分离,转移到新的载体上,使得富含意义的对象不再如此直接和显眼,从而逃脱审查机制。

配置关系。当某些接合方式脱节和易位的时候，其他层次、元素和配置关系仍然维持着原本的衔接，保持着相对自主的历史进程。因此，新旧两种社会形式之间的连续性就体现在这种结构自身的粘合性（而非由臆想附加的粘合性）中。事实上，任何社会构形中都不可能只存在一种生产方式，"被统治的生产方式要么是从先前社会形构中遗留下来的生产方式，要么就是在当前社会形构中可能正在形成的生产方式。"[31]也正因此，任何社会的时间性都是复多的，单一均质的时间理解始终是一种意识形态的想象。

三、多重时间性构形的意义：论"社会"的再生产

循着历史时间概念的指引，阿尔都塞展示了马克思与黑格尔二者理论的断裂，他也因此提供了一种关于历史唯物主义的独特阐释——我们终于登上了历史科学的新大陆。在阿尔都塞看来，马克思历史唯物主义的核心对象是"社会的历史"，这种历史要说明社会本身的再生产（即延续性），而实行这种"再生产"的机制无疑要落实到在社会构形起最终层次决定作用的经济基础上。

在传统的理解中，整个社会的变化或变迁都是由经济基础牵引的，上层建筑是一种没有自主性的被动存在；并且，经济基础的牵引力被进一步集中在生产力。这样，整个社会的运动变化仿佛有一个唯一的马达——生产力，这就是当时盛行于苏联的经济决定论。显然，这是披着历史唯物主义外壳的黑格尔主义：不同层次的效能或作用是单一且均质的。此外，这种理解还有一个问题是，它仅仅停留在马克思关于社会的地形学隐喻中，因此只能空洞地提出上、下层建筑之间的区分。"下层建筑"（infrastructure）是阿尔都塞在《论生产关系的再生产》[32]中使用的术语，意指生产力与生产关系的统一体。在他看来，马克思关于经济基础和上层建筑的区分是描述性的，而马克思主义的阐释往往把"基础"（base）理解为决定性的，将上层建筑置于无作用的地位，这不仅无法解释上层建筑的相对独立性，并且也让经济基础对上层建筑的决定关系带有一种形而上学的神秘性。因此他认为"经济基础"是一个意识形态的概念，应被替换为"下层建筑"，既避免决定作用的误解，又能表明上、下层建筑这一对子的描述性特征。

---

[31] 路易·阿尔都塞：《论再生产》，吴子枫译，西安：西北大学出版社，2019年，第80页。

[32] 这部手稿最初的标题是"什么是马克思列宁主义哲学"，后来又改成"论上层建筑"，最后的写作则呈现为对资本主义社会再生产理论的阐述。中译本采取编者雅克·比岱（Jacques Bidet）拟定的标题"论再生产"。值得注意的是，阿尔都塞始终是在谈论资本主义社会的再生产，而非一般的再生产理论。参见阿尔都塞：《论再生产》，第34—36页。

阿尔都塞在《读〈资本论〉》时期,通过重解出多重差异的时间性,赋予了上层建筑自主的历史进程,但尚未说明处于不同时间性的各个层次是如何相交与汇合的,因而就会呈现出层次内部是动态的、但是层次之间是相对静止的空间化布局。阿尔都塞逐渐意识到,地形学隐喻虽有区分之优势,但终究还是描述性的,上层建筑如果无法介入经济基础的运作,而只是后者的反映,那么二者的关系始终还是黑格尔主义式的,因此必须要解释甚至补充属于上层建筑自身的效能。另外,五月风暴中学生和知识分子们对他的口诛笔伐也进一步激发他去思考意识形态的构成作用。③《论再生产》手稿就是在这一背景下完成的。我们今天看这部手稿,往往会被它的意识形态理论所吸引,但如果承接多重时间性构形的思路——这条思路在手稿中以一种不在场的方式发生作用,我们就会看到阿尔都塞的意识形态理论是从他的社会构形论中提出的。阿尔都塞正是借助意识形态来打通上下两层建筑,来说明二者相对独立的时间性是如何有机地汇合在一个历史中的,进而使得社会整体形成一个真正动态的构形。

阿尔都塞把社会再生产的机制具体定位在占主导地位的生产方式,因为任何社会中生产方式都是复多的。马克思把生产方式定义为是生产力和生产关系的"统一"。阿尔都塞对"统一"提出了问题,他认为"相适合"或"相加"都不能说明"统一",这种统一"并不是一种随意的叠加,而是一种特定的组合"。㉞ 这种统一的物质基础是生产力,而生产力又由生产资料和劳动力的统一组成。在生产力的等式中,可以行使统一作用的不是生产资料,更不会是劳动力(因为资本主义社会是以劳动者不占有生产资料为特征的),而只能是生产方式的另一个要素——生产关系。"如果这些'自由的'劳动者不与生产资料'发生关系',根本不会有生产。"㉟因此,与传统理解不同,阿尔都塞认为生产关系更具有优先性,"在生产力—生产关系的统一体中,是生产关系在现有生产力的基础上并在它的物质限度内起决定作用。"㊱在关于社会的再生产中,关键环节是占主导地位的生产关系的再生产。

具体来说,资本主义生产关系就是资本主义剥削关系,资本主义社会的再

---

③ 这里的"意识形态"的涵义不同于本文第一小节的用法。第一小节中的"意识形态"沿用马克思《德意志意识形态》中的涵义,主要指脱离现实并对现实施以同一性暴政的理论,是批判的对象。这里的"意识形态"是永恒存在的社会主体构成机制,犹如笼罩在社会中的空气,个人既需要借由这个机制被唤问为主体,也需要经过这个机制中介才能把握经验事实。

㉞ 阿尔都塞:《论再生产》,第 90 页。

㉟ 同上书,第 307 页。

㊱ 同上书,第 83 页。

生产就是不断重复"生产—剥削"这一模式。这种重复有赖于四个因素：(1)不占有生产资料的自由劳动者；(2)配置生产资料，使劳动者成为技术的附属品；(3)不断加强劳动者的"意识形态的主体性"，使其自动自觉运转；(4)一定量的国家机器镇压。㊲ 阿尔都塞指出，其中作用力最强同时又最具有迷惑性的因素就是意识形态：一方面，前两个因素无法只在下层建筑中得到实现，比如源源不断的自由劳动者的再生产，不仅要通过法权长久地巩固他们不占有生产资料的现状，而且要通过持续的意识形态规训把人们唤问(interpller)为主体——自动臣服于生产关系的劳动者与出色地运用资产阶级意识形态词句来剥削的资本家。另一方面，剥削的生产关系总是被法律和技术的外壳掩护着，发生在经济领域的阶级斗争从来都同时是意识形态的斗争。质言之，"上层建筑保障着这个再生产的条件(通过镇压性国家机器)和这个再生产本身(通过意识形态国家机器)。"㊳

由此可见，上层建筑虽然外在于下层建筑，但以一种内在的形式——意识形态塑造主体，使其"自动行事"——介入了下层建筑，保障着社会的再生产。㊴ 反过来说，也只有能保障生产关系再生产的意识形态才能被纳入上层建筑，才能与经济基础相适应。上下两层建筑的历史统一并不是一段时间/进程添加(insert)进另一段时间/进程(这种添加式的整合本身就是外在于历史进程、纯粹空间化的想象)，而是它们的运作内在地和功能性地接合在一起。

阿尔都塞通过再生产理论进一步精细地补足了早年在《保卫马克思》中已经提及的观点："(1)社会经济结构的革命不能闪电般地一下改变现存的上层建筑和意识形态(假如经济因素是唯一的决定因素，革命就会引起这样的改变)，因为上层建筑(特别是意识形态)具有相当大的稳固性，因而能够在其直接生存环境之外保持自己的生存，甚至重新创造出或暂时'分泌'出替代的生存条件；(2)由革命所产生的新社会，通过其新的上层建筑形式或特殊环境(国内外环境)，可促使旧因素保持下去或死而复生，这种死而复生在没有多元决定的辩证法中将完全是不可想象的。"㊵ 上层建筑与下层建筑并不处于同一个历史时间，相反，它们的发展节奏是有差异的；而正是这种差异的时间结构，使得上层建筑得以运行其维护下层建筑的效能。这种效能在不同的历史情势中将产生截然

㊲ 阿尔都塞：《论再生产》，第 113—114 页。

㊳ 同上书，第 299 页。

㊴ 同上书，第 386 页。

㊵ 阿尔都塞：《保卫马克思》，第 106 页。

不同的影响：为生产力的发展提供空间或者成为其桎梏。上述引文当时直指斯大林统治的暴政，而 1968 年的"五月风暴"让阿尔都塞更深刻地去思考了这个问题：无论是在反资产阶级斗争阶段还是社会主义建设阶段（一般地说是在任何一个社会中），意识形态是永恒的，因为它始终承担着塑造主体的功能（"'科学的主体'只存在关于科学的意识形态中"[41]）。正因此，阿尔都塞才要矢志不渝地阐明马克思的历史科学，来恢复马克思列宁主义哲学作为革命武器的意识形态和政治功能。他指出，马克思列宁主义革命的政治意识形态是由马克思历史科学"强有力地'加工过'、从而是被改造过"的意识形态，"这门关于社会构形、阶段斗争和革命的科学，虽然没有完全消灭意识形态的镜像结构，但却使它产生了'变形'"。[42] 在这个意义上，马克思的哲学不仅是一种能认识世界的理论，也是一种可以改变世界的实践。

四、结语

巴里巴尔（Étienne Balibar）认为，阿尔都塞竭力说明了"人们如何既能思考剥削条件的永世长存，又思考它出现中断的必然性"，这个问题正是马克思主义试图把理论和实践结合起来的症结（crux）所在。[43] 这种悖论式的思考如果不借助多重时间性的构形的眼光是无法完成的，而这又涉及如何理解历史和结构的融合。结构主义对历史的否定以及对空间的过分强调，使得结构主义马克思主义也一起背负了"遗忘历史"的刻板印象。从上面的论述中，我们可以看到，阿尔都塞对"结构"的运用的确比结构主义走得更远：首先，如果对社会历史的认识不涉及社会整体本身，那么这种历史始终具有脱离、扭曲甚至遮蔽现实的危险，因此对社会整体内部构造的考察是必要的。这种考察既揭露出种种历史主义心照不宣的前提——一种表达式的均质整体，又生产出科学的结构概念来呈现社会本身。其次，引入结构并不是要取消历史，而是要消解抽象的历史，要把历史时间的根源放回到社会构形自身的动态变化中去。

与阿尔都塞深有共鸣的米歇尔·福柯（Michel Foucault）曾这样说道："结构主义，或者至少是我们集中于这个有些笼统名词下的东西，竭力在那些能够通

---

[41] 阿尔都塞：《论再生产》，第 365 页。

[42] 同上书，第 381 页。

[43] 同上书，第 11 页。值得一提的是，巴里巴尔曾多次强调"有差异的历史时间性"在阿尔都塞思想框架中的重要性，参见《论再生产》巴里巴尔撰写的两个序言。

过时间来分配的元素中间，建立一个关系的集合，这一关系的集合使那些元素呈现为并列的、相对的、彼此相互包含的，总之，使那些元素作为一种构型（configuration）出现；坦率地说，在这里不涉及否认时间；这是探讨我们称作时间和历史的某个方法。"㊹后马克思主义者如亨利·列斐伏尔（Henri Lefebvre）把历史的基础落在空间而不是时间，对当时盛行的历史主义似乎矫枉过正了。他认为历史主义的症结在于时间的支配地位与对空间的忽视，"时间已经在现代性的社会空间中消失了……经济空间使时间臣服，政治空间则由于时间威胁其既有的权力关系而加以抹除"，他试图阐明一种"差异的空间"（a space of differences），以此为时间的再度复活而奠基。㊺ 列斐伏尔对空间的重新阐释无疑是一个有革命意义的创举，但这里存在的重大问题是：如果把差异性仅仅分配给"空间"，那么时间概念就会完全沦为意识形态的殖民地。列斐伏尔这里的时间理解完全是人道主义的范式——时间就是人的生命。或许正因为此，他的晚期作品《节奏分析：空间、时间和日常生活》对其空间理论和日常生活研究进行了自我反思，重新把目光聚焦于"时间"或者说"节奏"，并审视时间与空间（尤其是身体）的辩证关系，进而阐明日常生活的节奏是多重的、交织的和冲撞的。㊻这一见解似乎与阿尔都塞的多重时间性观点相会合了。

用阿尔都塞多重时间性构形的眼光来看，历史和社会的时空构造始终是复杂的和多层次的——这是被社会现存的多种生产方式最终决定的。确切地说，一旦我们严谨地理解马克思的历史唯物主义，时间和空间的概念都将同时告别意识形态的总问题。

（责任编辑：王春明）

作者简介：潘裕文，复旦大学哲学学院马克思主义哲学博士研究生，研究方向为马克思主义与现代西方哲学。

㊹ 福柯：《另类空间》，王喆译，《世界哲学》2006 年第 6 期，第 52 页，译文有改动。

㊺ 列斐伏尔：《空间：社会产物与使用价值》，王志弘译，载包亚明主编：《现代性与空间的生产》，上海：上海教育出版社，2003 年，第 53、55 页。

㊻ Henri Lefebvre, *Rythmanalysis*: *Space*, *Time and Everyday Life*, trans. Stuart Elden and Gerald Moore (London: Continuum, 2004).

自我所有、财产所有与分配正义

——《资本论》叙事结构及其对当代政治哲学研究方法的变革

王艳秀

【摘　要】以柯亨为代表的分析的马克思主义尝试通过与自由意志主义的论争发展马克思的正义理论，从"自我所有权"出发论证分配正义。这一论争是在西方自由主义话语体系内部进行的对话，并未挖掘马克思自身思想中的正义之维。本文通过对《资本论》叙事结构的抽象，指出从规范到描述的方法论叙事结构不仅仅超越了古典政治经济学传统，更重要的是开辟了不同于当代西方政治哲学理论的研究范式，一方面，放弃了以规范性的方式为好/正当的社会确立正义原则，转而以认知性的思路描述发展与自由之间无法化约的张力；另一方面，这一描述通过一种近康德的"消极形而上学"为价值关联奠基，为在开放的价值空间中谈论正义提供了新的可能。

【摘　要】自我所有　分配正义　描述性方法　资本论

　　传统马克思主义不把分配正义的问题作为关注的焦点。在传统马克思主义者看来,物质稀缺状态下,分配问题由产权结构决定,资本家对工人的剥削源于工人被剥夺了占有物质生产资料的权利,因而只能出卖劳动力。这意味着资本家的占有是由于对外部物质的不公平的分配权。因此,马克思主义对资本主义占有的批判没有必要否认自我所有论。问题仅仅在于即使外部资源原初平均分配,也仍然会产生财富上的差别,阶级社会是不可避免的,因此,对正义的讨论就是空谈,政治运动的任务应该是推翻阶级社会,而不是讨论如何调整导致不公正的制度条件。物质富足不仅是平等的充分条件,而且是必要条件,只要还没有实现物质的极大丰富,就无法消除主要的利益冲突和社会摩擦。这种乐观主义与其对没有实现无限富足的资本主义社会结果彻底悲观相辅相成。但现实是我们只能在物质稀缺的条件下去寻求平等,因此,真正的问题是我们能否在物质水平相对稀缺的条件下以制度的方式追求分配正义。这包含两个问题:第一,我们对分配正义的追求是否合理;第二,我们对分配正义的追求何以可能。

　　在这个问题上,诺齐克对劳动剥削论的批评直接威胁到传统马克思主义的理论根基,因为马克思关于资本主义关系本质上是剥削关系的论断的基础正是劳动者是他们自己能力的合法所有者。人们在使用自己能力及能力所得方面应该具有自主权。因此,以柯亨为代表的分析的马克思主义尝试通过与自由至上主义(libertarianism)的论争发展马克思的正义理论,从"自我所有权"出发论证分配正义。但柯亨站在规范论的立场对平等主义的论证仍然缺乏自身的融贯性,并未挖掘出马克思思想中的正义之维。本文拟通过对《资本论》叙事结构的抽象,从传统的规范性方法转向描述的方法论叙事结构,以此种视角理解的马克思不仅超越了古典政治经济学传统,更重要的是可以尝试探索出一条不同于当代西方政治哲学主流理论的研究范式。

一、自我所有与自由

　　柯亨认为"诺齐克哲学的理论基础并不是自由,而是自我所有原则",[①]这一原则最初是由洛克在《政府论》中提出来的:"每人对他自己的人身享有一种所有权,除他以外任何人都没有这种权利。他的身体所从事的劳动和他的双手所

---

① Gerald Cohen, *Self-ownership*, *Freedom*, *and Equality* (Cambridge: Cambridge University Press, 1995), p. 68.

进行的工作，我们可以说，是正当地属于他的。"②因此人的劳动在经验层面产生了财产占有的后果。但洛克的劳动理论并没有进一步论证财产占有的正义规范性。诺齐克看到仅凭劳动理论不足以为财产占有提供充分证明，他以某人将自己所有的番茄汁倒入大海并不能使他拥有这片大海为例反驳了劳动理论，所以诺齐克放弃了洛克的劳动占有理论，而是接受了"先占先得"的占用原则。③ 因为"人们都是他自己的人身和能力的合法拥有者，这是他的道德权利；……且对正当地运用自己的或他人的个人能力所能获取的一切外部资源具有同样的道德权利"。④ 正是从此前提出发，才可以推导出财产所有权。

诺齐克分别从基本道德原则和经济后果两个方面对财产所有权进行了论证。首先，诺奇克对自由进行了规范意义的理解，即描述道德上允许的行动或道德上不允许的限制具有何种性质。在诺齐克看来，人有一种普遍的自由权，"个人拥有权利，有一些事情是任何人或群体都不能对他们做的，否则就会侵犯他们的权利"，⑤因此"国家不可以使用强制手段……禁止人们追求自己的利益或寻求自我保护"。⑥ 自我所有就是这样的一种权利。在这个意义上，诺齐克同意洛克的这一前提。但这是对自我所有的一种形式化规定。这一规定的问题在于行使自我所有权的后果独立于该规定本身，即无视所有权结构所可能导致的偶然性结果。"为了准确理解公民政府要治疗什么，我们必须做更多的工作，而不仅仅是重复开列洛克关于自然状态不便之处的清单。"⑦因此，诺齐克进一步从经济后果方面展开论证。由于市场交易所需要的内容还包括凭借自己能力无法创造的部分，应该如何对待这些事物，涉及外部资源的初始获得问题。诺齐克借鉴了洛克对这个问题的回答，即所有人对无主物都有平等的权利，无需身体和劳动的权利加以证明。只要留给他人足够多、同样好的物品，占有就是合法的，没有侵犯他人的平等，因为他人并未彼此被迫处于不利地位。诺齐克论证说，这就是正当占有的恰当检验标准，即"无主物的占有是否使其他人的境况变差了"。⑧ 在论及初始占有时，诺齐克指出洛克的限制性条款可以有"强

② 洛克：《政府论》（下篇），叶启芳等译，北京：商务印书馆，1964 年，第 18 页。

③ 参见威尔·金里卡：《当代政治哲学》，刘莘译，上海：上海三联书店，2004 年，第 217 页。

④ 见 Cohen, *Self-ownership, Freedom, and Equality*, pp. 68 - 69；具体论证参见诺齐克：《无政府、国家与乌托邦》，姚大志译，北京：中国社会科学出版社，2008 年，第七章"洛克的获取理论"。

⑤ Robert Nozick, *Anarchy, State, and Utopia* (Oxford: Blackwell Publishers Ltd, 1974), p. 1.

⑥ Ibid.

⑦ Ibid. , p. 10.

⑧ Ibid. , p. 175.

约束"和"弱约束"两种解读。"强约束"是指不仅使他失去通过任何一种特殊的占有来改善自己的境况,也使他人不能够继续自由使用其先前能够使用的东西。"弱约束"则是仅仅使他人不再能够自由使用先前能够使用的东西。^⑨ 这意味着只要一种初始占有没有使其他人的境况变糟,即使别人不再能使用先前可用之物,这种占有也是正当的。诺齐克认为洛克本人在阐释这一限制条款时语焉不详,但是"强约束"容易遭到"回溯论证"的反驳,即"占有的最后一个人 Y 使 Z 失去了他以前对某物的行动自由,从而使 Z 的境况变坏了;同理,倒数第二、第三、第 N、第一个人的占有都是不被允许的,这样将永远无法正当地生成财产权。所以,诺齐克认为只有"弱约束"才具有可操作性,并采纳这个标准去判断什么是正当获得:"如果使不再能够自由使用那些被占用事物的人们的境况因为占用而处于变得更糟,通过正常步骤产生的对无主物的永久的、可继承的财产权利就不被允许。"^⑩

如何来界定"变得更糟"呢? 他的解释具有两个相关特征:第一,依物质福利是否恶化来界定;第二,把占用前的公共使用作为比较标准。只要以并没有剥夺其他人拥有某物的方式而占有了该物的全部供应,那么这种占有就没有使别人变得更糟。例如某个人在一个偏僻之处找到了一种新物质,他发现这种物质可以用来治疗某种疾病,并占有了它的全部。这种占有并未使其他人的境况变得更糟。这表明,这种限制条款不是一种"最终-状态原则",它关注占有行为影响别人的特殊方式,而不关注最终达到的处境之结构。^⑪ 在占有范围之内,主体拥有"免于他人干涉的自由",即消极自由,可以追求自己想要的良善生活。可见,诺齐克不满足于对自我所有进行形式化的规定,还尝试为其填充实质性内涵。

诺齐克这一由"自我所有"出发进行的一系列论证逻辑上的直接结果就是拥护私有制,任何组织和个人都不能侵犯正当占有的个人财产。据此,诺齐克认为:"随着时间的推移,任何带有平等主义成分的分配模式都会被个人的自发行为所颠覆;每一种令人非常满意以致实际上被设为分配正义之核心的模式化条件,也会如此。……任何一种模式化或者是不稳定的,或者能够为资格体系所满足。"^⑫

---

⑨ Nozick, *Anarchy*, *State*, *and Utopia*, p. 176.

⑩ Ibid., p. 178.

⑪ Ibid., p. 181.

⑫ Ibid., p. 164.

二、自我所有与不平等

自我所有原则的实现意味着结果上不可避免的不平等，因为每个人的天生禀赋与机遇是不同的，即便他们同样的努力，结果也必然有差别。因此诺齐克的理论遭到了分析学派的马克思主义者柯亨的批评。柯亨意识到自由至上主义的立论前提——自我所有原则是无法被驳倒的，但是这不意味着由此出发只能得到自由主义的结论，因此柯亨批评的是诺齐克由前提到结论的推导过程，即自我所有原则并不一定能实现它所承诺的自由，因此对自由的追求不意味着必须接受不平等的结果。本节将首先论述柯亨对诺齐克的自我所有原则的反驳，进而指出柯亨论证的不足之处并提供对自我所有原则进一步的反驳。

柯亨首先驳斥了左翼通过彻底摒弃自我所有的概念维护某种平等的价值的做法。左翼因为诺齐克所主张的自我所有权可能导致的条件不平等而拒绝自我所有权。柯亨认为这种肯定部分条件平等、进而拒绝自我所有权的论证存在两个相互关联的缺陷：第一，它没有证明为什么条件平等一定优先于条件不平等；第二，自我所有权符合道德直觉，而左翼并没有提出更充分的反驳。按照左翼的逻辑，会得出"我拥有两只（相对的）好眼是纯粹的运气，这一事实使我丧失对它们的特权"这样荒谬的结论。⑬ "手臂属于我"是一个事实性真理，而我对它应该拥有排他性的处置权是一个规范性要求。柯亨认为上述事实性真理是规范性要求的一个乍看起来似乎合理的基础，而不是它的逻辑蕴涵项。但个人与外部世界的某一部分之间并不存在任何类似的预设的规范性联系。因此，柯亨不是假定条件平等是一种道德命令，并在此基础上拒绝自我所有权，而是证明"无论如何对自我所有原则进行解释，肯定自我所有原则都不能证明世界资源分配的不平等是正当的"。⑭

柯亨认为诺齐克从洛克的"留给他人足够多和同样好"的这一限制条件出发没问题，⑮但是对某一占有的抵制更多地是要确定它对别人所产生的影响，而不是它得以产生的方式。诺齐克对洛克限制条件的"弱约束"解读存在另一种可能，即诺齐克只考虑了假如世界维持公有制会发生什么，没有考虑到在没有占有土地的情况下可能会发生什么。但是世界被占有之前至少有三种可能状

---

⑬ Cohen, *Self-ownership*, *Freedom*, *and Equality*, pp. 69–70.

⑭ Ibid., p. 72.

⑮ Ibid., p. 75.

态：无主制、公有制（没有人拥有任何土地）、共有制（Joint Ownership，每一个人的行为都服从集体的决定）。诺齐克必须假定，世界资源从道德角度来说不是共有，而是人人可得的，但是他并没有为这一前提提供证明。退一步说，即使这一假定成立，柯亨认为诺齐克的论证仍然有问题。首先，诺齐克需要证明与占有前的公共使用相比，人们的境况没有变得更糟。如前文所示，诺齐克提供了一个非功利主义的证明，柯亨认为这个证明意味着："只要没有使任何人的境况变得更糟，任何人都有权占有私有财产，并且占有私有财产的行为通常会使每个人的境况变好（因而不会变坏）"。⑯ 也就是说，如果私有财产制度下，有些人没有私人财产或者只有很少的私人财产这一事实不能成为其消灭这一制度的理由。只有当他们因为没有财产而与公有制世界相比有所恶化时，他们才应该有所抱怨。这意味着无产阶级的境况不可能因为私有制的存在而变得更糟。诺齐克之所以采用这种论证方式，是因为功利主义的论证来自于经验也受制于经验，从而在经验性的反例面前不堪一击。只要有人的生活没有得到改善，功利主义就无法自圆其说。但是柯亨认为诺齐克的大前提虽然是非经验的，但仍然依赖一个经验性的小前提，即资本主义社会更具生产能力。⑰ 但是这种比较的可选择项并非诺齐克想象的仅有原始社会公有制度，还有很多别的可供选择的可能，例如哈尔·范里安（Hal Varian）所逐个表述的"市场社会主义的"（market socialist）或"人民资本主义的"（people capitalistic）财产安排比诺齐克所支持的纯资本主义更具生产性。⑱ 事实上，诺齐克所说的"没有变得更糟"仅仅是相对于某种特定的制度，如私有制比自然状态更好，但是并没有正面证明自由所有权制度比另一种制度，如社会主义制度更好。因为如果采取经验性的标准，任何财产分配制度都无法通过这个检验标准，他将重新面对功利主义的难题。

柯亨虽然不同意诺齐克的主张，但仍然认为自我所有命题具有内在的吸引力。一种更具实质性的自我所有权——我们能够将其与控制自己生活的观念联系起来。因此他转而支持一种他称为"斯坦纳宪章"（the Steiner Constitution）的形式。这一建议一方面"将所有资源都置于集体控制之下，从而禁止私有财产不平等的诺齐克式形成"；⑲另一方面，通过初始平等分配进行资源私有化，在

⑯ Cohen, *Self-ownership*, *Freedom*, *and Equality*, p. 85.

⑰ Ibid. , p. 86.

⑱ Ibid.

⑲ Ibid. , p. 102.

这一条件下,"即使不损害对条件平等的维护,每个人也都能享有那些构成诺齐克自我所有权的权利",从而能够避免人们因具备不同数量的资产而导致的巨大生活差异,[20]这意味着诺齐克所主张的自由和平等相冲突的主张无法成立。并且,在这一理论起点下,外部资源的意外变化或者由于剥削等原因导致的转让就是不正当的,需要一种补充性的平等分配,而不是诺齐克式的自由竞赛。

柯亨这一看似完美的主张仍然存在至少以下两个问题:第一,柯亨的意图是从规范意义上拒绝自我所有原则,但是其解决的手段却是把个人占有带入历史,从而需要根据外部的时空因素以及计算能力等对资源分配的正义性进行评估,事实上准确预测单个特定的最终占有是否有利于他人是不可能完成的任务。相反,诺齐克力图仅仅通过描述性方法从整体性视角来评估社会整体的平均占有的影响,反而更具可操作性。第二,柯亨对诺齐克的批评使自己陷入同样的困境。无论是诺齐克还是柯亨,都需要在承认私有产权制度存在的前提下讨论占有对他人造成的影响,离开私有产权制度来讨论占有是不切实际的。在这个意义上,柯亨的"斯坦纳宪章"经济形式与他对占有的预设相矛盾。

本文认为,所有权结构是一个复合结构,包括财产使用权、财产处理权、财产收入权。事实上,诺齐克与洛克在把财产权建立在自然权利基础上的尝试并不完全相同,洛克是根据劳动性质分配资源,而诺齐克是根据分配规则对资源进行划分。诺齐克看到洛克的前提不支持转让财产的权利和从财产获得收入的权利。根据洛克的观点,"如果他通过他的劳动与某物混合,使此物脱离它的自然状态",这种通过劳动嵌入获得权利的人一旦进入市场,就需要面对真实市场中存在的交易成本问题以及劳动产品对社会结构的依赖问题,此时劳动者所嵌入的价值与劳动前的原始价值经过一系列链条的作用发生了很大变化,因此,基于劳动价值来确定所有权是不稳定的。但是诺齐克通过自我所有来论证对物的所有权同样无法覆盖转让权和收入权。可见,无论通过劳动的权利还是身体的权利都难以为财产所有权提供充分论证。

事实上,更珍视消极自由的形式化关注对自我所有权受到保护的人们缺乏选择能力时应该做什么保持缄默。拉兹(Josrph Raz)认为自主必须具备一些条件,这些条件保障一个人在面对选择时,"有运用和倾向于发展其中任何能力的

---

⑳ Cohen, *Self-ownership*, *Freedom*, *and Equality*, p. 111.

与生俱来的驱动力".㉑ 那么是什么保证选择领域有效呢? 拉兹认为是自主。㉒
但是"自主"概念如果在内容上是中立的,那么机会有效的条件就是可变的,从
而无法确定是什么确保选择领域有效。而且对于进入市场的个体而言,其收入
的价值取决于市场的偶然因素,严重受到外部性影响,一个纯粹形式化的自我
所有权只要建立在条件平等的基础上,就无法保证收入权的公平,从而导致了
自我所有权与条件平等的冲突。于是问题转化为"如何才能找到一种实质的自
我所有权的保护,并以此促进平等"。如果马克思主义可以合理地解决这一问
题,就可以驳倒自由意志主义,并捍卫自己的立场。

三、劳动剥削论与马尔萨斯预言

柯亨之所以必须对诺齐克的观点进行回应,正是因为后者对马克思的劳动
价值论及其剥削理论构成了比较致命的挑战。马克思在论证工人如何被资本
家剥削时,实质上暗含着对古典经济学关于工资的成本理论的承认。雇佣工人
之所以受剥削,是因为他们没有生产资料,因此只能把劳动力按不利的条件出
卖给资本家。如果劳动者自己拥有能够改善他们生活条件的财产,就可以以此
为手段谋求自己的生活。所以,表面上看,马克思主义者认为,工人被剥削的根
源在于没有对自然资源的所有权,而不是缺乏对自己劳动力的所有权;事实上
劳动创造价值依然借助了古典经济学仅仅把工资理解为生产成本,也即仅仅考
虑劳动力再生产的成本,把工资定义为仅需保证工人在维持生计的水平上生活
下去。工人之所以仍然处于无产阶级的命运,根源就在于雇主提供的工资过
低。马克思主义说,这是因为资本家从工人那里偷走了劳动时间。但是,如果
工人没有权利决定如何安排自己的劳动时间,所谓的"偷走"就是不成立的;如
果工人可以支配自己的劳动能力,就意味着承认人们是自己能力的正当所有

㉑ Joseph Raz, *The Morality of Freedom* (Oxford: Oxford University, 1988), p. 203.

㉒ 在《自我所有》第十章,柯亨专门反驳了拉兹对自由意志主义的批评。拉兹认为自我所有权不等同于
非强制性的对他人的义务,但是柯亨认为这一反驳虽然有道理,却无关宏旨,问题的关键在于国家是
否有权利把非契约性义务强加到我们身上。因此,拉兹是用错误的义务来反驳诺齐克的前提。第二
就是自我所有与自主权的问题,拉兹的观点如文中所述;柯亨认为在一个才能有差别的世界中,自我
所有权与自主权是矛盾的,自主权受制于自我所有权的大小以及别人对他们的自我及物的权利。本
文无意于对此问题深入探讨,只想证明自主权与自我所有权直接的不一致使一种纯粹形式化的自我
所有权对于丧失自主权或者自主权受限的人来说保持沉默,因此需要一种更具实质内涵的自我所有
原则。

者。柯亨将之称为"自我所有命题"(the thesis of self-owner-ship)。㉓

诺齐克为代表的自由至上主义恰恰是从同一个前提出发,批评了剥削理论和劳动价值论。一方面,诺齐克假定在公正的条件下通过正当的途径产生的结果也是正义的。如果工人被剥削是因为无法得到生产资料而被迫受雇于资本家,那么,只要私有企业能够提供高于国有企业的工资,工人就会转向私有企业。最后国有企业将不复存在。如果最后的结果不存在剥削,那么认为最初存在剥削理由就是不充分的。㉔ 那么为什么工人一定会渐渐从国有企业转向私人企业呢? 根据劳动价值论,物品应该具有有用性,"一个物品不具有有用性,就不能有任何价值。如果一个东西是无用的,那么它所包含的劳动也是无用的。这种劳动并不被看作是劳动,从而不能创造任何价值。"㉕这意味着"不是有用性是一种必要条件以及劳动时间决定价值,而是有用的程度将决定已经花在某种物品上的劳动具有多大用处。"㉖这意味着社会必要劳动时间的核心观念本质上是由竞争性市场的过程和交换比率界定的。而按照社会必要劳动时间的数量来支付报酬的制度就会让勤奋工作的人们毫无所得,这样的制度要么使整个社会的生产效率极低,要么就是迫使工人势必转向更具诱惑力的制度,所以工人一定会从国有企业流向私营企业。㉗ 他进一步论证道,正是由于人们的能力是不同的,人们通过自己的活动产生的结果也是不同的,因此从自我所有原则这一前提出发,不可避免会产生不平等的结果,且这一不平等的结果是公正的。

柯亨看到,在不存在稀缺性的条件下,劳动创造价值,世界资源的平等分配可以形成最终条件平等。但是稀缺性是真实存在的,如果劳动创造价值,但是不同能力创造出来的价值不同,结果就不可能平等。人们对于自己劳动果实的权利反而成为分配不平等的最强有力的基础。因此,要维护平等主义,就必须与劳动价值论划清界限。㉘

要划清这一界限原则上有两条道路:一是减少劳动中价值创造过程中的意义,二是否定劳动者对于劳动产品的权利。选择一意味着正统马克思主义的灭亡;选择二同样面临两个障碍:第一,如果否认工人对其劳动产品的权利,无法

㉓ Cohen, *Self-ownership*, *Freedom*, *and Equality*, pp. 146 – 147.

㉔ Nozick, *Anarchy*, *State*, *and Utopia*, pp. 254 – 256.

㉕ 马克思:《资本论》(第一卷),北京:人民出版社,2018 年,第 48 页。

㉖ Nozick, *Anarchy*, *State*, *and Utopia*, p. 260.

㉗ Ibid. , pp. 260 – 262.

㉘ 柯亨:《马克思与诺齐克之间》,吕增奎编,南京:江苏人民出版社,2007 年,第二章;柯亨:《自我所有、自由与平等》,第六章。柯亨在这两处都论证了劳动价值论与平等主义的内在冲突。

解释工人为什么遭受剥削;第二,这要求否认自我所有原则。

笔者以为柯亨的回应事实上以马尔萨斯预言为前提。马尔萨斯提出了人口在无妨碍时以几何数率增加,而生活资料只以算术级数增加,人口必然为生活资料所限制,建立在财产公有制基础上的平等社会制度只能是幻想。这一悲剧图景是马克思式古典经济学模式隐而未显的基石,马克思接续了这一思考前提,据此认为无产阶级的命运只有在物质条件极大丰富的情况下才能得到改善。柯亨同样认为在物质稀缺的条件下,劳动价值论与平等主义不相容。

然而问题的关键并不在于此。20世纪经济发展的事实证伪了马尔萨斯的预言,哈耶克在《致命的自负》中也从理论上重新分析了市场经济的生产率与可以供应的人口规模之间的关系,指出"人口爆炸会使大多数人陷入贫穷的恐怖景象看起来毫无根据",㉙……"市场经济能够使采纳了其基本规则的群体更好地繁衍"。㉚ 但是,人口增长虽然增强了市场的相互依赖性,却增加了个人财富积累的困难。随着信息技术革命的发展,财富的增加无法消解个人对市场的严重依赖,马克思所担忧的问题不再是问题。真正的问题恰恰与马克思的担忧相反,特别是在福利国家中,底层工人因为不掌握先进科学技术而没有能力生产价值,仅仅作为消费者参与经济生活。这里面的逻辑是随着越来越多的人从事高科技工作,从事底层工作的人反而越来越少,供求规律决定了他们的技术含量与劳动成本更低,收入却更高。这一点反映了市场经济的相互依赖。传统的剥削理论没有认识到在劳动所生产出来的价值和工资水平之间的差距中寻求利润的企业家们所进行的潜在的平衡活动。

于是问题转变为在承认每个人对自己的主权的条件下,在外部资源的平等主义基础上,人们究竟能向某种类型的最终条件平等走多远?

柯亨认为在物质适度匮乏的情况下,自愿平等也是可能的,即存在一种"非胁迫性的平等的解决利益冲突的方法","我认为只有当人们能够顾全平等的正义观,物质条件有利,只需要人们在一定程度上牺牲自己的利益,而无须做出巨大牺牲的情况下,上述解决办法才有可能达成。我认为这样的社会是可行的,这并不是因为我认为人们全都变得具有公正感,而是因为我认为他们会或可能会具有足够的正义感,愿意在一定的富裕程度下实施平等分配。"㉛也就是说,这

㉙ 哈耶克:《致命的自负》,冯克利译,北京:中国社会科学出版社,2000年,第155页。

㉚ 同上书,第151页。

㉛ Cohen, *Self-ownership, Freedom, and Equality*, pp. 127-128.

里需要两个前提：第一，一定程度的富裕；第二，公民具有足够的正义感。如前所证，当前的社会已经实现了一定程度的富裕。而第二个前提条件，无法证明其可欲性与可行性。事实上，传统制度设计总是不断加强而不是减弱利益对人的诱惑，将人理解为孤独个体，他人不过是个体用来追求利益的自然环境。个体总是需要不断地在追求利益的过程中与道德对抗，这种做法虽然可能是高效率的，但是其付出的成本却往往被忽视了。

四、从规范到描述：方法论叙事与形而上学奠基

那么，面对这样一个难题，马克思自己又能如何回应呢？这在马克思的理论体系中是否是一个真问题呢？柯亨之所以认为马克思需要回应自由意志主义的质疑源于对马克思的一个经典的误解：马克思意图从规范性的角度提供一套正义原则。出于此种理论预设对正义理论进行的重构是在当代西方正义话语体系中展开的，而非延续或者推进马克思所构建的方法与理论。本文尝试探索一种基于《资本论》的描述性方法，并借助此方法提供一个理解马克思的不同视角。这一理解既不是像通常理解的那样以事实性解释压制规范性解释，无视道德与正义；其中也没有如分析的马克思主义理解的那样存在一种规范性的正义理论。与洛克所开启的传统不同，本文认为马克思在《资本论》中放弃了以规范性的方式为好/正当的社会确立对的规则，而转而以认知性的思路描述发展与自由之间无法化约的张力，这一描述从事实出发，却不止于事实，既不与现存的社会做任何妥协，也不试图缓解表面的症状。在这个意义上，马克思拒绝一切局部的解决方法。

与规范性方法相比，描述性方法具有以下几个基本特征：第一，价值中立，目的是求真而不是求对。对每一组矛盾的描述随着条件的不同，概念所指称的含义有所区别。黑格尔反复强调，事物只有通过概念被理解之后才是现实的，逻辑概念只有经过抽象的或知性的环节、辩证的或否定理性的环节以及思辨的或肯定理性的三个环节，才能达到对实存世界的洞察。同一个概念在不同环节，内涵、指称与地位各有不同。众所周知，在《资本论》第二版的跋中，马克思公开承认他在阐述价值理论时运用的就是黑格尔的表达方式，其经济学的展开就是在剔除了黑格尔思辨形而上学骨架之后对现实的批判与重构过程。正是通过对人的自然需求与劳动的考察，马克思发现了人类历史的发展规律，看到了现代人生命架构中最本质的东西："当人们还不能使自己的吃喝住穿在质和

量方面得到充分保证的时候,人们就根本不能获得解放。"㉜马克思并没有否定被洛克、斯密传统视为现代人之生命表征的生存权、劳动权与所有权,而是转而思考在何种条件下才能使其内容得到充分实现。马克思并没有延续西方自由主义哲学家的理路,在权利话语下阐述所有权问题,而是开启了不同的探寻方式,即在资本主义生产关系的分析中来把握这个问题。李佃来在《资本论的叙事结构与马克思的正义思想》㉝中指出了这一点,但是他据此认为马克思对资本主义生产关系的分析同时是一个批判过程,进而通向了一个关于正义的基本判断,即资本主义商品生产是不正义的。

笔者以为马克思在《资本论》中对资本主义的批判是节制的,因为一旦强调了资本主义商品生产的不正义性,就无法在理论上一以贯之地承认并尊重资本主义生产方式在促进生产力发展、增加生产生活资料、提升人民生活等方面所具有的积极作用。《资本论》既然是在马克思确立了唯物史观的理论前提之后写作出来的,对于生产方式的变更与社会结构的变迁就应该是中性的,而非将之置入权利、平等、正义等政治哲学等核心范畴中进行价值评判。

第二,价值关联,被描述对象的意义和功能内在于对其的描述性理解。马克思不运用正义等规范性话语对资本主义生产方式进行评价,不等于《资本论》完全是价值无涉的。

康德在哲学史上第一次明确区分了知识论的形而上学与道德形而上学,前者把寻求终极实在、最高实体和事物的最后本质作为最高目标去追寻,认为这些绝对、终极和永恒的对象才是真正的"知识",实质上属于一种知识论的形而上学。这种知识论的形而上学实质上从来没有超出过经验的界限,更谈不上打开任何通向超感性东西的通道,因此只是从已存在事物的可能性的角度设想关于上帝、至善、绝对的知识,通过这条路达到的上帝观念的决定性,只给了我们一个观念,而不是一种信仰,因此是注定失败的。在宣告了知识论形而上学扩展知识的任何企图都是注定失败的之后,康德转而寻求一种科学的形而上学,即道德形而上学,这种道德形而上学不再谋求知识上向本体的超越,而是在实践上对本体的超越。它只能是我们姑且命名为"形而上学的善"的东西,其最根本的特征在于不可认识、不可言明。必须存在这样一个形而上学的至善,这个至善只能是个纯粹形式,不能具有任何内容,其存在具有双重意义:一方面,它

㉜ 马克思、恩格斯:《马克思恩格斯文集》(第一卷),北京:人民出版社,2009 年,第 527 页。

㉝ 李佃来:《资本论的叙事结构与马克思的正义思想》,《华中科技大学学报(人文社会科学版)》2015 年第 4 期,第 56—66 页。

的否定性意义表现在，它不能够为我们的行动指明方向，而只能警醒我们任何具体的善都是知识性的，不具有普遍有效性，在这个意义上，我们可以说伦理的形而上学只能是一种消极意义的存在，即只有当具体的善妄图僭越的时候，才会触及至善的存在。因此，对于它，我们也不能作出任何肯定性的证明，因为任何肯定性证明都是知识性的。另一方面，它在，内容是什么不重要，它的在场构成了一种敬畏之心，使正义得以可能。

只有在接受了康德对两种形而上学的区分之后，马克思对"共产主义"的乌托邦设想在理论上才是自洽的，即"自由人的全面发展"何时实现并非马克思关心的焦点，与其说这是对现实社会的构想，不如说这个理想社会的描述旨在证明除此之外的一切社会形式妄图为自己披上"永恒""普遍"的外衣都是虚妄的，都值得警惕，马克思正是据此展开了对"资本拜物教"的批判。值得注意的是，这一批判是有节制的，"知性"在经验领域有其合法性，一如"资本"在资本主义社会阶段有其合法性一样，值得警惕的仅仅是资本超越自己的边界，把自己置于永恒绝对的僭越之地。

消极的形而上学如何与价值相关联呢？第一，这种乌托邦是通过在思想中强化实在中的某些因素而获得的，是实在里面的人的行为动机和社会活动中的支配观念。乌托邦的最大特点在于其自身不成为目的，一旦将之作为目的本身，消极形而上学就会转化为积极形而上学，成为马克思所批判的对象。第二，对于消极的形而上学，我们也不需要在实在中证明它，它不需要通过检验而得到证实或证伪，绝对不能把它实在化，更不能让关于实在的经验知识失去自身的独立地位。这意味着，对现实世界的政治经济学与政治哲学理论不能全部弃之不理，承认其是特定历史与特定意识形态产物基础的目的，不在于抵制所有价值，而在于限制其起作用的范围，从而对绝对的价值判断始终保持警觉的态度，防止价值判断与经验判断混淆。第三，这套乌托邦的构想旨在提供达到实在认识的中介手段，借此进入对历史事件本身的因果解释。以"自由"为例，自然自由是一个纯粹肯定的状态，以物的依赖性为基础的人的独立性是一个否定的状态，摆脱了物的依赖性的自由就是个理想状态，这个理想状态存在的意义不是作为目的去抵达，而是作为参照物去衡量，证明现实的不够完美。在这个意义上，我们或许可以说，马克思对黑格尔辩证法的继承比想象中要少，而与康德的理论关联比想象中更多，自由的三种形态不是一个正反合的闭合结构，而是一个开放性空间。在这个空间中，与其说历史是一个辩证的线性发展过程，不如说前者与后者的间距就是我们与美好社会的距离。三种自由是个构成性的格局，自然自由是自在自由的低阶范导，真实世界据此与完满世界逻辑同构。

特别值得注意的是,这个想像性的秩序永远不需要也不可能成真,它不是历史的终点,它提供的仅仅是一个消极的标志,用来衡量真实历史与它的差异。

五、结论

通过上述方法论的转换可以发现,描述性方法提供的是一个开放的价值空间,在这一价值空间内部,正义、平等、自由等价值都不具有绝对性,马克思从来不是也不需要是一个平等主义者,他的理论旨趣在于描述各个价值起作用的条件。在人类社会发展的不同历史阶段,需要不同的规范性价值,任何特定的历史过程与社会形态都不需要也不应该有绝对性的首要价值,它都需要与其他价值放在一起考虑,形成一个价值集,包括社会公平、经济发展、有利于好社会的环境等等,这意味着需要在各种价值之间进行权衡,如何权衡没有标准,但可以姑且在社会公认前提下设置一个权衡的性质,例如自由、平等、程序正义等等。

（责任编辑：刘剑涛）

作者简介：王艳秀,哲学博士,天津师范大学马克思主义学院副教授,研究方向为政治哲学和政治思想史。

续写《知觉现象学》的尝试

——评《心智的秘密》

赵灿

【摘　要】佘碧平教授所撰《心智的秘密》是以梅洛-庞蒂《知觉现象学》的思想视野来研究心智问题的著作。该著把"知觉"转化为"心智",把"现象学"具体化为"来源、结构与功能",实现了对《知觉现象学》的"接着讲",堪称《知觉现象学》的续篇。在学术方法上,该著既尊重常识而又超越常识,既尊重科学而又超越科学,既尊重传统而又超越传统,踏实地贡献了一种可资借鉴的哲学研究方法。

【关键词】梅洛-庞蒂　知觉　佘碧平　心智　现象学

　　复旦大学佘碧平教授研习现象学,尤其梅洛-庞蒂现象学近三十年,曾于 2007 年出版著作《梅洛-庞蒂历史现象学研究》。[①] 若衡之以冯友兰先生的那个著名说法,则该著大抵仍属所谓"照着讲"。但在笔者心目中,"照着讲"实在是

---

① 佘碧平:《梅洛-庞蒂历史现象学研究》,上海:复旦大学出版社,2007 年。佘碧平教授使用的译名是"梅罗-庞蒂",本文统一为"梅洛-庞蒂"。

对哲学研习者的极高评价。它要求研习者对哲学家的原典、问题与时代作出同情的理解，并用准确、明白的语言对哲学家的运思过程进行还原和重构。这固然算不得什么高明之境，却是高明之境的第一步。达此一步，殊为不易。研习哲学史巨子而又真正做到了"照着讲"的人，在庞大的研究队伍中，大概只占少数。

2019年，佘碧平教授出版著作《心智的秘密——论心智的来源、结构与功能》。仅从书名和目录，很难见出该著与梅洛-庞蒂抑或现象学有何直接联系，倒更像一本讨论心理学和认知科学的著作，除间或涉及所谓哲学认识论之外，并无甚特别。而初读此著，笔者却隐约察觉它的不少论述都带有现象学的意味，但并未过多在意，毕竟佘碧平教授浸淫现象学数十年，对现象学方法了然于胸，现象学已经成为他随意调动的思想资源，无可奇怪。随着阅读进程的深入，笔者越来越觉得现象学所占的分量之重，甚至渗透到了全书的字里行间。及至读过全书，笔者突然一阵惊喜：这竟然是一部用梅洛-庞蒂现象学研究心智问题而写成的著作。说它是《知觉现象学》的续篇，也不算言过其实。倘再衡之以冯先生的说法，则该著确实称得上是"接着讲"。从梅洛-庞蒂《知觉现象学》到佘碧平教授的《心智的秘密》，"知觉"转换为了"心智"，"现象学"具体化为了"来源、结构与功能"。《心智的秘密》在保留"知觉"这一问题意识的同时，又利用现象学视野以及当代前沿科学方法推进了它。

首先，从研究对象看。《知觉现象学》赋予知觉以首要地位，使我们重新面临事物、知识、价值得以构建的时刻，为我们提供初生状态的"逻各斯"；[②]同样，《心智的秘密》也赋予心智以首要地位，使我们重新面临人与周遭世界进行物质、能量、信息、意义的交换活动，为我们提供关于心理、艺术、科学、哲学的原初生存经验。也就是说，在梅洛-庞蒂的学术思想中，知觉覆盖了我极与对象极的世界；在佘碧平教授的学术思想中，心智覆盖了我极与对象极的世界。知觉与心智，都既非主观感受也非客观反映，都带有非常典型的梅洛-庞蒂式的暧昧特征。除了这些共同点，我们当然更应注意二者之间的差异。从知觉到心智的转换，并非用新瓶装旧酒。不过《心智的秘密》未曾对心智与知觉的差异有过论述，依笔者体会，它们的差异大体有两点。第一是范围方面：心智的含义大于知觉。知觉可以说是身体-主体的最原初的意向性活动。这种活动固然也是心智的出发点，但心智所涵盖的范围却比它宽广得多，举凡传统哲学所谓"感应""灵

[②] 莫里斯·梅洛-庞蒂：《知觉的首要地位及其哲学结论》，王东亮译，北京：三联书店，2002年，第31页。

魂""心""心智""智识""思想""意识""情结""情感""理性""体验""精神"等等，无一不属《心智的秘密》的所谓心智。③ 第二是程度方面：心智活动的创造性大于知觉活动。如果说知觉更多体现为意向性活动，那么心智则更多体现为创造性活动、综合性活动、超越性活动、象征化活动、规范化活动。正因有以上两点差异，我们说心智乃是"接着"，而非"照着"知觉讲的，《心智的秘密》乃是接着《知觉现象学》讲的续篇。

其次，从研究视野看。《知觉现象学》从知觉的现象性出发，把被知觉到的东西理解为某一场域的凸显部分；同样，《心智的秘密》也从心智的现象性出发，把心智活动理解为对生活世界的自反性感受和意识。从这个意义上说，《心智的秘密》这一书名，若抛开它的修辞要素，只考虑它的本质要素，即可恰如其分地称为《心智现象学》。但《心智的秘密》毕竟不叫《心智现象学》，它之所以不叫《心智现象学》，按我们揣测，也不纯粹是出于修辞学方面的考虑。通过这个书名，著者似乎有意与现象学拉开一定的距离，因为这部著作并不满足于模仿《知觉现象学》，以阐释心智的现象性——即便这是该书立论根基之所在。副标题说得很清楚，该著的目标乃是阐释心智的来源、结构与功能。在第一部分"心智的来源"中，著者从生存演化、生理演化、规范演化三方面论述人类心智乃是漫长历史的协同演化的结果。在第二部分"心智的结构"中，著者从感受系统（艺术）、理性系统（科学）、见识系统（哲学）三个由低到高的层次分析心智的结构。在第三部分"心智的功能"中，著者从表达与决策两个方面论述心智的用法与功能。从研究视野的这一转换可见，《心智的秘密》与《知觉现象学》的最大差异，是《心智的秘密》在《知觉现象学》的基础上加入了文化与历史的内涵。事实上梅洛-庞蒂本人也承认，《知觉现象学》只算是初步工作，因为它几乎没有涉及文化与历史。④ 当然，"拉开"不等于"抛开"，"接着讲"也不等于"抛开讲"，这三部分内容尽管在具体论述方面超出了《知觉现象学》，但其整体视野仍属现象学，这是定无可疑的。假如我们把这三部分依次称为"心智的发生现象学""心智的结构现象学"和"心智的表达现象学"，料想也不算违背著者原意吧。

最后，从研究方法看。在所有德法现象学家中，最具有学科综合意识的应该算是梅洛-庞蒂，并且越到后期他的这一意识越强，甚至发展成了一种野心和抱负。梅洛-庞蒂的不同著作和遗稿，如《行为的结构》《知觉现象学》《符号》《世界的散文》《可见的与不可见的》等，在不同范围、不同程度所综合的学科大致可

---

③ 佘碧平：《心智的秘密：论心智的来源、结构与功能》，上海：上海人民出版社，2019 年，第 14 页。

④ 梅洛-庞蒂：《知觉的首要地位及其哲学结论》，第 32 页。

列举如下：哲学、心理学、生理学、语言学、文学、艺术、政治学、社会学、人类学、神经科学、精神病学等。而佘碧平教授所著《心智的秘密》同样也自觉地采用综合主义（书中表达为"混合主义"）的研究方法，书中明确指出加以综合的学科有神经科学、心理学、人类学、社会学、经济学、科学史与哲学史。⑤ 但事实上该著还利用了其他学科的材料，如文学史、艺术史、宗教史、文字学、政治学、生物学、地理学的材料。固然，随着学术和学科的分化程度日趋严重，梅洛-庞蒂与佘碧平教授各自所处的学科建制差异极大，要具体比较他们对诸学科成果的综合利用情况既是不可能的，也是无意义的。不过此处我们可尝试提出两点断言。其一，《心智的秘密》比《知觉现象学》晚成七十余年。古语云，"三十年为一世"，若再以当代科学的更新速度计，七十年又何止两世。此两世的间隔，对于一位有心利用当代科学成果以推进自身研究的学者来说，不能不承认是一大优势。其二，《知觉现象学》的著者为法国人，《心智的秘密》的著者为研习法国哲学的中国人。若以现象学的眼光衡量，后者显然比前者多了中华文明的生存体验和自反意识，也就是说，《心智的秘密》的著者的心智结构天然浸染了中华文明，而且从心智的现象性来看，这乃是无法避免的。又如果我们承认，《心智的秘密》作为一项研究成果和一部学术作品，它本身就是心智活动的产物，那么也就不能不承认，它的优势绝不在于多征引了汉语文献，而是多了汉语文明的心智体验。

　　总之，这部著作从现象学的视野出发，采取综合主义的研究方法，因而能够给人一种舒适的阅读感受：既尊重常识而又超越常识，既尊重科学而又超越科学，既尊重传统而又超越传统。事实上，这背后所隐含的，乃是哲学观抑或如何做哲学的问题。其一，常识作为生活的起点以及科学和哲学的起点，应该是被超越的东西，而不是被抛弃的东西。《心智的秘密》就利用了不少属于常识性的原料，如白丽香皂的广告语、小说《倚天屠龙记》以及电影《让子弹飞》的情节。其二，科学作为当代知识和真理的主要形式，哲学不仅不应该拒斥它，而且应该谦虚地利用它的一切手段和结论，只需在境界上超越它即可。在这方面，《心智的秘密》给我们作出了典范，它利用了许多科学的前沿成果来支撑自己的论述，诸如脑科学、神经科学、人工智能、宇宙演化论等等。其三，传统作为释义学意义上的前见，哲学不仅无法跳过它，而且应该不断激活它、延续它。对待传统，无论是远古的原始思维，还是近代的抽象逻辑；无论是亚里士多德的经典形而上学，还是海德格尔的基础存在论；无论是中国古代的道术、方术，还是西方的近代自然科学，《心智的秘密》都给予了足够的尊重和同情，并一视同仁地把它

---

⑤ 佘碧平：《心智的秘密：论心智的来源、结构与功能》，第 11 页。

们视作心智生活和心智现象加以考察。

我们在这里把《心智的秘密》视作续写《知觉现象学》的一次尝试，意图当然不在把《心智的秘密》抬举到与《知觉现象学》同等的经典地位。我们深知，在汉语人文社会科学界，对心智问题的研究，实力非常有限，成果非常薄弱，队伍也还很不稳定；尤其从现象学抑或一般哲学的视野来研究心智问题，就笔者十分有限的阅读范围来看，《心智的秘密》似乎可算开山之作。这样一部著作，有些内容不免只能点到为止，难以充分展开论证。譬如四万年前晚期智人的"思维大转变"、公元前 6 世纪的"理性的突破"，作为人类心智的重要转折，究竟是如何发生、又是为何发生的？再如，该著针对西方传统中的亚里士多德经典形而上学、笛卡尔形而上学、海德格尔基础存在论，提出了第四种形而上学，即共感形而上学，可谓一大贡献。但或许是受论题和篇幅所限，该著对共感形而上学的论证似乎与其理论地位有些不匹配。又如，该著在"绪论"标题之下写了一行字："认识你自己"；在终章"心智培养"标题之下又写了一行字："关心你自己"。显然，著者是想借苏格拉底所开创的两大传统暗示读者，该著的起点是"认识"，终点却是"关心"。也就是说，认知心智、研究心智，目的是为了培养心智、完善心智；心智问题不仅是一个认识论问题，更是一个工夫论问题。这确实非常关键。该著把此问题归结为："如何在各种理性化的体制下追求人的完善？"因而从制度建设、制度创新、全球意识三方面加以阐述。读过以后，笔者仍有一种意犹未尽之感。正如该著结论所说：人的心智是一件未完成的作品。在这个意义上说，《心智的秘密》作为一件心智作品，自然也是一件未完成的作品。我们有理由期待，来者会以专著的形式处理这些论题。

（责任编辑：刘剑涛）

作者简介：赵灿，哲学博士，云南大学政府管理学院政治学系副教授，研究方向为政治哲学、西方政治思想史、古希腊哲学、法国哲学。

海德格尔的"雅努斯面孔"

——评黄旺《时间与想象：现象学与解释学中的想象力问题》*

王宏健

【摘　要】在黄旺的新著《时间与想象：现象学与解释学中的想象力问题》中，海德格尔是一个相对受忽视的角色。作者认为海德格尔是先验想象力的代表，并基于此批判后者。然而，作者忽视了海德格尔的"双重面孔"，亦即"存在论"与"时间性"的相互共属特征。因此，作者对从海德格尔到伽达默尔的德国诠释学传统的批判是值得商榷的。

【关键词】想象力　海德格尔　诠释学

本书①从"时间"问题出发，首先进入对想象力概念的讨论，构成了作者所构思的《时间现象学》的第一部。总体来看，本书视野开阔、材料丰富，同时作者从

---

* 本文为国家社科基金青年项目"诠释学视域下的实践智慧思想研究"（项目编号：19CZX041）的阶段性成果。

① 黄旺：《时间与想象：现象学与解释学中的想象力问题》，北京：人民出版社，2020 年，第 1、2 页。

自身的问题意识出发,在讨论中有着强烈的批判意识,是近年来现象学与诠释学研究中的一部佳作。

作者对想象力问题的探讨,具有一种全局的哲学视野。作者开章明义地指出,其思想背景乃是突破"以理性和普遍理念为旨向"的传统哲学,并且,"能否看清想象的秘密而本源的作用,决定着我们是否能够把握当代西方哲学的内在嬗变。"②由此而见,作者并非是从哲学史出发罗列关于"想象力"的学说,而是根据"想象力"概念重构哲学史。作者的着重考察对象包括:康德、胡塞尔、海德格尔、伽达默尔及一系列法国哲学家,特别是利科。而在这种追溯中,我们明显地看到,作者的立足点乃是法国哲学,这特别体现在他对胡塞尔、海德格尔和伽达默尔的批判性分析之中。倘若我们仔细辨析作者的分析,就可以发现,作者的基本思路乃是与"法国哲学家们"一道,批判"德国哲学家们"。

在此,笔者试图指出,第一,由于作者乃是以法国哲学为立足点而展开重构和批判,这就导致其对海德格尔、伽达默尔的论述相对而言不甚公允;第二,倘若我们反之以海德格尔为中心点,则可以赢获一副与作者所勾勒的相当不同的思想图景。

首先,在作者的梳理中可以看到,他对于海德格尔着墨甚少,讨论海德格尔的部分仅有胡塞尔部分的三分之一。值得指出的是,作者在"海德格尔章"的第一条注释中就指出:"本书对海德格尔的分析,有意地局限于转向前的海德格尔……我们认为后期海德格尔所实现的转向,恰恰摆脱了我们的指责。"③而这种对后期海德格尔的偏爱,似乎也是法国哲学家的做派。例如,深受法国哲学影响的伯纳德·瓦登菲尔斯(Bernhard Waldenfels)就曾指出,相比于《存在与时间》,他更钟爱《林中路》。④

在作者眼中,先验想象力的核心代表人物乃是康德、胡塞尔与海德格尔。我们这里且不论胡塞尔,至少可以提出这样的疑问:能否把海德格尔纳入先验想象力的序列之中? 的确,海德格尔在其"康德书"中着重挖掘出康德的"先验想象力"概念,但这并不意味着"先验想象力"属于海德格尔自己的学说。也就是说,在我们研究海德格尔对哲学史的解构性解读时,我们必须区分:哪些部分

---

② 黄旺:《时间与想象:现象学与解释学中的想象力问题》,第 1、2 页。

③ 同上书,第 155 页注释 1。

④ 参见笔者在"大道不离万有"公众号发布的相关译文:瓦登菲斯:《从"对话现象学"到"响应伦理学"》,https://mp. weixin. qq. com/s? __biz = MzI0NjEzNDMwMA = = & mid = 2650594349&idx = 2&sn = cb30e33b3b8de27c64e66924cd321211&chksm = f14b9f5ec63c1648078e14fffccb6a95f94086e8417b8f2a608feadc593f1317cc8650e94aa6&scene = 21♯wechat_redirect。

是海德格尔对其研究对象的转述和分析,哪些部分是海德格尔基于前述分析而得出的自己的观点。而在作者的分析中,他显然没有在方法论上明确作出这一区分。由此就导致了他未经反思地将康德的先验想象力概念套用在海德格尔身上。

我们知道,作者在本书中的基本构想乃是,引入先验想象力和经验想象力的区分,通过对经验想象力的重新挖掘,来批判先验想象力的传统,这一传统被作者认为一直延伸到海德格尔乃至伽达默尔。而假如我们的质疑是合理的,亦即海德格尔根本不属于先验想象力的序列,那么,本书的基本框架似乎就不成立了。

那么,究竟是否可以用"先验想象力"来概括海德格尔的相关思想?笔者认为,关键在于如何理解这个"先验"(Transzendental):无论是康德意义上、还是胡塞尔意义上(即"超越论的"),都还不足以准确勾勒出海德格尔那里"先验"一词的含义。当然,这并非是一个三言两语可以说清楚的问题,在此我们仅仅引用海德格尔的一段引文。在《论根据的本质》中,海德格尔写道:"超越植根于时间的本质之中,亦即植根于时间的绽出性的和境域性的机制(ekstatisch-horizontale Verfassung)中。"⑤这就意味着,海德格尔的"先验"(超越)概念已经是"时间化"了,就像其基础存在论中的"存在"显然不再是传统哲学意义上的"存在"。基于此,我们仍从"先验"与"经验"的对立出发去评判海德格尔,似乎是不妥当的。

当然,作者对这一点也并非没有察觉,他指出,在海德格尔那里,"想象始终是在被抛的实际解释学处境中进行的,是受解释学处境规定的,因而是历史性的"⑥。而作者对海德格尔的质疑则在于,尽管后者认识到了想象的时间性和历史性,却为了避免让想象成为人类学的、经验的东西,仍然行进在超越论的基础上,亦即先验的基础之上。我们看到,海德格尔那里的这一张力,亦即"存在论"与"时间性"之间的张力,被作者拆解为两个"极点",并且,作者又在其批判性分析部分强化了"存在论"这一极点,以至于他得出了以下结论:"海德格尔看起来无非是用存在论的语言讲着胡塞尔已经讲过的内容。"⑦

恰恰在这里,笔者想引入本文的标题的这一说法,即海德格尔的"雅努斯面孔"。"雅努斯"是罗马神话中的门神,有着前后两个面孔。用这个比喻我们想表达的是,海德格尔的"存在论"与"时间性"也是其学说的两个面孔,是一体两

---

⑤ 海德格尔:《路标》,孙周兴译,北京:商务印书馆,2018年,第197页。

⑥ 黄旺:《时间与想象:现象学与解释学中的想象力问题》,第168页。

⑦ 同上书,第185页。

面,而非两个极端。也就是说,"存在论"是"时间性的",而"时间性"是"存在论上的"。就此而言,作者以与"经验想象"相对立的"先验想象"来概括海德格尔,显然是不恰当的。

从作者所讨论的文本来看,除了他在文中已经承认的对后期海德格尔的忽视之外,他对海德格尔《存在与时间》发表之前的材料也引用较少。而事实上,倘若我们对海德格尔的思想演变理路有着更为清晰的把握,则不会被《存在与时间》那里流露出来的过分的"存在论倾向"所迷惑。而对早期海德格尔的理解上的不足,也体现在作者对海德格尔方法论的误认上。在一个脚注中作者指出:"但海德格尔并不彻底,他的基础本体论,作为一种形式存在论。基础本体论的结构,再一次成为固定的东西。"⑧倘若作者对海德格尔的"形式显示"方法及其与"形式化"的根本区分有所知悉,就不会得出上述草率的结论。这种方法上的革新恰恰为海德格尔的"雅努斯面孔"提供了根基。

此外,我们知道,伽达默尔显然深受早期海德格尔思想的影响,这种影响应该超过了《存在与时间》这部著作对他的影响。因此,当我们看到作者对伽达默尔的某些判断,诸如"真理被设定为唯一目标,具体的人则被丢在一边","海德格尔的存在论解释学在他[伽达默尔]身上打下了过重的痕迹"⑨等等,我们认为,这些判断仍旧过于匆忙了。尽管伽达默尔的哲学诠释学无疑坚持着海德格尔给诠释学带来的"存在论转向",因此他明确宣称诠释学的"普遍性要求",但这种普遍显然是某种具体的普遍、历史性的普遍性,而不能如作者所说:"伽达默尔的解释学依然停留于逻各斯中心主义:只不过从认识之光的暴力,走向了理解之光的暴力。"⑩

倘若我们以海德格尔为中心去重新理解作者所勾勒的想象力学说的哲学史,那么就不会把从康德、胡塞尔到海德格尔的发展看成是先验想象力的逐步极端化,而应该看成是想象力的逐步"去先验化",而这一点直到海德格尔才得以成立。在海德格尔之后,伽达默尔和利科则从不同的向度发展了海德格尔的"雅努斯面孔",但又坚持着海德格尔所开辟的哲学路线。

在笔者看来,本书有两方面的缺憾。第一是对海德格尔(及伽达默尔)的判断还不够全面,或者说忽视了海德格尔哲学的"雅努斯面孔",即"双重面孔"。这一点在上文的分析中已经详尽说明了。第二则是忽视了对想象力与实践智

---

⑧ 黄旺:《时间与想象:现象学与解释学中的想象力问题》,第 168 页注释 3。

⑨ 同上书,第 278、279 页。

⑩ 同上书,第 280 页。

慧之间的关系的讨论。尽管作者在分析康德时已经对康德基于理性主义的形式主义伦理学有所批判,并指出了实践智慧在其中所扮演的重要角色。⑪ 但是,纵观全书后半部分的分析,作者却没有再回到相关的讨论中。例如,作者在批判伽达默尔时曾指出:"总体上看,伦理对他来说首先意味着理解得以可能的条件,也即是伦理服务于理解,而非理解服务于伦理。"⑫作者的这一说法反映了他对伽达默尔实践智慧(phronesis)及其与伦理(ethos)的统一性有所误认。

尽管如此,我们仍然认为,本书仍是汉语诠释学界在相关问题上的一部力作。按照洪汉鼎先生的看法,想象力、实践智慧和修辞学是当代西方诠释学研究中的三个重要因素⑬,而本书无疑在其中的一个向度上走出了关键性的一步,值得我们关注和讨论。

(责任编辑:孙小玲)

作者简介:王宏健,哲学博士,湖南大学哲学系副教授,研究方向为现当代德国哲学、诠释学、实践哲学。

---

⑪ 黄旺:《时间与想象:现象学与解释学中的想象力问题》,第41—43页。
⑫ 同上书,第279页。
⑬ 洪汉鼎:《实践哲学-修辞学-想象力:当代哲学诠释学研究》,北京:中国人民大学出版社,2014年。

《现代外国哲学》(半年刊)
征稿启事

中国现代外国哲学学会曾于 20 世纪 80 年代编辑出版学会集刊《现代外国哲学》,共出版 11 辑,在国内学术界产生很大影响,后由于经费等原因停办。2007年,复旦大学现代哲学研究所与中国现代外国哲学学会恢复集刊编辑,截止 2011年,共出版 2 辑。2017 年 10 月,复旦大学哲学学院与中国现代外国哲学学会决定继续编辑出版《现代外国哲学》(半年刊),每年出版 2 辑。复旦大学哲学学院承担出版资助,并负责具体编辑工作。中国现代外国哲学学会名誉理事长江怡教授和理事长尚杰教授任编委会主任,学会常务理事任编委会委员。张庆熊(中国现代外国哲学学会副理事长)和孙向晨(中华全国外国哲学史学会副理事长)任主编。

一、《现代外国哲学》(半年刊)选题范围

(一)动态与热点问题报道和评述

1. 国内现代外国哲学研究动态的报道,特别是有关中国现代外国哲学学会及各专业委员会的会议情况报道。国外当代哲学研究动态的报道,特别关注国外重要哲学会议的报道。

2. 国外学者来华学术报告的翻译和评述,国内学术报告和研讨会的热点问题评述。特别要关注国外哲学杂志热点问题讨论,对重要文章的翻译和评述。

(二)专题研究论文

主要包括现代外国哲学领域中的研究论文,主要范围有但不限于以下内容:(1)分析哲学,(2)现象学和诠释学,(3)道德哲学,(4)政治哲学,(5)法国哲

学,(6)俄罗斯哲学,(7)东方哲学(包括日本、韩国、印度等国家的哲学),(8)德国哲学,(9)社会科学哲学,(10)历史哲学,(11)文化哲学,(12)艺术哲学,(13)认知哲学和心灵哲学,(14)中西比较哲学。专题研究论文突出问题讨论为主,涉及政治哲学、道德哲学、历史哲学、中西方比较哲学等专题研究时,也可包括古希腊和近代哲学。

(三)书评

对国内外最新出版的外国哲学研究领域的著作进行学术性和思想性评论的书评,特别欢迎进行学术讨论和发表争鸣的书评。

(四)哲思之旅和访学侧记

国内现代外国哲学研究领域专家学者思想回忆录,追忆思想发展历程和哲学展望,对批评意见的回应,对热点问题的看法。在国外参加学术会议和访学时的印象、观感及哲思畅想。

二、投稿准则

1. 来稿文责由作者自负。论文要求首发,译文要求作者授权。

2. 来稿请用 WORD 格式,按附件形式电邮至本刊投稿专用邮箱,并注明作者姓名、性别、工作单位、职称、邮编与通讯地址、联系电话、Email 等。

3. 论文的字数控制在 6000—20000 字,报道和书评的字数控制在 2000—10000 字。每篇文章需要附 200—300 字的中文摘要,3—5 个中文关键词,以及文章的英文题目。

4. 本刊编辑将在 20 天内就来稿是否通过初审答复作者,并在 40 天内告知编辑部讨论后的最终结果。文章如经本刊录用,不可再投他刊。

5. 来稿正式刊出后,本刊将赠送作者该辑二册,并提供稿酬。

6. 本刊已许可中国知网以数字化方式复制、汇编、发行、信息网络传播全文。本刊支付的稿酬已包含中国知网著作权使用费,所有署名作者向本刊提交文章发表之行为视为同意上述许可。如有异议,请在投稿时说明,本刊将按作者说明处理。

三、来稿格式

1. 标题:宋体,小三号字体,加粗(副标题:仿宋体,小三号字体);各节标题：四号字体，加粗。标题下空一行，各节标题下不空行。

2. 正文：中文采用宋体，外文采用 Times New Roman，小四号字体，1.5 倍行距。

3. 脚注：页下注，小五号字体，以¹,²,³……格式标注，每篇文章连续编号；外文采用 Times New Roman。译文注释中说明性文字需翻译为中文，文献信息等原则上保留原文不译。

4. 项目标注：需要列出文章所受项目支持的，写明项目名称和编号，用＊给文章标题加注。

5. 引用文献格式：

中文专著：作者：《书名》，出版社，年份，第＊＊页。

中文译著：作者：《书名》，译者，出版社，年份，第＊＊页。

中文文集论文：作者：《文章名》，载《文集名称》，出版社，年份，第＊＊页。

中文期刊论文：作者：《文章名》，《刊物名称》＊＊＊＊年第＊期，第＊＊页。

外文专著：例 Mark Chaves, *American Philosophy*：*Contemporary Trends* (Princeton，New Jersey：Princeton University Press，2012)，pp. 12 - 14. (注：最前面有中文的此处应用中文句号"。"，否则用英文句号"."。下同。)

外文编著：例 Dennis R. Hoover and Douglass M. Johnston (eds.)，*Language and Reality*：*Essential Readings* (Waco，Texas：Baylor University Press，2012).

外文期刊：例 Peter Klein，"Radical Interpretation and Global Skepticism," *Truth and Interpretation*，vol. 36，no. 3(1967)，pp. 262 - 283.

文献再次出现时著录格式示例：

隔页：中文：李猛：《自然社会》(或《文章名》)，第 11 页。外文：Chaves，*American Philosophy*，p. 4. Klein，"Radical Interpretation and Global Skepticism," pp. 262 - 283.

同页且相邻：中文：(1)同上；(2)同上书，第 12 页。外文：(1)Ibid. (2) Ibid.，p. 23.

《现代外国哲学》编辑部邮箱地址：xiandaiwaiguozhexue@fudan. edu. cn

编辑部编辑：王球，王聚，王春明，叶晓璐，刘剑涛，孙小玲

复旦大学哲学学院

中国现代外国哲学学会

2021 年 8 月 21 日

图书在版编目(CIP)数据

现代外国哲学(总第 19 辑)
张庆熊,孙向晨主编.
—上海:上海三联书店,2021.11
("现代外国哲学"集刊)
ISBN 978 - 7 - 5426 - 7445 - 6

Ⅰ.①现…　Ⅱ.①张…　②孙…　Ⅲ.①现代哲学-国外-丛刊
Ⅳ.①B15 - 55

中国版本图书馆 CIP 数据核字(2021)第 104124 号

现代外国哲学(总第 19 辑)

主　　编 / 张庆熊　孙向晨

特约编辑 / 张康诞
责任编辑 / 李天伟
装帧设计 / 徐　徐
监　　制 / 姚　军
责任校对 / 张大伟　王凌霄

出版发行 / 上海三联书店
　　　　　(200030)中国上海市漕溪北路 331 号 A 座 6 楼
邮购电话 / 021 - 22895540
印　　刷 / 上海惠敦印务科技有限公司

版　　次 / 2021 年 11 月第 1 版
印　　次 / 2021 年 11 月第 1 次印刷
开　　本 / 710mm×1000mm　1/16
字　　数 / 350 千字
印　　张 / 18.75
书　　号 / ISBN 978 - 7 - 5426 - 7445 - 6/B·737
定　　价 / 78.00 元

敬启读者,如发现本书有印装质量问题,请与印刷厂联系 021 - 63779028